bsv Colleg Deutsch 1

Arbeitstechniken
Sprachgebrauch
Literatur

für die gymnasiale Oberstufe

herausgegeben von
Rüdiger Wagner
Theodor Pelster

erarbeitet von
Theodor Pelster
Johannes Saenger

D1724698

Bayerischer Schulbuch-Verlag · München

bsv Colleg Deutsch

herausgegeben von
Dr. Rüdiger Wagner
Dr. Theodor Pelster

Band 1
erarbeitet von
Dr. Theodor Pelster
Johannes Saenger

Band 2
erarbeitet von
Dr. Rüdiger Wagner

Band 3
erarbeitet von
Walter Gremm
Dr. Theodor Pelster
Johannes Saenger
Bernd-Michael Schülke
Dr. Rüdiger Wagner

Gedruckt auf chlorfrei gebleichtem Papier

1992
1. Auflage
© Bayerischer Schulbuch-Verlag
Hubertusstr. 4, 8 München 19
Satz und Druck: Wagner GmbH, Nördlingen
ISBN: 3-7627-2411-3

INHALT

TEXTVERZEICHNIS

Textauszüge wurden, wenn notwendig, von den Autoren mit eigenen Titeln versehen.

LESEN, SCHREIBEN, REDEN:
ARBEITSTECHNIKEN 1

I. EINFÜHRUNG IN DIE TEXTARBEIT

Texte sind zusammenhängende sprachliche Äußerungen. Das Wort Text hat seinen Ursprung im Lateinischen. Dort heißt texere »weben, flechten«; textum ist folglich das Gewebte. Damit ist gesagt, daß ein Text immer als ein verfertigtes Ganzes verstanden werden will.

Texte sind meist in schriftlicher Form verfügbar. Aber auch mündlich vorgetragen sind Reden, Lieder und alle anderen sprachlichen Äußerungen Texte im eigentlichen Sinne des Wortes.

Texte, so kann man verkürzt sagen, bilden einen Zusammenhang. Außerdem stehen sie jeweils in einem Zusammenhang. Sie stellen Beziehungen zwischen Personen her; und sie verweisen, als Beschreibung, als Bericht, aber auch als Erzählung, auf die Welt der Wirklichkeit. Texte erfüllen sehr unterschiedliche Funktionen.

1. Gebrauchstexte

Venedig ist ein Anziehungspunkt für Reisende aus aller Welt. Seit dem 17. Jahrhundert zählt die Stadt neben Rom und Paris zu den europäischen Städten, die man angeblich gesehen haben muß. Vielfältig sind die vorgebrachten Gründe.

1. *Tragen Sie zusammen, was Sie über Venedig aus eigener Anschauung, aus Ihrer Lektüre oder aus dem Unterricht der verschiedenen Schulfächer wissen.*
2. *Nennen Sie literarische Texte, also Dramen, Romane, Novellen oder Gedichte und Filme, die Venedig als Schauplatz haben oder auf Venedig verweisen.*
3. *Erarbeiten Sie die folgenden Texte: Legen Sie dar, wie die Texte aufgebaut sind, an wen sie gerichtet sind und welche Funktion sie erfüllen.*

Venedig: Blick von S. Giorgio Maggiore auf Markusplatz, Dogenpalast und die Altstadt.

Venedig, italien. **Venezia,** 1) H a u p t s t a d t der italien. Prov. V. und der Region Venetien, hat als Großgemeinde mit den auf dem Festland gelegenen Vorstädten Mestre und Porto Marghera (1971) 364 100, als Stadt etwa 140 000 Einw. V. ist einer der bedeutendsten Kulturmittelpunkte mit lebhaftem Fremdenverkehr und einer der wichtigsten italien. Häfen. Die Stadt ist Sitz eines Patriarchen. Unter den B i l d u n g s e i n r i c h t u n g e n finden sich die 1468 gegr. Markusbibliothek (mehr als 500 000 Bände, etwa 13 000 Handschriften), das Staatsarchiv (etwa 15 Mill. Urkunden), das Venezian. Institut der Wissenschaft, Literatur und Kunst, die Kunstakademie, die Universität mit den Hochschulen für Architektur, Handel, Wirtschaft, Fremdsprachen und Literatur, ferner viele bedeutende Museen, das Musikkonservatorium und die Fondazione → Giorgio Cini. Die gegenwärtige kulturelle Rolle V.s zeigt sich auch in der → Biennale.
Die W i r t s c h a f t V.s beruht heute in erster Linie auf der Industrie von Porto Marghera, auf seinem Hafen, dem Fremdenverkehr und kunstgewerbl. Erzeugnissen (Glas, Schmuck, Seide und Spitzen).

STADTBILD

V. ist inmitten der nördlich des Po-Deltas gelegenen Lagune auf mehr als 100 kleinen Inseln erbaut, 2 km vom Lido (Sandnehrung) und 4 km vom Festland entfernt, mit dem es seit 1846 durch eine breite Bahn- und seit 1933 durch eine Straßenbrücke verbunden ist. Den Brückenkopf bildet das dichtbesiedelte Mestre. Der Flughafen liegt ebenfalls auf dem Festland. Die hervorragende Schutzlage, die V. einst besaß, bestimmt den einzigartigen Charakter der Stadt, die statt von Straßen größtenteils von Kanälen (über 150) durchzogen wird. Die Gebäude sind auf Pfahlroste gegründet.
Die Hauptverkehrsader der Stadt ist der 3,8 km lange, bis zu 70 m breite Canal Grande, der beim Piazzale Roma, dem Endpunkt der Autostraße, beginnt und in der Nähe des Dogenpalastes in den Canale di San Marco mündet. (...)
Glanzvoller Mittelpunkt ist der Markusplatz, beherrscht von der sich an seiner östl. Schmalseite erhebenden, im 9. Jahrh. begonnenen, seit 1073 neu erbauten Markuskirche, Palastkapelle des Dogen und seit 1807 Kathedralkirche von V. (...)
Die drei anderen Seiten des Markusplatzes werden von einheitlichen Gebäudefronten mit ringsum laufenden Arkadengängen umschlossen, so an der nördl. Langseite von den Alten Prokuratien (1514), an deren Anfang rechts der malerische Uhrturm (1496–99) an einen Durchgang zur Merceria, der Hauptgeschäftsstraße von V., bildet, an der Südseite von den Neuen Prokuratien (1584–1640). Überragt wird der Platz von dem mächtigen Campanile, um 900 errichtet, zu Beginn des 16. Jahrh.

erneuert, 1902 zusammengestürzt und in unveränderter Form wiederaufgebaut. (...)
Anschließend an die S-Seite der Markuskirche, mit ihr verbunden durch die reich mit Skulpturen geschmückte Porta della Carta, erstreckt sich der auf das 9. Jahrh. zurückgehende Dogenpalast (1309–1404).

DIE GEFÄHRDUNG VENEDIGS

Die tiefsten Teile der Stadt, bes. der Markusplatz, werden im Winter bei auflandigen Winden immer häufiger überschwemmt; bei dem Hochwasser am 4. 11. 1966 wurde die ganze Stadt überflutet. Die Gebäude leiden schweren Schaden, die sanitären Verhältnisse verschlechtern sich. Viele Häuser sind unbewohnbar geworden, und die Zahl der Einwohner geht ständig zurück. Jüngere Leute vor allem siedeln auf das Festland nach Mestre über. Das Stadtgebiet unterliegt einer allmählichen Landsenkung (früher etwa 20 cm in 100 Jahren, im letzten Jahrh. durchschnittlich 5 mm im Jahr), stark beschleunigt vor allem durch Brunnenbohrungen in Porto Marghera, die ein rasches Absinken des Grundwasserspiegels zur Folge haben. Die Sockelplatten des Campanile liegen 30 cm unter dem Mittelwasser der Adria. Der Markusplatz ist schon im 16. Jahrh. um 1 Fuß, 1722 um weitere 1,5 Fuß erhöht worden, so daß die Basen der Säulen des Dogenpalastes entsprechend tief unter dem Niveau des Platzes liegen. (...)

GESCHICHTE

A n f ä n g e . Die Abwanderung der Veneter auf die Laguneninseln dürfte vereinzelt schon im 5. Jahrh. eingesetzt haben, doch fand – entgegen der Überlieferung, die 421 oder 452 als Stichjahre der Flucht vom Festland festlegen wollte – die eigentliche Besiedlung erst nach dem Einfall der Langobarden in Venetien (568) statt. Die Inseln blieben zunächst im Verwaltungsbereich des byzantin. Exarchen von Ravenna, dem der für V. zuständige magister militum, später dux (→ Doge), unterstand. Mit dem Absinken des byzantin. Einflusses, bes. seit der vom Papsttum geförderten Erhebung 726, gewann das Amt des Dogen, der seit Beginn des 9. Jahrh. die Rialto-Insel (seit 828 auch Aufbewahrungsort der aus Alexandria überführten Markusreliquien) zum Herrschaftssitz machte, an Bedeutung. Der Versuch der 976–1032 mit geringen Unterbrechungen regierenden Familie → Orseolo, eine Familienherrschaft zu errichten, scheiterte.
Die H a n d e l s m e t r o p o l e . Während die Macht des Dogen durch den großen Rat (1172) beschränkt wurde, eroberte die ›Republik von S. Marco‹ im Namen des Heiligen an allen Küsten der Levante Handelsstützpunkte. Im 12. Jahrh. besaß V. bereits dalmatin. Küstenländer mit Zara und neben

Genua eine wirtschaftl. Monopolstellung im Byzant. Reich. Auf Veranlassung des Dogen E. →Dandolo wurde im vierten →Kreuzzug auch Konstantinopel erobert, von wo die Venezianer mit einer reichen Beute von Kunstwerken zurückkehrten. Der Wettstreit mit Genua führte seit dem 13. Jahrh. zu einem ›Hundertjährigen Krieg‹, der erst mit dem Sieg über die genues. Flotte bei Chioggia (1380) und dem Frieden von Turin (1381) die Anerkennung der venezian. Vorherrschaft im östl. Mittelmeer brachte. Kunst und Kultur erreichten im 15. und 16. Jahrh. in V. den Höhepunkt mit den Humanisten A. MANUTIUS, P. ARETINO, P. BEMBO u. a., in der Malerei mit der Familie BELLINI, mit CARPACCIO, GIORGONE, TIZIAN, TINTORETTO und PAOLO VERONESE.

In: Brockhaus Enzyklopädie in 20 Bänden. Bd. 19. Wiesbaden: Brockhaus [17]1974, S. 404f.

1. *Wie ist der Text gegliedert? Wie wird diese Gliederung sprachlich und drucktechnisch deutlich gemacht?*
2. *Welche Informationen enthält der Artikel? Welche Informationen werden durch Zahlenangaben vermittelt? Wie erklären Sie, daß so viele Zahlenangaben gemacht werden?*
3. *Untersuchen Sie die Sprachgestaltung: Welche Satzarten werden verwendet? Aus welcher Stilschicht stammt der Wortschatz? Enthält der Text Fremdwörter, deren Bedeutung Ihnen unbekannt ist? Wie beurteilen Sie die Verwendung der vielen Abkürzungen?*
4. *Vergleichen Sie Inhalt und Anlage des Textes mit Lexikonartikeln über die Stadt, in der Sie leben, oder über Städte, die Sie gut kennen. Welche Funktion haben diese Artikel?*
5. *Sammeln Sie Informationen, und verfassen Sie – je nach Wohnort – einen informierenden Text über einen Stadtteil, einen Vorort oder einen kleineren Ort, der nicht im Lexikon erfaßt ist. Lehnen Sie sich an die Gliederung des vorgegebenen Artikels an.*

Weltchronik: »Venedig zu unseren Zeiten« (1493)

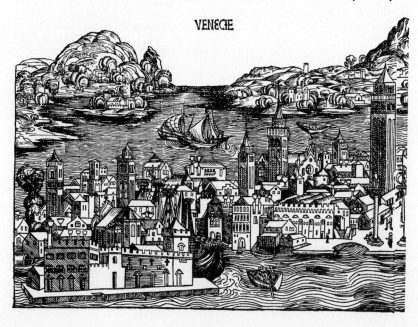

Uenedig zu vnsern zeiten die berümbtst stat.ein edels gewerbhaws welscher lannd.die mechtigst zu land vñ wasser.hat(als ettlich schreibē)irē anfang vō Æneto² od veneto dē Troyaner gehabt.dañ nach d zerstörüg Troye kome anthenor auff dem Adriatischen meer mit schiffung dahin. vñ was bey ine ein große menige der die veneti genant vnd auß Paflagonia vertriben warñ vnd ine ein gegent suchten dariñ sie wonen wolten.vō densel ben venetis ist das land Venetia genant worden.vnd begreyft nach der lenge das land histriam.vnd vō dannē hin bis an den fluß Padus.vnd die praite vō demselben fluß hin bis an das gepirg.das welsche von teütschen landen schaydet.Dnd diß land Venecia hat seinen namen ob anderhalb tausent iar behabt.Daffelb land ist offt vō seinē nachtpawrñ auch dē Gallierñ vñ den teütschen.vnd allergrawsamlichst vō dem plutigen würrich Attila dem könig der hungern angefochten vnd verwüstet worden.dañ derselb Attila kome mit große heer doselbst hin vnd bestritte die stett.vil ließ er außprennen vnd ettliche in dē grund zerüdten.do nw Padua vō disem könig gewonnen vnd verprent.vnd Aquilegia vnd Altinum die stett zerstöit warñ do sein die fürnemsten des Veneti schen namens vnd geslechts mit irn kindern.weibern.habe vnd güttern disem würrich zeentweychen in die ne hsten inseln geflohe vnd haben dise stat für das lannd Vendig geheyßen. (…) di

se stat ligt geringßumb uñ meer.also das allerlay kaufmanschatz vñ notturft zu menschlicher enthaltüg nit allein auff dem meer sunder auch auff andern dohin zufließenden wassern.auß den nahend vmbgelegnē landen vnd gegeten da selbsthin gebracht werden.darumb ist es wol ein wüderperlich ding das in diser stat dariñ schier gar nichts wechst dannoch aller zu menschlicher enthaltung noturftiger ding ein überflüssigkeit oder genugsamkeit gefunden wirdt.ich wil gesweigen der weyten hewßer.der hohen thürn vnd zierde der gotzhewßer vnd gepewe enmitten in dē wassern gegründet vnd aufgerichtet.die den ihenen die die ding nit gesehen haben kawm glauplich sind.Was ist deñ zesagen von den großen vnzelichen schiffen vnnd irem gezeüge.vnd von der zal der ratspersone.iren ordnungen vnd löblich en sitten.

In: Schedelsche Weltchronik 1493. Reprint 1965. Grünwald bei München: Kölbl, Blatt XLIV.

1. *Lesen Sie, den Text zunächst laut von Wort zu Wort. Dabei werden Sie die Satzstrukturen und Sinnzusammenhänge erkennen.*
   Achten Sie bei einem weiteren lauten Lesen darauf, daß Sie die sinntragenden Wörter herausheben.
2. *Ordnen Sie die Informationen, die Sie aus dem Textausschnitt erhalten.*
   – Über welche Sachgebiete wird etwas ausgesagt?
   – Wie sind die Informationen angeordnet?
3. *Arbeiten Sie Parallelen und Unterschiede zum abgedruckten Lexikonartikel heraus.*

[1] welsch: das auf das althochdeutsche Wort walhisc zurückgehende Wort bedeutet zunächst romanisch, dann fremd (vgl. Kauderwelsch = fremde Sprache der Hausierer)
[2] Eneto: hier mit Aeneas gleichzusetzen
[3] Troye und Troyaner: die Stadt Troja und die Einwohner von Troja
[4] anthenor: trojanischer Held, der den Griechen die Stadt öffnete und der Sage nach später Padua gründete
[5] Paflagonia: die nördlichste Landschaft Kleinasiens; bekannt wegen ihres Schiffsbauholzes und ihrer Metallgruben
[6] Histria: die Landschaft und das Land Istrien
[7] Padus: der Fluß Po
[8] Gallier: lateinische Bezeichnung für die Kelten (vgl. Gallia cisalpina und Gallia transalpina)
[9] Attila: König der Hunnen
[10] Aquilegia: Stadt nahe dem Adriatischen Meer, von den Römern gegründet und von Attila 452 zerstört
[11] Altinum: untergegangene Stadt in Istrien

Werbung und Nachricht

DER SOMMER

Die Luft summt eine Sinfonie.
Die Sonne tanzt
auf den Wellen,
der Wind kämmt das Haar,
die Haut ist in Champagnerlaune.
Die Augen lächeln wach.
Unendliche Tage
randvoll gefüllt mit Leben.

VENEDIG

Kunst, Cafès, Gondeln,
enge Gassen.
Architektonischer Traum
im Zwischenreich von Gefühl
und Geist erbaut.
In ihrem Licht werden Gegensätze
eins und feiern Versöhnung.
Empfindsamkeit
für feinste Schwingungen,
Freiheitswille, Fülle und
Formenreichtum,
Farben ohne Grenzen.
Inspiration zu neuen Gedanken.

DER LIDO

Seine Geschichte ist so alt
wie Venedig selbst.
Gastgeber von Thomas Mann, Rilke,
Hemingway, Mozart, Wagner
und Richard Strauß.
Unermeßliche Himmelsweite,
seidiges Licht, Luxus und Eleganz.
Einssein mit den Elementen. Goldener
Sand senkt sich sanft ins Meer.
Golfclub, Tennis und
azurblaues Wasser locken unter
dem Sonnenschirm hervor.

HOTEL EXCELSIOR

Stilvolle Ferien in elegantem Ambiente,
der Zauber maurischer Architektur,
die Großzügigkeit eines Grand Hotels,
Treffpunkt der internationalen Gesellschaft
Service und Gastronomie
allerhöchstem ...
Po...

Mit Atemschutz durch Venedig

Algensterben in der Lagune führt zu Gestank, Erbrechen und Atemnot

Venedig (AP). In den Kanälen Venedigs roch es nach faulen Eiern. Fünf Tage lang litten zahlreiche Einwohner an Übelkeit, Erbrechen, Atemnot und Halzschmerzen, und mache

Ursache: Umweltverschmutzung. Zunächst sind dem Wasser zuviele Nährstoffe zugeführt worden. Das hatte ein ungeheueres Algenwachstum ... Schließlich hatten ... ... lich so stark ver... ... der. Sauer...

Gondolieri reichten ihren Fahrgästen vor der Fahrt durch die Kanäle Operationsmasken, um sie vor Ausdünstungen zu schützen. Die Lagune von Venedig ist „umgekippt".

die 38 000 Tonnen Algen herausholten, doch Ende Juli hatten sie ihren Kampf gegen die Algen verloren. Eine Kombination heißer, windstiller Tage, schwacher Gezeiten und hoher Luftfeuchtigkeit wirkte, daß die Gase der faulenden Pflanzen, darunter Schwefelwasserstoff, nicht ... aus den engen Häuserfestigungen. ... nobyl der Algen ... vertreten- Car-

bone das ökologische Desaster. Seit Anfang August ist die Lage dank stärkerer Fluten, die frisches Wasser in die Lagune geführt haben, wieder „normal", wie Frau Carbone es nennt. Sie hoffe aber, daß die fünf Tage Ende Juli den Politikern die Notwendigkeit ra... scheren Handelns vor Augen geführt habe. Jahr für Jahr ge... langten 10 000 Tonnen Stic... stoff und 2 000 Tonnen Ph... phate in die Lagune, durch ... die Algen „gedüngt" werd...

1. *An wen richten sich die Texte?*
2. *Welcher Zweck ist mit den Texten verbunden?*
3. *Wie sind die Texte aufgebaut?*
   – *Welche sprachlichen und optischen Mittel werden eingesetzt, um die Aufmerksamkeit des Lesers zu gewinnen?*
   – *Welche Aspekte der Stadt Venedig werden in den Texten besonders herausgestellt?*
4. *Welche Wirkung haben die Texte auf den Leser?*

Grundlagen zur Arbeit an Texten

Texte gehören immer in einen größeren Zusammenhang. Sie beziehen sich mit ihrem Inhalt auf einen Ausschnitt der Wirklichkeit. Sie haben einen Verfasser oder Produzenten, der veranlaßt wurde, den Text zu verfertigen. Hinter seinem Text steht eine Absicht, die der Verfasser einem oder mehreren Empfängern oder Rezipienten übermitteln will, die bestimmt, welche Textsorte er für die Übermittlung seines Inhalts wählt, wie er den Text aufbaut, welche sprachlichen – d. h. semantischen, syntaktischen und poetisch-rhetorischen – Mittel er verwendet. Der Text wird dem Rezipienten durch ein Medium (s. u.) übermittelt und wirkt auf ihn.

Diese Einzelelemente und ihr Zusammenspiel können in Modellen veranschaulicht werden. Die folgende Übersicht, aus der verschiedene Analysefragen abgeleitet werden, berücksichtigt vorwiegend Kommunikation mit Hilfe von schriftlich formulierten Texten. Das wird vor allem durch die Termini Textsorte und Medium deutlich. Als Textsorte ist ein Schema anzusehen, nach dem konkrete Texte in einer bestimmten Situation zu einem bestimmten Zweck verfertigt werden können. In einem engen Sinn ist etwa das Protokoll eine Textsorte, in einem weiteren Sinn zählt man alle Werbetexte zu einer Textsorte. Ein nach solch vorgegebenem Schema verfaßter Text kann wieder als Vorlage für weitere Texte dienen. Unter dem Begriff Medium, lat. »das in der Mitte befindliche«, werden die Vermittlungsinstanzen wie Brief, Zeitung, Buch, Radio, Fernsehen usw. zusammengefaßt.

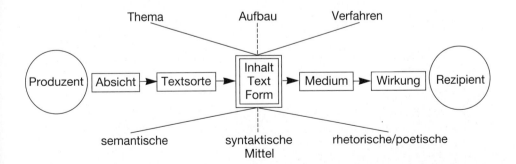

Leitfragen

I. *Fragen zur Produktion*

1. *Herkunft des Textes:*
   Wer hat den Text geschrieben? Wo ist er zu finden? In welcher Zeit, zu welchem Anlaß und unter welchen Umständen ist er entstanden oder verbreitet worden?
2. *Absicht des Autors:*
   Welchen Zweck verfolgt der Verfasser? Wird das Ziel ausdrücklich formuliert? Erscheint es nur zwischen den Zeilen? Stimmt die ausdrücklich genannte Intention mit der unausgesprochenen überein?
3. *Bestimmung der Textsorte:*
   Handelt es sich um einen informierenden, einen kommentierenden oder einen appellativen Text? Welche Textsorte innerhalb der genannten Abgrenzungen liegt vor? Welche inhaltlichen, sprachlich-stilistischen und formalen Kennzeichen deuten darauf hin?

II. *Fragen zum Inhalt*

4. *Erfassung des Themas:*
   Welcher Sachverhalt oder welches Problem wird behandelt? Kommt das Thema im Titel oder Untertitel in vollem Umfang zum Ausdruck? An welcher Stelle im Text wird es genau formuliert?
5. *Untersuchung des Aufbaus:*
   In welche übergreifenden Abschnitte läßt sich der Text gliedern? Wie wird der Sachverhalt strukturiert? Wie verläuft die Gedankenfolge? Welche Überschriften eignen sich für die einzelnen Teile? Läßt sich der Aufbau in einer schematischen Skizze verdeutlichen?
6. *Beschreibung des Verfahrens:*
   Gibt der Verfasser Tatsachen wieder, stellt er Thesen auf, oder formuliert er Fragen? Enthält der Text Wertungen?
   Welche Argumente bringt der Verfasser zur Erhärtung seiner Aussagen? Aus welchen Bereichen stammen seine Beispiele? Wo werden Zitate eingebaut?
   Geht der Autor deduktiv oder induktiv vor? Ist der Text dialektisch entworfen?

III. *Fragen zur Form (Sprache und Stil)*

7. *Semantischer Bereich:*
   Welchen Wortschatz wählt der Verfasser? – Achten Sie vor allem auf die Verwendung von Fach- und Fremdwörtern, auf das Vorherrschen bestimmter Wortarten und auf die Wahl der Personalpronomina.
8. *Syntaktischer Bereich:*
   Welcher Satzbau wird bevorzugt? – Achten Sie besonders auf die Häufigkeit von Aussage-, Frage- und Ausrufesätzen, auf das Vorkommen hypotaktischer und parataktischer Konstruktionen.

9. *Rhetorisch-poetischer Bereich:*
Welche rhetorischen oder poetischen Mittel verwendet der Autor? – Achten Sie auf
rhetorische Figuren bzw. Tropen sowie Vergleiche, Metaphern, Bilder usw.

10. *Zusammenfassung:*
Wie läßt sich der Stil insgesamt beschreiben? Welche Funktion erfüllen die genannten
sprachlichen und stilistischen Mittel im Textganzen? – Achten Sie auf die Sprach-
schicht, die Verständlichkeit, die Gesamtcharakteristik (Idiolekt).

IV. *Fragen zur Rezeption*

11. *Wahl des Mediums:*
Stammt der Text aus einem Buch, einer Zeitschrift, einer Zeitung (Abonnements-
oder Boulevardblatt)? Wurde er ursprünglich optisch oder/und akustisch vermittelt?
Handelt es sich um ein Medium der individuellen oder der Massenkommunikation?

12. *Wirkung des Textes:*
Wendet sich der Autor an den Verstand oder an das Empfinden, an die Einsicht oder
das Gewissen? Will er auf die Triebsphäre wirken und unbewußte Wünsche oder
Vorstellungen wecken? Soll der Leser/Hörer zum Handeln veranlaßt werden?
Stimmt die Wirkung mit der Absicht des Autors überein?

13. *Bestimmung des Adressatenkreises:*
An welches Publikum wendet sich der Autor aufgrund von Inhalt, Form und Spra-
che? Spricht er mehr ein Individuum, eine Gruppe oder ein großes Publikum an? Ist
die angesprochene Zielgruppe identisch mit der tatsächlich erreichten?

V. *Übergeordnete Fragen*

14. *Einordnung des Textes:*
Welchen Stellenwert hat der Text im Publikationszusammenhang, im Werk des Ver-
fassers, in bezug auf eine bestimmte Problematik oder Textsorte? Läßt er sich einer
geistigen Strömung oder Epoche zuordnen? Kennen Sie ähnliche oder entgegenge-
setzte Texte, Standpunkte, Wirkungen?

15. *Stellungnahme zum Text: Erfüllt der Text seinen Zweck? Entspricht er den Erwar-*
tungen der angesprochenen Leser/Hörer?
Wie ist er zu beurteilen nach logischen, ethischen und ästhetischen Gesichtspunkten?
Wie lassen sich kontroverse Einstellungen begründen? Kann man das Problem durch
ein Für oder Wider entscheiden? Ist eine weitere Differenzierung (Berücksichtigung
bestimmter Voraussetzungen) notwendig? Wie lautet Ihr persönliches Urteil?

Texttypen

In äußerster Verallgemeinerung kann man sagen, daß in einem Kommunikationsvorgang »einer« »dem anderen« etwas über »die Dinge« (Karl Bühler, vgl. S. 19) mitteilt. Er verwendet dazu die »Sprache«, indem er einen »Text« formuliert. In Anlehnung an den deutschen Sprachpsychologen und Sprachphilosophen Karl Bühler hat Horst Belke in seinem Buch »Literarische Gebrauchsformen« dazu folgendes Modell skizziert, durch welches das Beziehungsgefüge deutlich gemacht wird.

Horst Belke

Die Klassifikation von Texten

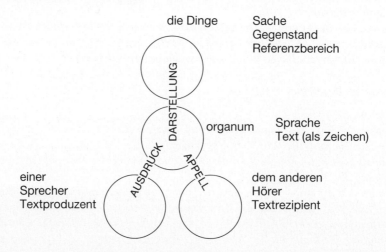

Aus diesen Grundfunktionen der Sprache ergeben sich folgende Texttypen:

1. Texte, die in erster Linie Eindrücke, Gefühle, Überzeugungen des Sprechers wiedergeben (Ausdruck).
2. Texte, die in erster Linie an andere appellieren, die etwas bewirken, Handlung auslösen wollen (Appell).
3. Texte, die in erster Linie am Gegenstand orientiert sind, die Wirklichkeit objektiv darstellen (Darstellung).

Diese Texttypen kommen in der sprachlichen Wirklichkeit immer nur gemischt vor. Eine Klassifikation von Texten kann lediglich die Dominanz *einer* der drei Sprachfunktionen in dem jeweiligen Text berücksichtigen.

In: Horst Belke: Literarische Gebrauchsformen. Düsseldorf: Bertelsmann 1973, S. 38.

1. *Ordnen Sie die bisher behandelten Texte den Texttypen zu. Begründen Sie Ihre Entscheidung. Überprüfen Sie, welche Beweiskraft ihre Zuordnung und deren Begründung haben.*
2. *Erklären Sie, inwiefern Überlegungen zur Texttypenzugehörigkeit zum besseren Verständnis der Texte beitragen.*
3. *Erläutern Sie, durch welche Funktionen folgende Textsorten gekennzeichnet sind. Ordnen Sie sie den oben erarbeiten Texttypen zu:*

Gebrauchsanleitungen   *Verbote*
Nachrichtenartikel   *Verkaufskataloge*
Abhandlungen   *Tabellen mit geschichtlichen Daten*
Zeugenberichte   *Bewerbungsschreiben*
Rezepte   *Leitartikel*
Referate   *Predigten*
Chroniken   *Historische Darstellungen*
Aufrufe   *Dienstanweisungen*

Der Werkzeugcharakter der Sprache

Die Vorstellung, daß die Sprache als ein Werkzeug, als ein organum, angesehen werden könne, geht auf den griechischen Philosophen Platon (427–347 v. Chr.) zurück, der in dem Dialog »Kratylos« Sokrates sagen läßt: »Das Wort ist ein belehrendes Werkzeug und ein das Wesen unterscheidendes und sonderndes.« Sokrates fügt dann noch an: »Lehren wir nicht einander etwas und sondern die Gegenstände voneinander, je nachdem sie beschaffen sind?«

1. *Erklären Sie den Gedanken, daß Sprache ein »belehrendes«, »unterscheidendes und sonderndes« »Werkzeug« sei, anhand geeigneter Beispiele:*
   Richten Sie Ihre Überlegungen vor allem auf Wortfelder, die sich auf Gegenstände wie Möbel (Tisch, Stuhl, Sessel, Schrank), Pflanzen (Salbei, Kamille, Pfefferminze . . .), Früchte (Äpfel, Birnen, Quitten, Orangen . . .) beziehen.
2. *Erörtern Sie die Möglichkeiten und Schwierigkeiten, mit Hilfe von Wörtern – aber ohne direkte Anschauung – Gegenstände zu unterscheiden. Inwieweit ist Belehrung ohne Anschauung möglich?*

Karl Bühler
Das Organonmodell

Karl Bühler (1879–1963) hat den Gedanken Platons aufgenommen und in dem unten abgedruckten Modell veranschaulicht. Hierzu führt er folgendes aus: »Ich denke, es war ein guter Griff Platons, wenn er im Kratylos angibt, die Sprache sei ein organum, um einer dem anderen etwas mitzuteilen über die Dinge.«[1]

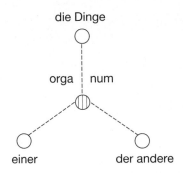

1. *Welcher Gesichtspunkt Platons wird hervorgehoben, welcher wird vernachlässigt?*
2. *Sind Aussagen, daß Sprache »ein belehrendes Werkzeug« sei und daß sie die Funktion habe, »dem anderen etwas mitzuteilen über die Dinge«, inhaltlich gleich? Begründen Sie Ihre Ansicht.*

[1] Karl Bühler: Sprachtheorie – Die Darstellungsfunktion der Sprache. Stuttgart: Fischer [2]1965, S. 24.

In einem nächsten Schritt hat Bühler die Überlegungen weitergeführt und dargelegt, wie man sich das »Organon« vorzustellen habe. Sprache, das Organon, wird als Zeichen, als »Z«, gekennzeichnet, das in der Lage ist, die Vermittlungsinstanz zwischen »Sender«, »Empfänger« und »Gegenständen und Sachverhalten« zu übernehmen.

Wir zeichnen das Organon-Modell der Sprache ein zweites Mal in der Figur. Der Kreis in der Mitte symbolisiert das konkrete Schallphänomen. Drei variable Momente an ihm sind berufen, es dreimal verschieden zum Rang eines Zeichens zu erheben. Die Seiten des eingezeichneten Dreiecks symbolisieren diese drei Momente. Das Dreieck umschließt in
5 einer Hinsicht weniger als der Kreis (Prinzip der abstraktiven Relevanz). In anderer Richtung wieder greift es über den Kreis hinaus, um anzudeuten, daß das sinnlich Gegebene stets eine apperzeptive Ergänzung erfährt. Die Linienscharen symbolisieren die semantischen Funktionen des (komplexen) Sprachzeichens. Es ist *Symbol* kraft seiner Zuordnung zu Gegenständen und Sachverhalten, *Symptom* (Anzeichen, Indicium) kraft seiner Ab-
10 hängigkeit vom Sender, dessen Innerlichkeit es ausdrückt, und *Signal* kraft seines Appells an den Hörer, dessen äußeres oder inneres Verhalten es steuert wie andere Verkehrszeichen.

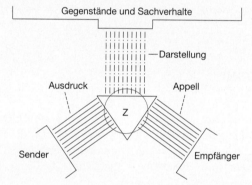

In: Karl Bühler: Sprachtheorie – Die Darstellungsfunktion der Sprache. Stuttgart: Fischer [2]1965, S. 28.

Inwiefern können Texte als Zeichen und Sprache als Zeichensystem angesehen werden?

2. Nichtfiktionale und fiktionale Texte

Nachrichten und Werbetexte zählen zu den Gebrauchstexten. Bei ihnen geht es um Sprachhandlungen, in denen wirkliche oder zu verwirklichende Sachverhalte angesprochen werden; die Teilnehmer dieser Handlungen stehen in einem konkreten Handlungszusammenhang; sie agieren und reagieren als Personen mit Erfahrung und Handlungskompetenz.
Fiktionale Texte sind anderer Art. Das lateinische Verb fingere – mit den Stammformen fingo, finxi, fictum – bedeutet »formen, bilden, gestalten«. Es wird vorzüglich verwendet, um die Arbeit des Bildhauers zu charakterisieren. Mit den weiteren Bedeutungen »erdichten, ersinnen; erlügen, erheucheln« gerät das Wort in den Sinnbezirk der Literatur. Wie der Bildhauer formt und gestaltet auch der Autor etwas. Allerdings ist dies – im Gegensatz zu den Gebrauchs-

texten – »ersonnen«, »erdichtet« und, wie manche urteilen, »erlogen«.

Die Unterscheidung, die nach der Begriffserklärung so einsichtig erscheint, erweist sich oft als problematisch, wenn man sie auf konkrete Texte anwendet. Völlig verfehlt wäre es, nur fiktionale Texte als Literatur im eigentlichen Sinne anzusehen. Es geht aber auch nicht an, jedem überlieferten Schriftstück das Prädikat literarisch zu geben. So eindeutig und endgültig sind nämlich auch die Klassifikationen fiktional und nichtfiktional nicht. Alte Stadtbeschreibungen, die ursprünglich informativen Wert hatten, wirken auf uns wie Romane aus einer untergegangenen Welt. Umgekehrt zeigen uns Romane aus dem vergangenen Jahrhundert, wie die Menschen damals dachten und lebten. Man kann daraus schließen, daß nicht nur der Autor darüber entscheidet, ob sein Text fiktionalen oder nichtfiktionalen Charakter erhält; der Leser bestimmt mit, ob er ihn als Fiktion oder Nichtfiktion verstehen will.

Bericht

Wer seine Erlebnisse und Erfahrungen für sich festhalten oder anderen mitteilen will, wird versuchen, sie schriftlich oder im Bild zu fixieren. Dabei gibt es viele Möglichkeiten der Gestaltung: Sie reichen von der schnellen Notiz über die Skizze bis zur ausgearbeiteten Reisedarstellung, vom schnell geknipsten Photo zum ausgestalteten Film.

Rechtzeitig zu bedenken ist der angestrebte Verwendungszweck: Ein privates Reisenotizbuch wird der Verfasser kaum aus der Hand geben; sobald er an eine Weitergabe im Brief oder gar an eine Veröffentlichung denkt, wird er überlegen, was er verschweigen und was er, mit unterschiedlichen Intentionen versehen, schreiben möchte.

Johann Wolfgang von Goethe
Italienische Reise (1816/17)

Goethe, seit 1776 als Geheimer Legationsrat in weimarischen Diensten, brach am 3. September 1786 von einem Kuraufenthalt in Karlsbad nach Italien auf. Vom 28. September bis zum 14. Oktober 1786 blieb er in Venedig. Die für ihn wichtigste Reise, von der er erst am 18. Juni 1788 zurückkehrte, hatte begonnen.

So stand es denn im Buche des Schicksals auf meinem Blatte geschrieben, daß ich 1786 den achtundzwanzigsten September, abends, nach unserer Uhr um fünfe, Venedig zum erstenmal, aus der Brenta in die Lagunen einfahrend, erblicken und bald darauf diese wunderbare Inselstadt, diese Biberrepublik betreten und besuchen sollte. So ist denn auch, Gott sei Dank, Venedig mir kein bloßes Wort mehr, kein hohler Name, der mich so oft, mich den Todfeind von Wortschällen, geängstiget hat. 5
Als die erste Gondel an das Schiff anfuhr (es geschieht, um Passagiere, welche Eil' haben, geschwinder nach Venedig zu bringen), erinnerte ich mich eines frühen Kinderspielzeuges; an das ich vielleicht seit zwanzig Jahren nicht mehr gedacht hatte. Mein Vater besaß ein schönes mitgebrachtes Gondelmodell; er hielt es sehr wert, und mir ward es hoch 10 angerechnet, wenn ich einmal damit spielen durfte. Die ersten Schnäbel von blankem Eisenblech, die schwarzen Gondelkäfige, alles grüßte mich wie eine alte Bekanntschaft, ich genoß einen langentbehrten freundlichen Jugendeindruck.

Ich bin gut logiert in der Königin von England, nicht weit vom Markusplatze, und dies ist
15 der größte Vorzug des Quartiers; meine Fenster gehen auf einen schmalen Kanal zwischen
hohen Häusern, gleich unter mir eine einbogige Brücke, und gegenüber ein schmales
belebtes Gäßchen. So wohne ich, und so werde ich eine Zeitlang bleiben, bis mein Paket
für Deutschland fertig ist, und bis ich mich am Bilde dieser Stadt satt gesehen habe. Die
Einsamkeit, nach der ich oft so sehnsuchtsvoll geseufzt, kann ich nun recht genießen;
20 denn nirgends fühlt man sich einsamer als im Gewimmel, wo man sich allen ganz unbekannt durchdrängt. In Venedig kennt mich vielleicht nur ein Mensch, und der wird mir
nicht gleich begegnen. (...)

Blick auf die Insel San Giorgio Maggiore.

Den 30. September.

Gegen Abend verlief ich mich wieder ohne Führer, in die entferntesten Quartiere der
Stadt. Die hiesigen Brücken sind alle mit Treppen angelegt, damit Gondeln und auch wohl
25 größere Schiffe bequem unter den Bogen hinfahren. Ich suchte mich in und aus diesem
Labyrinthe zu finden, ohne irgend jemand zu fragen, mich abermals nur nach der Him-
melsgegend richtend. Man entwirrt sich wohl endlich, aber es ist ein unglaubliches Ge-
hecke ineinander, und meine Manier, sich recht sinnlich davon zu überzeugen, die beste.
Auch habe ich mir, bis an die letzte bewohnte Spitze, der Einwohner Betragen, Lebensart,
30 Sitte und Wesen gemerkt; in jedem Quartiere sind sie anders beschaffen. Du lieber Gott!
was doch der Mensch für ein armes gutes Tier ist!

In: Goethes Werke. Hamburger Ausgabe, Bd. 11. Hamburg: Wegner [1]1950, S. 64ff.

1. *Wie stellt sich der Verfasser vor? Welche Erwartungen stellt er an die Reise? Welche
   Bedeutung hat Venedig für ihn?*
2. *Welche Intention verfolgt der Autor mit der Veröffentlichung seines Berichts?*
3. *Charakterisieren Sie den Text. Handelt es sich eher um ein Tagebuch, einen Briefbe-
   richt oder ein nach der Reise verfaßtes Resümee?*

Brief und Tagebuch

Mit seiner Frau Emilie reiste Theodor Fontane, der als Balladendichter und Journalist bereits bekannt war, dessen große Romane aber erst später entstanden, durch Italien. Am 4. Oktober 1874 traf das Paar in Venedig ein, reiste dann weiter nach Florenz, Rom und Neapel und war am 24. November 1874 wieder in Berlin.

Theodor Fontane
An Karl und Emilie Zöllner[1]

Venezia d. 7. Oktob. 74

Verehrtes und geliebtes Paar.

Die Tage verlaufen so, daß selbst *ich* nicht briefschreiben kann; die alte Leidenschaft geht an neuen Genüssen unter, die uns doch (siehe Faust) wieder ›nach Begierde‹ verschmachten[2] lassen. Unser Erlebtes ist in Kürze das folgende. Am 3. von München aus über Innsbruck (Nest) und dem Brenner nach Verona. Das Innthal hinauf, das Etschthal hinunter. Passaier, Sterzing, Iselberg – die ganze Hofer-Speckbacherei[3] zog noch einmal an 5 uns vorüber; im Ganzen viel prosaischer als auf dem Defreggerschen Bilde. Frierend fuhren wir in das schöne Land Italia hinein. Es goß mit Mollen[4]. Der erste Eindruck war: ›*das* leisten wir auch.‹ In Verona Nachtquartier in Colomba d'oro. Verona, wie Dir nicht unbekannt sein wird, hat eine Geschichte; es soll Lieblingsaufenthalt König Pipins gewesen sein. Nach den Maienlüften die in Colomba d'oro wehten, ist dies höchst wahrschein- 10 lich. Wir besichtigten am andern Tage die Stadt, bei welcher Gelegenheit wir den Architekten Zittel* (der in Lucaes Atelier arbeitete und jetzt den Schinkelpreis gewonnen hat) so wie den dicken, blonden, kakerlakigen Dr Ascherson trafen. Die Gesichter, die jedesmal geschnitten werden, wenn 2 Berliner sich auf einsamem Reisepfad begegnen, sind klassisch. Jeder einzelne sagt etwa ›i, macht den Schwindel auch mit.‹ Früher sollen sich 15 Landsleute bei ähnlichen Begegnungen weinend in die Arme gestürzt sein. An der tomba

* oder so ähnlich

---

[1] Karl und Emilie Zöllner: Karl Zöllner (1821–1897) war Jurist und als preußischer Beamter erster Sekretär der Preußischen Akademie der Künste. Er war – wie Fontane – Mitglied der Dichtervereinigungen »Tunnel über der Spree« und »Rütli«. Die Eheleute Zöllner und Fontane gehörten zum engsten »Familien-Tunnelkreis«.

[2] nach Begierde verschmachten: Zitat aus Goethes »Faust«. Dort sagt Faust in der Szene »Wald und Höhle«:
»So tauml' ich von Begierde zu Genuß,
und im Genuß verschmacht' ich nach Begierde.« (Vers 3249–50)

[3] Passaier, Sterzing, Iselberg – die ganze Hofer-Speckbacherei: Das Passaiertal, ein Seitental des Tiroler Etschtals, ist die Heimat des Andreas Hofer (1767–1810), der 1809 die Befreiung Tirols erkämpfte und später auf Befehl Napoleons erschossen wurde. Als Freiheitsheld wurde er in Gedichten und Dramen gefeiert. Berühmt wurde sein Denkmal auf dem Berg Isel und die bildliche Darstellung von Franz von Defregger (1835–1921). Das Bild »Speckbacher und sein Sohn«, eine Szene aus dem Tiroler Aufstand, war sein erstes erfolgreiches Bild, dem er weitere Darstellungen aus der Tiroler Geschichte folgen ließ.

[4] Molle: Abgeleitet von Mulde, steht das Wort allgemein für Trog und Mulde; im Berliner Dialekt ist eine Molle ein Glas Bier; »es goß mit Mollen« für »es regnete stark«.

di Giuletta[1] (längre Zeit Wassertrog) trafen wir Adolphe Thiers[2] nebst Frau und Schwägerin. Die beiden bedeutendsten Kriegsschriftsteller der Neuzeit standen neben einander und grüßten sich. Meine Lage war die günstigere: *ich* wußte, wen ich neben mir hatte; *er*
20 ist hingegangen ohne Ahnung des Glücks, das ihm die Stunde bot. Mit Kunstgeschichte unterhalte ich Dich nicht. Siehe Burckhardt, Förster, Lübke, Baedecker.
Am Sonntag Abend hier: Hotel Bauer in Nähe des Marcusplatzes. Zimmer N° 37, Stubenmädchen Elise; sehr nett. Netter allerdings noch ist Venezia selbst. Wir wollten 2 Tage hier bleiben; es werden aber wohl 6 werden. Meine kühnsten Erwartungen wurden über-
25 troffen. Das Einzelne, auf *allen* Gebieten, ist vielfach beanstandenswerth; das Ganze ist unsagbar schön, anheimelnd, beglückend. Auch Milachen[3] ist weich wie Butter. Wir trafen gleich am ersten Tage Frau v. Noville[4] nebst Tochter, die mit uns in demselben Hotel wohnen, eine für uns sehr angenehme und lehrreiche Begegnung, da die Damen schon fünf, sechs Tage vor uns hier waren. Eben haben wir mit ihnen zusammen gegessen;
30 die Stunde von 9 bis 10 werden wir wieder in ihrer Gesellschaft verbringen, denn es ist Abendconcert auf dem Marcusplatz. Im Uebrigen, auch geschieden von terra firma[5], zu Wasser wie zu Lande Dein gondeltrunkener   Noel.[6]

In: Theodor Fontane: Werke, Schriften und Briefe. Hg. v. Walter Keitel u. Helmuth Nürnberger. Bd. 2/IV: Briefe. München: Hanser 1979, S. 474f.

Theodor Fontane
Tagebucheintragungen

Dienstag d. 6. Oktober. Zweiter Tag in Venedig.
Emilie mit Novilles ausgeflogen. Ich im Hôtel geblieben um die Fahnen zu corrigiren[7]. –
Um 2 aus. Erst Frühstück im Restaurant. Dann in die Kirche *Santa Maria dei Frari*. Sie enthält die Grabdenkmäler einer Anzahl von Dogen und andren Größen der Republik, namentlich auch die Grabdenkmäler *Tizians*[8] und *Canovas*[9], beide einander gegenüber.
5 Ich finde beide nicht besonders. (...)

[1] tomba di Giuletta: Angebliches Grab der Julia. Die tragische Liebesgeschichte von »Romeo und Julia«, von Shakespeare dramatisiert, hat ihren historischen Hintergrund in Verona, wo sowohl das Haus der Julia wie auch ihr Grab zu besichtigen ist.
[2] Adolphe Thiers (1797–1877) schrieb ein wichtiges Werk über die »Geschichte der französischen Revolution«; er war 1836 und 1840 für kurze Zeit Ministerpräsident; am 31. 8. 1871 wurde er zum Präsidenten der (3.) Französischen Republik gewählt. – Fontane hat »Der deutsche Krieg von 1866« (Zwei Bände) und »Der Krieg gegen Frankreich« (Zwei Bände) geschrieben.
[3] Milachen: Kosename für Fontanes Frau Emilie, geb. Rouanet (1824–1902)
[4] Frau von Noville, geb. Bianci, war die Frau eines preußischen Obersten und führte in Berlin einen bekannten Salon.
[5] terra firma: festes Land
[6] Noel: Übername für Fontane
[7] Fahnen corrigiren: Arbeitsgang bei der Herstellung eines Buches: Der vom Drucker gesetzte Text wird vom Autor durchgearbeitet, um Druckfehler zu beseitigen.
[8] Tizian; eigentlich Tiziano Vecellio (um 1480–1576): Berühmter italienischer Maler; zu seinen bedeutendsten Werken gehören »Die Himmelfahrt Mariä«, die sogenannte »Assunta«, und »Die Madonna des Hauses Pesaro«. Beide Werke sind in Venedig zu sehen.
[9] Canova: italienischer Bildhauer (1757–1833), der u. a. Denkmäler für Clemens XIII. und Pius VI: in St. Peter in Rom schuf

Von Santa Maria dei Frari zur *Academia delle belle Arti*[1] am Canal Grande. Ich hatte nur noch Zeit zu einer flüchtigen Besichtigung der hier aufgehäuften Schätze, die bei diesem ersten Besuch einen geringeren Eindruck auf mich machten, als ich erwartet hatte. Die beiden berühmten Tizians: Maria's erster Gang in den Tempel (als etwa 10jähriges Kind) und selbst die »Assunta« nahmen mein Herz *nicht* gefangen. Erstres wirkte ein klein 10 wenig komisch, letztres schien mir hinter der *»Himmelfahrt Mariäs«* desselben Meisters in Verona zurückzubleiben. (Ich wurde aber später total bekehrt).

Von der Academie auf den Marcusplatz. Den *Campanile*[2] bestiegen; Sonnenuntergang. Kostbares Landschaftsbild, das wie Wichmann in seinen Notizen sehr richtig bemerkt, nicht wieder vergessen werden kann. Im Nordwesten sank die Sonne hinter den Tiroler 15 Alpen unter und vergoldete diese. – Vom Campanile an die Riva delli Schiavoni[3]. Platz genommen im Café Orientale. Eis, Absinth, Musik aller Art. Aecht venetianisches Volkstreiben: Kaufleute, Juden, liederliche Frauenzimmer, Matrosen, Soldaten, Tassengeklapper und Guitarren-Geklimper; dazwischen wundervoller, gutgeschulter Gesang von zehn, zwölf Schiffern, die, Kreis schließend in Nähe des Cafés sich aufstellten. – Um 8 Uhr nach 20 Haus. Mit Emilie im Restaurant Bauer gegessen.

Mittwoch den 7. Oktober. Dritter Tag in Venedig.
Mit Novilles im Hôtel gefrühstückt. – um 10 zu *Antonio Salviati*[4] am Canal grande, dem Wiederhersteller der alt-venetianischen Glas- und Mosaik-Kunst. A. v. Werners[4] Bild gesehen, an dessen Ausführung in Mosaik ein halbes Dutzend Künstler beschäftigt waren. Drei Stunden dort geblieben. Das Ganze sehr lehrreich und sehr interessant. Von 25 Salviati in die Academia delle belle Arti. Nur 10 Minuten vor der »Assunta« geblieben, diesmal mit einem guten Glas bewaffnet. Die erhabene Schönheit dieses Bildes ging plötzlich vor mir auf. Es ist ganz und gar No 1; ein Triumph der Kunst; die alte Phrase von der »Göttlichkeit der Kunst« die jeder braucht der drei Leberwürste malen kann, *hier* hört sie auf Phrase zu sein; dies *ist* ein Göttliches und faßt das Menschenherz ganz anders als 7 30 Bände Predigten. (...)

Am Nachmittage mit den Damen zusammen nach San Giovanni e Paolo, eine Kirche, die mit der Schule San Marco einen rechten Winkel bildet. Auf dem kleinen Platz in Front und Flanke der Kirche steht die berühmte Reiterstatue des Generals *Colleoni*[5], ein Meisterwerk ersten Ranges. Schön, eigenthümlich, lebensvoll. Die Kirche San Giovanni e 35 Paolo selbst enthält sehr viele Dogen-Grabmäler; einzelne sitzen zu Roß, andre liegen auf dem Sarkophag, doch ist mir keines dieser Steinbilder als etwas ganz Besondres im Gedächtniß geblieben. Man muß in der Geschichte Venedigs fester, mit den einzelnen Trägern berühmter Namen vertrauter sein, um diesen Denkmälern ein größeres Interesse abzugewinnen. 40

[1] Academia delle belle Arti; richtig Academia di belle Arti: In diesem ehemaligen Kloster aus dem 15. Jahrhundert ist die Hauptgalerie der venezianischen Malerei.
[2] Campanile: gemeint ist der Glockenturm von San Marco.
[3] Riva delli Schiavoni: Uferstraße vom Dogenpalast in Richtung Arsenal. Hier wohnten früher die dalmatinischen Schiffsleute Venedigs, heute Promenierstraße.
[4] Antonio Salviati, A. v. Werner: Anton von Werner hatte ein Riesengemälde für die Siegessäule in Berlin geschaffen. Dieses übertrug der berühmte Mosaizist und Kunsthändler Salviati in eineinhalbjähriger Arbeit in ein Mosaik. Das Mosaik wurde im November 1875 in Berlin enthüllt.
[5] General Colleoni: Denkmal des italienischen Söldner- und Freischarführers Bartolomeo Colleoni (1400–1475), geschaffen von dem Bildhauer Andrea del Verrocchio (1436–1488)

Um 6 mit Novilles ins Hôtel zum Diner. Bei Tisch trifft die Nachricht von Graf Arnims[1] Verhaftung ein. Partielle Aufregung. – Um 9 auf den Marcusplatz. Gelato bei Florian. Militär Musik.

Donnerstag d. 8. Oktob. Vierter Tag in Venedig.
Um 10 Uhr in den *Dogen-Palast*. Ein wunderbarer Bau. Die kurzen Säulen des Erdge-
45 schosses, die phantastisch ornamentirten des I. Stockes, dann endlich der nur von sechs breiten gothischen Fenstern unterbrochene, in längliche Vierecke abgetheilte Riesen-Marmorwürfel, der von den Säulengängen des Erdgeschosses und I. Stockes getragen wird, wirken zauberhaft. Es erinnert an Bilder, auf denen Luftgestalten irgend etwas Schweres und Massiges, einen prächtigen Sarkophag, einen Reliquienschrein oder einen
50 Tempel tragen.

In: Theodor Fontane: Sämtliche Werke. Band XXIII/2: Aufsätze zur bildenden Kunst. München: Nymphenburger Verlagshandlung 1970, S. 13 ff.

1. *Vergleichen Sie den Brief vom 7. 10. 74 mit den Tagebucheintragungen. Charakterisie-ren Sie die Texte, und überlegen Sie, inwieweit die unterschiedlichen Intentionen Inhalt und Sprachgebung der Texte prägen.*
2. *Untersuchen Sie den Brief genauer: Welche Beziehung besteht zwischen dem Absender und dem Empfänger? Welche Erfahrungen und Lebensanschauungen verbinden sie? Wie teilt der Briefschreiber seine Erlebnisse mit?*
3. *Charakterisieren Sie den Reisenden auf der Grundlage des Briefes und der Tage-bucheintragungen, und ziehen Sie Vergleiche zu Goethes Selbstdarstellung.*

Gestalterisches Schreiben: Bericht und Beschreibung haben Sie in der Sekundarstufe I als Gebrauchsformen kennengelernt. Brief und Tagebuch bieten viele Möglichkeiten indivi-dueller sprachlicher Gestaltung. Alle diese Formen sind geeignet, daß sich der Schreiber über sich und seine Umwelt klar wird, und daß er andere auffordert, bewußt zu sehen, zu urteilen und zu handeln.
Projektvorschläge:
– *Die Sehenswürdigkeiten in unserer Stadt – Eine Folge von Beschreibungen*
– *Schandflecken in unserer Stadt – Eine Bestandsaufnahme*
– *Das Leben in unserer Stadt – Eine Folge von Berichten*
– *»So etwas dürfte eigentlich nicht geschehen.« – Bestandsaufnahmen*
– *Eine Schulwoche – Veröffentlichte Tagebuchnotizen*
– *»Man kommt ins Grübeln.« – Notizen während der Woche*
– *Eine Reise nach X – Berichte, Beschreibungen, Notizen*
– *»Wir haben vieles gemeinsam.« – Ein veröffentlichter (oder fiktiver) Briefwechsel*

[1] Harry Graf von Arnim (1824–1881), Diplomat, wurde 1874 vom französischen Botschafterpo-sten zurückgerufen, weil er angeblich mit Monarchisten Verbindungen anknüpfte. Er wurde verurteilt, weil er Akten an sich nahm, die er zu seiner Rechtfertigung benutzen wollte.

Gestaltung und Deutung

Venedig, das in der Weltchronik von 1493 »die berümbst stat« genannt wurde, hat früh bildende Künstler wie Carpaccio, Giorgione, Tizian, Tintoretto und Albrecht Dürer angezogen. Später nahmen unter denen, die die Stadt mit ihren Sehenswürdigkeiten erleben wollen, die Schriftsteller und Dichter eine besondere Rolle ein: Sie schreiben über Venedig; sie gestalten ihre Eindrücke; sie versuchen zu deuten, was sie erfahren haben; sie fragen, ob in dem Erlebten und Erfahrenen ein Sinn liege, der weiterzugeben wäre. So wird Venedig zum literarischen Ort. Die Motive, die Venedig bietet, sind vielfältig zu gestalten. So entstehen literarische Texte aus verschiedenen Gattungen. Abgedruckt werden eine Szene aus einem Drama, ein Ausschnitt aus einer Novelle und Gedichte aus verschiedenen Epochen.

William Shakespeare
Der Kaufmann von Venedig

William Shakespeare gilt als der bedeutendste englische Dramatiker. Er wurde 1564 in Stratford-upon-Avon geboren und starb dort am 23. 4. 1616. Von 1587 bis 1610 lebte er in London und erwarb sich durch seine Theaterstücke finanziellen Erfolg und ein hohes Ansehen in der Gesellschaft.

Shakespeare fand für sein Schaffen keine dramatische Tradition vor; aber er stieß auf ein Publikum mit großer »Aufgeschlossenheit für das Experimentieren mit Stiltendenzen unterschiedlichster Herkunft, die zu immer neuen Mischformen assimiliert wurden«[1]. Mit seinen Stücken löste Shakespeare eine Diskussion über das Drama aus, die bis heute andauert.

Vielfältig sind die Stoffe, die er behandelte. Er wählte historische Gestalten aus der englischen, griechischen und römischen Geschichte als Vorlage. Daneben dramatisierte er – vorzüglich italienische – Novellen, ohne jedoch selbst am Ort des Geschehens gewesen zu sein.

In dem Drama »Der Kaufmann von Venedig«, das 1596 aufgeführt und 1600 gedruckt wurde, verbindet der Autor zwei Handlungsstränge: Bassanio, ein Freund des unbeschwerten Lebens, freit um Porzia, eine reiche Erbin. Dazu braucht er Geld, das sein Freund, der reiche aber vorübergehend insolvente Antonio bei dem Juden Shylock leiht. Der Jude sieht eine Möglichkeit, den Christen einen Denkzettel zu verpassen. Aber am Ende kommt er gegen die herrschenden Christen nicht an. Das Stück zeigt, wie ein Kritiker 1964 schrieb, »wie Christen in der Welt Erfolg haben, indem sie ihre Ideale der Liebe und Vergebung gerade nicht praktizieren«.

[1] Harenbergs Lexikon der Weltliteratur. Autoren-Werke-Begriffe. Bd. 5. Dortmund: Harenberg 1989. S. 2649.

Erster Aufzug.
1. Scene.

Venedig, eine Straße.
Antonio. Salarino und Solanio treten auf.

ANTONIO. Fürwahr, ich weiß nicht, was mich traurig macht.
    Ich bin es satt; ihr sagt, das seid ihr auch.
    Doch wie ich dran kam, wie mir's angeweht;
    Von was für Stoff es ist, woraus erzeugt,
5   Das soll ich erst erfahren.
    Und solchen Dummkopf macht aus mir die Schwermut,
    Ich kenne mit genauer Not mich selbst.
SALARINO. Eu'r Sinn treibt auf dem Ozean umher,
    Wo Eure Galeonen, stolz besegelt,
10   Wie Herrn und reiche Bürger auf der Flut,
    Als wären sie das Schaugepräng der See,
    Hinwegsehn über kleines Handelsvolk,
    Das sie begrüßet, sich vor ihnen neigt,
    Wie sie vorbeiziehn mit gewebten Schwingen.
15 SOLANIO. Herr, glaubt mir, hätt' ich so viel auf dem Spiel,
    Das beste Teil von meinem Herzen wäre
    Bei meiner Hoffnung auswärts. Immer würd' ich
    Gras pflücken, um den Zug des Winds zu sehn;
    Nach Häfen, Reed' und Damm in Karten gucken,
20   Und alles, was mich Unglück fürchten ließ
    Für meine Ladungen, würd' ohne Zweifel
    Mich traurig machen.
SALARINO. Der Hauch, der meine Suppe kühlte, würde
    Mir Fieberschauer anwehn, dächt' ich dran,
25   Wie viel zur See ein starker Wind kann schaden.
    Ich könnte nicht die Sanduhr rinnen sehn,
    So dächt' ich gleich an Seichten und an Bänke,
    Säh' meinen reichen Hans im Sande fest,
    Das Haupt bis unter seine Rippen neigend,
30   Sein Grab zu küssen. Ging' ich in die Kirche,
    Und säh' das heilige Gebäu von Stein,
    Sollt' ich nicht gleich an schlimme Felsen denken,
    Die an das zarte Schiff nur rühren dürfen,
    So streut es auf den Strom all sein Gewürz,
35   Und hüllt die wilde Flut in meine Seiden.
    Und kurz, jetzt eben dies Vermögen noch,
    Nun gar keins mehr? Soll ich, daran zu denken,
    Gedanken haben, und mir doch nicht denken,
    Daß solch ein Fall mich traurig machen würde?
40   Doch sagt mir nichts; ich weiß, Antonio
    Ist traurig, weil er seines Handels denkt.

ANTONIO. Glaubt mir, das nicht; ich dank' es meinem Glück,
Mein Gut ist e i n e m Schiff nicht anvertraut,
Noch e i n e m Ort; noch hängt mein ganz Vermögen
45 Am Glücke dieses gegenwärt'gen Jahrs:
Deswegen macht mein Handel mich nicht traurig.
SOLANIO. So seid Ihr denn verliebt?
ANTONIO. Pfui, pfui!
SOLANIO. Auch nicht verliebt? Gut denn, so seid Ihr traurig,
50 Weil Ihr nicht lustig seid; Ihr könntet eben
Auch lachen, springen, sagen: Ihr seid lustig,
Weil Ihr nicht traurig seid. Nun, beim zweiköpf'gen Janus!
Natur bringt wunderliche Kauz' ans Licht.
Der drückt die Augen immer ein, und lacht
55 Wie'n Starmatz über einem Dudelsack:
Ein andrer von so saurem Angesicht,
Daß er die Zähne nicht zum Lachen wiese,
Schwür' Nestor auch, der Spaß sei lachenswert.
    Bassanio, Lorenzo und Graziano kommen.
Hier kommt Bassanio, Euer edler Vetter,
60 Graziano und Lorenzo: lebt nun wohl,
Wir lassen Euch in besserer Gesellschaft.
SALARINO. Ich wär' geblieben, bis ich Euch erheitert;
Nun kommen wert're Freunde mir zuvor.
ANTONIO. Sehr hoch steht Euer Wert in meiner Achtung,
65 Ich nehm' es so, daß Euch Geschäfte rufen,
Und Ihr den Anlaß wahrnehmt, wegzugehn.
SALARINO. Guten Morgen, liebe Herren!
BASSANIO. Ihr lieben Herrn, wann lachen wir einmal?
Ihr macht euch gar zu selten; muß das sein?
70 SALARINO. Wir hoffen euch bei Muße aufzuwarten.
    (Salarino und Solanio ab.)
LORENZO. Da Ihr Antonio gefunden habt,
Bassanio, wollen wir Euch nun verlassen.
Doch bitt' ich, denkt zur Mittagszeit daran,
Wo wir uns treffen sollen.
75 BASSANIO. Rechnet drauf.
GRAZIANO. Ihr seht nicht wohl, Signor Antonio;
Ihr macht Euch mit der Welt viel zu schaffen:
Der kommt darum, der mühsam sie erkauft.
Glaubt mir, Ihr habt Euch wunderbar verändert.
80 ANTONIO. Mir gilt die Welt nur wie die Welt, Graziano:
Ein Schauplatz, wo man eine Rolle spielt,
Und mein' ist traurig.
GRAZIANO. Laßt den Narrn mich spielen,
Mit Lust und Lachen laßt die Runzeln kommen,
85 Und lieber mir von Wein die Leber glühn,
Als härmendes Gestöhn das Herz mir kühlen.

Weswegen sollt' ein Mann mit warmem Blut
Da sitzen wie sein Großpapa, gehaun
In Alabaster? Schlafen, wenn er wacht?
90 Und eine Gelbsucht an den Leib sich ärgern?
Antonio, ich will dir etwas sagen;
Ich liebe dich, und Liebe spricht aus mir:
Es giebt so Leute, deren Angesicht
Sich überzieht gleich einem steh'nden Sumpf,
95 Und die ein eigensinnig Schweigen halten,
Aus Absicht sich in einen Schein zu kleiden
Von Weisheit, Würdigkeit und tiefem Sinn;
Als wenn sie sprächen: Ich bin Herr Orakel,
Thu' ich den Mund auf, rühr' sich keine Maus.
100 O mein Antonio, ich kenne deren,
Die man deswegen bloß für Weise hält,
Weil sie nichts sagen: sprächen sie, sie brächten
Die Ohren, die sie hörten, in Verdammnis,
Weil sie die Brüder Narren schelten würden.
105 Ein andermal sag' ich dir mehr hiervon.
Doch fische nicht mit so trübsel'gem Köder
Nach diesem Narrengründling, diesem Schein,
Komm, Freund Lorenzo! – Lebt so lange wohl,
Ich schließe meine Predigt nach der Mahlzeit.
110 LORENZO. Gut, wir verlassen Euch bis Mittagszeit.
Ich muß von diesen stummen Weisen sein,
Denn Graziano läßt mich nie zum Wort.
GRAZIANO. Gut, leiste mir zwei Jahre noch Gesellschaft,
So kennst du deiner Zunge Laut nicht mehr.
115 ANTONIO. Lebt wohl! Ich werd' ein Schwätzer Euch zu lieb.
GRAZIANO. Dank, fürwahr! denn Schweigen ist bloß zu empfehlen
An geräucherten Zungen und jungfräulichen Seelen.
        (Graziano und Lorenzo ab.)
ANTONIO. Ist das nun irgend was?
BASSANIO. Graziano spricht unendlich viel Nichts, mehr als irgend ein
120 Mensch in ganz Venedig. Seine vernünftigen Gedanken sind wie zwei Wei-
zenkörner in zwei Scheffeln Spreu versteckt; Ihr sucht den ganzen Tag, bis
Ihr sie findet, und wenn Ihr sie habt, so verlohnen sie das Suchen nicht.
ANTONIO. Gut, sagt mir jetzt, was für ein Fräulein ist's,
Zu der geheime Wallfahrt Ihr gelobt,
125 Wovon Ihr heut zu sagen mir verspracht?
BASSANIO. Euch ist nicht unbekannt, Antonio,
Wie sehr ich meinen Glücksstand hab' erschöpft,
Indem ich glänzender mich eingerichtet,
Als meine schwachen Mittel tragen konnten.
130 Auch jammr' ich jetzt nicht, daß die große Art
Mir untersagt ist: meine Sorg' ist bloß,
Mit Ehren von den Schulden los zu kommen,

Drin jede Zeit mich, da ich den Verschwender
Spielte, verstrickt. Bei Euch, Antonio,
135 Steht meine größte Schuld, an Geld und Liebe,
Und Eure Liebe leistet mir Gewähr,
Daß ich Euch meine Plan' eröffnen darf,
Wie ich mich löse von der ganzen Schuld.

ANTONIO. Ich bitt' Euch, mein Bassanio, laßt mich's wissen;
140 Und steht es, wie Ihr selber immer thut,
Im Angesicht der Ehre, seid gewiß:
Ich selbst, mein Beutel, was ich nur vermag,
Liegt alles offen da zu eurem Dienst.

BASSANIO. In meiner Schulzeit, wenn ich einen Bolzen
145 Verloren hatte, schoß ich seinen Bruder
Von gleichem Flug, den gleichen Weg; ich gab
Nur besser acht, um jenen auszufinden,
Und, beide wagend, fand ich beide oft.
Ich führ' Euch dieses Kinderbeispiel an,
150 Weil das, was folgt, die lautre Unschuld ist.
Ihr lieht mir viel, und wie ein wilder Junge
Verlor ich, was Ihr lieht; allein, beliebt's Euch,
Noch einen Pfeil desselben Wegs zu schießen,
Wohin der erste flog, so zweifl' ich nicht,
155 Ich will so lauschen, daß ich beide finde.
Wo nicht, bring' ich den letzten Satz zurück,
Und bleib' Eu'r Schuldner dankbar für den ersten.

ANTONIO. Ihr kennt mich und verschwendet nur die Zeit,
Da Ihr Umschweife macht mit meiner Liebe.
160 Unstreitig thut Ihr jetzt mir mehr zu nah,
Da Ihr mein Äußerstes in Zweifel zieht,
Als hättet Ihr mir alles durchgebracht.
So sagt mir also nur, was ich soll thun,
Wovon Ihr wißt, es kann durch mich geschehn,
165 Und ich bin gleich bereit: deswegen sprecht!

BASSANIO. In Belmont ist ein Fräulein, reich an Erbe,
Und sie ist schön, und schöner als dies Wort,
Von hohen Tugenden; von ihren Augen
Empfing ich holde stumme Botschaft einst.
170 Ihr Nam' ist Porzia; minder nicht an Wert
Als Catos Tochter, Brutus' Porzia,
Auch ist die weite Welt des nicht unkundig,
Denn die vier Winde wehn von allen Küsten
Berühmte Freier her; ihr sonnig Haar
175 Wallt um die Schläf' ihr, wie ein goldnes Vlies:
Zu Kolchos' Strande macht es Belmonts Sitz,
Und mancher Jason kommt, bemüht um sie.
O mein Antonio! hätt' ich nur die Mittel,
Den Rang mit ihrer einem zu behaupten,

180 So weissagt mein Gemüt so günstig mir,
Ich werde sonder Zweifel glücklich sein.
ANTONIO. Du weißt, mein sämtlich Gut ist auf der See;
Mir fehlt's an Geld und Waren, eine Summe
Gleich bar zu heben; also geh, sieh zu,
185 Was in Venedig mein Kredit vermag:
Den spann' ich an, bis auf das Äußerste,
Nach Belmont dich für Porzia auszustatten.
Geh, frage gleich herum, ich will es auch,
Wo Geld zu haben; ich bin nicht besorgt,
190 Daß man uns nicht auf meine Bürgschaft borgt. *(Beide ab.)*

In: Shakespeares sämtliche Werke. Übers. v. August Wilhelm Schlegel u. Ludwig Tieck. Bd. 6.
Leipzig: Max Hesse o. J., S. 105 ff.

1. *Wie wird der »Schauplatz« Venedig vorgestellt?*
   Welche Möglichkeiten und Schwierigkeiten bietet die Stadt ihren Einwohnern?
   Welche Hoffnungen und Ängste haben die Bewohner?
2. *Charakterisieren Sie Antonio, Graziano und Bassanio, legen Sie dar, welche »Rolle«
   jeder spielt und wie jeder auf unterschiedliche Art auf die Handelsstadt Venedig bezogen ist.*
3. *Vergleichen Sie, wie Antonio vom »Glück« und wie Bassanio von seinem »Glücksstand« spricht. Inwiefern wird hier ein Thema angeschnitten, das zu dem Handlungs-
   ort paßt?*
4. *Das Stück vom »Kaufmann von Venedig« könnte ein Denkmodell für die ursprünglichen Zuschauer im Londoner Theater, aber auch für heutige Theaterbesucher liefern.
   Erläutern Sie den Gedanken unter Bezug auf die dargestellten Personen und das Thema.*

Die Fahrt mit der Gondel als Gleichnis

Während seines zweiten Aufenthalts in Venedig – 31. März bis 22. Mai 1790 – hat Johann Wolfgang von Goethe viele seiner Überlegungen in Epigrammen ausgedrückt. Goethe wartete auf die Herzogin Anna Amalia, deren Rückkehr aus Süditalien sich verzögerte. Er war in einer unangenehmen Lage: Seine naturwissenschaftlichen und dichterischen Arbeiten konnte er in Venedig kaum weiterführen. So gedieh das Epigramm, »eine poetische Form, in der, gedanklich und formal konzentriert, meist in antithetischer Anordnung, eine geistreiche, pointierte oder satirische Deutung zu einem Sachverhalt gegeben wird«[1]. Wie Goethe zieht auch Conrad Ferdinand Meyer (1825–1898) Vergleiche aus dem, was er sieht und erlebt. Der Schweizer Autor reiste 1858 zusammen mit seiner Schwester durch Italien.

[1] Schüler-Duden: Die Literatur. Ein Sachlexikon für die Schule. Hg. unter der Leitung v. Gerhard Kwiatkowski. Mannheim/Wien/Zürich: Bibliographisches Institut 1980, S. 126.

Johann Wolfgang von Goethe
Venetianische Epigramme

6.

Diese Gondel vergleich ich der sanft einschaukelnden Wiege,
Und das Kästchen darauf scheint ein geräumiger Sarg.
Recht so! Zwischen der Wieg' und dem Sarg wir schwanken und schweben
Auf dem großen Kanal sorglos durchs Leben dahin.

In: Goethes Werke. Hamburger Ausgabe. Bd. 1. Hamburg: Wegner [1]1958, S. 176.

Conrad Ferdinand Meyer
Auf dem Canal Grande

Auf dem Canal grande betten
Tief sich ein die Abendschatten,
Hundert dunkle Gondeln gleiten
Als ein flüsterndes Geheimnis.

5 Aber zwischen zwei Palästen
Glüht herein die Abendsonne,
Flammend wirft sie einen grellen
Breiten Streifen auf die Gondeln.

In dem purpurroten Lichte
10 Laute Stimmen, hell Gelächter,
Überredende Gebärden
Und das frevle Spiel der Augen.

Eine kurze, kleine Strecke
Treibt das Leben leidenschaftlich
15 Und erlischt im Schatten drüben
Als ein unverständlich Murmeln.

In: Conrad Ferdinand Meyer: Sämtliche Werke. München: Knaur Nachf. 1954, S. 841.

1. *Welche konkreten Wahrnehmungen liegen den Gedichten zugrunde?*
2. *Welche Bilder und Metaphern werden verwendet?*
3. *Welche Intention ist in den Gedichten angelegt?*

Thomas Mann
Der Tod in Venedig

»Gustav Aschenbach oder von Aschenbach, wie seit seinem fünfzigsten Geburtstag amtlich sein Name lautete«, ist ein weithin anerkannter Schriftsteller, wohnhaft in München. Er ist die Hauptfigur in Thomas Manns Novelle »Der Tod in Venedig«. Von seiner literarischen Arbeit abgespannt, sucht er Erholung – zunächst »auf einer seit einigen Jahren gerühmten Insel der Adria«, dann, als Wetter und Umgebung nicht seinen Erwartungen entsprechen, in Venedig.
Venedig wird ihn jedoch in mehrfacher Weise krank machen: Er wird am Ende der Novelle am Strand zusammenbrechen und in seinem Hotelzimmer sterben.

33

Ansicht von San Marco. Canaletto. Um 1726.

So sah er ihn denn wieder, den erstaunlichsten Landungsplatz, jene blendende Komposition phantastischen Bauwerks, welche die Republik den ehrfürchtigen Blicken nahender
Seefahrer entgegenstellte: die leichte Herrlichkeit des Palastes und die Seufzerbrücke, die
Säulen mit Löw' und Heiligem am Ufer, die prunkend vortretende Flanke des Märchen-
5 tempels, den Durchblick auf Torweg und Riesenuhr, und anschauend bedachte er, daß zu
Lande, auf dem Bahnhof in Venedig anlangen einen Palast durch eine Hintertür betreten
heiße, und daß man nicht anders, als wie nun er, als zu Schiffe, als über das hohe Meer die
unwahrscheinlichste der Städte erreichen sollte.
Die Maschine stoppte, Gondeln drängten herzu, die Fallreepstreppe ward hinabgelassen,
10 Zollbeamte stiegen an Bord und walteten obenhin ihres Amtes; die Ausschiffung konnte
beginnen. Aschenbach gab zu verstehen, daß er eine Gondel wünsche, die ihn und sein
Gepäck zur Station jener kleinen Dampfer bringen solle, welche zwischen der Stadt und
dem Lido verkehren; denn er gedachte am Meere Wohnung zu nehmen. Man billigt sein
Vorhaben, man schreit seinen Wunsch zur Wasserfläche hinab, wo die Gondelführer im
15 Dialekt miteinander zanken.
Wer hätte nicht einen flüchtigen Schauder, eine geheime Scheu und Beklommenheit zu
bekämpfen gehabt, wenn es zum ersten Male oder nach langer Entwöhnung galt, eine
venezianische Gondel zu besteigen? Das seltsame Fahrzeug, aus balladesken Zeiten ganz
unverändert überkommen und so eigentümlich schwarz, wie sonst unter allen Dingen nur
20 Särge es sind, – es erinnert an lautlose und verbrecherische Abenteuer in plätschernder
Nacht, es erinnert noch mehr an den Tod selbst, an Bahre und düsteres Begängnis und
letzte, schweigsame Fahrt. Und hat man bemerkt, daß der Sitz einer solchen Barke, dieser
sargschwarz lackierte, mattschwarz gepolsterte Armstuhl, der weichste, üppigste, der
erschlaffendste Sitz von der Welt ist? Aschenbach ward es gewahr, als er zu Füßen des
25 Gondoliers, seinem Gepäck gegenüber, das am Schnabel reinlich beisammen lag, sich

niedergelassen hatte. Die Ruderer zankten immer noch; rauh, unverständlich, mit drohenden Gebärden. Aber die besondere Stille der Wasserstadt schien ihre Stimmen sanft aufzunehmen, zu entkörpern, über der Flut zu zerstreuen. Es war warm hier im Hafen. Lau angerührt vom Hauch des Scirocco, auf dem nachgiebigen Element in Kissen gelehnt, schloß der Reisende die Augen im Genusse einer so ungewohnten als süßen Lässigkeit. 30 Die Fahrt wird kurz sein, dachte er; möchte sie immer währen! In leisem Schwanken fühlte er sich dem Gedränge, dem Stimmengewirr entgleiten.

Wie still und stiller es um ihn wurde! Nichts war zu vernehmen als das Plätschern des Ruders, das hohle Aufschlagen der Wellen gegen den Schnabel der Barke, der steil, schwarz und an der Spitze hellebardenartig bewehrt über dem Wasser stand, und noch ein 35 drittes, ein Reden, ein Raunen, – das Flüstern des Gondoliers, der zwischen den Zähnen, stoßweise in Lauten, die von der Arbeit seiner Arme gepreßt waren, zu sich selber sprach. Aschenbach blickte auf, und mit leichter Befremdung gewahrte er, daß um ihn her die Lagune sich weitete und seine Fahrt gegen das offene Meer gerichtet war. Es schien folglich, daß er nicht allzu sehr ruhen dürfe, sondern auf den Vollzug seines Willens ein 40 wenig bedacht sein müsse.

»Zur Dampferstation also«, sagte er mit einer halben Wendung rückwärts. Das Raunen verstummte. Er erhielt keine Antwort.

»Zur Dampferstation also!« wiederholte er, indem er sich vollends umwandte und in das Gesicht des Gondoliers emporblickte, der hinter ihm, auf erhöhtem Borde stehend, vor 45 dem fahlen Himmel aufragte. Es war ein Mann von ungefälliger, ja brutaler Physiognomie, seemännisch blau gekleidet, mit einer gelben Schärpe gegürtet und einen formlosen Strohhut, dessen Geflecht sich aufzulösen begann, verwegen schief auf dem Kopfe. Seine Gesichtsbildung, sein blonder, lockiger Schnurrbart unter der kurz aufgeworfenen Nase ließen ihn durchaus nicht italienischen Schlages erscheinen. Obgleich eher schmächtig 50 von Leibesbeschaffenheit, so daß man ihn für seinen Beruf nicht sonderlich geschickt geglaubt hätte, führte er das Ruder, bei jedem Schlage den ganzen Körper einsetzend, mit großer Energie. Ein paarmal zog er vor Anstrengung die Lippen zurück und entblößte seine weißen Zähne. Die rötlichen Brauen gerunzelt, blickte er über den Gast hinweg, indem er bestimmten, fast groben Tones erwiderte: 55

»Sie fahren zum Lido.«

Aschenbach entgegnete:

»Allerdings. Aber ich habe die Gondel nur genommen, um mich nach San Marco übersetzen zu lassen. Ich wünsche den Vaporetto zu benutzen.«

»Sie können den Vaporetto nicht benutzen, mein Herr.« 60

»Und warum nicht?«

»Weil der Vaporetto kein Gepäck befördert.«

Das war richtig; Aschenbach erinnerte sich. Er schwieg. Aber die schroffe, überhebliche, einem Fremden gegenüber so wenig landesübliche Art des Menschen schien unleidlich. Er sagte: 65

»Das ist meine Sache. Vielleicht will ich mein Gepäck in Verwahrung geben. Sie werden umkehren.«

Es blieb still. Das Ruder plätscherte, das Wasser schlug dumpf an den Bug. Und das Reden und Raunen begann wieder: der Gondolier sprach zwischen den Zähnen mit sich selbst. 70

Was war zu tun? Allein auf der Flut mit dem sonderbar unbotmäßigen, unheimlich entschlossenen Menschen, sah der Reisende kein Mittel, seinen Willen durchzusetzen.

Wie weich er übrigens ruhen durfte, wenn er sich nicht empörte! Hatte er nicht gewünscht, daß die Fahrt lange, daß sie immer dauern möge? Es war das klügste, den
75 Dingen ihren Lauf zu lassen, und es war hauptsächlich höchst angenehm. Ein Bann der Trägheit schien auszugehen von seinem Sitz, von diesem niedrigen, schwarzgepolsterten Armstuhl, so sanft gewiegt von den Ruderschlägen des eigenmächtigen Gondoliers in seinem Rücken. Die Vorstellung, einem Verbrecher in die Hände gefallen zu sein, streifte träumerisch Aschenbachs Sinne, – unvermögend, seine Gedanken zu tätiger Abwehr
80 aufzurufen. Verdrießlicher schien die Möglichkeit, daß alles auf simple Geldschneiderei angelegt sei. Eine Art von Pflichtgefühl oder Stolz, die Erinnerung gleichsam, daß man dem vorbeugen müsse, vermochte ihn, sich noch einmal aufzuraffen. Er fragte:
»Was fordern Sie für die Fahrt?«
Und über ihn hinsehend, antwortete der Gondolier:
85 »Sie werden bezahlen.«
Es stand fest, was hierauf zurückzugeben war. Aschenbach sagte mechanisch:
»Ich werde nichts bezahlen, durchaus nichts, wenn Sie mich fahren, wohin ich nicht will.«
»Sie wollen zum Lido.«
90 »Aber nicht mit Ihnen.«
»Ich fahre Sie gut.«
Das ist wahr, dachte Aschenbach und spannte sich ab. Das ist wahr, du fährst mich gut. Selbst wenn du es auf meine Barschaft abgesehen hast und mich hinterrücks mit einem Ruderschlage ins Haus des Aides schickst, wirst du mich gut gefahren haben.
95 Allein nichts dergleichen geschah. Sogar Gesellschaft stellte sich ein, ein Boot mit musikalischen Wegelagerern, Männern und Weibern, die zur Gitarre, zur Mandoline sangen, aufdringlich Bord an Bord mit der Gondel fuhren und die Stille über den Wassern mit ihrer gewinnsüchtigen Fremdenpoesie erfüllten. Aschenbach warf Geld in den hingehaltenen Hut. Sie schwiegen dann und fuhren davon. Und das Flüstern des Gondoliers ward
100 wieder vernehmbar, der stoßweise und abgerissen mit sich selber sprach.
So kam man denn an, geschaukelt vom Kielwasser eines zur Stadt fahrenden Dampfers. Zwei Munizipalbeamte, die Hände auf dem Rücken, die Gesichter der Lagune zugewandt, gingen am Ufer auf und ab. Aschenbach verließ am Stege die Gondel, unterstützt von jenem Alten, der an jedem Landungsplatze Venedigs mit seinem Enterhaken zur Stelle
105 ist; und da es ihm an kleinerem Gelde fehlte, ging er hinüber in das der Dampferbrücke benachbarte Hotel, um dort zu wechseln und den Ruderer nach Gutdünken abzulohnen. Er wird in der Halle bedient, er kehrt zurück, er findet sein Reisegut auf einem Karren am Quai, und Gondel und Gondolier sind verschwunden.
»Er hat sich fortgemacht«, sagte der Alte mit dem Enterhaken. »Ein schlechter Mann, ein
110 Mann ohne Konzession, gnädiger Herr. Er ist der einzige Gondolier, der keine Konzession besitzt. Die anderen haben hierher telephoniert. Er sah, daß er erwartet wurde. Da hat er sich fortgemacht.«
Aschenbach zuckte die Achseln.
»Der Herr ist umsonst gefahren«, sagte der Alte und hielt den Hut hin. Aschenbach warf
115 Münzen hinein. Er gab Weisung, sein Gepäck ins Bäder-Hotel zu bringen und folgte dem Karren durch die Allee, die weißblühende Allee, welche, Tavernen, Basare, Pensionen zu beiden Seiten, quer über die Insel zum Strande läuft.

In: Thomas Mann: Die Erzählungen. Bd. 1. Frankfurt/M.: Fischer 1975 S. 338 ff.

1. *Charakterisieren Sie die Hauptpersonen. Was erfahren Sie über Aschenbach? Wie wird der Gondoliere vorgestellt? Wodurch entsteht der Konflikt zwischen ihnen?*
2. *An welchen Stellen greift der Erzähler ein? Welchen Eindruck vermittelt er von der Stadt? Welche Bedeutung weist er der Gondel zu?*
3. *In welcher Gemütsverfassung ist Aschenbach am Ende des Textausschnitts? Wie haben die Ereignisse bei der Einfahrt in Venedig auf ihn gewirkt? Inwiefern könnte sein Aufenthalt in Venedig von diesem Anfang geprägt sein?*

Vergangenheit und Gegenwart

August Graf von Platen (1796–1835) war in München Kadett und ab 1814 Offizier, ehe er 1818 aus dem Militärdienst ausschied und studierte. Er lebte von 1826 an in Italien und veröffentlichte besonders kunstvoll gestaltete Gedichte.

Günter Kunert (geb. 1929), jahrelang einer der bekanntesten Lyriker, Erzähler und Essayisten der ehemaligen DDR, wurde aus der SED ausgeschlossen, als er gegen Entscheidungen der Partei protestierte. Er erhielt 1979 ein Visum für die Bundesrepublik Deutschland und lebt seitdem als freier Schriftsteller in der Nähe von Itzehoe.

August Graf von Platen
Sonette aus Venedig

XXII.

Venedig liegt nur noch im Land der Träume
Und wirft nur Schatten her aus alten Tagen.
Es liegt der Leu der Republik[1] erschlagen,
Und öde feiern seines Kerkers Räume.

Die eh'rnen Hengste[2], die durch salz'ge Schäume
Dahergeschleppt, auf jener Kirche ragen,
Nicht mehr dieselben sind sie, ach! sie tragen
Des corsican'schen Überwinders Zäume.

Wo ist das Volk von Königen geblieben,
Das diese Marmorhäuser durfte bauen,
Die nun verfallen und gemach zerstieben?

Nur selten finden auf des Enkels Brauen
Der Ahnen große Züge sich geschrieben,
An Dogengräbern[3] in den Stein gehauen.

In: August Graf von Platen: Venezianische Sonette. Leipzig: Rowohlt 1910, S. 11.

[1] Der Leu der Republik: Der Markuslöwe ist das Wahrzeichen Venedigs.
[2] Die eh'rnen Hengste: Quadriga, die die Venezianer als Beutestück aus Konstantinopel mitbrachten und auf der Vorhalle des Markusdoms aufstellten. Von dort nahm sie Napoleon als Beute mit nach Paris. Sie wurde zurückgegeben, als Napoleon gestürzt und verbannt wurde. Das Original ist heute im Museum, eine Nachbildung steht wieder auf der Vorhalle von San Marco.
[3] Die Dogengräber sind vor allem in der Kirche San Giovanni e Paolo zu besichtigen.

1. *Beschreiben Sie die Form des Gedichts. Hilfen finden Sie auf S. 77 ff.*
2. *In welche Beziehung werden die Gegenwart und die Vergangenheit Venedigs gebracht?*
3. *Wie wird die Geschichte Venedigs beurteilt? Nehmen Sie zu den Auffassungen Stellung.*

Günter Kunert
Venedig I

Düsendonner über der Lagune.
Auf dem Dach die Bronzegäule schreckgebäumt
im ewigen Wahnsinn erstarrt
die Augen aufgerissen und blind
5 erkennen dich nicht.
Zieh zu den Brücken und als *dein* Lebenswerk
überquere jede
einmal von dieser und einmal von dieser Seite

Jedesmal ist die Welt anders

10 Aber vergiß deinen Schatten nicht
er reicht bis ins Wasser hinab
wo unter undurchsichtigem Schmutz
die Strömung ihn wegspült. Keiner mehr
singt während der schwankenden Fahrt
15 eine Zeremonie ohne Ziel
und zu oft wiederholt.

Im Hotel um die Ecke haust ein Mann
namens Dostojewski[1] oder
ist bereits abgereist oder bereits
20 wieder angekommen.

Die alten Paläste
zerfrißt unser zeitgenössischer Atem
so daß wir sie nicht bewohnen können
trotz inniger Absicht.
25 Zerbröckeln würde unser Zugriff
den Stein
und alle Geometrien sänken ineinander

wie lautlos wie erwartet.

In: Günter Kunert: Verlangen nach Bomarzo. Reisegedichte. Frankfurt/M.: Fischer 1981, S. 36.

1. *Woran erkennen Sie, daß es sich hier um ein modernes Gedicht handelt?*
2. *Welche Zeichen des Untergangs werden aufgezählt?*
3. *Wie ist die Situation des hier sprechenden Menschen zu charakterisieren?*

[1] Dostojewskij, Fedor Michailowitsch, russischer Schriftsteller, geboren am 11. 11. 1821 in Moskau, gestorben am 9. 2. 1881 in St. Petersburg. Seine Hauptwerke sind »Der Idiot«, »Schuld und Sühne«, »Dämonen« und »Die Brüder Karamazov«.

3. Text und Leser

Es ist ein Unterschied, ob man morgens beim Frühstück die Zeitung überfliegt, ob man einen literarischen Text mit angespannter Aufmerksamkeit liest, oder ob man einen Vertragstext prüft, den man anschließend unterschreiben soll. Aus Untersuchungen zum Leseverhalten können einige Unterscheidungen abgeleitet werden:

Arten	Wesen	Zweck	Notwend. Fähigk./ Fertigkeit
Informatorisches Lesen – Erfassen von Tatbeständen in einer schriftlichen Mitteilung	Der Inhalt der Mitteilung ist wichtig.	Weltorientierung Lebensbewältigung	Informationen erkennen können rationell erschließen können beurteilen auswerten
Evasorisches Lesen – Lustbetonte literarische Beschäftigung ohne Ansprüche (je müheloser, desto besser)	Stoff ist wichtig, nicht die Form, Sprache, Rhythmus, Bild, Metapher, Stil sind nebensächlich.	Überwindung und Lockerung der Gebundenheit des realen Lebens Vergessen eigener Unzulänglichkeiten Flucht vor innerer Leere und Langeweile Entspannung	Lesefertigkeit Ausdauer Hineindenken in Stimmungen Angerührtwerden von Sensationen Sinn für Spannung Ansprechbarkeit auf erotische Reize geistige Aktivität Fragehaltung
Kognitives Lesen – Erkennendes, die geistige Auseinandersetzung und Besinnung forderndes Lesen	Gehalt einer Lektüre wird erschlossen. Sinngehalt und Ideen eines Textes werden erfaßt.	Suchen nach Ordnung und Sinndeutung	kritische Aufgeschlossenheit – Aufnahmebereitschaft erhebliche fachliche Kenntnisse eigenes Denken
Literarisches Lesen – Lesen, das sich mit dem sprachlichen Kunstwerk (der Dichtung) beschäftigt	Erschließen des Gehaltes Erfassen der Sprache	Individuelle Enthebung mit dem Willen nach Deutung und Gestaltung unseres Daseins und der Welt	Spezifische Begabung Talent Fachkenntnisse Engagement Muße

Nach Hans E. Giehrl: Der junge Leser. Donauwörth: Auer [3]1977. Zusammenstellung von Eduard Hörlein. In: Ausbildung – Fortbildung Deutsch. Hg. v. Reinhold Drescher u. Friedrich Hurych. Regensburg: Wolf 1977, S. 60.

1. *Erklären Sie – mit Hilfe von Wörterbüchern und Lexika – die Begriffe »informatorisch«, »evasorisch«, »kognitiv« und »literarisch«.*
2. *Erläutern Sie, welche Arten des Lesens in welchen Zusammenhängen von Ihnen erwartet werden und wie Sie den Erwartungen entsprechen.*
3. *Inwiefern können literarische Texte zum evasorischen Lesen verführen? Inwieweit wird die Art des Lesens vom Gegenstand, inwieweit von Interesse und Bereitschaft des Lesers bestimmt?*

Johannes Anderegg
Der Leser von fiktionalen Texten

Kommunikation (...) heißt jene durch Sprache aktualisierte Beziehung zwischen einem Sender und einem Empfänger, die mit der Intention des Senders übereinstimmt, die also dadurch charakterisiert ist, daß die beim Empfänger durch die Mitteilung ausgelöste Wirkung der Absicht des Senders entspricht. Gewiß muß der Empfänger, wenn die in-
5 tendierte Wirkung eintreten soll, die Mitteilung verstehen, das heißt: über angemessene Bedeutungserfahrung und Umfeldkenntnisse verfügen; aber genauso wie Wahrnehmungen, Empfindungen, Erkenntnisse und Willensakte nicht allein durch das Objekt, auf das sie gerichtet oder von dem sie angeregt sind, bestimmt, sondern auch durch das Subjekt und dessen Bedingungen geprägt werden, genauso hängt die tatsächlich sich ereignende
10 Wirkung einer Mitteilung (...) nicht nur von deren Wortlaut ab, sondern auch von den »äußeren« und »inneren« Verhältnissen des Empfängers, soweit diese sein Bewußtsein und Unterbewußtsein bestimmen. Die witzige Bemerkung, als Auflockerung einer gedrückten Gesprächssituation gedacht, verletzt statt zu erfreuen, wenn sie der Stimmung oder der Lage des Empfängers nicht angemessen ist; der Hilferuf – obwohl keineswegs
15 »ungehört verhallend«, sondern durchaus verstanden – bleibt wirkungslos, wenn er den Unwilligen oder den Unvermögenden trifft. Die jeweilige Totalität aller äußeren, »objektiven« und alle inneren, »subjektiven« Faktoren – sie seien nun reflektiert oder unreflektiert –, welche die Wirkung einer Wahrnehmung, speziell die Wirkung einer Mitteilung bestimmen, heiße *Bezugsfeld*. Im Bezugsfeld, welches Bedeutungserfahrung und Umfeld-
20 kenntnisse zwar einschließt, welches beide aber weit übersteigt, ist jener »Rahmen« zu erkennen, innerhalb dessen Erkenntnisse, Empfindungen, Erlebnisse als solche erst möglich werden, jene Summe von Voraussetzungen, aufgrund derer, obwohl oft keineswegs bewußt, Wünsche entstehen, Urteile gefällt und Handlungen ausgelöst werden. Die Wirkung einer Mitteilung, so läßt sich demnach sagen, wird bestimmt durch diese selbst und
25 durch das Bezugsfeld des Empfängers. (...)
Offensichtlich gibt es Mitteilungen – sie mögen Fiktivtexte heißen –, welche wir interessiert zur Kenntnis nehmen, obwohl weder das Interesse, wie dies zuvor geschehen ist, aus dem Zustand des Bezugsfeldes, aus dessen Erweiterungsbedürftigkeit abgeleitet werden kann, noch die Mitteilungen zu einer Erweiterung des Bezugsfeldes führen. Entgegen
30 unserer Gewohnheit verzichten wir bei Texten dieser Art darauf, nach Maßgabe unseres Bezugsfeldes zu entscheiden, was wichtig oder unwichtig sei, und keineswegs ist es uns gestattet – der Leser des Fiktivtextes ist sich dessen bewußt, auch wenn er sich nicht immer daran hält –, nach Gutdünken hier aufmerksam zu lesen, dort einige Seiten zu überspringen. Wohl kann auch innerhalb eines Fiktivtextes Wichtiges von weniger Wich-
35 tigem zu scheiden sein, aber das bezugsfeldgebundene Informationsbedürfnis des Lesers fällt dabei nicht in Betracht. Statt dessen fügt sich dieser, auf die Aktualisierung seines eigenen Bezugsfeldes verzichtend, der diesbezüglichen Meinung des fiktiven Senders.
Wenn der kommunizierende Leser eines Fiktivtextes, so lange es um diesen geht, die lokalen und temporalen Verhältnisse der Fiktion nicht von seinem tatsächlichen Standort
40 aus beurteilt, sondern gleichsam sich versetzen läßt an den Standort des fiktiven Senders, wenn er, seinem eigenen Begreifen zum Trotz, als Wahrheit und Wirklichkeit übernimmt, was der fiktive Sender als wahr und wirklich erfährt, so heißt das nichts anderes, als daß

an die Stelle des eigenen, nicht aktualisierten Bezugsfeldes das in den fiktiven Mitteilungen sich manifestierende, allenfalls auch sich verändernde Bezugsfeld des fiktiven Senders tritt.

Das fiktive Bezugsfeld läßt sich indes nicht als abstrakter, von vornherein und ein für allemal fixierter Raster aneignen. Faßbar ist es nur, insofern es als bestimmend begriffen wird für die fiktive Mitteilung, konstituiert wird es als dasjenige, innerhalb dessen die mitgeteilten Sachverhalte oder Gegenstände so erscheinen, wie sie erscheinen. Der Prozeß der Übernahme eines fiktiven Bezugsfeldes ist deshalb mit dem Entstehungsprozeß eines realen Bezugsfeldes nicht gleichzusetzen. Ein reales Bezugsfeld entwickelt und verändert sich in steter und doppelter Abhängigkeit von Subjekt und Objekt, wird geprägt durch die Wandlungen von Bewußtsein und Unterbewußtsein, durch Ereignisse, Erlebnisse und Erkenntnisse. Wohl wird beim Empfang einer als Sachtext zu begreifenden Mitteilung erst durch diese ein bestimmtes Bezugsfeld aktualisiert, wohl kann durch die Wirkung eines Sachtextes das Bezugsfeld erweitert werden, aber gerade als ein aktualisierbares, veränderbares besteht das Bezugsfeld latent immer schon vor dem Empfang einer Mitteilung. Das Bezugsfeld, aufgrund dessen ein Fiktivtext kommunizierbar ist, besteht dagegen niemals vor der Lektüre, es kann weder aktualisiert, noch als ein schon Bestehendes erweitert werden, sondern wird in der Kommunikation als deren Voraussetzung erst konstituiert. In Hinblick auf den Entstehungsprozeß deckt sich denn auch das vom Leser übernommene Bezugsfeld nicht mit dem Bezugsfeld des fiktiven Senders. Der Sachverhalt, den der fiktive Sender mitteilt, gehört zum Zeitpunkt der Mitteilung schon zu dessen Bezugsfeld, die Umfelder, auf die sich der fiktive Sender in seinen Mitteilungen bezieht – also etwa der Verwandtenkreis, das Reisevorhaben und der Geschäftsauftrag, auf die Werther in seinem ersten Brief anspielt –, sind längst in dessen Bezugsfeld integriert, während das Bezugsfeld, das der Leser in der Lektüre sich aneignet, erst durch die Erwähnung dieser Sachverhalte geschaffen wird. Die Kommunizierbarkeit eines Fiktivtextes hängt ab von einem Bezugsfeld, welches durch diesen selbst erst konstituiert wird. *Es stiftet die Kommunikation ihre eigene Vorbedingung.*

Der vom fiktiven Sender angesprochene fiktive Empfänger ist zu denken als einer, dessen Bezugsfeld durch die Mitteilung erweitert werden kann. Das Bezugsfeld, welches der reale, kommunizierende Leser sich aneignet, wird dagegen durch die Mitteilung erst konstituiert.

In: Johannes Anderegg: Fiktion und Kommunikation. Göttingen: Vandenhoeck und Ruprecht [2]1977, S. 17 ff.

1. *Arbeiten Sie die wichtigsten Thesen des Textes heraus.*
2. *Erklären Sie die Begriffe »Bezugsfeld«, »Fiktivtext«, »fiktiver Sender«, »fiktive Mitteilung«, »fiktives Bezugsfeld«.*
3. *Erklären Sie anhand der Texte »Italienische Reise« (S. 21 f.) und »Der Tod in Venedig« (S. 33 ff.) den Unterschied zwischen »Bezugsfeld« und »fiktivem Bezugsfeld«.*
4. *Was ist literarische Kommunikation?*

Jörg Moser
Literatur und Realität – Zeitgenössische Episode

Was hat man schon davon, wenn man Bücher liest? Literatur ist doch Luxus. Reine
Zeitverschwendung. Oder meinen Sie, daß die Welt heute anders wäre, wenn es nie einen
Goethe oder einen Schiller gegeben hätte? Also ernsthaft, Sie sind ja kein Dummkopf:
Haben Sie je ein ungeschriebenes Buch vermißt?
5 Nein, natürlich nicht. Aber ich ...
Ja, ja, ich weiß schon. Ich habe früher auch sehr viel gelesen. Doch das Leben ist ganz
anders als die Literatur. Wer im Leben vorankommen will, muß sich mit der Realität
auseinandersetzen. Da bleibt keine Zeit fürs Lesen. Hätte ich immer nur gelesen, anstatt
mich weiterzubilden und mich den beruflichen Anforderungen zu stellen, stünde ich
10 heute nicht, wo ich heute stehe. Oder wollen Sie vielleicht behaupten, mein Erfolg sei mir
einfach in den Schoß gefallen?
Keineswegs. Nur frage ich mich ...
Sehen Sie, genau das ist es: Leser denken zu viel, zweifeln zu viel. Und sie handeln zu
wenig. Deshalb sind sie weltfremd und erfolglos. Frustriert fliehen sie dann in die Lektüre
15 weiterer Bücher. Eine Flucht vor der Realität. Wer das Leben nur aus den Büchern kennt,
der weiß doch nicht, was das Leben wirklich ist. Erfahrungen sammelt man nur durch
wirkliche Erlebnisse. Oder genügt es Ihnen etwa, eine Speisekarte oder ein Kochrezept zu
lesen, wenn Sie hungrig sind?
Dieser Vergleich hinkt. Denn ...
20 Nein, bleiben wir bei diesem konkreten Punkt: Die Literatur kann niemals Wirklichkeit
ersetzen. Darum ist Literatur etwas für Idealisten. Aber halten Idealisten und Intellektuelle unsere Wirtschaft und unseren Alltag in Gang?
Ich bin sicher, daß der Mensch nicht ausschließlich materielle Bedürfnisse hat. Deshalb ...
25 Einverstanden. Absolut einverstanden. Wir sind uns einig. Auch ich lese zur Entspannung
hin und wieder einen Krimi oder einen Thriller. Wer heute schreibt, sollte die Bedürfnisse
des Publikums kennen. Und das Publikum interessiert sich nicht für die weltfremden
Experimente moderner Autoren, die sich eine komplizierte Unverständlichkeit zum Ziel
gesetzt haben. Und dann wundern sich diese sogenannten Dichter noch, wenn ihre Werke
30 nur von andern Kritzlern gelesen werden. Ich jedenfalls kann ohne ihre Bücher bestens
leben. Das wollen Sie doch sicher nicht bestreiten?
Nein, ganz bestimmt nicht. Nur ...
Ehrlich, ich bewundere Sie. Denn Sie bemühen sich, die Literatur zu verteidigen. Ist aber
zwecklos. Das werden Sie noch einsehen, wenn Sie erst einmal so alt sind wie ich. Schließ-
35 lich könnte ich Ihr Vater sein. In Ihrem Alter hatte ich auch noch Ideale. Durch diese
Phase müssen wir alle hindurch. Die Erfahrung wird auch Sie lehren, daß das Leben etwas
ganz anderes ist als die Literatur. Denn Sie sind doch ein intelligenter junger Mann.
Warten Sie nur ab, auch Sie werden die richtige Realität noch kennenlernen und dann die
zwecklose Beschäftigung mit Literatur jüngeren Schöngeistern überlassen.

In: Neue Zürcher Zeitung, Fernausgabe Nr. 133 (13. 6. 1987).

1. *Lesen Sie den Text mit verteilten Rollen. Gestalten Sie den Lesevortrag so, daß der Charakter des Gesprächs deutlich wird.*
2. *Tragen Sie die Behauptungen und Begründungen dessen zusammen, der sagt: »Literatur ist doch Luxus.«*
3. *Ergänzen Sie die Antwort dessen, der kaum zu Wort kommt. Welche Intention verfolgt der Autor des Dialogs?*
4. *Gestalterisches Schreiben: Verfassen Sie einen Dialog mit umgekehrten Rollenanteilen. Geben Sie dem Verfechter von Literatur ausgiebig Möglichkeiten, sich durchzusetzen. Überlegen Sie, welche Argumente der Redende vorbringen könnte und wie er diese Argumente vorbringen könnte. Wie könnte sein Gesprächspartner reagieren?*

4. Erarbeitung eines poetischen Textes

Literarische Texte sind in der überwiegenden Mehrzahl Fiktivtexte, wie den Darlegungen von Johannes Anderegg zu entnehmen war; sie konstituieren eine eigene Wirklichkeit und erwarten vom Leser, daß er als »Wahrheit und Wirklichkeit übernimmt, was der fiktive Sender als wahr und wirklich erfährt« (S. 40). Der Leser soll sich in fremde Welten hineinversetzen, um Bedingungen und Möglichkeiten menschlichen Denkens und Handelns verstehen, erörtern und beurteilen zu lernen. Indem der Leser einen fremden Text erarbeitet, erweitert er seinen eigenen Horizont.

Voraussetzung für ein solches Gelingen ist, daß der Leser sich bemüht, den Text möglichst gründlich zu verstehen. Selten sind Sinn und Ordnung eines Textes beim ersten Lesen zu fassen; noch seltener wird man in ein deutendes Gespräch über ein literarisches Werk auf Grund einer einmaligen Lektüre kommen.

Bewährte Fragestellungen helfen oft, das Gespräch mit dem literarischen Text und über ihn zu beginnen.

Ein Titel wie »Grausiges Erlebnis eines venezianischen Ofensetzers«, den Alfred Andersch der folgenden Geschichte gegeben hat, will zum Lesen verlocken. Versprochen wird eine Geschichte, die wahr oder wahrscheinlich zu sein beansprucht, da sie angeblich auf einem »Erlebnis« beruht, und die zugleich Spannung verspricht, indem sie »Grausiges« ankündet.

Alfred Andersch
Grausiges Erlebnis eines venezianischen Ofensetzers

Giuseppe Rossi, der Ofensetzer und Kamin-Spezialist, war hereingekommen, gestern abend, in Ugos Bar, und hatte einen Grappa bestellt. Alle, die zu Ugos Bar gehörten, mochten Giuseppe gern, obwohl er etwas unheimlich aussah, mit seinem bleichen, mageren Gesicht und den schwarzen Rissen darin. Giuseppe hatte keine Falten im Gesicht,
5 sondern Risse. Er sah aus wie einer, der viel mit Eisen arbeitet, vor allem aber sah er aus wie das Innere eines Kamins, wie eine dieser Höhlen, die bleich und verwischt sind und in deren Spalten und Mauerfugen sich der Ruß absetzt. Giuseppe kannte viele von diesen geheimen Gängen in Venedigs Häusern.
»Seit wann trinkst du denn Schnaps?« hatte Ugo ihn gefragt. »Kenn ich ja gar nicht an
10 dir!«
Alle sahen, wie Giuseppe sich schüttelte, nachdem er einen Schluck von dem Grappa getrunken hatte.
»Mein ganzes Abendessen hab' ich heute wieder ausgekotzt«, sagte er.
»Geh zum Doktor!« hatte Fabio gemeint, »wenn du was am Magen hast.« Man kann es
15 Giuseppe Rossi nicht ansehen, ob er krank ist, hatte er überlegt; er sieht so bleich aus wie immer.
»Ich war für heute nachmittag zu den Salesianern in San Alvise bestellt«, sagte Giuseppe, anstatt Fabios Aufforderung zu beantworten.
»Hat das was mit deinem Unwohlsein zu tun?« fragte Ugo.
20 »An der Pforte erwartete mich einer, der war so groß wie du«, sagte Giuseppe, zu Ugo gewendet. »Aber er sah ganz anders aus. Er sah aus wie der liebe Gott persönlich.«
»Einen lieben Gott gibt's nicht«, sagte Ugo gekränkt und beinahe wütend. Seine weiße Goliath-Schürze bewegte sich heftig, aber seine Pranken spülten die Gläser so zart wie immer. »Den hat's noch nie gegeben. Und wenn's ihn gibt, dann möchte ich nicht so
25 aussehen wie der.«
»Nachher hab' ich gemerkt, daß er der Prior ist«, erzählte Giuseppe. »Er führte mich ins Refektorium und sagte mir, der Kamin zöge seit ein paar Wochen nicht mehr richtig, der Rauch drücke in den Saal. Als wir im Refektorium standen, kam der Kater herein«, fügte er hinzu.
30 »Ein Kater?« fragte Fabio, verwundert, weil Giuseppe Rossi eine so alltägliche Sache so betont vorbrachte.
»Ein gelbes Riesenvieh«, antwortete Giuseppe. »Ich kann diese gelbe Sorte Katzen nicht leiden.«
»Weil sie keine Weiber haben, die Schwarzen, haben sie Katzen«, sagte Ugo.
35 »Er strich um den Prior herum. Die Salesianer tragen diese glatten schwarzen Kutten. Es sind eigentlich keine Kutten, es sind Soutanen.« Nachdenklich sagte er: »Die Salesianer sind sehr gelehrte Patres. Der Prior sah aus wie ein sehr gelehrter Herr.«
»Ich denke, er sah aus wie der liebe Gott, den es gar nicht gibt?« warf Ugo spöttisch dazwischen.
40 »Ja, wie der liebe Gott und wie ein sehr gelehrter Herr. Er sah nicht aus wie...«, Fabio bemerkte, daß Giuseppe einen Moment zögerte, »... wie Petrus.«
»Aha«, sagte Ugo, »und davon ist dir also schlecht geworden?«

»Aber nein«, sagte Giuseppe. »Kannst du nicht warten?« Er war mit seinen Gedanken so sehr bei seiner Geschichte, daß er die Verachtung in Ugos Stimme überhaupt nicht bemerkte. »Der Kater«, berichtete er, »strich einmal mit seinem ekelhaften Gelb um die 45 Soutane des Priors herum und dann stellte er sich vor den Kamin und schrie mit seiner widerwärtigen Stimme den Kamin an. Natürlich habe ich zu diesem Zeitpunkt gar nicht darauf geachtet, es fiel mir erst nachher auf. Ich sah mir den Kamin an, es war kein richtiger, ganz offener Kamin mehr, sondern sie hatten einen dieser eisernen Ventilationskästen eingebaut und ihn nach oben dicht gemacht, bis auf eine Klappe über dem 50 Feuerrost, der Kamin mußte also ziehen. Ich fragte den Prior, wie lange sie den Kasten schon drin hätten, und er sagte ›Drei Jahre‹, und da sagte ich, dann wären wahrscheinlich nur die Rohre und die Öffnung, die durch die Mauer nach außen führe, hinter dem Kasten, verschmutzt. Er sagte, das habe er sich auch gedacht. Ich fragte ihn, was hinter der Mauer sei, und er antwortete ›Der Rione‹, und die Öffnung sei mindestens drei Meter 55 über dem Wasser in der Wand, man käme von außen nicht dran. Ich sagte, wenn das so sei, dann müsse ich den ganzen Kasten herausnehmen. Ich solle nur das machen, was ich für richtig halte, sagte er, aber ich solle mich beeilen, sie könnten kaum noch essen im Refektorium vor Qualm. Und während der ganzen Zeit, in der wir uns unterhielten, schrie das gelbe Vieh von Zeit zu Zeit vor dem Kamin herum. Wenn nicht dieser vor- 60 nehme Pater Prior dabeigewesen wäre, hätte ich ihm einen Tritt gegeben.«
Alle, die gerade in Ugos Bar waren, hörten jetzt Giuseppe zu. Der Ofensetzer trank den Grappa aus und schüttelte sich wieder. Ohne ein Wort zu sagen, schob Ugo ihm ein Glas Rotwein hin.
»Ich untersuchte den Kasten. Bei solchen Kästen sollte nur die Basis mit dem Feuerrost 65 einzementiert sein und der Kasten soll darauf gesetzt und gut eingepaßt werden, so daß man ihn jederzeit abnehmen kann. Aber die meisten machen es falsch und schmieren auch um die untere Fuge des Kastens Zement. Stümper!« Er schwieg einen Augenblick erbittert, ehe er fortfuhr: »Ich fing also an, den Zementkranz unten wegzuschlagen. Der Prior war hinausgegangen, aber ein paar Mönche waren hereingekommen und sahen mir bei 70 der Arbeit zu, weshalb ich den Kater nicht hinausjagen konnte, der sich ein paarmal wie ein Verrückter benahm und den glatten Eisenkasten hinauf wollte. Er war so groß wie ein Hund . . .«
» . . . und so fett wie ein Schwein«, unterbrach ihn Ugo. »Er war sicher so fett wie alle diese fetten, kastrierten Kloster-Kater.« 75
»Nein«, sagte Giuseppe, »er war überhaupt nicht fett. Er war auch bestimmt nicht kastriert. Alles an ihm war Muskeln und er war so groß wie ein mittlerer Hund, und auf einmal bekam ich Angst vor ihm. Ich mußte ihn auf einmal ansehen und als ich sein Gesicht sah und seine Muskeln, da sah ich, daß ich ihn nicht hätte verjagen können. In diesem Augenblick bemerkte ich, daß wieder der Pater Prior neben mir stand, obwohl ich 80 nur seine Füße sehen konnte, denn ich kniete unter dem Kamin-Balken, und ich hörte, wie er sagte: ›Was hat das Tier nur?‹ ›Vielleicht wittert es Mäuse‹, hörte ich einen von den Mönchen sagen. Ich mußte grinsen, da unten, in meinem Kamin, und ich wollte schon etwas sagen, aber der Prior nahm es mir ab. ›Unsinn‹, sagte er, ›wenn eine Katze Mäuse wittert, verhält sie sich ganz still.‹ Ich dachte, das ist nicht nur ein gelehrter Herr, sondern 85 ein Mann, der wirklich etwas weiß. Man kann sehr gelehrt sein und doch nicht wissen, wie eine Katze sich benimmt, wenn sie ein Mäuseloch findet.«
»Mach weiter!« sagte Ugo. »Wir wissen schon, daß er der liebe Gott persönlich war.«
»Ich hatte den Zementkranz bald losgeschlagen und richtete mich auf, um den Kasten

90 heraus zu heben, aber das war gar nicht so einfach, er war schwer und das Eisen war eingerostet, und ich brauchte eine ganze Weile, bis ich ihn richtig gelockert hatte. Während der ganzen Zeit stand dieses gelbe Vieh neben mir, ich sage, es stand, es saß nicht wie eine normale Katze, die auf etwas wartet, sondern es stand auf gestreckten Beinen, und ich sah, daß es die Krallen herausgestreckt hatte. Ich bat einen der Mönche, mir zu helfen,

95 den Kasten wegzurücken, und während wir ihn anfaßten und begannen, ihn zur Seite zu schieben, mußte ich nun doch dem Kater einen Tritt geben, weil er nicht von meinen Füßen wegging. Er flog ein paar Meter weiter in den Saal hinein, richtete sich fauchend wieder auf und sah mich an, als wolle er sich auf mich stürzen.« Giuseppe Rossi unterbrach sich. »Ich glaube, ich sollte doch nicht weitererzählen«, sagte er. »Es ist zu unap-

100 petitlich.«

»Wir sind hier alle sehr zart besaitet«, sagte Ugo und blickte auf die Männer, die vor dem Bar-Tisch standen. »Und vor allem haben wir es sehr gern, wenn einer mitten in einer Geschichte aufhört.«

»Nun bring' schon die Leiche hinter deinem Kamin heraus!« sagte Fabio. »Wir sind

105 darauf gefaßt.«

»Keine Leiche«, sagte Giuseppe. »Wir hatten also gerade den Kasten weggerückt, der Mönch und ich, da sah ich schon, daß die Luftöffnung nach draußen ganz verstopft war. Der Kamin konnte nicht mehr ziehen, so verstopft war sie. Mit Stroh und allerhand Dreck. Und ich merkte, daß sich etwas darin bewegte. Zuerst konnte ich nichts erkennen,

110 weil der Luftschacht ganz dunkel war von alle dem Zeug, das sich darin befand, aber dann sah ich etwas Spitzes, Helles, was sich bewegte. Eine Rattenschnauze.«

Er griff nach dem Weinglas, aber er trank nicht daraus, sondern setzte es nach einer Weile wieder auf die Zinkplatte des Tisches.

»Ich zog mich ein wenig zurück«, fuhr er fort, »und war gerade dabei, dem Prior zu

115 sagen, was ich bemerkt hatte, als der Kater auch schon heran war. Er schoß wie eine Kugel auf die jetzt freigelegte hintere Wand des Kamins zu, und ich dachte, er wäre mit einem Satz im Luftschacht drin, aber statt dessen bremste er ganz plötzlich ab und duckte sich unter dem Loch auf den Boden, er lag mit dem Bauch auf dem Boden, hatte seine Vorderpfoten ausgestreckt und den Kopf nach oben gerichtet, während sein Schwanz

120 ganz gerade von ihm abstand. Er war völlig unbeweglich, und ich glaube, die Mönche und der Prior und ich, wir waren alle genau so erstarrt, denn im Eingang des Schachts war eine Ratte erschienen... eine Ratte, sage ich...«

Der Ofensetzer starrte auf die Wand hinter Ugo, und Fabio hätte sich nicht gewundert, wenn in seinen Pupillen das Doppelbildnis der Ratte, die er gesehen hatte, erschienen

125 wäre.

»In meinem Beruf hat man häufig mit Ratten zu tun«, sagte Giuseppe. »In meinem Beruf und in einer Stadt wie der unseren. Aber ihr dürft mir glauben, wenn ich sage, daß ich so ein Trumm von einer Ratte noch nie gesehen habe. Sie stand da oben, im Eingang ihres Lochs, und sie füllte das Loch völlig aus. Wie sie jemals hinter dem Ofen herausgekom-

130 men ist, – denn sie muß ja nachts herausgekommen sein –, ist mir völlig schleierhaft. Na, jedenfalls sie stand da oben, ihr Fell war nicht grau, sondern weiß, ein schmutziges, scheußliches Weiß, und der gelbe Kater stand unter ihr und stieß ein Knurren aus. Aber während ich nicht den Kopf wegdrehen konnte, sagte der Pater Prior zu einem der Mönche ›Pater Bruno, holen Sie eine Schaufel!‹ Und er fügte hinzu ›Schließen Sie die Türe,

135 wenn Sie hinausgehen und wenn Sie wieder hereinkommen!‹ Ich muß schon sagen, der Mann hatte die Ruhe weg.«

Dann ging alles sehr schnell, und ich kann euch sagen, die schwarzen Soutanen der Mönche tanzten nur so an den weißen Wänden des Refektoriums entlang, als die Ratte herunter kam. Ich bin auch gesprungen, und nur der Pater Prior ist ganz ruhig stehen geblieben und sah sich die Sache an. Die Ratte machte zuerst einen Fluchtversuch, aber 140 der Kater hatte natürlich ganz schnell seine Krallen in ihrem Rücken, und da entschloß sie sich und griff ihn an. Sie hatte einfach keine andere Wahl. Jetzt, wo sie im Saal war, konnte man sehen, wie groß sie war. Sie war natürlich nicht so groß wie der Kater, aber für eine Ratte war sie enorm groß. Sie war ein Ungeheuer, sie war ein schmutziges weißes Ungeheuer, fett und rasend, und der Kater war ein Ungetüm, ein gelbes, widerwärtiges, 145 muskulöses Ungetüm. Habt ihr schon einmal gesehen, wie eine Ratte eine Katze angreift?«
Niemand gab ihm eine Antwort. Ugo hatte mit seinem ewigen Gläserspülen aufgehört und alle sahen angeekelt auf das bleiche Gesicht des Ofensetzers.
»Sie kommen von unten«, sagte er. »Diese da drehte sich um und wühlte sich mit ein paar 150 Bewegungen unter den Kater und verbiß sich in seinen Hals. Der Kater raste wie ein Irrsinniger ein paarmal durch den Saal, aber er bekam die Ratte nicht von seinem Hals weg, und zuerst schoß das Blut aus seinem Hals wie eine kleine Fontäne hoch, aber dann sickerte es nur noch, und er konnte nichts anderes tun als die Kopfhaut und die Rückenhaut der Ratte mit seinen Krallen und seinen Zähnen aufreißen. Das Katzenblut und das 155 Rattenblut versauten den ganzen Saal. Ein paar von den Mönchen schrien geradezu vor Entsetzen.«

»Mach's kurz!« sagte einer von Ugos Gästen, und ein anderer: »So genau wollten wir's nicht wissen.«

160 »Ich hab' euch ja gewarnt«, erwiderte Giuseppe. »Ich bin auch schon fertig. Nur von dem Prior muß ich noch etwas erzählen. Als wir es beinahe nicht mehr ausgehalten hätten, hörten wir Schritte auf dem Gang, und der Pater Bruno kam mit der Schaufel herein. Er blieb erschrocken stehen, als er sah, was vorging, aber der Pater Prior war mit ein paar Schritten bei ihm und nahm ihm die Schaufel aus der Hand. Ich hatte gedacht, er wolle die

165 Schaufel, um die Ratte damit tot zu schlagen, aber er tat etwas ganz anderes. Er schob die Schaufel unter die beiden Tiere, die jetzt in der Mitte des Saales miteinander kämpften, sie kämpften nun schon langsamer, ineinander vergraben, die Schaufel war zu klein, um die beiden verrückten Riesenviecher zu fassen, aber sie ließen nicht voneinander ab, und so hingen sie rechts und links von der Schaufel herunter, das eine ekelhaft gelb und das

170 andere dreckig weiß und beide von Blut überströmt, und der Prior schrie uns plötzlich an ›Steht doch nicht herum! Öffnet ein Fenster!‹ und ich riß eines der großen Fenster im Refektorium auf und der Prior trug die Schaufel zum Fenster und kippte die Tiere hinaus. Wir hörten das Klatschen, mit dem sie unten auf das Wasser des Kanals aufschlugen. Keiner schaute hinaus, nur der Prior, und dann drehte er sich wieder zu uns um, gab dem

175 Pater Bruno die Schaufel zurück und sagte ›Waschen Sie das Blut ab!‹ und zu den anderen sagte er ›Holt Eimer und Besen, damit wir das Refektorium schnell wieder sauber kriegen!‹ und zu mir sagte er ›Glauben Sie, daß Sie den Kamin heute abend in Ordnung haben?‹ und ich sagte ›ja‹ und fing gleich mit der Arbeit an, aber eine Weile später mußte ich hinaus auf die Toilette, weil es mir hochkam.«

180 »Salute«, sagte Ugo, »ich gebe eine Runde Grappa aus. Wer will keinen?« Niemand sagte nein, und Ugo stellte die Gläser auf den Tisch.

»Das ist ein Mann, der Prior«, sagte Giuseppe, »er ist nicht nur gelehrt, er weiß auch wirklich etwas, und nicht nur das: er tut auch etwas. Er war der einzige von uns, der sich die Sache ansah und im voraus wußte, was zu tun war, und etwas tat.«

185 »Kurz und gut – ein Mann wie der liebe Gott. Du brauchst es nicht noch einmal zu betonen«, sagte Ugo.

»Ihr werdet es komisch finden«, sagte Giuseppe Rossi, der Ofensetzer, »als er so ruhig im Saal stand, mit gekreuzten Armen, während die Viecher herumtobten und wir von einer Ecke in die andere sprangen, da dachte ich einen Moment lang: das ist kein Mensch.«

190 Spät in der Nacht ging Fabio mit Giuseppe nach Hause. Rossi wohnte in der Nähe von San Samuele, so daß sie ein Stück weit den gleichen Weg hatten. Als sie sich verabschiedeten, vor der Türe seiner Werkstatt, sagte der Ofensetzer unvermittelt: »Er ist aber doch ein Mensch.«

»Du meinst den Prior?« fragte Fabio. Ohne eine Antwort abzuwarten, fügte er hinzu:

195 »Sicherlich ist er ein Mensch.«

»Er äußerte etwas Seltsames«, sagte Giuseppe. »Als ich ging, gab er mir die Hand und fragte ›Geht's Ihnen wieder besser?‹ und als ich nickte, sagte er bedauernd ›Diese unvernünftigen Tiere!‹ Und dann fragte er mich ›Finden Sie nicht, daß Gott den Tieren etwas mehr Vernunft hätte verleihen können?‹«

200 Fabio stieß einen Laut der Verwunderung aus.

»Nicht wahr, das ist doch eine merkwürdige Frage?« sagte Giuseppe.

»Für einen Mönch ist sie ungewöhnlich«, stimmte Fabio zu.

»Und dabei sieht er aus wie ein wirklich frommer Mann«, sagte Giuseppe. »Ich wußte nicht, was ich ihm antworten sollte, und er hat auch, glaube ich, keine Antwort erwartet.

Aber ich frage mich jetzt, Fabio, ob man fromm sein kann, richtig fromm, und doch nicht 205
alles für richtig zu halten braucht, was Gott tut.«
Die Nacht war, wie die Nächte in Venedig sind: still. Still, aber nicht tot. Fabio hörte das
Wasser des Canalazzo an den Landesteg klatschen.
»Ich weiß es nicht«, antwortete er.

In: Das Alfred Andersch Lesebuch. Hg. v. Gerd Haffmanns. Zürich: Diogenes 1979, S. 306 ff.

1. *Vergleichen Sie Ihre Leseeindrücke. Inwieweit entsprach die Lektüre Ihren Erwartungen? Fühlen Sie sich von dem Erzählten eher angezogen oder eher abgestoßen? Ist die Geschichte Ihrer Ansicht nach eher spannend und unterhaltend, oder fordert sie zu kritischem Nachdenken auf? Begründen Sie Ihre Ansichten.*
2. *Bestimmen Sie das Thema der Erzählung.*
   – Wo finden Sie in der Erzählung Hinweise, die Sie auf das Thema stoßen sollen?
3. *Beschreiben Sie den Aufbau der Geschichte, und verdeutlichen Sie die Komposition.*
4. *Charakterisieren Sie die handelnden Personen, und beschreiben Sie, in welcher Beziehung sie zueinander stehen.*
   – Schreiben Sie zuerst die Namen aller Personen heraus, ordnen Sie ihnen wichtige Textstellen zu, und versuchen Sie dann eine zusammenfassende Charakterisierung. Achten Sie besonders genau auf Ugo und den Prior.
5. *Als wichtige Motive werden der Kater und die Ratte herausgestellt. Der Machtkampf zwischen beiden ist ein weiteres Motiv. Beschreiben Sie genau, wie der Kater und die Ratte und ihr Kampf gestaltet sind. Inwiefern verweist die Ausgestaltung auf ein allgemeiner zu fassendes Thema?*
6. *Inwiefern spielt der Ort des Geschehens eine Rolle? Welche Bedeutung hat es, daß das Geschehen in einem Kloster passiert, aber in einer Bar erzählt wird?*
7. *Die Frage, die der Prior stellt und die Giuseppe an Fabio weitergibt, wird im Text nicht beantwortet; sie lautet: »Finden Sie nicht, daß Gott den Tieren etwas mehr Vernunft hätte verleihen können?«*
   – Untersuchen Sie, welchen Stellenwert diese Frage im Text hat: Inwiefern ist sie »merkwürdig« und »ungewöhnlich«? Inwiefern stellt sie für Giuseppe und Fabio – und vielleicht noch mehr für den Prior – ein schwerwiegendes Problem dar?
   – Erörtern Sie, losgelöst vom Text, das zugrundeliegende Problem.
8. *Beschreiben Sie die literarische und sprachliche Gestaltung der Erzählung, und ordnen Sie sie einer literarischen Gattung zu.*
   – Umfang des Textes: Wieviel Erzählzeit beansprucht die Geschichte? Welchen Umfang hat die erzählte Zeit, also die Handlungszeit?
   – Sprechweise des Erzählers und der Personen?
   – Wie sind Anfang und Ende gestaltet?
   – Intention der Erzählung oder des Autors?

Hinweis: Falls Sie sich über die Bedeutung einzelner hier verwendeter Fachbegriffe nicht sicher sind, informieren Sie sich darüber im Kapitel Epik, S. 86 ff.

Arbeit mit Sekundärliteratur

Einen literarischen Text versteht man besser, wenn man seinen Kontext kennt. Kontext im engeren Sinne des Wortes ist der Textzusammenhang, in dem ein einzelnes herausgehobenes Textelement steht; so hat die Frage, ob Gott die Tiere nicht mit mehr Vernunft hätte ausstatten können, im Kontext des dargestellten Dialogs ihren Platz. Als Kontext eines Werkes kann man aber auch das Gesamtwerk eines Autors ansehen oder die literarische Gattung, der ein Werk zuzuordnen ist, oder auch die Literatur, die zur gleichen Zeit erschienen ist.

Sobald man sich mit einem Text, einer Textsorte oder einem Autor genauer beschäftigen möchte, muß man sich weitere Literatur, Primär- und Sekundärliteratur, beschaffen.

Unter Primärliteratur versteht man den eigentlichen, originalen literarischen Text, der, wie das Begriffswort sagt, zuerst vorhanden war und der gegenüber jeder Sekundärliteratur auch immer die größere Wichtigkeit behält. Unter dem Begriff Sekundärliteratur (franz. secondaire »an zweiter Stelle stehend«) wird das zusammengefaßt, was zu einem Primärtext erschienen ist. Zusammengetragen wird das in sogenannten Bibliographien oder Bücherverzeichnissen. Zur Sekundärliteratur zählen Interpretationen und Kommentare zu einzelnen Werken, aber auch Darstellungen zu einzelnen Autoren, literarischen Gattungen und Epochen.

Es ist nicht immer einfach, geeignete Sekundärliteratur zu finden. Zunächst muß man eine Vorstellung haben, was man sucht. Im vorliegenden Fall könnte man das Interesse auf den Autor – Alfred Andersch – und die literarische Art der Erzählung – Kurzgeschichte – richten. Unter diesen Stichwörtern wird man in einem guten Bibliothekskatalog fündig werden.

Meist ist aber auch ein Bibliothekar bereit, bei der Suche zu helfen und eine Orientierung über die Bibliotheksbestände zu geben.

Der Anfang ist leichter, wenn man genaue Angaben über die gesuchte Sekundärliteratur hat. Folgende Bücher können einen Einstieg in die Arbeit mit dem vorgegebenen Text bieten:

Kurt Rothmann: Deutschsprachige Schriftsteller seit 1945 in Einzeldarstellungen. Stuttgart: Reclam 1985.

Manfred Durzak: Die deutsche Kurzgeschichte der Gegenwart. Autorenporträts, Werkstattgespräche, Interpretationen. Stuttgart: Reclam 1980.

Auch die Bibliographien der fachwissenschaftlichen Literatur können weiterhelfen, wenn z. B. Literatur für ein Referat gesucht wird.

Es ist sinnvoll, die Literatur über ein Thema nach genau festgelegten Vorschriften zu sammeln und zu einer Literaturliste zusammenzustellen. Zur Literaturangabe gehören Vor- und Familienname des Verfassers (bei alphabetischer Auflistung erscheint der Familienname des Verfassers meistens an erster Stelle), vollständiger Titel des Werks, Erscheinungsort, Verlag, Erscheinungsjahr. Gibt es von dem Werk mehrere Auflagen, so ist die Auflage, aus der zitiert wird, als Hochzahl vor dem Erscheinungsjahr anzuführen. Bei Zeitschriftenaufsätzen müssen Titel der Zeitschrift, Jahrgang, Erscheinungsjahr, Nummer des benutzten Heftes und Seitenzahl genannt werden. Z. B.:

Wolfdietrich Schnurre: Kritik und Waffe. Zur Problematik der Kurzgeschichte. In: Deutsche Rundschau 87/1 (1961), S. 61–66.

Versuchen Sie, die Sekundärliteratur zur Kurzgeschichte von Anders zu entleihen, und stellen Sie fest, inwiefern sie Ihnen hilft, den Text besser zu verstehen.

Hat man nun ein Buch vorliegen, sollte man sich zuerst einen Überblick über seinen Inhalt verschaffen, um herauszufinden, welche Teile für ein vorliegendes Problem interessant sind. Hierbei helfen die Einleitung des Buches, das Inhaltsverzeichnis und das Personen- und Sachregister. Die gefundenen Stellen wird man zunächst »überfliegen«, um festzustellen, inwieweit sie für das Problem interessant sind. Folgende Leitfragen sollten helfen, das Textverständnis immer wieder zu überprüfen:

1. *Welche Ansicht vertritt der Autor? Wie untermauert er seine Ansicht?*
2. *Wie versteht er einzelne Begriffe?*
3. *Leuchten seine Folgerungen ein? Stimmen sie mit eigenen Erkenntnissen und Erfahrungen überein?*
4. *Welche Beziehungen lassen sich zwischen den Anschauungen des Autors und anderen Anschauungen herstellen?*
5. *Welche für den Rezipienten neuen Ansichten äußert der Autor?*
6. *In welchen Argumentationszusammenhang bringt der Autor seine Überlegungen? Inwieweit können die Gedanken in die eigene Arbeit aufgenommen werden?*

Im Anschluß an diese Arbeit erstellt man, sofern der Titel die eigene Arbeit weiterbringt, ein Exzerpt dieser Stelle der Fachliteratur. Exzerpte sind wörtliche Auszüge aus längeren Texten. Bereits im Exzerpt sollte in Hinblick auf späteres Zitieren auf größte Genauigkeit, auch in bezug auf Zeichensetzung, Hervorhebungen, Rechtschreibung etc., geachtet werden. Neben wörtlichen Auszügen können Passagen, die für die eigenen Zwecke nicht so wichtig sind, als Paraphrase übernommen werden.

Für das Ordnen, Sammeln und Aufbewahren von Aufzeichnungen gibt es verschiedene Möglichkeiten, unter denen man wählen kann. Abzuraten ist von einer unkontrollierten Zettelwirtschaft, aber auch vom Benutzen eines festen, gebundenen Heftes. Bewährt hat sich die Anlage eines Ringbuches im DIN-A4-Format, in das man gegebenenfalls Fotokopien heften kann. Aber auch die Anschaffung eines Karteikastens hat etwas für sich. Auf einzelnen Karteikarten sammelt man das Erarbeitete und sortiert die Karten nach Sachgebieten.

Sowohl das genaue Befragen des Textes als auch die Bemühungen, seinen Kontext zu erfassen, haben zum Ziel, das vorgelegte Werk zu verstehen und – darüber hinaus – anderen verständlich zu machen.

Interpretation nennt man den Prozeß und das Ergebnis des Verstehens von Texten, die ihren Sinn nicht direkt mitteilen, die mehrdeutig sind oder die zumindest unterschiedlich aufgefaßt werden können: »Interpretieren findet dort statt, wo Lesende sich über den Sinn eines Textes verständigen wollen.«[1]

---

[1] Kaspar H. Spinner: Interpretieren im Deutschunterricht. In: Praxis Deutsch 8 (1987), S. 17.

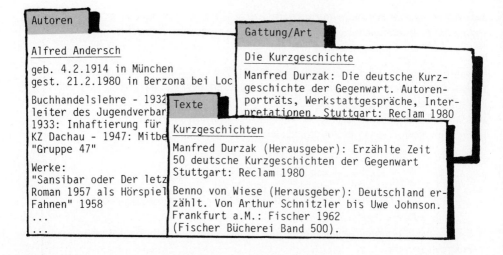

Autoren

Alfred Andersch
geb. 4.2.1914 in München
gest. 21.2.1980 in Berzona bei Loc
Buchhandelslehre - 1932
leiter des Jugendverbar
1933: Inhaftierung für
KZ Dachau - 1947: Mitbe
"Gruppe 47"

Werke:
"Sansibar oder Der letz
Roman 1957 als Hörspiel
Fahnen" 1958
...
...

Gattung/Art

Die Kurzgeschichte
Manfred Durzak: Die deutsche Kurzgeschichte der Gegenwart. Autorenporträts, Werkstattgespräche, Interpretationen. Stuttgart: Reclam 1980

Texte

Kurzgeschichten
Manfred Durzak (Herausgeber): Erzählte Zeit
50 deutsche Kurzgeschichten der Gegenwart
Stuttgart: Reclam 1980

Benno von Wiese (Herausgeber): Deutschland er-
zählt. Von Arthur Schnitzler bis Uwe Johnson.
Frankfurt a.M.: Fischer 1962
(Fischer Bücherei Band 500).

Ausgestalten, Umgestalten, Nachgestalten

Poetische Texte wirken auf Leser und zwingen sie zur Auseinandersetzung. Sinn ist nicht nur etwas, was in den Texten verborgen ist, sondern auch etwas, was der Leser dem Text zuweist. Diesen Sinn kann ein Interpret anderen interessierten Lesern etwa in der Form eines Aufsatzes mitteilen.
Es besteht aber auch die Möglichkeit, den Sinn gestalterisch zu erarbeiten. Im Kunst-unterricht ist es eine eingeführte Praxis, Kunstwerke in Skizzen nachzugestalten, sie zu verfremden und in neue Zusammenhänge zu bringen. So wird der Rezipient zum Produzenten. In ähnlicher Weise kann man produktiv mit Texten umgehen. Die Erweiterung, Fort- und Umgestaltung betont Gesichtspunkte, die auch den ursprünglichen Text in ein neues Licht stellen.

Gestalterisches Schreiben: Die Erzählung »Grausiges Erlebnis eines venezianischen Ofensetzers« endet offen. »Ich weiß es nicht«, antwortet Fabio auf die Frage Giuseppes.
1. *Führen Sie die Erzählung fort, lassen Sie Fabio nach Hause gehen und ein Gespräch führen*
   – mit seiner Frau, die schon einige Zeit auf ihn gewartet hat,
   – mit seinem Sohn, der Meßdiener in San Alviso ist,
   – mit sich selbst, der alles noch einmal überdenkt.
2. *Lassen Sie Ugo die Erzählung weiterführen. Er kann am nächsten Abend einigen Gästen, die vergeblich auf Giuseppe warten, im Rahmen einer Erzählung erklären, warum dieser wahrscheinlich nicht kommt.*
3. *Lassen Sie den Pater Prior überlegen, ob er das grausige Erlebnis zum Gegenstand einer Predigt machen möchte. Vielleicht verfaßt er einen Predigttext, vielleicht ist ihm das aber auch zu heikel. Gestalten Sie die Überlegungen in einer Erzählung aus.*
4. *Lösen Sie das Hauptereignis aus der Erzählung, und verfertigen Sie daraus eine kurze Skizze oder eine Parabel.*
   Entwerfen Sie, der Grundstruktur der Erzählung entsprechend, eine eigene Erzählung, deren erste Erzählebene in einem Café oder in einer Gaststätte Ihres Heimatortes spielt und in die Sie ein lustiges oder grausiges Erlebnis integrieren.

Die stilistische Gestaltung eines Textes: Welche Mühen es macht, Texte zu verfassen, ist eine Erfahrung, die alle, die etwas zu Papier bringen sollen und wollen, schon gemacht haben. Im folgenden Text von Wolf Schneider werden einige Hinweise gegeben, wie stilistisch an einem Text, gleich welcher Art, gearbeitet werden kann.

Wolf Schneider
Zuhören und Feilen

Von der Schrift zur Rede läßt sich eine Brücke schlagen mit einem einfachen Trick: Soll der Text länger halten als bis zum nächsten Tag, so lese man ihn laut vor, einem anderen oder sich selbst. Es ist überraschend heilsam, das Geschriebene dem Gehörtwerden auszusetzen: Kleine Unebenheiten, über die der schweigende Leser hinweghuschte, erweisen sich als Stolpersteine; Füllwörter und ungewollte Wiederholungen stellen sich plötzlich 5 borstig auf; bei hölzernem Rhythmus kracht es hörbar im Gebälk; und Sätze, die uns kurzatmig oder langatmig geraten sind, entlarvt unser keuchender Atem. *Schreibe für die Ohren!*
So ist das laute Lesen ein wichtiger, vielleicht der eigentlich unentbehrliche Teil jener Arbeit, auf die viele Schreiber die Hälfte ihrer Zeit verwenden oder noch mehr: am 10 Manuskript zu basteln und zu feilen. Drei Viertel sogar, sagte Fontane – drei Viertel seiner ganzen literarischen Tätigkeit seien das Korrigieren und Feilen gewesen. Wie er's trieb, hat er nicht übermittelt. Ich treibe es so:
● Laut lesen.
● Dabei oder danach: die meisten Füllwörter und möglichst viele Adjektive streichen; 15 bei fahrlässigen Wiederholungen andere Wörter einsetzen; rote Schlangenlinien an Stellen des Mißvergnügens machen.
● Den logischen Ablauf prüfen.
● Den dramaturgischen Aufbau prüfen.
● Alle Stellen überarbeiten, die eine Schlangenlinie bekommen haben. 20
● Die Passagen überarbeiten, die den Gegenlesern mißfallen haben.
● Noch mal laut lesen.
Das klingt mühsam und zeitaufwendig. Bei allen Texten, die ich für wichtig hielt, habe ich es gleichwohl so gehalten. Wenn ich nach all den Mühen einen Text immer noch mißraten finde, greife ich zum letzten Mittel: Ich schreibe ihn noch einmal, ganz von vorn, mit nur 25 gelegentlichen Blick auf die verworfene Fassung, und mit der Hand natürlich.
»Gesegnet seien alle zerrissenen Briefe, ausgestrichenen Adjektive und in den Papierkorb geworfenen ersten Entwürfe«, sagt Süskind[1]. Noch ein Vorzug des schriftlich fixierten, im besten Sinne *geschriebenen* Textes: Er verschweigt seine Geburtswehen und seine Kinderkrankheiten; anders als der stockende, sich verheddernde Erzähler belästigt der Schreiber 30 uns nicht mit der Arbeit, die der Text ihm gemacht hat.

In: Wolf Schneider: Deutsch für Profis. Wege zum guten Stil. München: Goldmann [9]1991, S. 117 f.; © Stern-Bücher, Hamburg.

[1] Wilhelm Emanuel Süskind (1901–1970), Schriftsteller und Journalist

II. FORMEN DES SCHREIBENS UND REDENS

1. Protokoll

Das Protokoll mit seinen verschiedenen Ausprägungen ist die Textsorte, die am häufigsten zur Darstellung von Vorgängen, Verhandlungen und Handlungen benutzt wird. In ihm verwirklicht sich am stärksten die Darstellungsfunktion der Sprache, obwohl es auch Ausdruck eines Senders ist und sich an einen Empfänger richtet.

Das Wort Protokoll ist griechischen Ursprungs und heißt übersetzt »das Davorgeleimte«. Um eine schnelle Übersicht über den Inhalt zu bieten, hat man in der Antike auf die gebräuchlichen Schriftrollen eine knappe Zusammenfassung geklebt. Zusammenfassung und Protokoll haben viele gemeinsame Merkmale.

Man unterscheidet die folgenden Protokollarten:

Das Sitzungsprotokoll einer Parlamentsdebatte enthält außer den einführenden Hinweisen zu Ort, Zeit und Gegenstand der Beratung auch Verweise auf Anlagen, die als Drucksachen vorher verteilt wurden, und auf die Anwesenheitsliste. Die Debattenbeiträge werden ebenso wie die Zwischenrufe wörtlich abgedruckt.

Ein Gerichtsprotokoll gibt den Verlauf einer Gerichtsverhandlung wieder, nimmt aber nur die entscheidenden Aussagen wörtlich auf.

Das Ergebnisprotokoll, das etwa bei Abschluß einer Geschäftsverhandlung erstellt wird, ist so knapp wie möglich, hält Ergebnisse fest, läßt aber keine Rückblicke auf die Verhandlung zu.

Das Stundenprotokoll hat Elemente des Ergebnisprotokolls und des Verlaufsprotokolls, wie es bei Gericht üblich ist. Dennoch unterscheidet es sich von beiden:

1. Es ist nicht wichtig zu sagen, wer was wann gesagt und geantwortet hat; aber der Unterrichtsverlauf sollte in seiner logischen oder zeitlichen Strukturierung erkennbar sein; deshalb ist eine Binnengliederung notwendig.

2. Wichtig sind die erzielten Ergebnisse und die Methoden, mit denen diese Ergebnisse gewonnen wurden; eingeschlagene Irrwege können verzeichnet, müssen aber als solche durchsichtig gemacht werden.

3. Da das Protokoll vorzüglich Ergebnisse enthält, wird es im Präsens geschrieben; Vorzeitigkeit wird durch Perfekt gekennzeichnet.

4. Das Unterrichtsprotokoll informiert knapp, sachlich, dem Empfängerkreis verständlich.

Es ist kaum möglich, die »Unterrichtswirklichkeit« in Form eines Gedächtnisprotokolls nachträglich zu rekonstruieren. Vielmehr sollte die Anfertigung auf der Grundlage verläßlicher Notizen erfolgen. Dazu empfiehlt es sich beim Mitschreiben

– den Verlauf der Stunde durch Ziffern zu gliedern,
– übergeordnete Fragestellungen zu unterstreichen,
– wichtige Beiträge ausführlich und namentlich zu notieren,
– Textstellen quellenmäßig nachzuweisen,
– Tafelanschriften und Zusammenfassungen wörtlich zu nehmen,
– Zusammenhänge graphisch zu verdeutlichen (Pfeile, Farben, schematische Zeichnungen),
– Abkürzungen zu verwenden.

Am leichtesten tut sich der Protokollführer, wenn er mit Papier nicht spart, die Blätter nur einseitig beschreibt und fortlaufend numeriert sowie einen breiten Rand für spätere Ergänzungen offen läßt. Kennzeichnend für den Stil des Protokolls sind Sachlichkeit und Kürze. Dazu trägt bei, daß die Niederschrift nicht im Präteritum, sondern im Präsens erfolgt. Außerdem empfiehlt es sich, den Konjunktiv zur Wie-dergabe wörtlicher Aussagen nur sparsam zu verwenden.

Einigkeit sollte über den Kopf des Protokolls erzielt werden. Als Standardform hat sich bewährt:

Schule mit Anschrift
Niederschrift über die Deutschstunde vom ...

Beginn:
Ende:
Anwesend:
Abwesend:
Schriftführer/in:
Tagesordnung:

Unterrichtsprotokolle sind besonders dann nützlich, wenn sie in einem Ordner gesam-melt werden und allen Schülern zur Einsichtnahme zur Verfügung stehen.

2. Zusammenfassung

Auf allen Gebieten der Wissenschaft und Forschung wird so viel publiziert, daß nicht einmal der Fachgelehrte alles lesen kann. Um dennoch eine Orientierung zu ermöglichen, werden Kurzinformationen zusammengestellt. So werden in wissenschaftlichen Zeitschriften Kurzfassungen der Abhandlungen, sogenannte Abstracts, am Anfang oder am Ende eines Heftes angeboten, so daß der Leser einen Gesamtüberblick erhält und dann entscheiden kann, was für ihn wichtig ist.

Für diese Zusammenfassungen gibt es einige Stilregeln:

1. Eine Zusammenfassung sollte so knapp wie möglich sein. Sie ist streng sachbezogen, umfaßt nur bedeutsame Einzelheiten, aber keine Hintergrundinformation. Meist liegt die Zeilenzahl zwischen acht und zwanzig Schreibmaschinenzeilen.
2. Nicht eine Aneinanderreihung einzelner Hauptsätze ist erwünscht, sondern ein in sich geschlossener Abschnitt, dessen Gedankenordnung durchsichtig ist.
3. Es wird nicht aus der Vorlage zitiert.
4. Bevorzugt wird ein verbaler Stil. Benutzt werden das Aktiv und das Präsens.

Beispiel für eine Zusammenfassung:

Giehrl beschäftigt sich in den einzelnen Abschnitten seines Buches mit dem Verhältnis von Mensch und Sprache, sei sie gesprochen oder gedruckt; mit den Grundantrieben und Hauptarten des Lesens; mit den verschiedenen Lesertypen und den Stufen der literarischen Entwicklung. Nach kritischer Auseinandersetzung mit den Ergebnissen früherer Autoren wie etwa Ch. Bühler, E. Schliebe-Lippert und A. Beinlich unterscheidet der Verfasser zwischen dem informatorischen, evasorischen, kognitiven und literarischen Lesen. Die Bestimmung einzelner Lesestufen nach Gattungen oder Buchtiteln (Märchenalter, Robinsonalter) lehnt er mit Recht ab und schlägt statt dessen fünf Stadien vor, die es erlauben, die Entwicklung der genannten Hauptarten des Lesens von Stufe zu Stufe zu verfolgen... Von dieser Grundlage aus kommt Giehrl zu bemerkenswerten Folgerungen für die Erziehung des jungen Menschen zum Buch. Die einseitige Betonung des literarischen Lesens und der Führung zur Dichtung lehnt er ab. Das kann nur *ein* Anliegen sein, dem andere gleichwertig zur Seite stehen. Wesen und Funktion des informatorischen Lesens sollen gleichermaßen geklärt und verständlich gemacht werden. Ganz besondere Aufmerksamkeit aber verdient die Erziehung zum kognitiven Lesen, das anhand geeigneter wissenschaftlicher und philosophischer Texte Wege zur Erhellung des eigenen Daseins weist.

In: Blätter für den Deutschlehrer 3 (1969), S. 96.

1. *Stellen Sie einen Vergleich an zwischen dem Schema über die verschiedenen Arten des Lesens (vgl. S. 39) und dem Ausschnitt aus einer Besprechung des Buches, das als Quelle für die Übersicht diente. Wo finden Sie Übereinstimmungen? Wie erklären sich die Unterschiede?*
2. *Welchem Zweck dient die Zusammenfassung des Inhalts im Rahmen einer Buchbesprechung oder Rezension?*
3. *Verfertigen Sie – als Kurzzeitaufgabe – die Zusammenfassung eines Leitartikels aus der Tageszeitung und – als Langzeitaufgabe – die Zusammenfassung eines Fachbuchs.*

3. Inhaltsangabe

Während wir unter Zusammenfassung die Kürzung eines expositorischen Textes verstehen, sprechen wir von einer Inhaltsangabe, wenn die wesentlichen Einzelheiten eines fiktionalen Textes wiedergegeben werden sollen. Inhaltsangaben sind in sachlichem Stil gehalten und informieren knapp und in übersichtlicher Anordnung über den Text. Der erste Satz der Inhaltsangabe nennt Titel und Verfasser, Textsorte und Thema des vorgestellten Textes. Falls möglich werden Ort und Zeitpunkt des ersten Drucks angegeben. Der erste Satz einer Inhaltsangabe zu Alfred Andersch' »Grausiges Erlebnis eines venezianischen Ofensetzers« (vgl. S. 44 ff.) lautet: Die... (Fabel, Parabel, Anekdote, Erzählung, Kurzgeschichte?) »Grausiges Erlebnis eines venezianischen Ofensetzers« von Alfred Andersch, veröffentlicht 1959, handelt von...

Verfassen Sie eine Inhaltsangabe zu »Grausiges Erlebnis eines venezianischen Ofensetzers« von Alfred Andersch.

4. Referat

Das Wort Referat ist eine Verbform zu dem lateinischen Wort referre und heißt wörtlich »er möge berichten«. Es gilt heute als eine Sammelbezeichnung für verschiedene Formen des Sachberichts. Als Referat wird die kurze schriftliche Zusammenfassung eines vorgegebenen Textes bezeichnet, die meist zur Information für alle vorgelesen wird, doch verwendet man diesen Begriff auch für eine schriftliche Arbeit, die den Umfang von 30 Schreibmaschinenseiten überschreitet und die als Semester- oder Jahresarbeit abgegeben wird. Ebenso kann der mündlich vorgetragene Bericht etwa über eine Theateraufführung als Referat eingeschätzt werden.

Der gleiche Terminus wird manchmal gebraucht, wenn von dem Referenten eigentlich ein Vortrag erwartet wird. Während das mündlich vorgetragene Referat nicht länger als eine Viertelstunde sein sollte, darf ein Vortrag, der ein Thema umfassender und weit eigenständiger behandelt, eine ganze Unterrichtsstunde in Anspruch nehmen. In beiden Fällen wird von dem Vortragenden erwartet, daß er für sein Publikum Orientierungshilfen vorbereitet hat. Es ist üblich geworden, den Hörern ein »Papier« auszuhändigen, das die Gliederung des Referats oder Vortrags und die wichtigsten Informationen enthält.

Aufträge zu Referaten bestehen meist darin, über einen Zeitungs- oder Zeitschriftenaufsatz, über ein Kapitel eines Buches oder ein ganzes Buch, über eine Person oder einen Personenkreis zu informieren. Wer den Auftrag zu einem Referat erhält, sollte deshalb fragen:

Kurzbericht		oder		*umfassende Darlegung?*		
Schriftlich	oder	mündlich?		Schriftlich	oder	mündlich?
Für wen?		Vor wem?		Für wen?		Vor wem?
Für welchen		Wann?		Für welchen		Wann?
Zweck?				Zweck?		
		Wo?		Umfang?		Wo?
		Für welchen		Erwartete		Zu welchem Zweck?
		Zweck?		Arbeitszeit?		Erwartete Arbeitszeit?
						Erwartete Rededauer?

Arbeitsschritte:

1. Das Thema genau durchdenken.
2. Material sammeln: Oft wird das Material vorgegeben; meistens muß das Material aber vom Referenten beschafft werden. Erste Auskünfte geben Nachschlagewerke und Register in einer Bücherei (vgl. S. 50).
3. Material auswählen und ordnen: Zwei Gefahren drohen. Man kann sich zu leicht mit dem schnell Gefundenen zufriedengeben und wird den Erwartungen der späteren Hörer nicht gerecht; man kann sich aber auch in der Stofffülle verlieren und gewinnt keinen Überblick. Erwartet wird, daß das Wichtige gefunden und in eine sinnvolle Ordnung gebracht wird.
4. Material sichern – notieren, exzerpieren, fotokopieren: In der Phase der Vorarbeit kann man noch nicht wissen, was man im einzelnen später in seinem Referat verwendet und was man beiseite läßt. Um so wichtiger ist, daß man genau notiert, was man durchgearbeitet hat und wo man seine Quelle wiederfindet. Man sollte deshalb seine Literaturangabe genau so formulieren, wie man sie später im Literaturverzeichnis braucht. Ob man in der Sammelphase Karteikarten oder Ringbuchblätter verwendet, hängt vom persönlichen Arbeitsstil ab (vgl. S. 51). Zu allem, was man liest, sollte man eine kurze Notiz (mit Quellenangabe) machen; das, was man später wört-

lich übernehmen will, muß man im Wortlaut – mit Anführungszeichen gekennzeichnet und ohne Veränderung – herausnehmen, d. h. exzerpieren (vgl. S. 51). Das Fotokopieren sollte man nicht übertreiben, denn es ersetzt nicht das Lesen eines Textes, und vieles, was eilfertig fotokopiert wurde, wandert am Ende unbenutzt in den Papierkorb.

5. Stoff gliedern: Die Leitlinie des Referats ist durch das Thema vorgegeben. Beim Ordnen des vorgefundenen Materials ist Wichtiges von Unwichtigem getrennt worden. Jetzt kommt es darauf an, eine Gliederung für das Referat zu entwerfen. Zunächst notiert man die Punkte, die zur Sprache kommen müssen. In Stichwörtern hält man fest, was den einzelnen Punkten inhaltlich zuzuordnen ist. Schließlich überlegt man, wie die einzelnen Punkte aufeinander zu beziehen sind. Dabei ist auch schon zu planen, welchen Umfang die einzelnen Punkte beanspruchen dürfen.

6. Referat schriftlich verfassen: Während des Schreibens sollte man sich dauernd kontrollieren, ob man beim Thema bleibt, ob man das erarbeitete Material angemessen verwendet und ob man dem Gliederungsentwurf und dem Zeitplan folgt. Zugleich sollte man immer an die Adressaten denken und sich prüfen, ob man verständlich, schlüssig und motivierend schreibt. Besondere Sorgfalt erfordert das Zitieren.

Zitierte Texte müssen genau wiedergegeben werden; Kürzungen sind durch drei in Klammern gesetzte Punkte (...) zu kennzeichnen; eine Veränderung der grammatischen Form, wie die Umformung des Präteritums ins Präsens oder des Singulars in den Plural, ist unstatthaft. Wenn ein Zitat in den Kontext eingepaßt werden soll, müssen die Änderungen als solche gekennzeichnet werden (z. B. Ugo beschreibt die »sehr gelehrte(n) Patres«). Anfang und Ende des Zitats werden im schriftlichen Text durch Anführungszeichen, beim Vortrag durch die Hinweise »Zitat« und »Zitat Ende« markiert. Für jedes Zitat ist die genaue Quelle mit Seitenzahl anzugeben. (Für die formale Gestaltung der Quellenangabe vgl. S. 50).

7. Referat in die vorgeschriebene Form bringen: Es ist eine Sache der Abmachung, ob ein Referat nur vorgetragen oder zusätzlich zur Korrektur abgegeben wird. Dabei ist zusätzlich zu vereinbaren, ob es handschriftlich oder in Maschinenschrift bzw. als Computerausdruck einzureichen ist. Auf jeden Fall sollte ein Referat ein Titelblatt, eine Gliederungsübersicht und ein genaues Literaturverzeichnis haben.

8. Referat für den Vortrag vorbereiten: Es empfiehlt sich, den Text probeweise laut zu sprechen, um festzustellen, wieviel Sprechzeit man benötigt. Außerdem gewinnt man Sicherheit und kann beim Vortrag besseren Kontakt zum Publikum halten und freier reagieren.

Zusätzlich sollte überlegt werden, ob man dem Publikum durch eine Tafelanschrift, durch eine Wandkarte, durch Dias oder andere Arten der Veranschaulichung entgegenkommen kann. Bei komplizierten und umfangreichen Referaten empfiehlt es sich, die Gliederung des Referats mit zusätzlichen Daten und Stichwörtern als »Papier« zu verteilen.

9. Referat halten: Auf Demutsformeln (»Was ich gemacht habe, finde ich selbst nicht gut. Ich hoffe, ihr zerreißt mich nicht.«) und auf vorgezogenes Selbstlob (»Es ist schon erstaunlich, was ich in der kurzen Zeit alles gefunden habe.«) sollte man verzichten. Nach der Nennung des Themas und der Gliederungspunkte sollte man den Text sicher, verständlich und mit dauerndem Blickkontakt zum Publikum vortragen.

10. Rückfragen beantworten: Die Zuhörer müssen nach dem Referat Gelegenheit

haben, Fragen zu stellen. Der Referent muß darauf vorbereitet sein, Begriffe zu erläutern, Zusammenhänge zu erklären und Einzelheiten zu wiederholen. Oft leitet das Referat zu einer Diskussion über, in der der Referent als Fachmann, nicht aber als Diskussionsleiter gefordert ist.

Hinweise für Zuhörer von Referaten:

1. Information über Gliederung: Man sollte versuchen, sich zuerst Aufschlüsse über Thema und Gliederung des Referats zu verschaffen. Falls kein Papier ausgehändigt wird, gibt der Vortragende vor den eigentlichen Darlegungen Hinweise über die Vorgehensweise im Referat.
2. Nicht alles mitschreiben: Es sollten nur die Gliederung notiert und Stichwörter zu den einzelnen Punkten festgehalten werden.
3. Bedenkenswertes (!) und Fragwürdiges (?) kennzeichnen: Denn nach dem Referat besteht fast immer Gelegenheit, sich zu vergewissern, ob man einzelne Punkte richtig verstanden hat. Oft wird das Referat auch im Anschluß an den Vortrag diskutiert.
4. Verweise und Literatur notieren: Zugrundeliegende und weiterführende Literatur kann zur Vergewisserung und Weiterarbeit von Nutzen sein.
5. Referate sind Hilfe, nicht Ersatz für eigene Arbeit: Ehe Informationen aus Referaten weiterverwendet werden, müssen sie überprüft werden. Der Referent haftet nicht für Fehler, die in der nächsten Klausur gemacht werden.

5. Fachvortrag

Der Fachvortrag ist grundsätzlich als Form der mündlichen Kommunikation anzusehen. Im allgemeinen spricht der Vortragende frei und benutzt als Gedankenstütze nur einen Stichwortzettel. Der Fachvortrag muß in erster Linie sachlich richtig und methodisch einwandfrei angelegt sein. Von der Fachterminologie ist angemessen Gebrauch zu machen. Es wird weniger Wert auf Redeschmuck gelegt, wohl aber auf klare Strukturierung und überzeugende Gedankenführung.

Die Aufgabenstellungen eines Fachvortrags sind unterschiedlicher Art: Außer den Aufträgen zu einem Bericht oder zu einer Zusammenfassung sind es vor allem Analysen von Texten oder Textausschnitten, Interpretationen und Vergleiche, die als Vortrag eingefordert werden. Ein Fachvortrag, der im mündlichen Teil des Abiturs als Prüfungsaufgabe verlangt wird, sollte zehn Minuten nicht überschreiten.

Die Vorbereitung eines Fachvortrags hat vieles mit der Vorarbeit für ein Referat gemeinsam. In der Anlage und im Vortrag unterscheiden sich die Aufgaben allerdings.

Man beginnt den Vortrag mit der Nennung des Themas und einer knappen Übersicht in der Art einer Gliederung. Dann entwickelt man die Gedanken mit Hilfe des Stichwortzettels, vermeidet aber, am Blatt zu kleben. Frei reden bedeutet auch, Augenkontakt zu den Angesprochenen halten. Am Schluß kann man, anders als in der schriftlichen Arbeit, die Hauptthesen noch einmal zusammenfassen.

6. Kurzrede

Debatten und Diskussionen erhalten durch vorgegebene Regeln ihre Ordnung. Ein Diskussionsleiter achtet darauf, daß die Regeln eingehalten werden. Er erteilt das Wort und kontrolliert die Redezeit.

Vom Diskussionsredner wird erwartet, daß er seine Gedanken klar und verständlich vorbringt und daß er deutlich zu erkennen gibt, was er mit seinem Redebeitrag erreichen will. Empfohlen wird, die Gedankenordnung stichwortartig zu notieren. Einige Grundschemata haben sich in der Praxis besonders gut bewährt. Ihnen ist gemeinsam, daß sie jeweils aus fünf Sätzen bestehen, daß im Einleitungssatz immer die Ausgangslage genannt wird und daß im Schlußsatz das Ziel formuliert wird. Der Mittelteil steht dem Argumentieren, Abwägen und Zurückweisen zur Verfügung. Je nach Anordnung entstehen, wie Hellmut Geißner dargelegt hat, folgende Redeschemata:

1. Entspricht der gängigen Rede- und Aufsatzgliederung in Einleitung, Hauptteil, Schluß, z. B.:

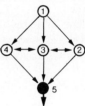

    1. Wir haben die Aufgabe übernommen...
    2. Erwartet wird erstens...
    3. Erwartet wird zweitens...
    4. Erwartet wird drittens...
    5. Wir sollten darangehen, die Aufgaben zu verteilen.

2. Die ›Kette‹ bringt im Unterschied dazu eine streng chronologische oder logische Abhängigkeit der Glieder, z. B.:

    1. Ich meine, der Vorschlag X ist gefährlich.
    2. Wir müssen überlegen, ob nicht...
    3. Mir scheint der bessere Weg, wenn...
    4. Dann nämlich können wir...
    5. Wir haben zu entscheiden, ob...

3. Baut dialektisch auf, z. B.:

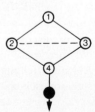

    1. Dem Referenten möchte ich danken für eine Menge neuer Einsichten...
    2. Unter anderem hat er gesagt...
    3. Dagegen ist aber auch zu halten, daß...
    4. Vergleicht man beide Ansichten, dann...
    5. Aus diesem Grunde schlage ich vor...

4. Geht vom Allgemeinen zum Besonderen, z. B.:

1. Gemeinhin sieht man die Sache so ...
2. Aus unserer Erfahrung aber ...
3. Denn erstens ...
4. Außerdem zweitens ...
5. Folglich ...

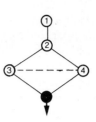

5. Vergleicht zwei Positionen, z. B.:

1. Die A-Partei hat folgenden Standpunkt ...
2. Sie begründet ihn mit ...
3. Die B-Partei vertritt den entgegengesetzten Standpunkt ...
4. Sie begründet ihn mit ...
5. Ich kann mich für keinen von beiden entschließen, sondern ...

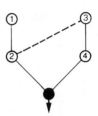

6. Versucht ein Kompromiß, z. B.:

1. A behauptete ...
2. B widersprach mit dem Hinweis ...
3. Mir scheint, die beiden treffen sich in einem Punkt.
4. Hier liegt vielleicht die Lösung ...
5. Wir sollten in dieser Richtung denken ...

7. Klammert eine (z. B. die allgemeine) Ansicht aus, z. B.:

1. Wir reden schon eine Weile über ...
2. Bislang dreht sich alles um ...
3. Dabei wurde übersehen, daß ...
4. Gerade dies scheint mir aber wichtig, weil ...
5. Ich stelle den Antrag ...

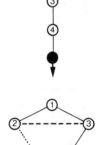

Aus: Hellmut Geißner: Der Fünfsatz – Ein Kapitel Redetheorie und Redepädagogik. In: Wirkendes Wort 18/4 (1968), S. 260; © Bouvier Verlag, Bonn.

7. Gelegenheitsrede

Die Kurzrede als Gelegenheitsrede verfolgt nicht das Ziel, Wissen zu vermitteln, Urteile zu sprechen oder zu großen Handlungen aufzufordern. Ihre Aufgabe ist vielmehr, die Aufmerksamkeit eines Publikums zu gewinnen und die Gedanken der Zuhörer auf eine Person, ein Ereignis oder ein Thema zu lenken.

Typische Arten der Gelegenheitsrede sind die Vorstellung und Begrüßung eines Gastes oder die Ankündigung eines Vortragsredners. Dabei wird das Interesse der Zuhörer auf das gerichtet, was folgt. Die Erwartungen sollten verstärkt, aber nicht überspannt werden; der Einführende kann etwas zum Thema sagen, sollte aber vom

Vortrag selbst nichts vorwegnehmen. Ähnlicher Art sind Dankreden am Ende eines Vortrags oder eines Festes und Glückwunschansprachen. Diese Kurzreden leben vom geistreichen Einfall und von der geschickten Verbindung der Gedanken; vor Banalitäten und Phrasen sollte sich der Redende hüten.

Auch außerhalb eines solche Rahmens erfüllt die Kurzrede eine Funktion. So sollte man darauf vorbereitet sein, sich selbst – je nach der Situation und der Gruppe, in die man hineinkommt – kurz vorzustellen. Das ist meist schwieriger, als einen anderen bekanntzumachen. Kurzreden bilden auch die geeignete Möglichkeit, Bücher, Filme, Theater- und Musikaufführungen zu empfehlen.

Die Gelegenheitsrede gelingt am besten, wenn sie individuell gestaltet ist. Der Redner sollte auf das Publikum eingehen; verfehlt er das Publikum, breitet sich schnell Unmut aus. Einige mögliche Verfehlungen seien hier genannt:

1. Es wird nicht erkennbar, zu welchem Thema der Redende spricht.
2. Die Rede enthält unbekannte Begriffe und unverständliche Fremdwörter.
3. Die Rede wirkt trivial und deshalb langweilig.

 Redner und Rede erreichen ihr Publikum.

4. Der Redner spricht zu leise, zu undeutlich, zu nachlässig.
5. Der Redner hält keinen Blickkontakt zum Publikum.
6. Störfaktoren wie Lärm und Unruhe im Publikum verhindern, daß die Rede ankommt.

Zur Kontrolle und Selbstkontrolle des Redners:
– Wie war das äußere Auftreten?
  Mimik – Gestik – Körperhaltung – Blickkontakt
– Wie gelangen Redeanfang und Redeende?
  Publikumskontakt – Berücksichtigung der äußeren Situation – Selbstbewußtsein, keine Unterwürfigkeit und Anbiederung, aber auch keine Überheblichkeit und keine Arroganz – Einhalten der Zeitbegrenzung
– Wie kam der Vortrag an?
  Lautstärke – Stimmlage – Aussprache
  Zeitaufteilung – Zielstrebigkeit
  Roter Faden – Übersichtlichkeit
– Welche Wirkung hatte der Vortrag beziehungsweise die Rede?
  Publikumsreaktionen: Zeichen von Aufmerksamkeit und Interesse? Zeichen von Ermüdung und Ablehnung?
– Sind die Mittel, die das Publikum aktivieren sollten wie Beispiele, Zitate, Vergleiche, auch audiovisuelle Mittel, angekommen?

ERSCHLIESSUNG UND INTERPRETATION, ANALYSE, ERÖRTERUNG:

ARBEITSTECHNIKEN 2

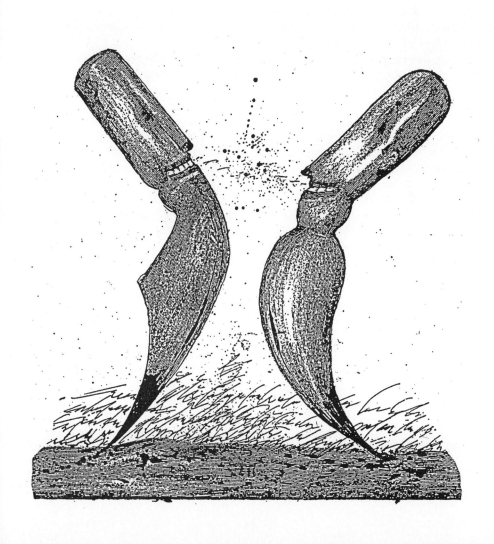

I. POETISCHE TEXTE

Die Adjektive poetisch und literarisch werden da verwendet, wo es gilt, Texte nach ihren unterschiedlichen Funktionen zu unterteilen. Beide Wörter kommen, wie das bereits genannte Wort fiktional, aus dem Lateinischen; das Wort poetisch reicht sogar über das Lateinische hinaus und kann auf einen griechischen Ursprung bezogen werden.

Der poeta im Lateinischen und der poietés im Griechischen bezeichnen den schöpferischen Menschen, den Dichter. Das zugrundeliegende griechische Verb poiein ist ein Allerweltswort und bedeutet »machen, schaffen, verfertigen, erzeugen, bereiten, bauen, verursachen, bewirken«. Eine Poetik, griechisch poietiké téchne, ist ursprünglich ein Lehrbuch, aus dem der Leser lernen konnte, wie man dichterische Texte herstellt. Diese Anweisungen wurden spätestens in der Sturm-und-Drang-Zeit als des wahren, schöpferischen Dichters unwürdig angesehen. Poetik ist danach die meist nachträglich erarbeitete Theorie der Dichtung. Hierzu gehören alle Überlegungen zum Wesen der Dichtung, zu ihrer Entstehung, ihrer möglichen Funktion, zu ihrer Wirkung und zu ihrer Einteilung nach Gattungen und Arten. Die Wörter Poet und Poesie werden heutzutage oft mit spöttischem Unterton verwendet. Poetische Texte sind daher für die einen Ausprägung höchster sprachlicher Gestaltungskraft, für die andern sind sie schlichtweg unnütz und überflüssig. Dieser Vorwurf trifft aber insofern ins Leere, als poetische oder auch fiktionale Texte gar nicht den Anspruch stellen, in dem Sinne nützlich zu sein, wie es von Gebrauchstexten mit Recht erwartet werden kann.

Poetischen Texten wird ästhetischer Wert, nicht Gebrauchswert zugesprochen. Ästhetik ist, kurz erklärt, »die Lehre von dem, was gefällt und was mißfällt, die Lehre vom Schönen«[1]. Über das, was als schön angesehen werden kann, besteht aber kaum Einigkeit. Ein Umgang mit poetischen Texten, der von der Leitfrage bestimmt ist, was gefällt und was mißfällt, wird von einem dauernden, vielleicht endlosen Diskurs begleitet sein.

Dabei wird sich herausstellen, daß sich nicht nur der Begriff schön, sondern auch die Ausdrucksformen, die als schön gelten, im Laufe der Zeit gewandelt haben. Das zwingt dazu, poetische Texte immer auch unter historischen Aspekten zu lesen und zu beurteilen. Über Möglichkeiten und Schwierigkeiten dieser Aufgabe wird der Abschnitt Literatur (S. 165 ff.) handeln.

Aus dem Versuch, die Grundmöglichkeiten dichterischer Gestaltung auszumachen, ist der Vorschlag erwachsen, die poetische Literatur nach Gattungen einzuteilen. Im 18. Jahrhundert setzte sich eine Gliederung in drei Bereiche durch, die von Goethe als »Naturformen der Poesie« bezeichnet wurden: »Es gibt nur drei echte Naturformen der Poesie: die klar erzählende, die enthusiastisch aufgeregte und die persönlich handelnde: Epos, Lyrik und Drama. Diese drei Dichtformen können zusammen oder abgesondert wirken.«[2]

Diese Einteilung ist umstritten. Falsch wäre

---

[1] Johannes Hoffmeister: Wörterbuch der philosophischen Begriffe. Hamburg: Meiner ²1955, S. 82.
[2] Johann Wolfgang von Goethe: Gedenkausgabe der Werke, Briefe und Gespräche. Hg. v. Ernst Beutler. Bd. 3: Noten und Abhandlungen zum besseren Verständnis des Westöstlichen Divans. Zürich: Artemis 1949, S. 480.

es jedenfalls, hinter jeder Gattung feste Formen zu vermuten. Diesem Gedanken tritt aber Goethe selbst im letzten Satz entgegen. Fraglich ist, ob die Bestimmung »nur drei« aufrecht erhalten werden kann. So hat man mit guten Gründen vorgeschlagen, eine weitere Gattung »Didaktik« abzuteilen, zu der etwa Fabeln, Parabeln und andere Formen der Lehrdichtung gehören könnten.

Es wird aber auch ganz allgemein vor jeglicher Einteilung in Gattungen und Arten gewarnt, da dabei die Gefahr bestehe, daß dem Dichterischen um so weniger Beachtung geschenkt werde, je mehr das Gattungstypische in den Blickpunkt der Überlegung gerückt werde.

Als Begründung, trotz aller Einwände, den Umgang mit Dichtung in der Auseinandersetzung mit einzelnen Gattungen zu erproben, mag gelten, daß die Konzentration auf kleinere Bereiche der Dichtung unter günstigen Umständen dem Verständnis für das Ganze zugute kommt.

1. Lehrhafte Dichtung

Als literarische Zweck- oder Gebrauchsformen bezeichnet man zusammenfassend einige Textsorten, denen man zwar dichterischen Rang zubilligt, die aber nicht darin aufgehen, Dichtung zu sein.

Nie bestritten wurde, daß von dichterischen Texten Wirkungen ausgehen sollen. Ohne Widerspruch blieb auch, daß es eine Aufgabe der Literatur sei, dem Leser zu nützen. Man lehnte sich dabei an den römischen Dichter Horaz an, der das »delectare et prodesse«, also »das Erfreuen und das Nützen«, als Aufgabe des literarischen Autors angesehen hatte, der damit jedoch nicht gemeint hatte, daß der Poet in das Tagesgeschehen einzugreifen habe.

Lehrhafte Dichtung zielt aber genau in dieses Bezugsfeld. Aus der Antike sind Lehrgedichte überliefert; aus dem späten Mittelalter gibt es gereimte Predigten; in Sebastian Brants »Das Narrenschiff« sind Satiren enthalten, die große Wirkung hatten. Alle diese Formen kann man unter dem Begriff didaktische oder lehrhafte Dichtung zusammenfassen.

Es ist allerdings zuzugeben, daß die Ein- und Abgrenzung immer wieder Probleme aufwirft. So wird man nicht jedes Rätsel in einen Sammelband lehrhafter Dichtung aufnehmen; die Parabelstücke Bertolt Brechts wie »Der gute Mensch von Sezuan« werden ihren Platz bei den dramatischen Werken behalten; und nicht jeder Grabspruch ist als Epigramm der literarischen Erörterung wert.

Auch für die lehrhafte Dichtung gilt, die Untersuchungsschwerpunkte so zu setzen, wie sie von der Eigenart der Textsorte verlangt werden: Während es als Eigenart fiktionaler Texte angesehen wird, daß sie ihr eigenes Bezugsfeld herstellen, zielen lehrhafte Formen in ein Bezugsfeld, das außerhalb der Literatur liegt und das – jedenfalls ursprünglich – im Handlungsfeld des angesprochenen Lesers zu suchen ist. Dennoch erledigen sich diese Texte nicht in dem Augenblick, in dem ihr ursprünglicher Zweck erfüllt ist; als Wiedergebrauchstexte sind sie bei Verlangen wieder hervorzuholen: Ein Sinnspruch aus der Zeit des Barock bewahrt seinen Sinn, und eine politische Fabel wird in bestimmten Situationen wieder aktuell. Sinnspruch und Fabel wirken dann in einem neuen Bezugsfeld.

Ivo Braak

Die wichtigsten Formen didaktischer Dichtung

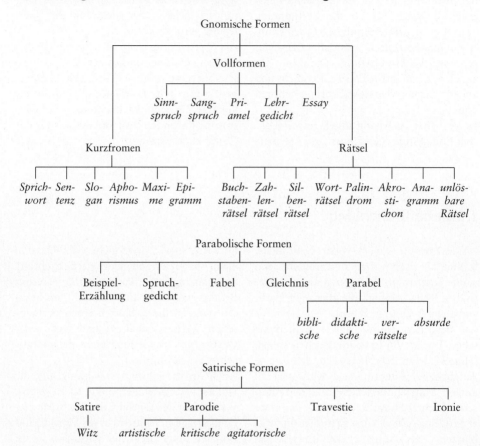

In: Ivo Braak: Poetik in Stichworten. Kiel: Hirt [6]1980, S. 193.

Fabel

Die Fabel gilt als eine der ältesten Formen didaktischer Dichtung. Ihre Heimat ist der Orient. Für die europäische Tradition hat der phrygische Sklave Äsop besondere Bedeutung, der um 550 v. Chr. Fabeln griechischer und indischer Herkunft aufgezeichnet haben soll. Von diesem sagenhaften Äsop weiß man wenig; seine Fabelsammlung ist verlorengegangen. Aber es haben sich Mythen um die Person des Autors gebildet, und einzelne seiner Fabeln sind in Griechenland von Babrios (4. Jahrhundert vor Chr.) und in Rom von Phädrus (um 50 n. Chr.) weitervermittelt worden. Seit dem Mittelalter – vor allem in der Zeit der Reformation und in der Epoche der Aufklärung – fand die Fabel immer wieder neue Bezugsfelder.

Phädrus

Wolf und Lamm

Einst kamen durstgetrieben Wolf und Lamm
Zum selben Bach: der Wolf stand oberhalb,
Weit unten erst das Lamm. Da trieb sein Schandbauch
Den Räuber, Anlaß herzuziehn zum Streite.
5 »Was«, rief er, »trübst du, wo ich trinke, mir
Das Wasser?« Der Wollenträger drauf voll Angst:
Ich bitt' dich, Wolf, wie kann ich denn das tun?
Vor dir ja fließt der Quell zu meinem Trunke.«
Der Wahrheit Macht erliegend hebt er nun an:
10 »Vor jetzt sechs Monden hast du mich geschmäht!«
»Ich?« sagt das Lamm, »ich lebte da noch gar nicht.«
»Nun«, schreit er, »nun, beim Zeus, so war's dein Vater!«
Und packt's trotz aller Unschuld und zerfleischt es.
    Mit dieser Fabel ist auf den gezielt,
15 Der Gründe lügt, Schuldlose zu verderben.

In: Phaedrus: Fabeln von Äsop und Äsopische Fabeln des Phädrus. Übers. v. Wilhelm Binder u.
Johann Sibelius. München: Goldmann o. J., S. 98.

Martin Luther

Vom wolff und lemblin (1530)

Ein wolff und lemblin kamen beide on gefer an einen bach zu trincken, Der wolff tranck
oben am bach, das lemblin aber fern unden, Da der wolff des lemblins gewar ward,
sprach er zu yhm, Warumb trubstu mir das wasser, das ich nicht trincken kan? Das
lemblin antwortet, Wie kan ich dirs wasser trüben, so du ober mir trinckest? Du mochtest
mirs wol trüben. Der wolff sprach Wie? fluchstu mir noch dazu, Das lemblin antwortet 5
Ich fluche dir nicht, Ja sprach der wolff, Dein Vater thet mir fur sechs monden auch ein
solches, Das lemblin antwortet, Wie sol ich meines Vaters entgellten? Der wolff sprach,
Du hast mir auch meine wisen und acker abgenaget und verderbet Das lemblin antwort,
Wie ist das muglich, hab ich doch noch keine zene? Ey sprach der wolff ob du gleich viel
schwetzens kanst, so [mus] ich dennoch heint zu fressen haben, Und wurget das unschul- 10
dig lemblin und fras es,
                         Diese fabel zeigt
Das gewalt gehet fur recht, Und [frum leute] mussen leiden, solt man [gleich] sachen vom
alten zaun brechen. Wenn man dem hunde zu wil, so hat er das ledder gefressen Wenn der
wolff wil, so [hat] das schaff [unrecht]   15

In: Luthers Fabeln nach seiner Handschrift und den Drucken. Hg. v. Ernst Thiele. Halle/Saale:
Niemeyer ²1911, S. 3.

Wolf und Lamm, 1476.

Gotthold Ephraim Lessing
Der Wolf und das Schaf (1752)

Der Durst trieb ein Schaf an den Fluß; eine gleiche Ursache führte auf der andern Seite einen Wolf herzu. Durch die Trennung des Wassers gesichert und durch die Sicherheit höhnisch gemacht, rief das Schaf dem Räuber hinüber: »Ich mache dir doch das Wasser nicht trübe, Herr Wolf? Sieh mich recht an; habe ich dir nicht etwa vor sechs Wochen 5 nachgeschimpft? Wenigstens wird es mein Vater gewesen sein.« Der Wolf verstand die Spötterei; er betrachtete die Breite des Flusses und knirschte mit den Zähnen. Es ist dein Glück, antwortete er, daß wir Wölfe gewohnt sind, mit euch Schafen Geduld zu haben; und ging mit stolzen Schritten weiter.

In: Gotthold Ephraim Lessing: Werke in acht Bänden. Hg. v. Herbert G. Göpfert. Bd. 1. München: Hanser 1970, S. 276.

1. *Beschreiben Sie die Struktur der Texte.*
2. *Analysieren Sie den epischen Teil: Erzähler? Handelnde Personen? Ort und Zeit? Thema?*
3. *Erörtern Sie die Intention: Welche Lehre soll vermittelt werden? Halten Sie die Lehre für passend oder nicht?*
4. *Vergleichen Sie den folgenden Text, und erörtern Sie, ob er zur Gattung Fabel gehört oder nicht.*

Helmut Arntzen

Der Wolf kam zum Bach. Da entsprang das Lamm.
Bleib nur, du störst mich nicht, rief der Wolf.
Danke, rief das Lamm zurück, ich habe im Äsop gelesen.

In: Helmut Arntzen: Kurzer Prozeß. Aphorismen und Fabeln. München: Nymphenburger Verlagsbuchhandlung 1966, S. 64.

Gleichnis und Parabel

Neues Testament, Evangelium nach Matthäus
Vom ausgesäten Samen

An jenem Tage ging Jesus aus und setzte sich am Seeufer nieder. Eine große Volksmenge versammelte sich um ihn. Deshalb bestieg er ein Boot und setzte sich, während alles Volk am Ufer stand. Vieles lehrte er sie in Gleichnissen, indem er sprach:
»Ein Sämann ging aus zu säen. / Beim Säen fiel einiges auf den Weg, und die Vögel kamen und fraßen es. Anderes fiel auf steinigen Grund, wo es nicht viel Erde hatte; es ging wohl 5
rasch auf, da es nicht tiefen Grund hatte, / als aber die Sonne höher stieg, ward es versengt, und weil es keine Wurzel hatte, verdorrte es. Wieder anderes fiel unter die Dornen, und die Dornen wuchsen auf und erstickten es. Anderes aber fiel auf den guten Erdgrund und brachte Frucht, zum Teil hundertfach, zum Teil sechzigfach, zum Teil dreißigfach. Wer Ohren hat, höre!« 10

Warum Gleichnisse?
Die Jünger traten zu ihm und sagten: »Warum redest du in Gleichnissen zu ihnen?«
Er gab ihnen zur Antwort: »Euch ist es gegeben, die Geheimnisse des Himmelreiches zu verstehen; jenen aber ist es nicht gegeben. Denn ›wer hat, dem wird gegeben werden‹, und er wird Überfluß haben; wer aber nicht hat, dem wird auch noch, was er hat, genommen werden. 15
Darum rede ich in Gleichnissen zu ihnen, weil sie ›Augen haben und doch nicht sehen‹, ›Ohren haben‹ und doch nicht hören ›und es nicht innerlich fassen‹. Und es erfüllt sich an ihnen die Weissagung Isaias':
 ›Mit den Ohren sollt ihr hören und es doch nicht fassen,
 mit den Augen werdet ihr sehen und doch nichts erkennen; 20
 denn verstockt ward das Herz dieses Volkes,
 und trotz ihrer Ohren hören sie schwer,
 und ihre Augen drücken sie zu,
 um ja nicht mit ihren Augen zu sehen,
 mit den Ohren zu hören 25
 und im Herzen zu fassen und umzukehren,
 daß ich sie heile.‹
Selig aber sind eure Augen, weil sie sehen, und eure Ohren, weil sie hören! Wahrlich, ich sage euch, viele Propheten und Gerechte begehrten zu sehen, was ihr seht, und sahen es nicht, zu hören, was ihr hört, und hörten es nicht.« 30

Erklärung des Gleichnisses vom Sämann
»So höret denn ihr das Gleichnis vom Sämann: So oft einer das Wort vom Reiche hört und es nicht faßt, kommt der Böse und raubt, was in seinem Herzen gesät wurde; bei dem ist es ›auf den Weg gesät‹. ›Auf steinigen Grund gesät‹ ist es bei dem, der das Wort hört und es gleich mit Freuden aufnimmt, aber weil er ›keine Wurzel‹ in sich hat, sondern von Launen abhängig ist, braucht es dann nur zu Drangsal oder Verfolgung wegen des Wortes 35
zu kommen, und gleich kommt er zu Fall. ›Unter die Dornen gesät‹ ist es bei dem, der das

Wort wohl hört, aber die Sorgen um das Zeitliche und der Trug des Reichtums ersticken das Wort, und es bleibt ohne Frucht. ›Auf gute Erde gesät‹ aber ist es bei dem, der das Wort hört und innerlich faßt und dann auch Frucht bringt, der eine hundertfach, der
40 andere sechzigfach, der andere dreißigfach.«

In: Neues Testament. Übers. v. Otto Karrer. München: Ars Sacra 1959, S. 59 ff.

Werner Thomas
Über Gleichnisse

Am umfassendsten läßt sich das Wesen der Parabel erkennen an den Gleichnissen Jesu. Wir verfolgen am 13. Kapitel des Matthäus das Gleichnis vom Sämann. Jesus erzählt dem Volk eine Geschichte, ohne sie auszulegen, auch ohne sich zu vergewissern, ob seine Hörer imstande sind, hinter der bildhaften Rede das Gemeinte zu verstehen. Der einzige
5 Hinweis auf parabolisches Sprechen ist die Formel: »Wer Ohren hat zu hören, der höre!« Auf die Frage der Jünger, warum er zum Volk in Gleichnissen rede, antwortet Jesus: »Euch ist's gegeben, daß ihr das Geheimnis des Himmelreichs verstehet; diesen aber ist's nicht gegeben«. Und nach der Seligpreisung derer, die wahrhaft zu sehen und zu hören begnadet sind, erzählt er die Geschichte ein zweites Mal den Jüngern und deutet sie Zug
10 um Zug aus. Erst jetzt ist die spezifische Situation der Parabel gegeben: der Wechsel zwischen figürlicher und eigentlicher Rede, charakterisiert durch die »Angel«, um welche die beiden in Relation stehenden Hälften ständig hin und her schwingen: »das ist der ...« ... Nimmt man Lukas hinzu: »Euch ist's gegeben, zu wissen das Geheimnis des Reiches Gottes; den andern aber in Gleichnissen, daß sie es nicht sehen, ob sie es schon sehen, und
15 nicht verstehen, ob sie es schon hören. Das ist aber das Gleichnis: der Same ist das Wort Gottes«, so ergibt sich: die Parabel ist als Ganzes mit ihren beiden Hälften – Bild und Deutung – dem Bereich esoterischer Rede zuzurechnen, sofern sie nicht bloß als einschichtige Erzählung, sondern als doppelgesichtige Gleichnisrede verstanden wird, mit der ihr vom Propheten auferlegten Leistung, »das Verborgene vom Anfang der Welt
20 auszusprechen«.
Nehmen wir die Gleichnisse Jesu als Modell der Gattung, so ergeben sich als integrierende Einzelzüge: Geheimnischarakter des Auszusagenden, im besonderen Falle transzendentaler Sachverhalte; Analogie der beiden Hälften: Sachsphäre und Bildsphäre; Zwang zur Auslegung, Möglichkeit der Auslegung Zug um Zug; esoterische Qualität.
25 Hinsichtlich ihrer Wirkung aber eignet der Parabel eine vielfach gestufte Intensität der Erkenntnis, vom ästhetischen Vergnügen am Rätsel über Betroffensein, Staunen, Verblüffung bis zu betäubendem Erschrecken und Außersichsein über den Anspruch der Wahrheit. Dies alles meint das Wort (vergleichbar der Wendung unserer Umgangssprache: »geschlagen sein« im Sinne eines Schocks!) über die Wirkung der Parabeln Jesu auf seine
30 Landsleute, so daß sie fragen: »Woher kommt diesem solche Weisheit und Kraft«.

Aus: Werner Thomas: Opus supererogatum. Didaktische Skizze zur Interpretation von Lessings »Nathan der Weise«. In: Der Deutschunterricht 11/3 (1959), S. 52.

Aus den Erzählungen der Chassidim

Die Chassidim sind fromme Juden, die strenge Rechtgläubigkeit in ihrem Denken und Handeln bewahren. Im 2. Jahrhundert vor Christus bildete sich erstmals eine Gruppe Chassidäer in Judäa; eine große chassidische Bewegung entstand dann im 18. Jahrhundert in Polen unter der Leitung des Baal Schem.

Martin Buber, ein bedeutender Religionsphilosoph (1878–1965), hat von den Erzählungen der Chassidim gesagt: »Nach chassidischem Glauben ist das göttliche Urlicht in die Zaddikim[1] eingeströmt, es strömt aus ihnen in ihre Werke ein, und aus diesen strömt es in die Worte der Chassidim, die sie erzählen.«[2]

Martin Buber
Die fünfzigste Pforte

Ein Schüler Rabbi Baruchs hatte, ohne seinem Lehrer davon zu sagen, der Wesenheit Gottes nachgeforscht und war im Gedanken immer weiter vorgedrungen, bis er in ein Wirrsal von Zweifeln geriet und das bisher Gewisseste ihm unsicher wurde. Als Rabbi Baruch merkte, daß der Jüngling nicht mehr wie gewohnt zu ihm kam, fuhr er nach dessen Stadt, trat unversehens in seine Stube und sprach ihn an: »Ich weiß, was in deinem 5 Herzen verborgen ist. Du bist durch die fünfzig Pforten der Vernunft gegangen. Man beginnt mit einer Frage, man grübelt, ergrübelt ihr die Antwort, die erste Pforte öffnet sich: in eine neue Frage. Und wieder ergründest du sie, findest ihre Lösung, stößest die zweite Pforte auf – und schaust in eine neue Frage. So fort und fort, so tiefer und tiefer hinein. Bis du die fünfzigste Pforte aufgesprengt hast. Da starrst du die Frage an, die kein 10 Mensch erreicht; denn kennte sie einer, dann gäbe es nicht mehr die Wahl. Vermissest du dich aber, weiter vorzudringen, stürzest du in den Abgrund.« »So müßte ich also den Weg zurück an den Anfang?« rief der Schüler. »Nicht zurück kehrst du«, sprach Rabbi Baruch, »wenn du umkehrst; jenseits der letzten Pforte stehst du dann, und stehst im Glauben.«

Das Versteckspiel

Rabbi Baruchs Enkel, der Knabe Jechiel, spielte einst mit einem andern Knaben Verstecken. Er verbarg sich gut und wartete, daß ihn sein Gefährte suche. Als er lange gewartet hatte, kam er aus dem Versteck; aber der andere war nirgends zu sehen. Nun merkte Jechiel, daß jener ihn von Anfang an nicht gesucht hatte. Darüber mußte er weinen, kam weinend in die Stube seines Großvaters gelaufen und beklagte sich über den bösen Spiel- 5 genossen. Da flossen Rabbi Baruch die Augen über, und er sagte: »So spricht Gott auch: ›Ich verberge mich, aber keiner will mich suchen.‹«

---

[1] Zaddikim: hebr. Bezeichnung für den wahrhaft Frommen. Im osteuropäischen Chassidismus ist der Zaddikim der Mittelpunkt eines religiösen Kreises.
[2] Martin Buber: Die Erzählungen der Chassidim. Zürich: Manesse 1949, S. 5.

Nähe und Ferne

Ein Schüler fragte den Baal Schem: »Wie geht das zu, daß einer, der an Gott hängt und sich ihm nah weiß, zuweilen eine Unterbrechung und Entfernung erfährt?«
Der Baal Schem erklärte: »Wenn ein Vater seinen kleinen Sohn will gehen lehren, stellt er ihn erst vor sich hin und hält die eignen Hände zu beiden Seiten ihm nah, daß er nicht falle, und so geht der Knabe zwischen den Vaterhänden auf den Vater zu. Sowie er aber zum Vater herankommt, rückt der um ein weniges ab und hält die Hände weiter auseinander, und so fort, daß das Kind gehen lerne.«

In: Martin Buber: Die Erzählungen der Chassidim. Zürich: Manesse 1949, S. 185, 191, 159.

Prüfen Sie, inwieweit man die Texte als Parabeln verstehen und deuten kann, indem Sie untersuchen, wie »Bildsphäre« und »Sachsphäre« durch die »Angel« verbunden werden.

Über Schwierigkeiten der Deutung

Bei Texten, die nicht deutlich in einen religiösen oder politischen Horizont gehören, ist es oft schwierig und manchmal auch umstritten, sie als Parabeln zu deuten. Das gilt vor allem für moderne Erzähltexte.

Aus den nachgelassenen Aufzeichnungen von Franz Kafka, die Max Brod 1936 herausgegeben hat, stammt folgender Text, der ursprünglich weder eine Überschrift noch eine Textsortenzuweisung hat.

Franz Kafka
Gibs auf! (1922)

Es war sehr früh am Morgen, die Straßen rein und leer, ich ging zum Bahnhof. Als ich eine Turmuhr mit meiner Uhr verglich, sah ich, daß es schon viel später war, als ich geglaubt hatte, ich mußte mich sehr beeilen, der Schrecken über diese Entdeckung ließ mich im Weg unsicher werden, ich kannte mich in dieser Stadt noch nicht sehr gut aus, glücklicherweise war ein Schutzmann in der Nähe, ich lief zu ihm hin und fragte ihn atemlos nach dem Weg. Er lächelte und sagte: »Von mir willst du den Weg erfahren?« »Ja«, sagte ich, »da ich ihn selbst nicht finden kann.« »Gibs auf, gibs auf«, sagte er und wandte sich mit einem großen Schwunge ab, so wie Leute, die mit ihrem Lachen allein sein wollen.

In: Franz Kafka: Die Erzählungen. Frankfurt/M.: Fischer 1961, S. 377.

1. *Versuchen Sie die Entsprechungen in der Parabel auf der folgenden Seite zu formulieren.*
2. *Erklären Sie, sofern Sie das »Gibs auf« auch in der angegebenen Weise plazieren würden, die Funktion dieses Textelements.*
3. *Versuchen Sie nun, die erdeuteten Elemente in einen Zusammenhang zu bringen.*

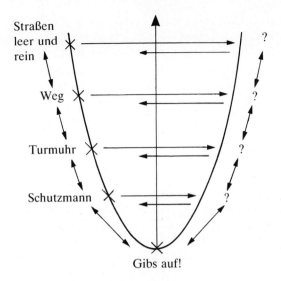

Gibs auf!

Franz Kafka
Eisenbahnreisende (1917)

Wir sind, mit dem irdisch befleckten Auge gesehn, in der Situation von Eisenbahnreisen-
den, die in einem langen Tunnel verunglückt sind, und zwar an einer Stelle, wo man das
Licht des Anfangs nicht mehr sieht, das Licht des Endes aber nur so winzig, daß der Blick
es immerfort suchen muß und immerfort verliert, wobei Anfang und Ende nicht einmal
sicher sind. Rings um uns aber haben wir in der Verwirrung der Sinne oder in der Höchst- 5
empfindlichkeit der Sinne lauter Ungeheuer und ein je nach der Laune und Verwundung
des Einzelnen entzückendes oder ermüdendes kaleidoskopisches Spiel.
Was soll ich tun? Oder: Wozu soll ich es tun? sind keine Fragen dieser Gegenden.

In: Franz Kafka: Die Erzählungen. Frankfurt/M.: Fischer 1961, S. 297.

Kadidja Wedekind
Parabel vom modernen Menschen

Ein moderner Mensch verirrte sich in einer Wüste. Tage- und nächtelang irrte er umher.
Wie lange braucht man, um zu verhungern und zu verdursten? Das überlegte er sich
beständig. Er wußte, daß man länger ohne Nahrung leben kann, als ohne etwas zu
trinken. Die unbarmherzige Sonnenglut hatte ihn ausgedörrt. Er fieberte. Wenn er erschöpft ein paar Stunden schlief, träumte er von Wasser, von Orangen und Datteln. Dann 5
erwachte er zu schlimmerer Qual und taumelte weiter.
Da sah er in einiger Entfernung eine Oase. Aha, eine Fata Morgana, dachte er. Eine
Luftspiegelung, die mich narrt und zur Verzweiflung treiben wird, denn in Wirklichkeit ist

gar nichts da. Er näherte sich der Oase, aber sie verschwand nicht. Sie wurde im Gegenteil
10 immer deutlicher. Er sah die Dattelpalmen, das Gras und die Felsen, zwischen denen ein
Quell entsprang. Es kann natürlich auch eine Hungerphantasie sein, die mir mein halb
wahnsinniges Hirn vorgaukelt, dachte er. Solche Phantasien hat man ja in meinem Zustand. Natürlich – jetzt höre ich sogar das Wasser sprudeln. Eine Gehörhalluzination.
Wie grausam die Natur ist! –
15 Mit diesem Gedanken brach er zusammen. Er starb mit einem lautlosen Fluch auf die
unerbittliche Bösartigkeit des Lebens.
Eine Stunde später fanden ihn zwei Beduinen. »Kannst du so etwas verstehen?« sagte der
eine Beduine zum anderen. »Die Datteln wachsen ihm ja beinahe in den Mund – er hätte
nur die Hand auszustrecken brauchen. Und dicht neben der Quelle liegt er, mitten in der
20 schönen Oase – verhungert und verdurstet. Wie ist das nur möglich?«
»Es war ein moderner Mensch« antwortete der andere Beduine. »Er hat nicht daran
geglaubt.«

© bei der Autorin

2. Lyrik

Das Wort Lyrik geht auf das altgriechische Adjektiv lyrikos zurück und bedeutet ursprünglich »Gesprochenes oder Gesunge-
nes mit Leierbegleitung«. Zu den bekann-
testen Arten der Lyrik gehören neben dem Lied die Ode, die Hymne und die Elegie. Man erkennt, daß auch diese Artbezeich-
nungen aus dem Griechischen stammen, wo sie Formen des Singens, Preisens und Klagens kennzeichnen. Als Subjekt der so geformten Aussage kann meist ein lyrisches Ich ausgemacht werden.

Lyrik gilt als die Urform der Dichtung überhaupt, weil Menschen in ihr unmittelbar Freude und Leid, Erlebnisse und Emp-

findungen ausdrücken können. Bei allen Völkern hat es deshalb die Lyrik eine lange Tradition: Für China sind volksliedartige Gesänge für die Zeiten um 1500 v. Chr. nachweisbar; zwischen 1200 und 600 v. Chr. entwickelte sich in Indien eine religiöse Lyrik, die in einem Buch des Wissens »Veda« zusammengetragen wird; hymni-
sche Lyrik, die mit Begleitung von Musik-
instrumenten vorgetragen wurde, entstand bei den Ägyptern und Israeliten; ganz eigene, den Europäern fremde Formen wurden aus Japan bekannt; griechische und lateinische Lyrik legte den Grund für eine vielge-
staltige europäische Tradition.

Hans-Dieter Gelfert
Was ist ein Gedicht?

Ein Gedicht, was immer es sonst noch sein mag, ist zuerst und vor allem Ausdruck eines Bewußtseinsinhalts in formalisierter Sprache. Dies klingt wie eine Definition aus dem Lexikon und mag auch getrost als solche genommen werden; denn der Satz enthält das, was nach Aristoteles jede Definition enthalten sollte: das *genus proximum*, also die nächsthöhere Klasse, der das zu Definierende angehört, und die *differentia specifica*, das 5 gewisse Etwas, wodurch es sich als Teilmenge vom Rest der Klasse unterscheidet.

Als »Ausdruck von Bewußtseinsinhalten in Sprache« gehört das Gedicht zur Gesamtklasse sprachlicher Äußerungen. Es gehört, wie man heute sagt, zur Klasse der Texte: Aus dem schier unübersehbaren Meer der Texte ragt es aber als kleine, scharf abgegrenzte Insel heraus; denn während die übrigen Texte – z. B. Zeitungsartikel, Sachbücher, Koch- 10 rezepte – ohne Informationseinbuße umformuliert werden können, liegt das Gedicht in einer unveränderlichen, festen, gleichsam kristallinen Gestalt vor.

»Schöpft des Dichters reine Hand, Wasser wird sich ballen,« heißt es bei Goethe, und damit ist genau das beschrieben, was das Gedicht von allen anderen Texten unterscheidet. (...) 15

Dichtung und Werbung haben manches miteinander gemein. Beide appellieren nicht kognitiv, sondern ästhetisch und damit affektiv an den Adressaten. Beide gehen von dem Prinzip aus, daß das Produkt, wie gut es auch sein mag, ohne eine entsprechend gute Verpackung keinen Marktwert hat. Dem Verhältnis von Produkt und Verpackung entspricht in der Dichtung das Verhältnis von Inhalt und Form. (...) Nun wird jeder zuge- 20 stehen, daß schon die geringfügigste Veränderung der Form eines Gedichts Auswirkungen auf dessen inhaltliche Substanz hat und diese um eine Nuance verändert. Dennoch lassen sich Form und Inhalt an einem Gedicht getrennt beobachten und beschreiben. Sie lassen sich sogar, wenn auch nur mit beträchtlichen Einbußen, voneinander trennen. Dies geschieht z. B. bei der Übersetzung des Gedichts in eine andere Sprache. An dieser Stelle 25 muß der Einwand kommen, daß Gedichte unübersetzbar seien; und dem wird jeder zustimmen. Dennoch werden seit Jahrhunderten immer wieder Gedichte übersetzt. Offenbar sind sie nicht schlechthin und prinzipiell unübersetzbar, sondern nur nicht so übersetzbar, daß die Übersetzung mit dem Original in allen wesentlichen Aspekten übereinstimmt. Die Behauptung von der Untrennbarkeit von Form und Inhalt wird man 30 darum ein wenig einschränken müssen. Die Form eines Gedichts ist ein rein ästhetisches Phänomen, der Inhalt dagegen hat eine kognitive und eine ästhetische Dimension. Die kognitive Substanz ist so übersetzbar wie die jeder anderen sprachlichen Äußerung, zwar mit gewissen Einbußen, die unvermeidlich sind, die aber doch als quantité négligeable angesehen werden dürfen. Die ästhetische Form läßt sich so nachbilden, daß sie mit der 35 des Originals zwar nicht identisch ist, aber ihr in glücklichen Fällen in der Wirkung doch sehr nahe kommt. Am größten ist der Verlust beim Zusammenpassen von Form und Inhalt. Nicht einmal in den seltenen Glücksfällen, in denen die Übersetzung ein ästhetisch genauso befriedigendes Gedicht darstellt wie das Original, wird die übersetzte Substanz sich in ihrem neuen formalen Kleid so frei und anmutig bewegen, wie sie dies in ihrer 40 ursprünglichen Sprachhaut tut.

In: Hans-Dieter Gelfert: Wie interpretiert man ein Gedicht? Stuttgart: Reclam 1990, S. 11 ff.

1. *Erklären Sie Gelferts Definition des Begriffs Gedicht mit eigenen Worten. Erläutern Sie anhand eines Gedichts, das Sie auswendig können, was gemeint ist.*
2. *Welche Aufgaben für die Untersuchung von Gedichten lassen sich aus den Darlegungen Gelferts ableiten?*
3. *Erörtern Sie die Vergleiche, die Gelfert wählt, um das »Verhältnis von Inhalt und Form« in der Dichtung näher zu bestimmen.*

Ivo Braak

Die wichtigsten Gedichte fester Bauart

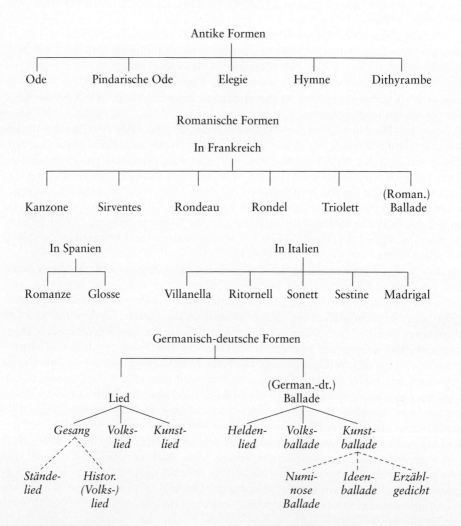

In: Ivo Braak: Poetik in Stichworten. Kiel: Hirt [6]1980, S. 135.

Erarbeitung eines Gedichts

Texte sind Gewebe, lyrische Texte sind besonders kunstvolle Gewebe. Wie schöne Teppiche wirken sie als Ganzes. Erst bei näherer Betrachtung unterscheidet man verschiedene Einzelelemente wie Motive, Ornamente und Farbflächen, die eine höhere Einheit eingegangen sind. Bei der Erarbeitung eines Textes kann es nicht darum gehen, die Einheit zu zerstören und die Einzelteile zu isolieren; Ziel ist vielmehr, das Zusammenspiel zu durchschauen, die Zuordnungen zu erkennen und das Kunstwerk als Ganzes zu verstehen.

Im folgenden werden einige Hinweise zur Erschließung gegeben, die an Goethes Gedicht »Mignon« erprobt werden sollen.

Johann Wolfgang von Goethe
Mignon

Kennst du das Land, wo die Zitronen blühn,
Im dunkeln Laub die Gold-Orangen glühn,
Ein sanfter Wind vom blauen Himmel weht,
Die Myrte still und hoch der Lorbeer steht,
5 Kennst du es wohl?
     Dahin! Dahin
Möcht' ich mit dir, o mein Geliebter, ziehn!

Kennst du das Haus, auf Säulen ruht sein Dach,
Es glänzt der Saal, es schimmert das Gemach,
Und Marmorbilder stehn und sehn mich an:
10 Was hat man dir, du armes Kind getan?
Kennst du es wohl?
     Dahin! Dahin
Möcht' ich mit dir, o mein Beschützer, ziehn!

Kennst du den Berg und seinen Wolkensteg?
Das Maultier sucht im Nebel seinen Weg,
15 In Höhlen wohnt der Drachen alte Brut,
Es stürzt der Fels und über ihn die Flut:
Kennst du ihn wohl?
     Dahin! Dahin
Geht unser Weg; o Vater, laß uns ziehn!

In: Goethes Werke. Hamburger Ausgabe. Hamburg: Wegner [1]1950, S. 145.

Wortinhalte und Sinnzusammenhang: Gedichte, in deutscher Sprache verfaßt, bereiten oft auch denen, die in der deutschen Sprache aufgewachsen sind, Verständnisschwierigkeiten, und das nicht nur, wenn die Gedichte aus früheren Sprachepochen stammen. Lyriker verwenden ausgefallene Wörter; und selbst Wörter, die in der Alltagssprache verwendet werden, können eine größere Bedeutungsfülle haben, als man annimmt. Es ist deshalb zu empfehlen, in Lexika und Wörterbüchern nachzusehen, was mit einem Wort gemeint sein könnte. Wörter haben nicht nur eine rein bezeichnende Funktion, sondern ihnen kommt oft ein Gefühlswert zu, der angenehme oder unangenehme Empfindungen wachruft.

Viele Wörter können außer dem alltäglichen Gebrauchswert noch einen Symbolwert besitzen. Ein Symbol – von griechisch symbolon »Wahrzeichen, Merkmal, Kennzeichen« – ist »in der Dichtung ein sinnlich gegebenes und faßbares, bildkräftiges Zeichen, das über sich selbst als Offenbarung veranschaulichend und verdeutlichend auf einen höheren, abstrakten Bereich verweist«[1].

Orientieren Sie sich über die sprachliche Herkunft der Bezeichnungen Zitrone, Gold-Orange, Myrte und Lorbeer. Welchen Symbolwert besitzen Myrte und Lorbeer?
Wie stellen Sie sich einen »Wolkensteg« vor?
Was assoziieren Sie bei dem Hinweis auf »Höhlen«, »Drachen« und »alte Brut«?

Lautgestalt: Von einigen Zeilen geht eine besondere Klangwirkung aus. Die Lautgestalt macht ein Gedicht unter Umständen besonders musikalisch.

In welchen Zeilen herrschen helle, in welchen dunkle Vokale vor? Welche Wirkung hat dies?

Grammatisch-syntaktische Struktur: Unter syntaktischen Aspekten wird man sich zunächst einen Überblick darüber verschaffen, welche Satzarten (Aussagesatz, Wunsch- und Aufforderungssatz, Fragesatz) und welche Satzformen (einfacher Satz; zusammengesetzter Satz: Satzreihe, Satzgefüge) verwendet werden. Aufschlußreich ist auch, nach den vertretenen Wortarten und nach besonderen Wortformen und Wortverbindungen zu fragen.

1. *Beschreiben Sie die syntaktische Struktur jeder einzelnen Strophe.*
2. *Beachten Sie die Verbformen »blühn«, »glühn« und »ziehn« am Ende der Verszeilen, und überlegen Sie, welche Funktion und Wirkung die Verkürzungen haben. Finden Sie weitere verkürzte Formen.*
3. *Welche Wirkung geht von den Interjektionen aus?*
4. *Welche Rolle spielen die Ortsadverbien?*

Rhetorische Mittel: Sprachmittel, die als Redeschmuck gelten, trifft man oft auch in lyrischen Texten an. Dazu gehören Erscheinungen, den Redeaufbau durchsichtig zu machen (Anrede an das Publikum, Abwendung vom Publikum). Aber auch Tropen und Figuren werden zielgerichtet eingesetzt (Übersicht, vgl. S. 101 ff.).

1. *Wer wird angeredet? Welche Anredeform wird gewählt? Welche Anredewörter fallen auf?*
2. *Das Gedicht ist geprägt durch eine Reihe von Wiederholungen. Beschreiben Sie, welche Arten der Wiederholung vorkommen, und überlegen Sie, welche Wirkung von den Wiederholungen ausgehen.*
3. *Überlegen Sie, ob einzelne Wörter als Metaphern oder als Metonymien anzusehen sind.*

---

[1] Gero von Wilpert: Sachwörterbuch der Literatur. Stuttgart: Kröner 1989, S. 908.

Form des Gedichts – Strophe, Metrum, Reim: Beim ersten Blick auf einen lyrischen Text, noch vor der ersten Lektüre, läßt sich erkennen, ob das Gedicht in Strophen unterteilt ist oder nicht. Unter einer *Strophe* versteht man seit dem 17. Jahrhundert eine höhere metrische Einheit, die aus der Verbindung mehrerer Verszeilen zu einem regelmäßig wiederkehrenden Ganzen entsteht. Erzwungen wurde dieser strenge Aufbau durch das Bedürfnis, mehrere Aussageeinheiten derselben Melodie anzupassen. Mehrere Strophen vereinigen sich zu der Einheit Gedicht.

Der Aufbau der einzelnen Strophen wird charakterisiert, indem man das *Metrum* und die *Reimstruktur* beschreibt.

Das Wort *Metrum* heißt ursprünglich »Maß«. In der Verslehre versteht man darunter das Gleichmaß der Wortbewegung, das entweder als Folge von langen und kurzen Vokalen – so vor allem in der antiken Verslehre – oder als Folge von betonten und unbetonten angegeben wird. Das Metrum wird als Schema einer Verszeile aufgezeichnet. Dabei wird deutlich, daß diese Zeilen meist noch einmal in verschiedene Takte aufgeteilt werden können.

Takt nennt man die Grundeinheit der regelmäßig wiederkehrenden Folge von Betonungshebungen und -senkungen. Ein Takt besteht nach Übereinkunft der deutschen Verslehre immer aus einer betonten und einer oder zwei unbetonten Silben. Zur Bezeichnung behält man die griechischen Fachausdrücke bei:

Jambus (gr. der Schleuderer) xx́:
    Beispiel: Hinaus, Verbot
Trochäus (gr. der Läufer) x́x:
    Beispiel: Rose, Liebe
Anapäst (gr. der Rückschläger) xxx́:
    Beispiel: Paradies, Malerei
Daktylus (gr. der Finger) x́xx:
    Beispiel: Königin, Reisender
Eine *Verszeile* umfaßt mehrere Takte und kann entsprechend als zwei-, drei-, vierhebig usw. charakterisiert werden. Besondere Beachtung verdient das Verszeilenende. Zeilen, die betont enden, nennt man *stumpf*; Zeilen, die eine unbetonte Silbe am Schluß haben, heißen *klingend*.

Einige Formen von Verszeilen haben in der Tradition auf besondere Weise in Lyrik und Drama gewirkt:

Der *Hexameter* (der Grundvers der Homerischen und lateinischen Epen von Vergil und Ovid) ist ein sechshebiger, meist aus Daktylen bestehender Vers mit beweglicher Zäsur, der sich auch in der Dichtung der deutschen Klassik findet.

> »Freundliche Schrift des Gesetzes, des
> menschenerhaltenden Gottes« *(Schiller)*
> x́xx | x́xx | x́xx | x́xx | x́xx | x́x

Der *Alexandriner* ist ein sechshebiger jambischer Vers mit Zäsur nach der dritten Hebung. Er wurde v. a. in der Lyrik des Barock wegen der in ihm angelegten antithetischen Aussageform (Zäsur), die dem barocken Lebensempfinden entsprach, verwendet.

> »Der schnelle Tag ist hin, die Nacht
> schwingt ihre Fahn'«   *(Gryphius)*
> xx́ | xx́ | xx́ ‖ xx́ | xx́ | xx́ |

Der *Blankvers*, ein fünfhebiger Jambus ohne Reim (auch mit überzähliger Senkung möglich), übernommen aus den Dramen Shakespeares, wurde durch Lessings und Goethes Hochschätzung der Shakespeareschen Dramen einer der im Sturm und Drang und in der Klassik bevorzugten Dramenverse.

> »Vor grauen Jahren lebt' ein Mann im
> Osten,
> xx́ | xx́ | xx́ | xx́ | xx́(x)
> Der einen Ring von unschätzbarem
> Wert'...«
> *(Lessing)*
> xx́ | xx́ | xx́ | xx́ | xx́

Auf eine taktorientierte Bindung verzichtet eine Versform, die als *Freier Rhythmus* bezeichnet wird und in vielen lyrischen Texten – bisweilen nur zeilenweise – zu finden ist. Diese Form entwickelt eine expressive Dynamik.

Der Anfang der Hymne »Prometheus« aus Goethes Sturm-und-Drang-Dichtung macht dies sehr deutlich:

>»Bedecke deinen Himmel, Zeus,
Mit Wolkendunst!
Und übe, dem Knaben gleich,
Der Disteln köpft, ...« *(Goethe)*

Verschiedene Verszeilen werden oft durch einen *Reim* miteinander verbunden. In der neueren deutschen Dichtung spielt der *Endreim* eine besondere Rolle. Er besteht aus dem Gleichklang zweier Wörter von der letzten betonten Silbe an: Reine Reime liegen etwa in den Wortpaaren Raub–Staub, Liebe–Hiebe oder Matten–hatten vor; unrein nennt man Reime wie Gemüt–Lied, Geläute–Weite oder Haus–schaust; *Assonanzen* sind Reime, die nur auf dem Gleichklang der Vokale beruhen: sehen–regen, heißen–weichen.

Die *Reimfolgen*, die in deutschen Gedichten am häufigsten vorkommen, heißen *Paarreim* (aabb), *Kreuzreim* (abab), *Umschließender Reim* (abba) und *Schweifreim* (aabccb). In der älteren deutschen Dichtung hatte der *Stabreim*, ein Anfangsreim,

zeilenbindende Funktion. Die *Alliteration*, die aus dem gleichen Anlaut betonter Stammsilben besteht, wird manchmal in neueren Gedichten noch als zusätzlicher Versschmuck verwendet. Alliterationen kommen auch in formelhaften Wendungen wie Kind und Kegel, Mann und Maus sowie Fisch und Fleisch vor.

Während das *Metrum* eines Gedichtes als festes Muster notiert werden kann und der Reim objektiv nachweisbar ist, kann das Lesen und Vortragen eines Gedichtes individuell gestaltet werden. Sprechtempo, Betonungsstärke, das Einlegen von Pausen und Verzögerungen sind Elemente der *rhythmischen Gestaltung*. Man kann darüber streiten, ob der Rhythmus in einem Gedicht angelegt ist oder ob der Vortragende dem Text erst einen Rhythmus gibt. Jedenfalls ist rhythmisches Lesen immer schon interpretierendes Vortragen. Z. B.:

>»Kennst du das Land, wo die Zitronen blühn?«

Metrum: xx́ | xx́ | xx́ | xx́ | xx́
Rhythmus: »Kénnst du das Lánd, wo die Zitrónen blühn?«

1. *Fertigen Sie – in Gruppenarbeit – ein Schema von jeder der drei Strophen an, und prüfen Sie, inwieweit die Schemata übereinstimmen.*
2. *Bereiten Sie das Gedicht für einen Vortrag vor.*

Kontext des Gedichtes: Der Roman »Wilhelm Meisters Lehrjahre« von Johann Wolfgang von Goethe, erschienen 1795/96, begründet die Tradition des Bildungsromans in Deutschland. Wilhelm Meister, Titel- und Hauptfigur des Werks, wird durch die Welt und alle Schichten der Gesellschaft geführt und wird so »welterfahren«. Mignon, ein zwölfjähriges, fremdartiges Mädchen, ist eine der Nebenfiguren; sie gehört zu einer Theatertruppe, die von einem ehemaligen Schauspieler namens Melina geleitet wird, und weiß von ihrer Herkunft

nichts. Wilhelm Meister wird später zum Beschützer Mignons, als er erfährt, daß Mignon vom Direktor der Truppe mißhandelt wird. Er verspricht ihr, sie nicht zu verlassen und für sie wie ein Vater zu sorgen. Erst am Schluß des Buches erfährt der Leser, daß Mignon die Tochter des Harfenspielers ist, der ebenfalls zu der Künstlertruppe gehört.

»Mignon« steht am Beginn des ersten Kapitels des dritten Buches. Der folgende Textausschnitt schließt sich an das Gedicht an.

Johann Wolfgang von Goethe
Wilhelm Meisters Lehrjahre

Als Wilhelm des Morgens sich nach Mignon im Hause umsah, fand er sie nicht, hörte aber, daß sie früh mit Melina ausgegangen sei, welcher sich, um die Garderobe und die übrigen Theatergerätschaften zu übernehmen, beizeiten aufgemacht hatte.

Nach Verlauf einiger Stunden hörte Wilhelm Musik vor seiner Türe. Er glaubte anfänglich, der Harfenspieler sei schon wieder zugegen; allein er unterschied bald die Töne einer 5 Zither, und die Stimme, welche zu singen anfing, war Mignons Stimme. Wilhelm öffnete die Türe, das Kind trat herein und sang das Lied, das wir soeben aufgezeichnet haben.

Melodie und Ausdruck gefielen unserm Freunde besonders, ob er gleich die Worte nicht alle verstehen konnte. Er ließ sich die Strophen wiederholen und erklären, schrieb sie auf und übersetzte sie ins Deutsche. Aber die Originalität der Wendungen konnte er nur von 10 ferne nachahmen. Die kindliche Unschuld des Ausdrucks verschwand, indem die gebrochene Sprache übereinstimmend, und das Unzusammenhängende verbunden ward. Auch konnte der Reiz der Melodie mit nichts verglichen werden.

Sie fing jeden Vers feierlich und prächtig an, als ob sie auf etwas Sonderbares aufmerksam machen, als ob sie etwas Wichtiges vortragen wollte. Bei der dritten Zeile ward der 15 Gesang dumpfer und düsterer; das: »Kennst du es wohl?« drückte sie geheimnisvoll und bedächtig aus; in dem: »Dahin! dahin!« lag eine unwiderstehliche Sehnsucht, und ihr: »Laß uns ziehn!« wußte sie, bei jeder Wiederholung, dergestalt zu modifizieren, daß es bald bittend und dringend, bald treibend und vielversprechend war.

Nachdem sie das Lied zum zweitenmal geendigt hatte, hielt sie einen Augenblick inne, sah 20 Wilhelmen scharf an und fragte: »Kennst du das Land?« – »Es muß wohl Italien gemeint sein,« versetzte Wilhelm; »woher hast du das Liedchen?« – »Italien!« sagte Mignon bedeutend; »gehst du nach Italien, so nimm mich mit, es friert mich hier.« – »Bist du schon dort gewesen, liebe Kleine?« fragte Wilhelm. – Das Kind war still und nichts weiter aus ihm zu bringen. 25

(Drittes Buch. Erstes Kapitel)

In: Goethes Werke. Hamburger Ausgabe. Bd. 7. Hamburg: Wegner [1]1950, S. 145 f.

Tragen Sie aus dem Kontext alle Informationen zusammen, die zum besseren Verständnis des Liedes beitragen:
1. *Was erfahren Sie über die Person, die das Lied singt?*
2. *Was wird über die angebliche Entstehung und Herkunft des Lieds gesagt?*
3. *Wie werden die Vortragsweise und die Wirkung beschrieben?*
4. *Was macht für den Zuhörer den Reiz des Liedes aus?*
5. *Inwiefern wird das Thema des Liedes knapp angedeutet?*

Mignon als Engel. Illustration zu »Wilhelm Meisters Lehrjahre«. Franz Ludwig, 1799.

Nur wer die Sehnsucht kennt,
Weiß, was ich leide!
Allein und abgetrennt
Von aller Freude,
5 Seh' ich ans Firmament
Nach jener Seite.
Ach! der mich liebt und kennt,
Ist in der Weite.
Es schwindelt mir, es brennt
10 Mein Eingeweide.
Nur wer die Sehnsucht kennt,
Weiß, was ich leide!
(Viertes Buch. Elftes Kapitel)

Heiß mich nicht reden, heiß mich schweigen,
Denn mein Geheimnis ist mir Pflicht;
Ich möchte dir mein ganzes Innre zeigen,
Allein das Schicksal will es nicht.

5 Zur rechten Zeit vertreibt der Sonne Lauf
Die finstre Nacht, und sie muß sich erhellen;
Der harte Fels schließt seinen Busen auf,
Mißgönnt der Erde nicht die tiefverborgnen Quellen.

Ein jeder sucht im Arm des Freundes Ruh',
10 Dort kann die Brust in Klagen sich ergießen;
Allein ein Schwur drückt mir die Lippen zu,
Und nur ein Gott vermag sie aufzuschließen.
(Fünftes Buch. Sechzehntes Kapitel)

In: Goethes Werke: Hamburger Ausgabe. Bd. 7. Hamburg: Wegner [1]1950, S. 240 f., 356 f.

*Auch diese Lieder werden von Mignon gesungen. Sie stehen untereinander und mit dem
auf S. 77 abgedruckten Lied in einem Beziehungszusammenhang.*
1. Charakterisieren Sie das lyrische Ich.
2. Durch welche Motive sind die drei Texte verbunden?
3. Vergleichen Sie die formale Gestaltung.

Rezeptionsgeschichte des Gedichts: Das Wort Rezeption geht auf das lateinische Wort recipere »zurücknehmen, wieder aufnehmen, annehmen« zurück und bedeutet in der Literaturwissenschaft die Aufnahme und Wirkung, die ein poetisches Werk bei seinen Lesern hat. Dabei interessiert zunächst, von wem und unter welchen Bedingungen ein Werk gelesen wird. Wichtiger sind noch die Zeugnisse der Auseinandersetzung, wie sie in Kritiken und wissenschaftlichen Abhandlungen vorliegen. Oft ist auch nachzuweisen, daß ein Werk, das sich Anerkennung verschafft hat, anregend auf andere Autoren gewirkt hat.

Aus der Wirkungsgeschichte von Goethes Mignon-Lied wird das folgende Gedicht vorgestellt.

Hugo von Hofmannsthal
Reiselied

Wasser stürzt, uns zu verschlingen,
Rollt der Fels, uns zu erschlagen,
Kommen schon auf starken Schwingen
Vögel her, uns fortzutragen.

Aber unten liegt ein Land,
Früchte spiegelnd ohne Ende
In den alterslosen Seen.

Marmorstirn und Brunnenrand
Steigt aus blumigem Gelände,
Und die leichten Winde wehn.

In: Hugo von Hofmannsthal: Die Gedichte und kleinen Dramen. Frankfurt/M.: Insel 1958, S. 12.

1. *Vergleichen Sie den Text mit Mignons Lied (S. 77).*
   Notieren Sie genau, welche Motive in beiden Texten vorkommen und wie sie in den
   Zusammenhang gebaut sind.
2. *Fertigen Sie eine vergleichende Interpretation der beiden Texte an.*

Vertonungen: Das Lied ist mehrfach vertont worden. Besorgen Sie sich Tonaufnahmen,
und referieren Sie über die Werke, ihre Entstehung, ihre unterschiedliche Auffassung und
über ihre Wirkung.

Ludwig van Beethoven

Mignon.

Aus Goethe's „Wilhelm Meister".

Für eine Singstimme mit Begleitung des Pianoforte

Schubert's Werke.   componirt von   Serie 20. N⁰ 168.

FRANZ SCHUBERT.

23. October 1815.

Singstimme.

Kennst du das Land, wo die Ci_tro_nen blühn, im dunk_len Laub die
Kennst du das Haus? Auf Säu_len ruht sein Dach, es glänzt der Saal, es

Pianoforte.

Schriftliche Gedichtinterpretation

Während die Erschließung eines Textes aus einer Folge von Einzeluntersuchungen besteht, verspricht die Interpretation, einen poetischen Text in einem geordneten Zusammenhang und unter Berücksichtigung seiner Ganzheit verständlich zu machen. Die einzelnen Ergebnisse der Erschließung liefern dafür eine sichere Grundlage; sie müssen aber daraufhin überprüft werden, ob ihnen im Interpretationszusammenhang eine erhellende Funktion zukommt. Daraus ergibt sich, daß nicht alle Ergebnisse Eingang in die Interpretation finden.

Dennoch hängt das Gelingen einer Interpretation wesentlich von den Vorarbeiten ab. Man sollte sich deshalb schon nach dem ersten Lesen des Gedichts aufschreiben, welche Deutungsansätze einfallen. Im Text sollte gekennzeichnet werden, was auffällt. Das mag der Titel sein, das erste oder das letzte Wort, es können fremde Wörter oder besonders klingende Reime sein. Es kommt in dieser Phase der Arbeit noch nicht darauf an, daß die Erscheinungen klassifiziert oder erklärt werden können.

Man sollte sich Zeit für die Erarbeitung des Textes nehmen und Zettel benutzen, die immer nur einseitig beschrieben werden. Das Gedicht sollte anhand der erarbeiteten Fragen untersucht werden.

Die Leitfrage eines Interpreten lautet: Was muß ich dem Leser an dem Text verständlich machen, damit er das Gedicht angemessen versteht?

Die Interpretation selbst ist als Weg aufzufassen, den der Interpret mit seinem Leser geht und bei dem er von einem motivierenden ersten Hinweis den Leser durch den Text führt, ihn auf wichtige Stellen aufmerksam macht, die ohne den Interpreten vielleicht unbeachtet geblieben wären, und bei dem der Leser am Schluß den Eindruck hat, den Text verstanden zu haben und den Weg nun auch selbst zu finden.

Für Interpret und Leser ist gleichermaßen wichtig, einen geeigneten Interpretationsansatz zu finden. Der Ansatz sollte schon Wichtiges von dem Text zu verstehen geben und die Leitlinie der folgenden Interpretation erkennen lassen. Der weitere Weg der Interpretation ist dann in kontrollierbaren Interpretationsschritten zurückzulegen. Interpretationsansatz und weiterführende Schritte sollten dann in einer vorläufigen Gliederung festgehalten werden.

Der eigentlichen Interpretation schickt man eine Einleitung voraus. In ihr kann man entweder den Autor oder die Epoche, in die das Gedicht gehört, vorstellen. Falls bekannt, kann man die Entstehungsgeschichte des Textes skizzieren oder andere Hinweise geben.

Manchmal ist es angebracht, im Anschluß an die Interpretation weitere Hinweise zu geben. Man kann auf vergleichbare Texte verweisen, auf Vertonungen, Parodien. Man kann aber auch eine Stellungnahme dazu abgeben, ob das Gedicht eher persönlich anspricht oder als museal aufzubewahrendes Kunstwerk akzeptiert wird.

Die folgende Grobgliederung zu »Mignon« wurde von Schülern entworfen:

A. Einleitung: Das Gedicht in seinem ursprünglichen Kontext

B. Hauptteil: Interpretation

I. Interpretationsansatz: Das Lied als intensiv vorgetragene Bitte eines Ichs an ein Du

II. Weiterführende Schritte:

1. Der Entwurf einer südlichen Landschaft und eines Alpenpasses

2. Die Frage nach dem »Geliebten«, »Beschützer« und »Vater«

3. Der Ausdruck der Sehnsucht im Lied

C. Schluß: Hinweis auf ein verwandtes Italiengedicht – »Reiselied« – von Hugo von Hofmannsthal (S. 83 f.)

Führen Sie die Interpretation nach dieser oder einer von Ihnen erarbeiteten Gliederung als Hausaufgabe aus.

3. Epik

Das griechische Wort epos heißt »Wort« und »Erzählung«, aber auch »Gedicht« und »Lied«. In unserm Sprachgebrauch verweist das Wort auf die klassischen Epen der Antike und da zuerst auf den griechischen Dichter Homer, dem die »Ilias« und die »Odyssee« zugeschrieben werden, und dann auf den lateinisch schreibenden Vergil, der die »Aeneis«, das Nationalepos der Römer, verfaßte. Die übrigen Arten der Epik unterscheiden sich zwar nach Umfang, sprachlicher Gestaltung und verarbeitetem Gegenstandsbereich, doch ist ihnen die Grundsituation gemeinsam: »Die Ursituation ist: ein Erzähler erzählt einer Hörerschaft etwas, was geschehen ist.«[1] Hieraus ist zu schließen, auf welche Bauelemente man trifft, wenn man ein episches Werk erschließt. Als Handlungs- oder Ereignisfolge wird dem Hörer oder Leser geboten, »was geschehen ist«; in diese Folgen sind Figuren oder Personen verwickelt; die

Geschehen und Handlungen sind eingebunden in die Bedingungen von Raum und Zeit. Es ist deutlich, daß diese Bauelemente, die das epische Gerüst bilden, der wirklichen Welt, wie wir sie täglich erleben und erfahren, entnommen sind. Erst der Erzähler macht aus den Bauelementen ein Werk der Fiktion.

Wenn der Erzähler das Präteritum benutzt, will er dem Leser nicht nur signalisieren, daß alles Erzählte vorbei und vergangen ist, sondern er will ihn gleichzeitig einladen, das Vergangene als gegenwärtig zu erleben, denn das Präteritum des Erzählens ist nicht das Präteritum des Berichts, sondern es ist das Präteritum der erzählten Welt. Es baut die Erzählsituation auf und wird als episches Präteritum begrifflich herausgehoben. Der Leser soll sich auf folgende Situation einstellen: »Ich erlebe etwas Vergangenes als jetzt Geschehendes, etwas Geschehenes als Geschehendes.«[2]

---

[1] Schiller an Goethe am 21. 5. 1797.

[2] Jochen Vogt: Aspekte erzählender Prosa. Eine Einführung in Erzähltechnik und Romantheorie. Opladen: Westdeutscher Verlag [7]1990, S. 37.

Ivo Braak
Die wichtigsten Formen epischer Dichtung

In: Ivo Braak: Poetik in Stichworten. Kiel: Hirt [6]1980, S. 195.

1. *Ordnen Sie den einzelnen Artbezeichnungen konkrete Texte zu, die Sie in der Sekundarstufe I erarbeitet haben oder die Sie aus privater Lektüre kennen.*
2. *Überprüfen Sie, ob die Tabelle Ihrer Ansicht nach vollständig ist. Wie erklären Sie sich, daß etwa die Fabel oder der Witz nicht berücksichtigt wurden?*
3. *Wählen Sie einzelne Arten aus, und beschreiben Sie, möglichst anhand von Beispielen, was erzählt wird, wer erzählt und welche Intention verfolgt wird.*

Epen der Weltliteratur

Homer

Odyssee (um 750 v. Chr.)

ERSTER GESANG

Sage mir, Muse[1], die Taten des vielgewanderten Mannes[2],
Welcher so weit geirrt nach der heiligen Troja Zerstörung,
Vieler Menschen Städte gesehn und Sitte gelernt hat
Und auf dem Meere so viel' unnennbare Leiden erduldet,
5 Seine Seele zu retten und seiner Freunde Zurückkunft.
Aber die Freunde rettet' er nicht, wie eifrig er strebte;
Denn sie bereiteten selbst durch Missetat ihr Verderben,
Toren! welche die Rinder des hohen Sonnenbeherrschers[3]
Schlachteten; siehe, der Gott nahm ihnen den Tag der Zurückkunft,
10 Sage hievon auch uns ein weniges, Tochter Kronions[4].

In: Homers Odyssee. Übers. v. Johann Heinrich Voss. Stuttgart: Reclam o. J., S. 3.

Vergil

Aeneis (um 20 v. Chr.)

ERSTER GESANG

Singen will ich von Kämpfen und von dem Mann[5], der zuerst von
Trojas Gestade, vom Schicksal verbannt, zu Laviniums Küste,
Nach Italien kam; über Wasser und Lande verschlug ihn
Göttergewalt, aus unversöhnlichem Grolle der grimmen
5 Juno[6]; der viel auch im Kriege erlitt, bis die Stadt er gegründet,
Götter nach Latium[7] brachte, woher das Latinergeschlecht ward,
Albas Urväter auch und du, hochragende Roma.
Zeige mir, Muse, die Gründe, wodurch verletzt ihre Gottheit
Oder worüber gekränkt ist die Herrin der Götter, so daß sie
10 Zwang den frömmsten der Helden, soviel der Schläge zu dulden,
Soviel Mühsal zu tragen. – So heiß glühn Götter im Zorne?

Fresko von Luca
Signorelli, um 1500.

In: Vergil: Aeneis. Übers. u. hg. v. Wilhelm Plankl. Stuttgart: Reclam 1957, S. 3.

[1] Muse: Die neun Musen sind Göttinnen der Kunst. Im Gefolge Apolls haben sie die Aufgabe, die Götter auf dem Olymp zu unterhalten und zu verherrlichen.
[2] Der vielgewanderte Mann: Odysseus
[3] Die Rinder des hohen Sonnenbeherrschers: Auf der Irrfahrt von Troja hatten Odysseus' Gefährten die Rinder des Helios, des Sonnengottes, geschlachtet.
[4] Tochter Kronions: Der griechischen Mythologie nach sind die Musen Töchter des Zeus und der Mnemosyne. Zeus ist Sohn des Kronos und wird deshalb auch Kronide betitelt. Genau genommen, sind die Musen also Enkelinnen des Kronos.
[5] Mann, der zu Laviniums Küste kam: Die Haupt- und Titelfigur des Epos, Aeneas, flieht aus dem brennenden Troja, kommt nach langer Irrfahrt nach Italien und gründet auf fremdem Boden als erste Stadt Lavinium, den ersten Stützpunkt für den späteren Aufstieg Roms zur Weltmacht.
[6] Juno: Gemahlin Jupiters
[7] Latium: Landschaft zwischen dem Tiber, den Albaner Bergen und der Küste

Nibelungenlied (um 1200)

1. Âventiure

Uns ist in alten mæren wunders vil geseit
von helden lobebæren, von grôzer arebeit,
von fröuden, hôchgezîten, von weinen und von klagen,
von küener recken strîten muget ír nu wunder hœren sagen.

5 Ez wuohs in Búrgónden ein vil édel magedîn,
daz in allen landen niht schœners mohte sîn,
Kriemhilt geheizen: si wart ein scœne wîp.
dar umbe muosen degene vil verliesén den lîp.

Der minneclîchen meide triuten wol gezam.
10 ir muoten küene recken, niemen was ir gram.
âne mâzen schœne só was ir edel lîp.
der juncvrouwen tugende zierten ándériu wîp.

Ir pflâgen drîe künege edel unde rîch,
Gunther unde Gèrnôt, di recken lobelîch,
15 und Gîselher der junge, ein ûz erwelter degen.
diu frouwe was ir swester, di fürsten hetens in ir pflegen.

In: Das Nibelungenlied. Hg. u. übers. v. Felix Genzmer. Stuttgart: Reclam 1955, S. 11.

Wie führen sich die Erzähler ein? Wie stellen sie den Kontakt zum Publikum her? Was für ein Erzählprogramm kündigen sie an? Auf welche Gewährsleute und auf welche Quellen stützen sie sich?

Erarbeitung eines epischen Textes

Die erzählende oder epische Dichtung, eine der drei »Naturformen der Poesie« (Goethe), gilt im Vergleich zur lyrischen Dichtung als objektiver, im Vergleich zur dramatischen als subjektiver. Während sich in der lyrischen Dichtung ein Ich selbst ausdrückt und im Drama ein Geschehen objektiviert dargestellt wird, vermittelt in der Epik ein Erzähler zwischen dem Ereignis, das als Geschichte mitgeteilt wird, und dem Hörer oder Leser, der diese Geschichte erfahren soll. Dabei kann der Erzähler in dem einen Fall das Publikum direkt ansprechen wollen, in dem andern Fall wird er sich zurückhalten und die Geschichte für sich selbst wirken lassen wollen.

Max Frisch
Stiller. Roman. Auszug

Ich werde ihr die kleine Geschichte von Isidor erzählen. Eine wahre Geschichte! Isidor
war Apotheker, ein gewissenhafter Mensch also, der dabei nicht übel verdiente, Vater von
etlichen Kindern und Mann im besten Mannesalter, und es braucht nicht betont zu werden, daß Isidor ein getreuer Ehemann war. Trotzdem vertrug er es nicht, immer befragt
5 zu werden, wo er gewesen wäre. Darüber konnte er rasend werden, innerlich rasend,
äußerlich ließ er sich nichts anmerken. Es lohnte keinen Streit, denn im Grunde, wie
gesagt, war es eine glückliche Ehe. Eines schönen Sommers unternahmen sie, wie es
damals gerade Mode war, eine Reise nach Mallorca, und abgesehen von ihrer steten
Fragerei, die ihn im stillen ärgerte, ging alles in bester Ordnung. Isidor konnte ausge-
10 sprochen zärtlich sein, sobald er Ferien hatte. Das schöne Avignon entzückte sie beide; sie
gingen Arm in Arm. Isidor und seine Frau, die man sich als eine sehr liebenswerte Frau
vorzustellen hat, waren genau neun Jahre verheiratet, als sie in Marseille ankamen. Das
Mittelmeer leuchtete wie auf einem Plakat. Zum stillen Ärger seiner Gattin, die bereits
auf dem Mallorca-Dampfer stand, hatte Isidor noch im letzten Moment irgendeine Zei-
15 tung kaufen müssen. Ein wenig, mag sein, tat er es aus purem Trotz gegen ihre Fragerei,
wohin er denn ginge. Weiß Gott, er hatte es nicht gewußt; er war einfach, da ihr Dampfer
noch nicht fuhr, nach Männerart ein wenig geschlendert. Aus purem Trotz, wie gesagt,
vertiefte er sich in eine französische Zeitung, und während seine Gattin tatsächlich nach
dem malerischen Mallorca reiste, fand sich Isidor, als er endlich von einem dröhnenden
20 Tuten erschreckt aus seiner Zeitung aufblickte, nicht an der Seite seiner Gattin, sondern
auf einem ziemlich dreckigen Frachter, der, übervoll beladen mit lauter Männern in
gelber Uniform, ebenfalls unter Dampf stand. Und eben wurden die großen Taue gelöst.
Isidor sah nur noch, wie die Mole sich entfernte. Ob es die hundsföttische Hitze oder der
Kinnhaken eines französischen Sergeanten gewesen, was ihm kurz darauf das Bewußtsein
25 nahm, kann ich nicht sagen; hingegen wage ich mit Bestimmtheit zu behaupten, daß
Isidor, der Apotheker, in der Fremdenlegion ein härteres Leben hatte als zuvor. An Flucht
war nicht zu denken. Das gelbe Fort, wo Isidor zum Mann erzogen wurde, stand einsam
in der Wüste, deren Sonnenuntergänge er schätzen lernte. Gewiß dachte er zuweilen an
seine Gattin, wenn er nicht einfach zu müde war, und hätte ihr wohl auch geschrieben;
30 doch Schreiben war nicht gestattet. Frankreich kämpfte noch immer gegen den Verlust
seiner Kolonien, so daß Isidor bald genug in der Welt herumkam, wie er sich nie hätte
träumen lassen. Er vergaß seine Apotheke, versteht sich, wie andere ihre kriminelle Vergangenheit. Mit der Zeit verlor Isidor sogar das Heimweh nach dem Land, das seine
Heimat zu sein den schriftlichen Anspruch stellte, und es war – viele Jahre später – eine
35 pure Anständigkeit von Isidor, als er eines schönen Morgens durch das Gartentor trat,
bärtig, hager wie er nun war, den Tropenhelm unter dem Arm, damit die Nachbarn seines
Eigenheims, die den Apotheker längstens zu den Toten rechneten, nicht in Aufregung
gerieten über seine immerhin ungewohnte Tracht; selbstverständlich trug er auch einen
Gürtel mit Revolver. Es war ein Sonntagmorgen, Geburtstag seiner Gattin, die er, wie
40 schon erwähnt, liebte, auch wenn er in all den Jahren nie eine Karte geschrieben hatte.
Einen Atemzug lang, das unveränderte Eigenheim vor Augen, die Hand noch an dem
Gartentor, das ungeschmiert war und girrte wie je, zögerte er. Fünf Kinder, alle nicht

ohne Ähnlichkeit mit ihm, aber alle um sieben Jahre gewachsen, so daß ihre Erscheinung ihn befremdete, schrien schon von weitem: Der Papi! Es gab kein Zurück. Und Isidor schritt weiter als Mann, der er in harten Kämpfen geworden war, und in der Hoffnung, daß seine liebe Gattin, sofern sie zu Hause war, ihn nicht zur Rede stellen würde. Er schlenderte den Rasen hinauf, als käme er wie gewöhnlich aus seiner Apotheke, nicht aber aus Afrika und Indochina. Die Gattin saß sprachlos unter einem neuen Sonnenschirm. Auch den köstlichen Morgenrock, den sie trug, hatte Isidor noch nie gesehen. Ein Dienstmädchen, ebenfalls eine Neuheit, holte sogleich eine weitere Tasse für den bärtigen Herrn, den sie ohne Zweifel, aber auch ohne Mißbilligung als den neuen Hausfreund betrachtete. Kühl sei es hierzulande, meinte Isidor, indem er sich die gekrempelten Hemdärmel wieder herunter machte. Die Kinder waren selig, mit dem Tropenhelm spielen zu dürfen, was natürlich nicht ohne Zank ging, und als der frische Kaffee kam, war es eine vollendete Idylle, Sonntagmorgen mit Glockenläuten und Geburtstagstorte. Was wollte Isidor mehr! Ohne jede Rücksicht auf das neue Dienstmädchen, das gerade noch das Besteck hinlegte, griff Isidor nach seiner Gattin. »Isidor!« sagte sie und war außerstande, den Kaffee einzugießen, so daß der bärtige Gast es selber machen mußte. »Was denn?« fragte er zärtlich, indem er auch ihre Tasse füllte. »Isidor!« sagte sie und war dem Weinen nahe. Er umarmte sie. »Isidor!« fragte sie, »wo bist du nur so lange gewesen?« Der Mann, einen Augenblick lang wie betäubt, setzte seine Tasse nieder; er war es einfach nicht mehr gewohnt, verheiratet zu sein, und stellte sich vor einen Rosenstock, die Hände in den Hosentaschen. »Warum hast du nie auch nur eine Karte geschrieben?« fragte sie. Darauf nahm er den verdutzten Kindern wortlos den Tropenhelm weg, setzte ihn mit dem knappen Schwung der Routine auf seinen eigenen Kopf, was den Kindern einen für die Dauer ihres Lebens unauslöschlichen Eindruck hinterlassen haben soll, Papi mit Tropenhelm und Revolvertasche, alles nicht bloß echt, sondern sichtlich vom Gebrauche etwas abgenutzt, und als die Gattin sagte: »Weißt du, Isidor, das hättest du wirklich nicht tun dürfen!« war es für Isidor genug der trauten Heimkehr, er zog (wieder mit dem knappen Schwung der Routine, denke ich) den Revolver aus dem Gurt, gab drei Schüsse mitten in die weiche, bisher noch unberührte und mit Zuckerschaum verzierte Torte, was, wie man sich wohl vorstellen kann, eine erhebliche Schweinerei verursachte. »Also Isidor!« schrie die Gattin, denn ihr Morgenrock war über und über von Schlagrahm verspritzt, ja, und wären nicht die unschuldigen Kinder als Augenzeugen gewesen, hätte sie jenen ganzen Besuch, der übrigens kaum zehn Minuten gedauert haben dürfte, für eine Halluzination gehalten. Von ihren fünf Kindern umringt, einer Niobe ähnlich, sah sie nur noch, wie Isidor, der Unverantwortliche, mit gelassenen Schritten durch das Gartentor ging, den unmöglichen Tropenhelm auf dem Kopf. Nach jenem Schock konnte die arme Frau nie eine Torte sehen, ohne an Isidor denken zu müssen, ein Zustand, der sie erbarmenswürdig machte, und unter vier Augen, insgesamt etwa unter sechsunddreißig Augen riet man ihr zur Scheidung. Noch aber hoffte die tapfere Frau. Die Schuldfrage war ja wohl klar. Noch aber hoffte sie auf seine Reue, lebte ganz den fünf Kindern, die von Isidor stammten, und wies den jungen Rechtsanwalt, der sie nicht ohne persönliche Teilnahme besuchte und zur Scheidung drängte, ein weiteres Jahr lang ab, einer Penelope ähnlich. Und in der Tat, wieder war's ihr Geburtstag, kam Isidor nach einem Jahr zurück, setzte sich nach üblicher Begrüßung, krempelte die Hemdärmel herunter und gestattete den Kindern abermals, mit seinem Tropenhelm zu spielen, doch dieses Mal dauerte ihr Vergnügen, einen Papi zu haben, keine drei Minuten. »Isidor!« sagte die Gattin, »wo bist du denn jetzt wieder gewesen?« Er erhob sich, ohne zu schießen, Gott sei Dank, auch ohne den unschuldigen

90 Kindern den Tropenhelm zu entreißen, nein, Isidor erhob sich nur, krempelte seine Hemdärmel wieder herauf und ging durchs Gartentor, um nie wiederzukommen. Die Scheidungsklage unterzeichnete die arme Gattin nicht ohne Tränen, aber es mußte ja wohl sein, zumal sich Isidor innerhalb der gesetzlichen Frist nicht gemeldet hatte, seine Apotheke wurde verkauft, die zweite Ehe in schlichter Zurückhaltung gelebt und nach
95 Ablauf der gesetzlichen Frist auch durch das Standesamt genehmigt, kurzum, alles nahm den Lauf der Ordnung, was ja zumal für die heranwachsenden Kinder so wichtig war. Eine Antwort, wo Papi sich mit dem Rest seines Erdenlebens herumtrieb, kam nie. Nicht einmal eine Ansichtskarte. Mami wollte auch nicht, daß die Kinder danach fragten; sie hatte ja Papi selber nie danach fragen dürfen ...

In: Max Frisch: Stiller. Roman. Frankfurt/M.: Suhrkamp 1959, S. 52 ff.; Erstausgabe 1954.

Erzählsituation und Erzählerstandpunkt:
Wie im Bereich der Lyrik zwischen Autor und lyrischem Ich zu unterscheiden ist, so in der Epik zwischen Autor und Erzähler. Zwar werden erfolgreiche Novellen- und Romanschriftsteller wie Gottfried Keller, Conrad Ferdinand Meyer oder Theodor Fontane oft als »große Erzähler« vorgestellt, doch will man damit nur verkürzt sagen, daß ihr Schaffensschwerpunkt in der Epik lag. Die Literaturwissenschaftler sehen im Erzähler eine fiktive Gestalt, die in den Werken der Epik als Vermittler zwischen dem Geschehen und dem Leser steht. Er bestimmt von seinem Erzählerstandpunkt aus die Auswahl des zu Erzählenden und die Perspektive, die der Leser einnehmen soll.

Die »kleine Geschichte von Isidor« ist ein Ausschnitt aus dem 1954 erschienenen Roman »Stiller« von Max Frisch. Anatol Ludwig Stiller, die Hauptfigur des Romans, ist als Künstler wie auch als Liebender gescheitert. Er hat versucht, von der Vergangenheit loszukommen und in Amerika ein neues Leben zu beginnen und eine neue Identität zu gewinnen. Nach sieben Jahren kehrt er in die Schweiz zurück, wird aber an der Grenze verhaftet, weil er angeblich vor seinem Untertauchen in eine Agentenaffäre verwickelt war. Von diesem Vorwurf kann er sich befreien; dagegen muß er am Ende eingestehen, tatsächlich Stiller und der Ehemann Julikas zu sein. Zunächst bestreitet er das.
Im Gefängnis führt Stiller ein Tagebuch:

Ich bin nicht Stiller! – Tag für Tag, seit meiner Einlieferung in dieses Gefängnis, das noch zu beschreiben sein wird, sage ich es, schwöre ich es und fordere Whisky, ansonst ich jede weitere Aussage verweigere. Denn ohne Whisky, ich hab's ja erfahren, bin ich nicht ich selbst, sondern neige dazu, allen möglichen guten Einflüssen zu erliegen und eine Rolle zu
5 spielen, die ihnen so passen möchte, aber nichts mit mir zu tun hat, und da es jetzt in meiner unsinnigen Lage (sie halten mich für einen verschollenen Bürger ihres Städtchens!) einzig und allein darum geht, mich nicht beschwatzen zu lassen und auf der Hut zu sein gegenüber allen ihren freundlichen Versuchen, mich in eine fremde Haut zu stecken, unbestechlich zu sein bis zur Grobheit, ich sage: da es jetzt einzig und allein darum geht,
10 niemand anders zu sein als der Mensch, der ich in Wahrheit leider bin, so werde ich nicht aufhören, nach Whisky zu schreien, soft sich jemand meiner Zelle nähert. Übrigens habe

ich bereits vor Tagen melden lassen, es brauche nicht die allererste Marke zu sein, immerhin eine trinkbare, ansonst ich eben nüchtern bleibe, und dann können sie mich verhören, wie sie wollen, es wird nichts dabei herauskommen, zumindest nichts Wahres. Vergeblich! Heute bringen sie mir dieses Heft voll leerer Blätter: Ich soll mein Leben 15 niederschreiben! wohl um zu beweisen, daß ich eines habe, ein anderes als das Leben ihres verschollenen Herrn Stiller.

»Sie schreiben einfach die Wahrheit, sagt mein amtlicher Verteidiger, »nichts als die schlichte und pure Wahrheit. Tinte können Sie jederzeit nachfüllen lassen!«

Vom Staatsanwalt erfahren:

Gegen Anatol Ludwig Stiller, Bildhauer, zuletzt wohnhaft in seinem Atelier an der Steingartengasse in Zürich, verschollen seit Januar 1946, besteht irgendein Verdacht, der mir nicht näher genannt werden kann, solange es nicht erwiesen ist, wer ich bin. Es handelt sich dabei, scheint es, um keine Kleinigkeit. Spionage? Ich weiß nicht, was mein Vermuten 5 gerade in diese Richtung drängt, und im übrigen kann es mir ja gleichgültig sein; ich bin nicht Stiller. Wie sehr sie's wünschten! Er fehlt ihnen offensichtlich, ob schuldig oder nicht, wie im Schach ein kleiner Bauer: um mit einer ganzen Affäre fertig zu werden. Rauschgift-Handel? Es riecht, habe ich das Gefühl, eher politisch, wobei der Verdacht seitens der Bundespolizei (ich glaube es aus der Miene meines Staatsanwalts zu lesen) auf 10 etwas schwachen Gründen steht; die bloße Tatsache, daß ein Mann plötzlich verschollen ist, verlockt natürlich zu Spekulationen.

Nichts bleibt mir erspart! Demnächst wollen sie mich mit der Dame aus Paris konfrontieren; nach den Bildern eine blonde oder rötliche, als äußere Erscheinung sehr liebreizende Person, etwas hager, aber graziös. Man hat ihr, wie dem Bruder des Verschollenen, ein Foto von mir zugeschickt. Sie behauptet, meine Gattin zu sein, und wird mit dem Flugzeug kommen.
5

In: Max Frisch: Stiller. Roman. Frankfurt/M.: Suhrkamp 1959, S. 9 f., 50, 51; Erstausgabe 1954.

Dieser Dame, die aus Paris kommt, und die tatsächlich seine Frau ist, erzählt Stiller, der leugnet, Stiller zu sein, jene »kleine Geschichte von Isidor«, die angeblich »eine wahre Geschichte« ist.

1. *Beschreiben Sie anhand der Tagebuchnotizen die Situation, in der sich der Erzähler befindet, wenn er der Dame gegenübertritt.*
2. *Inwieweit gibt er durch die Erzählung etwas von sich selbst preis?*
3. *Was könnte er durch die Erzählung der Zuhörerin indirekt mitteilen wollen?*
4. *Wie schätzen Sie den Wahrheitswert der Geschichte ein?*
5. *Wie unterscheidet sich der Erzähler, der Isidors Geschichte erzählt, von dem »Ich«, das in Tagebuchform von seinem Aufenthalt im Gefängnis berichtet, und von dem Autor Max Frisch, der den Roman »Stiller« schreibt und herausgibt?*

»Jede Geschichte läßt sich auf Millionen verschiedene Arten erzählen«[1], ist behauptet worden. Das ist sicher zugespitzt, doch ist zuzugeben, daß der Erzähler viele unterschiedliche Möglichkeiten hat, wie er mit dem Publikum umgehen kann. Bei einem Vergleich epischer Werke zeigt sich jedoch, daß sich einige Grundsituationen wiederholen. Wer diese Grundsituationen kennt, kommt dem Erzähler in einem konkreten Text leichter auf die Spur, als einer, der ihn ohne Vorkenntnisse sucht. Es ist allerdings zu beachten: Der Erzähler kann im Laufe eines Romans, sogar einer Erzählung, seinen Standpunkt ändern. Vor einer voreiligen Charakterisierung ist also zu warnen.

Franz K. Stanzel
Typische Erzählsituationen

I. Die auktoriale Erzählsituation. Das auszeichnende Merkmal dieser Erzählsituation ist die Anwesenheit eines persönlichen, sich in Einmengung und Kommentaren zum Erzählten kundgebenden Erzählers. Dieser Erzähler scheint auf den ersten Blick mit dem Autor identisch zu sein. Bei genauerer Betrachtung wird jedoch fast immer eine
5 eigentümliche Verfremdung der Persönlichkeit des Autors in der Gestalt des Erzählers sichtbar. Er weiß weniger, manchmal auch mehr als vom Autor zu erwarten wäre, er vertritt gelegentlich Meinungen, die nicht unbedingt auch die des Autors sein müssen. Dieser auktoriale Erzähler ist also eine eigenständige Gestalt, die ebenso vom Autor geschaffen worden ist, wie die Charaktere des Romans. Wesentlich für den auktorialen
10 Erzähler ist, daß er als Mittelsmann der Geschichte einen Platz sozusagen an der Schwelle zwischen der fiktiven Welt des Romans und der Wirklichkeit des Autors und des Lesers einnimmt. Die der auktorialen Erzählsituation entsprechende Grundform des Erzählens ist die berichtende Erzählweise. Die szenische Darstellung, von der auch in einem Roman mit vorherrschend auktorialer Erzählsituation ausgiebiger Gebrauch gemacht werden
15 kann, ordnet sich im Hinblick auf die in einem auktorialen Roman gegebene Orientierungslage des Lesers der berichtenden Erzählweise unter. Das Erzählte wird durchgehend als in der Vergangenheit liegend aufgefaßt, das epische Präteritum behält seine Vergangenheitsbedeutung.
II. Die Ich-Erzählsituation unterscheidet sich von der auktorialen Erzählsitu-
20 ation zunächst darin, daß hier der Erzähler zur Welt der Romancharaktere gehört. Er selbst hat das Geschehen erlebt, miterlebt oder beobachtet, oder unmittelbar von den eigentlichen Akteuren des Geschehens in Erfahrung gebracht. Auch hier herrscht die berichtende Erzählweise vor, der sich szenische Darstellung unterordnet. (...)
Wie noch zu zeigen sein wird, macht diese zweifache Anlage der Ich-Erzählsituation sehr
25 zahlreiche Abwandlungen möglich, so daß der Ich-Roman über einen besonders großen Reichtum verschiedener Gestaltungsformen verfügt.

[1] Jochen Vogt: Aspekte erzählender Prosa. Eine Einführung in Erzähltechnik und Romantheorie. Opladen: Westdeutscher Verlag [7]1990, S. 41.

III. Die personale Erzählsituation. Verzichtet der Erzähler auf seine Einmengungen in die Erzählung, tritt er so weit hinter die Charaktere des Romans zurück, daß seine Abwesenheit dem Leser nicht mehr bewußt wird, dann öffnet sich dem Leser die Illusion, er befände sich selbst auf dem Schauplatz des Geschehens oder er betrachte die 30 dargestellte Welt mit den Augen einer Romanfigur, die jedoch nicht erzählt, sondern in deren Bewußtsein sich das Geschehen gleichsam spiegelt. Damit wird diese Romanfigur zur *persona*, zur Rollenmaske, die der Leser anlegt. (…) Was über die Wirkung der szenischen Darstellung, die in einer solchen Erzählsituation immer vorherrscht, gesagt wurde, gilt auch für die personale Erzählsituation im allgemeinen. Es ist vor allem die 35 Illusion der Unmittelbarkeit, mit welcher das dargestellte Geschehen zur Vorstellung des Lesers wird, welche als charakteristisches Merkmal der personalen Erzählsituation anzusehen ist.

In: Franz K. Stanzel: Typische Formen des Romans. Göttingen: Vandenhoeck und Ruprecht 1987, S. 16 ff.

Beschreiben Sie die Erzählsituation und den Erzählerstandpunkt in der »kleinen Geschichte von Isidor«. Notieren Sie dazu zunächst die Stellen, an denen der Erzähler direkt greifbar ist. Untersuchen Sie dann, ob sich der Erzähler auch indirekt durch Kommentierungen und Wertungen zu erkennen gibt. Inwieweit ist es kennzeichnend, daß er die Situation der ersten Rückkehr als »Idylle« bezeichnet und später die Gattin mit »Niobe« und »Penelope« vergleicht?

Erzählgerüst: In einem ersten Schritt der Analyse muß man sich über das fiktive Bezugsfeld, das sich durch den Text konstituiert (vgl. S. 40 f.), bewußt werden. Hierzu gehören alle Elemente, die für das Verständnis eines Textes von Bedeutung sind.

1. *Untersuchen Sie in der »kleinen Geschichte von Isidor« zunächst folgende Aspekte:*
   – *Welche Personen treten auf? Wann treten sie auf?*
   – *Wo spielt die Geschichte? Wechselt der Schauplatz des Geschehens? Kann man zwischen äußerer und innerer Handlung unterscheiden?*
   – *In welchem Zeitrahmen spielt die Erzählung? Gibt es eine Rückblende, Vorschau …?*
   – *Welche Handlungsschritte folgen aufeinander?*
2. *Verfassen Sie auf dieser Grundlage eine Inhaltsangabe (vgl. S. 56).*

Literarische Charakteristik: Bei der Interpretation epischer Texte nimmt die Figurenanalyse und die sich häufig daran anschließende literarische Charakteristik eine wichtige Stelle ein. Das hängt zum Teil damit zusammen, daß man Charakter, Denken und Handeln fiktiver Personen zum Anlaß nimmt, über Bedingungen und Möglichkeiten menschlichen Handelns überhaupt nachzudenken. Daher ist es einleuchtend, daß viele Fragen, die an die Figuren literarischer Texte gestellt werden, den wissenschaftlichen Disziplinen Psychologie und Soziologie entnommen sind.

95

Leitfragen

1. *Was wird über die körperlichen Merkmale der Person mitgeteilt (Geschlecht, Alter, Körperbau, Ausdrucksmöglichkeiten des Gesichts, der Hände, der Augen)?*
2. *Was erfährt man über das äußere Erscheinungsbild (Kleidung, Frisur, Schmuck, Accessoires)?*
3. *Wie äußert sich die Person (Mimik, Gestik; Sprachverhalten)?*
4. *Was wird über den Werdegang mitgeteilt?*
5. *Welche charakterlichen Eigenschaften werden herausgehoben?*
6. *Welche Abneigungen und Vorlieben werden deutlich?*
   Erkennt man ein weltanschaulich geprägtes Fundament?
7. *Welche Stellung nimmt sie in der Gesellschaft ein (Familienstand, Berufsrolle, finanzielle Lage, soziale Situation)?*
8. *Wie verhält sich die Person zu anderen (zu höher-, niedriger-, gleichgestellten Personen in der Öffentlichkeit)? Wie verhält sie sich im privaten Umgang?*
9. *Welche Einstellung hat sie zu Staat, Gesellschaft, Mitmenschen, Umwelt?*

Nicht für alle Fragen werden Texte Antworten bereit haben; außerdem ist vor der Annahme zu warnen, daß man ein umfassendes Bild von einer Person habe, wenn man viele Antworten zusammenträgt.

Es kann das ausdrückliche Ziel eines Autors sein, den Charakterwandel einer Person aufzuzeigen. Deshalb ist jedes Ergebnis immer daraufhin zu überprüfen, ob es in Übereinstimmung mit anderen Ergebnissen oder in Gegensatz zu ihnen steht. Es empfiehlt sich, schon bei der Anlage eines Notizzettels mit solchen Ergänzungen zu rechnen.

Sobald man sich auf die Darstellung einer Person konzentriert, merkt man, daß der Erzähler dem Leser einiges direkt, anderes wiederum indirekt mitteilt. Außerdem kann er Erklärungen und Urteile abgeben, er kann sich aber auch jeglichen Kommentars enthalten. Ehe man selbst ein Urteil über eine Person spricht, sollte man abwägen, inwieweit man den Standpunkt des Erzählers teilt.

Charakterisieren Sie Isidor und seine Gattin. Sammeln Sie zunächst charakterisierende Aussagen, fassen Sie dann mehrere Einzelheiten zu allgemeineren Typisierungen zusammen.

Achten Sie in der schriftlichen Ausführung Ihrer Charakteristik darauf, daß Sie Ihre Urteile mit Textstellen belegen.

Erzählzeit und erzählte Zeit: Unter Erzählzeit versteht man die Zeit, die im Verlauf des Erzählens, des Hörens oder des Lesens vergeht. Man kann sie in Stunden und Minuten, aber auch in Seitenzahlen des zugrundeliegenden Textes messen.

Erzählte Zeit ist dagegen die Zeit, die im Verlauf der erzählten Handlung vergeht. Sie kann Jahre und Jahrzehnte im Fall eines Romans, aber auch wenige Minuten etwa im Fall einer Kurzgeschichte dauern.

Je nach dem Verhältnis, wie Erzählzeit und erzählte Zeit aufeinander bezogen sind, unterscheidet man:

– *Zeitraffung* (Erzählzeit deutlich kürzer als erzählte Zeit)
– *Zeitdeckung* (Erzählzeit etwa gleich der erzählten Zeit)
– *Zeitdehnung* (Erzählzeit deutlich länger als erzählte Zeit)

Die genaue Beachtung der Zeitgestaltung gibt Hinweise darauf, was dem Erzähler besonders wichtig ist.

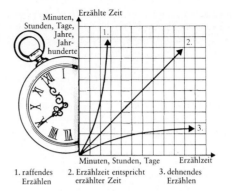

1. raffendes Erzählen 2. Erzählzeit entspricht erzählter Zeit 3. dehnendes Erzählen

Schematische Darstellung des Verhältnisses zwischen Erzählzeit (waagrechte Achse) und erzählter Zeit (senkrechte Achse). Die Diagonale entspricht einer Erzählweise, bei der sich Erzählzeit und erzählte Zeit entsprechen, etwa bei der wörtlichen Wiedergabe eines Gesprächs. Je flacher die Kurve verläuft, desto mehr Erzählzeit wird auf eine geringe Zeitspanne erzählter Zeit verwandt (dehnendes Erzählen). Das raffende Erzählen erscheint im Kurvenschaubild als steil ansteigende Linie (geringer Aufwand an Erzählzeit für eine große Spanne erzählter Zeit). In der Regel wechseln sich zeitraffendes, zeitdehnendes und zeitdeckendes Erzählen ab.

In: Harenbergs Lexikon der Weltliteratur. Autoren – Werke – Begriffe. 5 Bände. Bd. 2. Dortmund: Harenberg 1989, S. 884.

Untersuchen Sie, in welchem Verhältnis Erzählzeit und erzählte Zeit in der »kleinen Geschichte von Isidor« stehen:
1. *Notieren Sie alle Zeitangaben, die im Text enthalten sind. Halten Sie dabei fest, in welchem historischen Zeitraum die Geschichte gespielt haben könnte. Die Hinweise, daß es »gerade Mode war, eine Reise nach Mallorca« zu machen, und daß »Frankreich ... gegen den Verlust seiner Kolonien« kämpfte, helfen Ihnen dabei.*
2. *Beachten Sie die Stellen, an denen viel Erzählzeit für wenig erzählte Zeit verwendet wird.*
3. *Fertigen Sie ein Diagramm an, das das Verhältnis Erzählzeit/erzählte Zeit darstellt.*

Thema: Der Begriff Thema bezeichnet den Grund- und Leitgedanken eines Werks. Themen können ganz weit – »Das Leben in der Schweiz« –, aber auch sehr eng – »Isidors Rückkehr« – gefaßt werden. Sie können als Frage, als Aussagesatz, aber auch als kurze substantivische Wendung formuliert werden.

Formulieren Sie das Thema der »Geschichte«. Das fällt Ihnen umso leichter, je sorgfältiger Sie die Personen charakterisiert und je genauer Sie die zentralen Punkte der Erzählung bestimmt haben.

Mittel des modernen Erzählens: Traditionelle Mittel des Erzählens sind Redeweisen wie Bericht, Beschreibung und Schilderung, die als Gebrauchsformen bekannt sind und in fiktionalen Texten den Eindruck der Wirklichkeitskonstitution erwecken. Auch die Möglichkeiten der direkten und indirekten Rede werden seit Urzeiten im Epos angewendet.
Seit Beginn des 20. Jahrhunderts sind einige Erzählmittel gebräuchlich, die es dem Erzähler ermöglichen, den Leser noch näher an die Personen der Erzählung heranzuführen.

innerer Monolog: Erzähltechnik, die wie die verwandte erlebte Rede den Bewußtseinszustand einer Person unmittelbar wiederzugeben versucht. Der innere Monolog als stummer Monolog ohne Hörer verwendet Ichform und Präsens. Sein besonderes Gepräge erhält er in der Wiedergabe des Bewußtseinsstroms (Stream of consciousness), einer zusammenhanglosen Folge von Bewußtseinsinhalten, in denen Wahrnehmung, Empfindung und subjektive Reaktion noch ungeschieden und vor ihrer gedanklichen Fixierung vorliegen. Diese versucht der innere Monolog zu gestalten durch lückenlose Darstellung (Erzählzeit länger als erzählte Zeit) sowie Lockerung der Syntax (einfachste, unverbundene Aussagesätze) bis hin zu deren Auflösung (in- und übereinandergeblendete Satzfragmente). Erste literarische Versuche mit dem inneren Monolog finden sich schon gegen Ende des 19. Jahrhunderts (É. Dujardin, »Les lauriers sont coupés«. Roman, 1888, deutsch »Geschnittener Lorbeer«. 1966; H. Conradi, »Adam Mensch«. Roman, 1889; A. Schnitzler, »Lieutenant Gustl«. Novelle, 1901), dann wurde er ein Bestandteil der Gesamtstruktur der großen Romane bei J. Joyce (»Ulysses« 1922, deutsch »Ulysses«, 1927), W. Faulkner, V. Woolf, M. Proust, Th. Mann, H. Broch, A. Döblin u. a.

erlebte Rede: Bezeichnung für ein episches Stilmittel. Die erlebte Rede steht zwischen der direkten und indirekten Rede, zwischen Rede und Bericht: Gedanken einer bestimmten Person werden statt in zu erwartender direkter Rede (Sie fragte: »Muß ich wirklich mit dem Zug fahren?«) oder im zu erwartenden Konjunktiv der indirekten Rede (Sie fragte, ob sie wirklich mit dem Zug fahren müsse) im Indikativ der 3. Person und meist im Präteritum ausgedrückt (Mußte sie wirklich mit dem Zug fahren?). Hierbei gilt nicht die Perspektive des Erzählers, der aus der Position der Allwissenheit die inneren Vorgänge in einer Person direkt wiedergibt, die Vorgänge werden hier vielmehr in die sich selbst »erlebende« Person verlagert, so daß der Eindruck einer größeren Unmittelbarkeit entsteht. Die erlebte Rede fand sich in verschiedenen Formen schon in der antiken und mittelalterlichen Literatur; als Stilmittel wurde sie jedoch erst bewußt im Roman des 19. Jahrhunderts (J. Austen, G. Flaubert) und des 20. Jahrhunderts (A. Döblin, Th. Mann) eingesetzt. Sie ist nicht zu verwechseln mit dem inneren Monolog und der Technik des Stream of consciousness.

Stream of consciousness [ˈstriːm əv ˈkonʃəsnis; englisch »Bewußtseinsstrom«]: Erzähltechnik im Roman, Weiterentwicklung des inneren Monologs im zeitgenössischen Ich-Roman: an die Stelle einer äußeren, in sich geschlossenen Handlung oder deren Wiedergabe durch einen Ich-Erzähler tritt die scheinbar unmittelbare und unkontrollierbare Ausbreitung des Bewußtseins einer Romanfigur, das nicht auf einen bestimmten Handlungszusammenhang ausgerichtet ist, sondern von freien, durch äußere oder innere Einwirkung bedingten Assoziationen gesteuert wird. Die Bezeichnung wurde geprägt von W. James für die erstmals von É. Dujardin in seinem Roman »Les lauriers sont coupés« (1888, deutsch »Geschnittener Lorbeer«, 1966) angewandte Darstellungstechnik, die dann von J. Joyce (»Ulysses«, 1922, deutsch »Ulysses«, 1927), V. Woolf, W. Faulkner, A. Döblin u. a. weiterentwickelt wurde.

In: Schüler-Duden: Die Literatur. Ein Sachlexikon für die Schule. Hg. u. bearbeitet v. Gerhard Kwiatkowski. Mannheim/Wien/Zürich: Dudenverlag [2]1989, S. 216, 136, 394.

Untersuchen Sie folgende Textstellen der »kleinen Geschichte von Isidor« genauer, und prüfen Sie, wer hier spricht und in welcher Weise hier erzählt wird:
»Weiß Gott, er hatte es nicht gewußt.«
»Gewiß dachte er zuweilen an seine Gattin, wenn er nicht einfach zu müde war, und hätte ihr wohl auch geschrieben; doch Schreiben war nicht gestattet.«
»Es gab kein Zurück.«
»Die Schuldfrage war ja wohl klar.«
»... aber es mußte ja wohl sein, ...«
»... sie hatte ja Papi selber nie danach fragen dürfen ...«

Die Geschichte und ihr Autor: Nachdem die Geschichte als in sich geschlossener Text und im Rahmen des Romans untersucht wurde, mag auf weitere Fragestellungen hingewiesen werden. Oft ist ein Thema für einen Autor so wichtig, daß er es mehrfach in seinen Werken behandelt. Manchmal wurzelt die Überlegung in persönlichen Erfahrungen. Einen Hinweis mag die Biographie geben.

Max Frisch

*15.5.1911 in Zürich

† 4.4.1991 in Zürich

Der Sohn eines Architekten mußte 1932 nach dem Tod des Vaters sein in Zürich begonnenes Studium der Germanistik, Romanistik und Kunstgeschichte abbrechen. Gelegenheitsarbeiten als Journalist und dem Roman *Reinhart* (1934) folgte ab 1936 ein Architekturstudium, während dessen Frisch seine literarischen Ambitionen aufgab und sämtliche Manuskripte verbrannte. Ab 1939 wurde er mehrfach zum Militärdienst eingezogen; mit einer Art von Kriegstagebuch kehrte er 1940 zur Literatur zurück (*Blätter aus dem Brotsack*). 1942 eröffnete er in Zürich ein Architekturbüro (bis 1955), ab 1944 stand er in enger Verbindung mit dem Zürcher Schauspielhaus (1945 Uraufführung von *Nun singen sie wieder. Versuch eines Requiems*, nämlich auf die Opfer des Krieges und des Faschismus). 1947 machte er die persönliche Bekanntschaft Brechts. 1951/52 lebte er als Stipendiat der Rockefeller Foundation in den USA, 1960 ließ er sich in Rom nieder, seit 1965 lebte er im Tessin. Reisen führten ihn in die UdSSR und nach China. Zu Frischs Auszeichnungen gehören der Zürcher Literaturpreis und der Büchner-Preis (beide 1958), der Große Schillerpreis der Schweizerischen Schillerstiftung 1974 und der Friedenspreis des Deutschen Buchhandels 1976. Sein größter Bühnenerfolg wurde *Andorra* (1961). Die meisten seiner Dramen sind in mehreren Fassungen erschienen.
Frischs literarischer Nährboden sind die mit fiktionalen Texten vermischten Tagebuchaufzeichnungen als Grundform der Suche nach der eigenen Identität, die sich in den Romanen und Dramen zum umfassenden, jedoch an die Grenzen bestimmter Grunderfahrungen stoßenden Rollenspiels erweitert. Beispielhaft zeigt dies *Biografie* (1967), ein »Spiel« mit verschiedenen Möglichkeiten der Entscheidung in einer bestimmten Lebenssituation des Protagonisten Kürmann. Ein weiteres zentrales Thema ist der Widerstand gegen Ideologien: »Was hassen sie denn mehr, hüben wie drüben, als Darstellung vom Menschen, die das Hüben und Drüben aufhebt?«
Romane: *Die Schwierigen oder J'adore ce qui me brûle* (1943, Neuausgabe 1957), *Stiller* (1954), *Homo faber* (1957), *Mein Name sei Gantenbein* (1964). – Erzählungen: *Bin oder Die Reise nach Peking* (1945), *Wilhelm Tell für die Schule* (1971), *Montauk* (1975), *Der Mensch erscheint im Holozän* (1979), *Blaubart* (1980). – Dramen: *Nun singen sie wieder* (U 1945, V 1946), *Die Chinesische Mauer* (U 1946, V 1947), *Als der Krieg zu Ende war* (1949), *Graf Öderland* (1951), *Don Juan oder Die Liebe zur Geometrie* (1953), *Die große Wut des Philipp Hatz* (1958), *Andorra* (1961), *Biografie: Ein Spiel* (1967), *Triptychon* (V 1978, frz. U 1979, dt. U 1981). – Hörspiele: *Rip van Winkle* (als Fernsehspiel *Zum Freispruch verurteilt* 1954), *Herr Biedermann und die Brandstifter* (1953, als Drama 1958). – Essays: *Erinnerungen an Brecht* (1966), Sammlung: *Öffentlichkeit als Partner* (1967), *Dramaturgisches. Briefwechsel mit Walter Höllerer* (1969). – Autobiographien: *Blätter aus dem Brotsack* (1940), *Tagebuch 1946–1949* (1950), *Tagebuch 1966–1971* (1972), *Dienstbüchlein* (1974).

In: Christoph Wetzel: Lexikon der Autoren und Werke. Stuttgart: Klett 1986, S. 74.

1. *Die »Suche nach der eigenen Identität« wird als ein durchgehendes Thema des Autors angesehen. Informieren Sie sich aus Fachlexika über den Begriff der Identität, und umschreiben Sie das vom Autor angestrebte Ziel mit eigenen Worten.*

2. *Prüfen Sie, inwieweit die Themenformulierung für die Ausschnitte aus dem Roman »Stiller« und »Homo faber« (S. 328 ff.) gelten kann.*

3. *Inwiefern läßt der Romantitel »Mein Name sei Gantenbein« auf eine Handlung ähnlicher Thematik schließen?*

4. *Interpretieren Sie unter Benutzung dieser Vorkenntnisse die Geschichte »Der andorranische Jude« (S. 287 f.).*

Eine weitere Erhellung kann dadurch erfolgen, daß ein Werk mit Werken anderer zeitgenössischer Autoren oder Werken gleicher Themenstellung verglichen wird. Das Kapitel »Der Mensch als Mittelpunkt« (vgl. S. 299 ff.) bietet hierfür weitere Texte.

4. Zusammenfassung

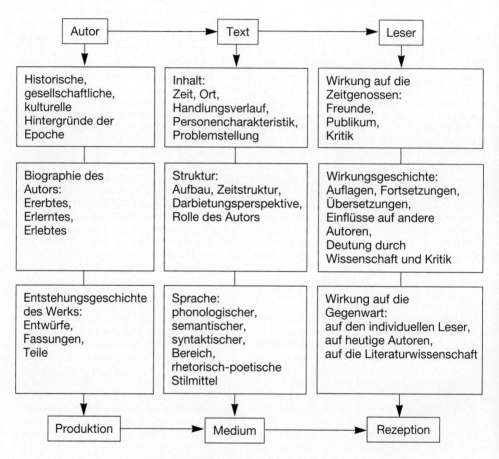

1. *Vergleichen Sie die in diesem Band abgedruckte Übersicht zur Textanalyse (vgl. S. 15). Welche Unterschiede stellen Sie fest?*
2. *Erklären Sie anhand des vorliegenden Schemas das Wesen der werkimmanenten Interpretation (lat. im-manere »innen bleiben«).*
3. *Wie verlagern sich die Interessenschwerpunkte bei der biographischen, psychologischen, soziologischen und rezeptionsästhetischen Betrachtungsweise?*
4. *Von welchen Faktoren dürfte die Wahl einer bestimmten Methode der Literaturbetrachtung abhängig sein?*
5. *Entwerfen Sie nach dem Vorbild der Leitfragen auf S. 16 f. einen Katalog von Fragestellungen für die Analyse poetischer Texte (Gruppenarbeit).*

II. NICHTPOETISCHE TEXTE

Wer Texte in poetische und nichtpoetische einteilt, legt einen Wertmaßstab an. Hiermit weist er literarischen Texten, die künstlerisch gestaltet und die als Dichtung anerkannt sind, einen hohen Rang zu, weil er diesen Texten zeitüberdauernde Gültigkeit, allgemeine Aussagekraft und deshalb einen höheren Bildungswert zumißt. Je höher die Ansprüche sind, die an die Texte gestellt werden, desto kleiner ist die Auswahl an Anerkanntem. So werden von vielen, wie bei der Erarbeitung literarischer Gebrauchsformen gezeigt wurde (vgl. S. 10 ff.), schon politische Lyrik, Fabeln, Parabeln und Satiren als unpoetisch zurückgewiesen.

Im Alltag spielen die nichtpoetischen Texte selbstverständlich eine größere Rolle als die poetischen. Der Deutschunterricht der Sekundarstufe I hat mit den meisten Textsorten des täglichen Bedarfs bekanntgemacht und auf den angemessenen Umgang vorbereitet. Deshalb bleiben im folgenden Nachrichtentexte, Werbetexte, Briefe und auch Sachbuchtexte unberücksichtigt.

Dagegen ist es notwendig, daß der Blick auf einige wenige Textsorten gelenkt wird, in denen sich die öffentliche Diskussion spiegelt. Mit diesem Stichwort sind nicht nur die Massenmedien gemeint. In wissenschaftlichen und philosophischen Texten werden ebenfalls Themen behandelt, die letzten Endes die Entwicklung von Staat und Gesellschaft bestimmen.

1. Grundlagen

Rhetorische Mittel

In der Antike, im Mittelalter und noch weit in die Neuzeit hinein war die öffentliche Rede das wichtigste Mittel und oft die einzige Möglichkeit, die Aufmerksamkeit eines Publikums zu gewinnen und Auseinandersetzungen im großen Rahmen zu führen. Die Gerichtsrede und die politische Rede in der Volksversammlung hatten gemeinschaftsstiftende Funktion.

Früh erkannte man, daß eine effektvolle Sprachgestaltung von entscheidender Bedeutung war, um eine Meinung durchzusetzen. Zur sprachlichen Korrektheit und zur intellektuellen Verständlichkeit müssen – nach Ansicht der antiken Redelehrer – »Schmuckelemente« hinzukommen, durch die das Publikum beeindruckt wird. Diesen Redeschmuck – lateinisch ornatus – konnte man aus Handbüchern der Rhetorik lernen. Er war systematisch erfaßt: Zuerst war dargelegt, wie man Einzelwörter gezielt und effektvoll einsetzen kann (Tropen); dann gab es Empfehlungen, wie man zusammenhängende Aussagen wirkungsvoll gestalten kann (Figuren).

Die rhetorischen Mittel zeigen ihre Wirkung nicht nur in nichtpoetischen, sondern auch in poetischen Texten und nicht nur in gesprochenen, sondern auch in geschriebenen. Die Dichtung des Barock ist stark rhetorisch geprägt; Schiller macht in seinen Dramen ausgiebig Gebrauch von rhetorischen Mitteln; Flugschriften und Werbetexte sind bis heute rhetorisch überhäuft.

Bei der Textanalyse mit Kategorien der Rhetorik ist darauf zu achten, daß der Nachweis einer rhetorischen Figur oder eines Tropus noch keine Aussagekraft hat.

Erst wenn die Funktion erkannt ist und die Wirkung aus dem Zusammenhang ermessen wird, gewinnt die Analyse erhellende Bedeutung.

Tropen

Tropen sind rhetorisch bewußt gesetzte Einzelwörter, die an die Stelle einer eigentlichen treffenden Bezeichnung gesetzt werden, obwohl sie mit dem ersetzten Wort inhaltlich nicht verwandt sind. Es folgen die Erklärungen einiger Tropen:

Die *Metapher* kann als die Kurzform eines Vergleichs angesehen werden.

(z. B. »Er ist der Motor« – »Er ist wie ein Motor«.)

Die *Metonymie* besteht darin, daß für ein Wort ein anderes gesetzt wird, das in einer realen Beziehung zu dem ursprünglichen steht. Beispiele:

1. Person-Sache-Beziehung: »Wir lesen augenblicklich Goethe.« »Verbrennt mich!«
2. Gefäß-Inhalt-Beziehung: »Trink noch ein Glas.« »Die Stadt huldigt ihm.«
3. Grund-Folge-Beziehung: »Der bleiche Tod.«
4. Abstraktum-Konkretum-Beziehung: »Die Gerechtigkeit wird siegen.«

Die *Synekdoche* ist die Formulierung, die statt des Ganzen einen Teil und statt des gemeinten Teils ein Ganzes setzt. Beispiele:

1. Teil-Ganzes-Beziehung: »Die Meere haben ihn verschlungen.«
2. Gattung-Art-Beziehung: »Er händigte das Silber [für Geld] aus.«
3. Numerus-Beziehung: »Der Bürger wird den Beschluß des Rates nicht anerkennen.«

Die *Hyperbel* ist eine außerordentliche, im wörtlichen Sinn unglaubwürdige Steigerung.

(z. B. »Im Stadion war die Hölle los.« »Männer meines Schlages sind in Revolutionen unschätzbar.« »Bis in den Himmel schlugen die Flammen!«)

Die *Ironie* als Einzelwort ist der Ausdruck einer Sache durch ein deren Gegenteil bezeichnendes Wort.

(z. B. »Komm her, mein Freund.« »Ich habe die Segnungen des neuen Regimes zu spüren bekommen.«)

Figuren

Figuren bestehen in der wörtlichen oder gedanklichen Änderung durch Hinzufügung, Weglassung oder Übertragung von Elementen einer als ursprünglich und eigentlich treffend verstandenen Aussage. Wichtige Figuren sind:

Die *Wiederholung* gleicher Wörter oder Wortgruppen erfolgt entweder in direktem Kontakt (*Gemination*) oder als Klammer oder als absatzmäßige Wiederholung des

Anfangs (*Anapher*) oder des Endes (*Epipher*).

Die *Häufung* oder *enumeratio* ist als Hinzufügung von Bezeichnungen zu einer bereits gesetzten zu charakterisieren. Die Häufung kann in Kontaktform oder in Distanzform auftreten; ihr kann, muß aber nicht, ein Kollektivbegriff voran- oder nachgestellt werden. (z. B.: »Sie blieben das ganze Jahr. Frühling, Sommer, Herbst und

Winter.« »Die Freunde wurden verfolgt, eingekerkert, ermordet oder aus Verzweiflung in den Freitod getrieben.«)

Das *Zeugma* besteht in der Auslassung des Teilglieds eines mehrgliedrigen Ausdrucks, wobei ein paralleles Teilglied die Funktion des weggefallenen mit übernimmt. (z. B. »Er setzt sich für Frieden und [für] Freiheit ein.« »Er hob den Blick und ein Bein gen Himmel.» L. Sterne)

Die folgenden Figuren sind weniger von der sprachlichen Füllung her als von dem zugrundeliegenden Gedanken her zu verstehen.

Die *Anrede an das Publikum* ist als Figur aufzufassen, wenn sie von der normalen Art abweicht und etwa einen besonders hohen Intensitätsgrad erreicht oder eine Brüskierung des Publikums bezweckt oder gar eine Zuwendung zu einem fiktiven bedeutet.

Auch die *Frage* wird nur als Figur aufgefaßt, wenn sie nicht als Teil eines Dialogs zu verstehen ist, sondern als Mittel der Pathoserregung, zur Schärfung der Gedankenabfolge oder als Hilflosigkeitsformel.

Im *Antitheton* werden zwei entgegengesetzte Gedanken, die als Einzelwörter, Wortgruppen oder Sätze ausgedrückt werden können, einander gegenübergestellt. So wird zur Verdeutlichung einer Aussage ein Wort und sein mit »nicht« eingeleitetes Gegenteil genannt (z. B. »Das wird Schaden, nicht Nutzen bringen«). Wird zuerst der entgegengesetzte und dann der gemeinte Begriff genannt, so spricht man von einer *correctio* (z. B. »Das ist nicht Sparsamkeit, sondern Geiz«). Werden die widersprechenden Begriffe zu einer syntaktischen Einheit verbunden, so liegt ein *Oxymoron* vor (z. B. »erfundene Wahrheit«, »neidloser Neid«).

Die *Allegorie* kann als erweiterte Metapher erklärt werden: Die Allegorie behandelt einen gemeinsamen Gedanken auf einer Vergleichsebene.

(z. B. Waage und verbundene Augen der »Justitia« als Bild der Gerechtigkeit, Alter als Greis.)

Die *Ironie* als Gedankenfigur ist ebenfalls als Erweiterung des genannten Tropus zu verstehen: Das Gegenteil von dem, was gesagt wird, hält der Redende für richtig. (Die Ironie des Sokrates wird oft beispielhaft genannt. Er stellte sich in seinen Gesprächen mit den Sophisten unwissend, obwohl er sich seinen Gegnern überlegen wußte.)

Argumentation

Wer Behauptungen aufstellt, muß mit Einwänden rechnen. Um sich gegen Zweifler durchzusetzen, muß man über Beweise verfügen. Ein Beweis ist also, allgemein gesagt, die Begründung einer Behauptung. Es hängt allerdings von der Situation und von dem Anspruch dessen, der Zweifel vorgebracht hat, ab, was als Beweis akzeptiert wird.

Um etwa jemanden davon zu überzeugen, daß eine neue Papierschere gut schneidet, genügt es meist, ihn das praktisch ausprobieren zu lassen. Von solcher Art sind viele Beweisführungen im täglichen Leben. Im Gegensatz zu diesen vorwissenschaftlichen Verfahren orientieren sich die meisten Wissenschaften an Regeln, die aus der Logik und der Mathematik stammen: »Hier wird unter Beweis die Ableitung einer Behauptung B aus vorausgesetzten Axiomen A und bereits bewiesenen Sätzen T (auch Theoreme genannt) mit Hilfe von logischen Schlüssen verstanden.«[1]

Von einem solchen deduktiven Beweis, d. h. einem Beweis, der durch Ableitung des Besonderen aus dem Allgemeinen geführt wird, wird Lückenlosigkeit verlangt. Erst dann gilt er als gewiß und endgültig. Diese sehr hohen Erwartungen an die Möglichkeit, etwas endgültig zu beweisen, werden aber höchstens in einigen Teilbereichen der Mathematik erfüllt.

Beweisführung in der Argumentation

Zielt eine öffentliche Rede oder Abhandlung darauf ab, die Zuhörer oder Leser zur Zustimmung zu einer Behauptung oder auch zu deren Ablehnung zu bewegen, so versucht man – wie im wissenschaftlichen Beweisverfahren – durch einen möglichst lückenlosen Rückgang auf allgemein anerkannte Aussagen den Gegner zu überzeugen. Diese Strategie nennt man Argumentation: Sie besteht darin, für eine Behauptung, ein Urteil oder eine Handlungsanweisung Gründe vorzutragen, durch die den Behauptungen, Urteilen und Empfehlungen das Attribut »völlig sicher« angehängt werden kann.

Argument und argumentative Basis: Argumente sind Beweisgründe und deshalb die wichtigsten Teilstücke einer Argumentation. In einfacher Form kann man den Prozeß der Argumentation so darstellen:

These oder Behauptung:	Ich war pünktlich am Treffpunkt.
Argument:	Das haben X und Y gesehen.
Basis:	Was mehrere gesehen haben, muß tatsächlich so gewesen sein.
Folgerung:	Es ist bewiesen, daß ich pünktlich am Treffpunkt war.

Argumente müssen eine sichere Basis haben, wenn sie anerkannt werden sollen. Nach Quintilian, der um das Jahr 90 n. Chr. eine umfangreiche Redelehre verfaßt hat, gibt es sieben Arten von Feststellungen von so hohem Sicherheitsgrad, daß sie die sachliche Aussage eines Arguments unangreifbar machen:

1. »das, was wir mit unseren Sinnen wahrnehmen, ...«

---

[1] Meyers kleines Lexikon. Philosophie. Hg. v. Kuno Lorenz u. a. Mannheim/Wien/Zürich: Bibliographisches Institut 1987, S. 76.

2. »das, worüber nach allgemeiner Anschauung Übereinstimmung herrscht, ...«

3. »das, was in Gesetzen festgelegt ist, ...«

4. »was ... nach der Überzeugung, wenn auch nicht aller Menschen, so doch des Staates oder Volkes, in dem der Fall verhandelt wird, zur geltenden Sitte geworden ist ...«

5. »wenn über etwas zwischen Parteien Übereinstimmung besteht ...«

6. »wenn etwas bewiesen ist ...«

7. »alles, wogegen der Gegner keinen Widerspruch erhebt.«[1]

Die Basis eines Arguments wird meist nicht ausdrücklich genannt. Die Gültigkeit wird stillschweigend vorausgesetzt. Bei genauerer Betrachtung merkt man, daß keine Basis absolute Sicherheit gibt. Das bedeutet, daß Argumentationen im Gegensatz zu mathematischen Beweisverfahren selten ganz schlüssig und kaum einmal endgültig sind.

Schwierigkeiten der Argumentationsanalyse: Es wurde bereits gesagt, daß in der alltäglichen Argumentation Behauptungen, Argumentation und Schluß selten in einer geordneten Reihenfolge auftreten. Die Gedankenführung muß meist durch eine sorgfältige Analyse erschlossen werden.

Eine weitere Schwierigkeit besteht darin, daß der gleiche Satz in dem einen Fall These, d. h. ein Satz, der eines Beweises bedarf, in dem andern Fall Argument, d. h. eine Äußerung, mit deren Hilfe eine These begründet wird, sein kann. So könnte der Satz »Wir haben schönes Wetter.« als Argument für die Empfehlung dienen, »Wir sollten spazieren gehen.«; die argumentative Basis lautete dann: »Nach allgemeiner Erfahrung geht man bei schönem Wetter spazieren.« Der Satz »Wir haben schönes Wetter.« kann aber auch die Behauptung eines Kurdirektors sein, die von einem Landwirt, der an seine Ernte denkt, bestritten wird; der Satz ist dann Ausgangspunkt einer Diskussion, in der von unterschiedlichen Interessenlagen aus erklärt und begründet werden muß, was »schönes Wetter« ist. Zur Beurteilung einer konkreten Wetterlage können sehr unterschiedliche Argumente beigebracht werden.

Möglichkeiten der Argumentationsanalyse: Man kann davon ausgehen, daß jede Argumentation auf einen Zielpunkt ausgerichtet ist, der manchmal am Anfang, manchmal am Ende, manchmal überhaupt nicht ausdrücklich genannt wird. Diesen Zielpunkt gilt es zu ermitteln. Ganz allgemein gesagt, wird ein Politiker, der eine Handlungsweise empfiehlt, nachzuweisen suchen, daß sie nützlich sei; vor Gericht wird gefragt, welches Urteil im gegebenen Fall gerecht wäre; ein Theater- oder Buchkritiker wird seine Sache empfehlen, weil sie schön ist.

Besondere Sorgfalt sollte man auf die Analyse der Argumentationsstruktur verwenden. Es empfiehlt sich, auf einem Arbeitsblatt eine Strukturskizze anzulegen, aus der hervorgeht, was These, was Argument, was Basis ist. Gegebenenfalls hat man Leerstellen zu erschließen und Gedankenverknüpfungen zu erproben.

Schon aus dem Zielpunkt, mehr noch durch die Aufdeckung des Argumentationsgangs, wird klar, daß der Argumentierende von einem bestimmten Standpunkt ausgeht und eine bestimmte Intention verfolgt.

Wird als Aufgabe verlangt, die Analyseergebnisse schriftlich darzulegen, so empfiehlt sich folgende Reihenfolge:

1. Autor, Entstehungszeit, Ort der ersten Veröffentlichung, Bezugsfeld des Textes

2. Thema und Problemstellung

3. Zielpunkt der Argumentation, Argumentationsstruktur

4. Standpunkt und Intention des Autors

---

[1] Marcus Fabius Quintilianus: Ausbildung des Redners. Zwölf Bücher. Hg. u. übers. v. Helmut Rahn. Darmstadt: Wissenschaftliche Buchgesellschaft 1972, S. 553.

Wird zusätzlich eine Beurteilung erwartet, so muß man die Schlüssigkeit des Textes und seine Stellung im vorgegebenen Rahmen prüfen. Danach muß man den eigenen Standpunkt offenlegen und von hier aus ein eigenständiges Urteil abgeben.

Veranschaulichung durch Beispiele

Beispiele sind nicht Beweise. Das Wort Beispiel leitet sich ab von althochdeutsch bispel (»Rede, Erzählung, Gleichnis, Sprichwort«) und bedeutet ursprünglich eine zur Verlebendigung der Lehre gegebene Erzählung. Während Argumente in erster Linie das logische Denkvermögen ansprechen, fördern Beispiele vorwiegend die affektive Zustimmung.

Beispiele lassen sich gewinnen
– durch einen Rückgriff auf die eigene Lebenserfahrung
– durch die Berücksichtigung alltäglicher Erfahrungen anderer Menschen
– durch die Berufung auf aktuelle Vorgänge aus dem öffentlichen Leben
– durch den Verweis auf allgemein bekannte historische Tatsachen oder Ereignisse
– durch die Erinnerung an vergleichbare Personen, Vorgänge, Probleme aus dem Bereich der Literatur.

Über die Verwendungsmöglichkeit von Beispielen sagt Aristoteles:

Beispiele sind Taten, die zu den behandelten ähnlich oder entgegengesetzt vollzogen sind. Man soll davon vor allem Gebrauch machen, wenn die eigene Behauptung unglaubwürdig erscheint und man sie begreiflich machen will, ohne doch mit Regeln Glauben zu finden, damit man mehr Zutrauen gewinnt zu den eigenen Behauptungen, wenn man
5 erkennt, daß schon anderswo eine der behaupteten ähnliche Tat so abgelaufen ist, wie man es behauptet. Beispiele gibt es zwei Arten, die einen Vorgänge nämlich entsprechen den Erwartungen, die andern widersprechen ihnen, die ersten verstärken eine Auffassung, die andern erschüttern sie. Ich meine etwa, wenn jemand behauptet, die Reichen seien gerechter als die Armen, und nun gewisse gerechte Taten reicher Männer anführt. Der-
10 artige Beispiele entsprechen, so scheint es, den Erwartungen; denn es zeigt sich, daß die meisten die Reichen für gerechter halten als die Armen. Beweist aber jemand, daß gewisse reiche Leute mit ihren Schätzen Unrecht tun, so wird man mit einem Beispiel, das wider Erwarten abläuft, Mißtrauen säen gegen die Reichen. Ebenso liegt es, wenn man als Beispiel für eine allgemeine Überzeugung anführt, daß einst die Spartaner oder die Athe-
15 ner im Verein mit zahlreichen Bundesgenossen ihre Gegner niedergekämpft haben, und damit die Hörer dazu bringt, sich zahlreiche Bundesgenossen zu erwerben. Solche Beispiele entsprechen also den Erwartungen, weil alle meinen, daß im Kriege die Masse einen nicht geringen Ausschlag zum Siege gebe. Will jemand dagegen beweisen, daß darin nicht die Ursache des Sieges liege, so müßte er Beispiele benutzen, die wider die erwartete Regel
20 abliefen.

In: Aristoteles: Rhetorik an Alexander 29a. Übers. v. Paul Gohlke. Paderborn: Schöningh 1959, S. 45.

Bekräftigung durch Zitate

Die Berufung auf Autoritäten gilt schon lange nicht mehr als Beweis. Meist ist ein Hinweis auf große Persönlichkeiten – »Schon Goethe sagte ...« – reiner Redeschmuck. Wird eine Aussage zitiert, so gilt sie nicht schon deshalb als glaubwürdig, weil sie von einem bedeutenden Mann stammt, sondern sie muß sich, wie jede andere Behauptung, auf ihre Grundlage und ihre Berechtigung prüfen lassen. Unter Zitaten (von lat. citatur »er, sie, es wird herbeigerufen«) versteht man wörtliche Wiedergaben aus der Primärliteratur oder der Sekundärliteratur. In essayistischen Darstellungen haben Zitate eine auflockernde, veranschaulichende und vertiefende Wirkung. Sie sind unentbehrlicher Bestandteil von wissenschaftlichen Arbeiten, da mit ihnen Aussagen, die eine gewisse Geltung haben, geprüft werden.

Thesen, Urteile, Begriffe

Als These bezeichnet man einen Satz, der besonders herausgehoben ist. Man stellt Thesen oder Behauptungen auf, wenn man glaubt, einen Sachverhalt ganz genau erfaßt zu haben. Der Behauptende verteidigt seine Thesen, der Zweifelnde greift sie an. Nicht Rechthaberei, sondern Wahrheitssuche sollte die Auseinandersetzung um die Gültigkeit von Thesen prägen.

In Form von Thesen können Urteile formuliert werden, indem zwei Begriffe in Beziehung gesetzt werden. Ein Urteilssatz, der aus dem Subjekt S, dem Prädikat P und dem Verbindungswort »ist«, der sogenannten Kopula, besteht, behauptet, daß ein zur Sprache stehender Sachverhalt tatsächlich so ist, wie im Urteil ausgesprochen. Z. B.:

Die ausgesprochene Strafe ist gerecht.
Was der Angeklagte sagt, ist wahr.
Fahrradfahren ist anstrengend.
Lesen ist eine angenehme Beschäftigung.
»Stiller«, das Buch von Max Frisch, ist ein Roman.

An der Stelle des Subjekts und an der Stelle des Prädikats können ganz verschiedene Begriffe erscheinen. Will man die behaupteten Urteile angemessen verstehen, muß man zunächst völlige Klarheit über die Begriffe haben. Man unterscheidet zunächst Individual- und Allgemeinbegriffe. Bei den Allgemeinbegriffen unterteilt man noch einmal Art- und Gattungsbegriff.

Individualbegriffe sind Begriffe, die sich auf genau einen Gegenstand oder eine Person beziehen. Mit Individuum kann prinzipiell alles gemeint sein, dessen Einmaligkeit herausgehoben wird, – der einzelne Mensch ebenso wie das Schreibgerät, das ich gerade benütze, oder das eine Buch, das Max Frisch zu einem bestimmten Zeitpunkt veröffentlicht hat. Individualbegriffe meinen das mit sich selbst Identische, insofern es als Person oder Gegenstand verschieden ist von allem anderen[1]: Zwar gibt es auch andere Kugelschreiber als den, den ich in der Hand habe; trotzdem ist meiner in gewisser Weise einmalig.

Für das Urteilen sind die Allgemeinbegriffe wichtiger als die Individualbegriffe: »Allgemeinbegriffe meinen Diverses, insofern es gleich ist, meinen das im Diversen Identische«[2]: Der Begriff *Kugelschreiber* umfaßt viele einzelne Kugelschreiber, sieht von Formen und Farben ab und verweist auf

---

[1] Bruno von Freytag-Löringhoff: Logik. Ihr System und ihr Verhältnis zur Logistik. Stuttgart/Berlin/Köln: Kohlhammer 1966, S. 26.
[2] Bruno von Freytag-Löringhoff, a.a.O., S. 26.

das Wesentliche, das allen Kugelschreibern gemeinsam ist. Als Allgemeinbegriff gibt sich auch der Begriff *Schreibgerät* zu erkennen. Er sieht von noch mehr Einzelheiten ab und faßt vom Gänsekiel über den Bleistift und Kugelschreiber auch Schreibmaschinen und Schreibcomputer zu einer Einheit zusammen.

Zusammenfassend läßt sich sagen: Individualbegriffe passen nur auf einen Gegenstand, fassen aber dessen ganzen Inhalt; Allgemeinbegriffe passen auf viele Gegenstände, sind aber inhaltsleerer.

Allgemeinbegriffe kann man, wie die Beispiele des Kugelschreibers und der Schreibgeräte zeigen, in Gattungs- und Artbegriffe unterteilen. In dem genannten Fall ist *Schreibgerät* der Gattungsbegriff, zu dem der Artbegriff *Kugelschreiber* in einem Zuordnungsverhältnis steht:

»Der Gattungsbegriff enthält die allgemeineren, der Artbegriff die spezielleren Merkmale. In einigen Merkmalen müssen Art- und Gattungsbegriff übereinstimmen; einige besondere Merkmale muß der Artbegriff mehr als der übergeordnete Gattungsbegriff haben. Also: »Art einer Gattung sein heißt also, alle ihre Merkmale und noch mehr

5 haben. Gattung einer Art sein heißt, nur Merkmale der Art, aber weniger haben.«

Daraus ergibt sich, daß Begriffe zueinander in einer »Enthaltensbeziehung« stehen können. Man spricht auch vom Verhältnis der Subordination. Artbegriffe sind folglich subordinierte Begriffe, Gattungsbegriffe subordinierende Begriffe. Die Kennzeichnung ist relativ: Der gleiche Begriff kann in dem einen Untersuchungsfall Gattungsbegriff, in dem

10 andern Artbegriff sein. So ist der Begriff Violine Gattungsbegriff, wenn ich die Geigenarten zusammenfasse, er ist Artbegriff, wenn ich Orchesterinstrumente unterteile.«[1]

Individualbegriff	Allgemeinbegriff	
	Artbegriff	Gattungsbegriff
Max Frisch: »Stiller«	Roman	Episches Werk
	Episches Werk	Kunstwerk
Max Frisch	Romanautor	Schriftsteller
	Schweizer	Europäer

Die Festlegung des Begriffs geschieht in der Definition. In ihr wird bestimmt, was als das Wesentliche eines Gegenstands, einer Eigenschaft usw. zu gelten hat oder wie ein Begriffswort im Hinblick auf den Begriff und über diesen Begriff hinaus auf den gemeinten Gegenstand verstanden werden soll. Eine Definition ist also eine logische Gleichung, die sich aus dem zu Definierenden und dem Definierenden zusammensetzt. Dabei muß das Definierende bekannter sein als das zu Definierende, da die Definition sonst wertlos ist. Unter den Definitionsarten gelten als die wichtigsten:

Die Nominaldefinition: In ihr wird der Sprachgebrauch, der verbindlich sein soll, festgelegt.

Die Realdefinition: Mit ihr wird eine Aussage über die Sache gemacht, indem man deren wichtigste Merkmale benennt.

---

[1] Bruno von Freytag-Löringhoff, a.a.O., S. 29.

1. *Vergleichen Sie folgende Definitionen des Begriffs Ethik:*
   - *»Das Wort ›Ethik‹ kommt aus dem Griechischen, von (ethos), Sitte, Brauch. Es meint dasjenige, was die Sitte, den Brauch, das Sittliche betrifft.*
   - *Die Ethik ist die Lehre vom sittlichen Handeln, von seinen Prinzipien, Bedingungen und Gestalten. Sie ist eine Disziplin der praktischen Philosophie, nicht der theoretischen Philosophie. Man kann sie auch als Lehre von den sittlichen Werten verstehen.«[1]*
2. *Geben Sie die Real- und Nominaldefinition folgender Begriffe an: Subjekt, Prädikat, Objekt, Attribut, adverbiale Bestimmung; Substantiv, Verb, Pronomen, Adjektiv; Text, Novelle, Fabel, Parabel.*

In der Definitionspraxis macht man oft Gebrauch von der Tatsache, daß Begriffe in einem Abhängigkeitsverhältnis stehen und zusammen eine Begriffspyramide bilden:

Um einen Begriff zu definieren, nennt man den als bekannt vorausgesetzten nächsthöheren Begriff, das sogenannte genus proximum, und erklärt das, was das genus proximum von dem genannten Begriff unterscheidet; man notiert die differentiae specificae, z.B.: Ein Kugelschreiber ist ein Schreibstift, der...

$$\begin{array}{c} \text{Schreibgeräte} \\ \diagup \qquad \diagdown \\ \text{Schreibmaschinen} \qquad \text{Schreibstifte} \\ \diagup \qquad \diagdown \\ \text{Bleistift} \qquad \text{Kugelschreiber} \end{array}$$

Begriffspyramide

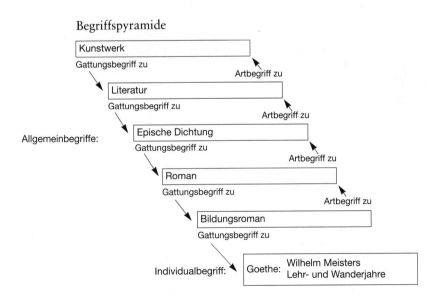

1. *Erklären Sie: Was ist ein Roman?*
   Was ist epische Dichtung?
2. *Arbeiten Sie eine ähnliche Pyramide aus, in der Lyrik eine Stufe bildet.*

[1] Johann Karl Mader: Der Philosoph 1. Wesensbestimmung, Grundprobleme und Disziplinen der Philosophie. Wien/Heidelberg: Ueberreuter 1966, S. 189.

2. Zeitung

Das Zeitungswesen gehört in den Bereich der Publizistik. Publizieren heißt veröffentlichen: Das lateinische Wort publicus, das von populicus »dem Volk gehörig« abstammt, wird mit »öffentlich« übersetzt; res publica ist »die öffentliche Sache, die dem Volk gehörende Sache, die Republik«. Mit der Publikation, dem Offenlegen von Sachverhalten und Meinungen, soll die allgemeine Kommunikation in Gang gesetzt werden.

In den Bereich der Publizistik gehören – allgemein gesagt – alle jene Schriften, die zu öffentlichen Tagesfragen Stellung nehmen. Flugblatt und Flugschrift sind frühe Formen der Publizistik; lange Zeit bezeichnete Publizistik ausschließlich den Tätigkeitsbereich der Presse; in neuerer Zeit gilt die Presse als ein Massenmedium unter anderen. Einem Handbuch für Publizistik ist folgende Erklärung entnommen: »Publizistik ist jede öffentlich bedingte und öffentlich geübte geistige Einwirkung auf die Öffentlichkeit, um diese ganz oder in ihren Teilen durch freie Überzeugung oder kollektiven Zwang mit Gesinnungskräften über Wissen und Wollen im Tun und Handeln zu bestimmen.«[1]

Als ursprüngliche publizistische Mittel gelten »Wort, Schrift und Bild«[2]. Damit sind jene Aktionen wie Schweigemärsche, Selbstverbrennungen und andere Demonstrationen, die unmittelbar zum Handeln aufrufen, übergangen. Trotz dieser Ausgrenzung fällt es schwer, einen systematischen Überblick zu erarbeiten.

1. das gesprochene Wort in der politischen Rede, in der Gedenkrede, in der Predigt...
2. das durch Rundfunk oder Fernsehen übertragene Wort in der Ansprache, im Aufruf...
3. das geschriebene Wort in der Zeitung, in der politischen Zeitschrift, auf dem Wahlplakat...
4. das Bild auf dem Wahlplakat, im Werbefilm, in der politischen Dokumentation...

1. *Tragen Sie zusammen, welchen publizistischen Prozessen, die Ihr »Tun und Handeln« zu bestimmen suchen, Sie ausgesetzt sind.*
2. *Untersuchen Sie die Ausgabe einer Tageszeitung und das Tagesprogramm eines Rundfunk- oder Fernsehsenders. Erörtern Sie, welche Artikel und welche Sendungen eindeutig als »Einwirkung auf die Öffentlichkeit« im Sinne der Definition zu erkennen sind.*
3. *Inwieweit wirken die Unterhaltungssendungen des Fernsehens und die Feuilletonartikel der Zeitung auf das »Tun und Handeln« des Publikums?*
4. *Ergänzen Sie die oben angebotene Systematik. Machen Sie Vorschläge, wie Theater, Kabarett und Film zu berücksichtigen sind.*

---

[1] Handbuch der Publizistik. Unter Mitarbeit führender Fachleute hg. v. Emil Dovifat. Bd. 1. Berlin: de Gruyter ²1971, S. 5.
[2] Handbuch der Publizistik, a.a.O., S. 204.

Journalistische Stilformen

Bestimmend für den journalistischen Stil ist die Zweckmäßigkeit: »Dieses Zweckzugewandte, das übrigens jede Zeile der Zeitung bis in den Anzeigenteil hinein bestimmt, ist die Lesewerbung.«[1] Lesewerbung – nicht zu verwechseln mit Leserwerbung – heißt, einen Artikel so zu schreiben und ihn durch die Überschrift und die Anordnung im Ganzen der Zeitung so zu präsentieren, daß der Leser aufmerksam gemacht wird und dann bis zum letzten Satz festgehalten wird.

Dennoch gibt es nicht den einheitlichen Zeitungsstil. Den unterschiedlichen Intentionen entsprechend, unterscheiden sich Nachrichtenstilformen, Meinungstilformen und Unterhaltungsstilformen. Die Nachrichtengebung, aktuell und auf den Tag bezogen, zeichnet sich durch Kürze, Klarheit und spannenden Aufbau aus. Die Unterhaltungsstilformen überschreiten zumindest im Feuilletonteil der Wochenendausgaben der großen Tageszeitungen die Grenze des Journalistischen zum Literarischen hin, wenn sie Anekdoten, Erzählungen und Kurzgeschichten abdrucken. Die Meinungsstilformen bezwecken, das Denken und Handeln der Leser zu prägen; Mittel der Meinungsbildung sind Information und Argumentation; die entsprechenden Texte enthalten daher informierende, argumentierende und rhetorische Elemente.

Unter den meinungsbildenden Stilformen der Zeitung unterscheidet man den Kommentar, den Leitartikel, den Kurzartikel, die Glosse und die Kritik.

Der *Kommentar* läßt den Bezug zur Nachricht am deutlichsten erkennen. Er dient dazu, eine Nachricht zu erklären, unter Umständen zu ergänzen und dann Rückschlüsse und Folgerungen zu ziehen.

Der *Leitartikel* kann, muß aber nicht direkten Bezug zum Tagesgeschehen haben. Der Leitartikel ist das Aushängeschild der Zeitung. Er wird auffällig plaziert, und er gibt deutlich die Tendenz der Zeitung wider. Er hat meist appellativen Charakter: Er will Einsichten wecken, Urteile prägen und zum Handeln ermuntern. Die Zeitungswissenschaft hat eine Gliederung der verschiedenen Arten des Leitartikels versucht, die der Interpretation dienlich ist, die aber keinesfalls zur Schematisierung verführen soll. Sie unterscheidet:

1. »den kämpfenden Leitartikel, der angreift, fordert, hinreißt, Aktion ist und politische Tat sein kann;
2. den stellungnehmenden und begründenden Leitartikel, der überzeugen möchte aus treffender Argumentation und zwingender Logik;
3. den erläuternden und unterrichtenden Leitartikel, der eine Sache klarlegt, schwierige Zusammenhänge aufknotet und abwickelt;
4. den rückschauenden Leitartikel, der sagt, was geworden ist und wie es wurde.«[2]

Der *Kurzartikel* ist ein zusammengedrängter Leitartikel, er ist oft aktueller als der Leitartikel. In ihm findet der Leser meist weniger Argumentation, dafür mehr Polemik. Kurzartikel eröffnen oft den Ressortteil einer Zeitung, sie werden deshalb auch »Spitze« genannt.

Die *Glosse* ist die kürzeste journalistische Stilform. Sie ist eine knappe, schlagkräftige, oft polemische Randbemerkung. Ihre Wirkung erzielt sie eher durch stilistische Brillanz und rhetorische Aufbereitung als durch Argumentation.

Die *Kritik* – als Theaterkritik, Musikkritik,

[1] Emil Dovifat: Zeitungslehre I. Berlin: de Gruyter 1967, S. 130.
[2] Emil Dovifat, a.a.O., S. 141.

Kunstkritik und Buchkritik – nimmt eine Zwischenstellung »zwischen Tatsachenbericht und fachlicher Betrachtung«[1] ein. Oft ist sie daher inhaltlich und stilistisch kaum von einer wissenschaftlichen Abhandlung zu unterscheiden.

1. *Untersuchen Sie die Wochenendausgabe einer großen Tageszeitung, und berichten Sie über den Anteil der verschiedenen Stilformen.*
2. *Stellen Sie die meinungsbildenden Stilformen vor, und berichten Sie in Kurzreferaten über Inhalt und Schreibart der Artikel.*
3. *Ziehen Sie Vergleiche mit dem Fernsehen: Inwieweit spielen die genannten Stilformen in der Fernsehproduktion eine Rolle? Welchen Anteil haben die meinungsbildenden Stilformen?*
   Welche zusätzlichen Möglichkeiten stehen dem Fernsehen zur Verfügung?

Analyse eines Leitartikels

Wenn man dem Meinen das Wissen gegenüberstellt, so betont man, daß der Wissende eine Sachlage und deren Ursachen und Folgen erfaßt hat, der Meinende dagegen nicht. Setzt man der Meinung die Überzeugung entgegen, so hält man dem, der sich skeptisch und unsicher in die Zukunft tastet, jenen entgegen, der mit einer festen Überzeugung lebt und von ihr aus sichere Entscheidungen trifft. Meinung gilt also als ein noch unsicheres Fürwahrhalten.

In die Auseinandersetzung um Meinungen greifen die Medien antreibend und zurückweisend, werbend und kritisierend ein. Dabei gilt als Grundforderung, daß Nachricht und Kommentar streng getrennt werden müssen. Meinungsbildende Texte müssen klar als solche zu erkennen sein. Da publizistische Texte in das Tagesgeschehen eingreifen, ist es für den, der diese Texte verstehen, analysieren und gegebenenfalls kritisieren will, wichtig, daß er die Situation kennt, aus der heraus die Stellungnahmen entstanden sind, und ebenfalls die Situation, in die sie hineinwirken. Um meinungsbildende, journalistische Texte angemessen auffassen und analysieren zu können, ist es daher notwendig, den Kontext und das Bezugsfeld in die Überlegung einzubeziehen.

Oskar Maria Graf
Verbrennt mich!

Wie fast alle linksgerichteten, entschieden sozialistischen Geistigen in Deutschland habe auch ich etliche Segnungen des neuen Regimes zu spüren bekommen: Während meiner zufälligen Abwesenheit aus München erschien die Polizei in meiner dortigen Wohnung, um mich zu verhaften. Sie beschlagnahmte einen großen Teil unwiederbringlicher Manu-

---

[1] Emil Dovifat, a.a.O., S. 143,

Oskar Maria Graf 1933 im Gespräch mit einem Journalisten in einem Wiener Café.

skripte, mühsam zusammengetragenes Quellenstudienmaterial, meine sämtlichen Ge- 5
schäftspapiere und einen großen Teil meiner Bücher. Das alles harrt nun der wahrscheinlichen Verbrennung. Ich habe also mein Heim, meine Arbeit und – was vielleicht am
schlimmsten ist – die heimatliche Erde verlassen müssen, um dem Konzentrationslager zu
entgehen.
Die schönste Überraschung aber ist mir erst jetzt zuteil geworden: Laut ›Berliner Börsen- 10
courier‹ stehe ich auf der »weißen Autorenliste« des neuen Deutschlands, und alle meine
Bücher, mit Ausnahme meines Hauptwerkes »Wir sind Gefangene«, werden empfohlen:
Ich bin also dazu berufen, einer der Exponenten des »neuen« deutschen Geistes zu sein!
Vergebens frage ich mich: Womit habe ich diese Schmach verdient?
Das »Dritte Reich« hat fast das ganze deutsche Schrifttum von Bedeutung ausgestoßen, 15
hat sich losgesagt von der wirklichen deutschen Dichtung, hat die größte Zahl ihrer
wesentlichen Schriftsteller ins Exil gejagt und das Erscheinen ihrer Werke in Deutschland
unmöglich gemacht. Die Ahnungslosigkeit einiger wichtigtuerischer Konjunkturschrei-
ber und der hemmungslose Vandalismus der augenblicklich herrschenden Gewalthaber
versuchen all das, was von unserer Dichtung und Kunst Weltgeltung hat, auszurotten und 20
den Begriff »deutsch« durch engstirnigsten Nationalismus zu ersetzen. Ein Nationalismus, auf dessen Eingebung selbst die geringste freiheitliche Regung unterdrückt wird, ein
Nationalismus, auf dessen Befehl alle meine aufrechten sozialistischen Freunde verfolgt,
eingekerkert, ermordet oder aus Verzweiflung in den Freitod getrieben werden.
Und die Vertreter dieses barbarischen Nationalismus, der mit Deutschsein nichts, aber 25

Bücherverbrennung am 10.5.1933 Unter den Linden in Berlin.

auch rein gar nichts zu tun hat, unterstehen sich, mich als einen ihrer »Geistigen« zu beanspruchen, mich auf ihre sogenannte »weiße Liste« zu setzen, die vor dem Weltgewissen nur eine schwarze Liste sein kann!

Diese Unehre habe ich nicht verdient!

30 Nach meinem ganzen Leben und nach meinem ganzen Schreiben habe ich das Recht, zu verlangen, daß meine Bücher der reinen Flamme des Scheiterhaufens überantwortet werden und nicht in die blutigen Hände und die verdorbenen Hirne der braunen Mordbanden gelangen.

Verbrennt die Werke des deutschen Geistes! Er selber wird unauslöschlich sein wie eure

35 Schmach!

In: Leitartikel bewegen die Welt. Hg. v. Will Schaber u. Walter Fabian. Stuttgart: Cotta 1964, S. 129; urspr. Arbeiter-Zeitung, Wien, 12. 5. 1933.

Erster Arbeitsschritt: Der Text und sein Bezugsfeld
Benennen Sie nach der ersten Lektüre das Thema, und charakterisieren Sie die Situation,
auf die der Text Bezug nimmt.
1. *Informieren Sie sich anhand eines Geschichtsbuches über die Ereignisse in Deutschland zwischen dem 30. 1. 1933 (»Vereidigung der Präsidialregierung Hitler«) und dem 1. 12. 1933 (»Gesetz zur Sicherung der Einheit von Partei und Staat«).*
2. *Informieren Sie sich über den Autor: Referieren Sie über die Lebensdaten. Besorgen Sie sich Werke des Autors, und berichten Sie darüber.*
3. *Werten Sie den folgenden Textauszug aus, und setzen Sie ihn zu dem Leitartikel in Beziehung.*

Hans J. Schütz
Verbotene Bücher

Am 16. Mai 1933 veröffentlichte das »Börsenblatt« eine erste offizielle Liste von Büchern, die aus den öffentlichen Bibliotheken ausgesondert werden mußten. Einige Autoren waren mit ihrem Gesamtwerk betroffen (Becher, Brecht, Feuchtwanger, Glaeser, Goll, Hasenclever, Kerr, Kesten, Keun, Kisch, Heinrich Mann, Klaus Mann, Plivier, Remarque, Seghers, Toller, Tucholsky, Wassermann, Wegner, Arnold und Stefan Zweig). 5
Von anderen wurden einige Werke geduldet wie »Emil und die Detektive« von Kästner oder die »Kalendergeschichten« von Oskar Maria Graf. (...)
Das »Reichskulturkammergesetz« vom 22. September 1933 brachte die totale Kontrolle und ermöglichte »die legale Überwachung jedes Autors und Künstlers, der mit irgendeinem Werk an die Öffentlichkeit treten wollte. Schriftsteller oder Journalisten, die ver- 10
öffentlichen wollten, mußten der Reichsschrifttumskammer, der Reichspressekammer oder der Reichsrundfunkkammer angehören. Am 25. April 1935 teilt Propagandaminister Joseph Goebbels, der auch Präsident der Reichsschrifttumskammer war, in einer Anordnung mit: »Es gehört zu den Obliegenheiten der Reichsschrifttumskammer, das deutsche Kulturleben von allem schädlichen und unerwünschtem Schrifttum rein zu hal- 15
ten. Dieses Reinigungswerk, das insbesondere auch die Jugend vor verderblichen Einflüssen schützt, ist, nicht zuletzt dank der Mitarbeit des Buchhandels in allen seinen Verzweigungen, so weit gediehen, daß das Gesetz zur Bewahrung der Jugend vor Schmutz- und Schundschriften vom 18. 12. 1926 als überholt angesehen werden konnte. (...)
Die Reichsschrifttumskammer führt eine Liste solcher Bücher und Schriften, die das 20
nationalsozialistische Kulturwollen gefährden. Die Verbreitung dieser Bücher und Schriften durch öffentlich zugängliche Büchereien und durch den Buchhandel in jeder Form (Verlag, Ladenbuchhandel, Versandbuchhandel, Reisebuchhandel, Leihbüchereien usw.) ist untersagt.«
Diese letzte Zuspitzung aller Zensurmaßnahmen war im Grunde überflüssig, denn in 25
Deutschland gab es kaum noch regimekritische Autoren, die man damit hätte treffen können: Das wirkliche literarische Leben fand im Ausland statt, der Exodus deutscher Schriftsteller und Künstler hatte bereits nach dem Reichstagsbrand begonnen.

In: Hans J. Schütz: Verbotene Bücher. Eine Geschichte der Zensur von Homer bis Henry Miller. München: Beck 1990, S. 180.

Zweiter Arbeitsschritt: Genaue Analyse des Textes
1. *Gliedern Sie den Text: Der Autor setzt mit der Einteilung in Abschnitte Signale. Fassen Sie mehrere Unterabschnitte zu Hauptabschnitten zusammen, und fertigen Sie eine Gliederung mit drei Hauptabschnitten und mehreren Unterpunkten an.*
2. *Die Leitlinie des Textes wird durch die Überschrift »Verbrennt mich!« festgelegt. Untersuchen Sie, wie diese Linie im Text verfolgt wird.*
   Erklären Sie Aussageinhalt und Aussageform des Satzes »Verbrennt mich!« möglichst genau. (Falls Sie die eingesetzten rhetorischen Mittel nicht sofort erkennen, dürfte eine Wiederholung, wie sie auf S. 101 ff. angeboten wird, hilfreich sein.)

3. *Erarbeiten Sie nun gesondert die informativen und die appellativen Teile des Artikels:*
   – *Über wen und was informiert er?*
   – *Welche Anklagen erhebt er?*
   – *Wozu ruft er auf?*
4. *Sowohl die informativen als auch die appellativen Teile sind mit vielen Möglichkeiten der rhetorischen Kunst ausgestaltet. Weisen Sie die Verwendung der rhetorischen Mittel nach; erklären Sie, welche Funktion sie erfüllen und welche Wirkung sie auslösen.*

Weiterführende Arbeitsschritte:
1. *Referieren Sie über die Kapitel »Schmutz und Schund« in der Weimarer Republik« und »Der Weg zur Bücherverbrennung 1933« aus dem Buch von Hans J. Schütz »Verbotene Bücher. Eine Geschichte der Zensur von Homer bis Henry Miller«. (München: Beck 1990.)*
2. *Informieren Sie sich, welche Folgen die Machtübernahme der Nationalsozialisten in Deutschland für Thomas und Heinrich Mann, Bertolt Brecht, Kurt Tucholsky, Anna Seghers, Franz Werfel, Carl Zuckmayer und andere hatte. Fertigen Sie Kurzreferate über einzelne Autoren und einzelne Werke an. Stellen Sie eine Liste zusammen, und planen Sie die Erarbeitung eines dieser Werke.*
3. *Zensur und Verbot bezogen sich nicht nur auf Dichter und Schriftsteller, sondern ebenso auf Maler und Bildhauer. Informieren Sie sich über die Ausstellungen »Entartete Kunst« und »Deutsche Kunstausstellung« 1936 und 1937 in München. Analysieren Sie die folgende Aussage Hitlers aus der Eröffnungsrede der zweiten »Großen Kunstausstellung 1938«, und stellen Sie sie in Beziehung zu dem Artikel von Oskar Maria Graf:*
   »So kam ich damals zu dem Entschluß, einen harten Strich zu ziehen und der neuen deutschen Kunst die einzig mögliche Aufgabe zu stellen: sie zu zwingen, den durch die nationalsozialistische Revolution dem neuen deutschen Leben zugewiesenen Weg ebenfalls einzuhalten.« Adolf Hitler (1938)

3. Reden

Wie die öffentliche Rede, also vorzüglich die politische Rede und die Gerichtsrede, einzuschätzen sei, war schon Thema der Auseinandersetzung, die Sokrates, der griechische Philosoph, mit Gorgias, dem Sophisten, führte. Die Frage, was ein guter Redner sei, ob er nämlich in erster Linie nach privaten und öffentlichen Tugenden wie Zuverlässigkeit und Uneigennützigkeit zu messen oder ob er nur nach dem Durchsetzungserfolg zu beurteilen sei, ist bis heute Gegenstand der Erörterung. Einerseits setzt man darauf, daß nur in freier Rede und in offener Auseinandersetzung möglichst vieler zu ermitteln sei, was dem allgemeinen Wohl dient; andererseits haben nationalsozialistische Redner die Rede manipulativ zur Verführung der Massen eingesetzt.

Im folgenden werden thesenartig Gesichtspunkte zur Beobachtung und zur Beurteilung von Reden gegeben.

Erste These: Es gibt verschiedene Arten von Reden.

Die Art der Rede ist abhängig von der Bedingung, unter der sie gehalten wird. Man unterscheidet in der Terminologie der lateinischen Rhetorik drei Gattungen der Rede:

1. »Genus iudiciale: Namengebender Musterfall ist die Gerichtsrede, die vor den zum Urteil aufgeforderten Richtern über einen der Vergangenheit angehörenden Tatbestand im Sinne der Anklage... oder der Verteidigung gehalten wird.«
2. »Genus deliberativum: Namengebender Musterfall ist die vor der zur Beratung zusammengekommenen und zur Entschlußfassung aufgeforderten Volksversammlung gehaltene politische Rede, in der der Redner eine der Zukunft angehörende Handlung empfiehlt oder von ihr abrät.«
3. »Genus demonstrativum: Musterfall ist die vor einer Festversammlung gehaltene Rede zum Lob einer zu feiernden (der Gegenwart, der Geschichte, dem Mythos angehörenden) Person, einer zu feiernden Gemeinschaft (Vaterland, Stadt), einer zu feiernden Tätigkeit (Beruf, Studium), einer zu feiernden Sache.«[1]

Zweite These: Die Ausgangslage jedes Redners ist verschieden.

Sie hängt davon ab, wie der Redner zur Sache steht und wie das Publikum die Sache um den Redner einschätzt.

1. Die Kampflage am Beginn der Rede, der sogenannte *status*, ist umso günstiger, je mehr Leute aus welchen Günden auch immer, von vornherein auf der Seite des Redners stehen. Hat eine Angelegenheit gar keinen Konfliktstoff, so hat der Redner den denkbar besten status, er braucht nicht zu kämpfen.
2. Die Kampflage ist auch abhängig von dem »Vertretbarkeitsgrad eines Partei-Gegenstandes«. Wenn eine vorgetragene Meinung »dem Rechtsempfinden oder... dem allgemeinen Wert- und Wahrheitsempfinden voll und ganz entspricht«[2], so ist die Situation des Redners anders, als wenn er für eine Partei reden muß, deren Standpunkt beim Publikum weniger oder sogar überhaupt nicht anerkannt ist.

Dritte These: Jede Rede hat Abschnitte, die eine besondere Funktion übernehmen.

1. In der Einleitung muß die Sympathie des Publikums gewonnen werden.
2. Im Darlegungsteil erfolgt »die (parteiische) Mitteilung des Sachverhalts«[3] an das Publikum.
3. In der Argumentation bemüht sich der Redner, den vertretenen Standpunkt als glaubwürdig hinzustellen.
4. In einer Zusammenfassung kann die ausdrückliche Bitte enthalten sein, eine Frage im Interesse der vertretenen Partei zu entscheiden.

Vierte These: Jeder Redner versucht, seine Gedanken möglichst wirkungsvoll vorzutragen.

Zur wirkungsvollen Ausgestaltung gehört zunächst eine geschickte Grobgliederung, in der das, was gesagt werden soll, angemessen auf die zur Verfügung stehende Redezeit verteilt wird. Als besondere Möglichkeiten, Wirkung zu erzielen, gelten der Einsatz rhetorischer Mittel (vgl. S. 101 ff.), die Verwendung von Beispielen, die Anspielung auf Vergleichsfälle und die Berufung auf Autoritäten, deren Aussagen gegebenenfalls zitiert werden.

---

[1] Heinrich Lausberg: Handbuch der literarischen Rhetorik. Eine Grundlegung der Literaturwissenschaft. Zwei Bände. Bd. 2. München: Hueber 1960, S. 54 f.
[2] Heinrich Lausberg, a.a.O., S. 65.
[3] Heinrich Lausberg, a.a.O., S. 66.

Fragenkatalog

Die Kategorien der Rhetorik können nicht die einzigen und letzten sein, wenn eine Rede zur Beurteilung ansteht. Zu diskutieren ist, wie Aristoteles in der Einleitung zu seiner Rhetorik gesagt hat, »das Nützliche und Schädliche« und auch »das Gerechte und Ungerechte« einer Rede. Vorher müßte noch untersucht werden, ob denn die Aussagen, von denen der Redner ausgeht, sachlich stimmen oder nicht.

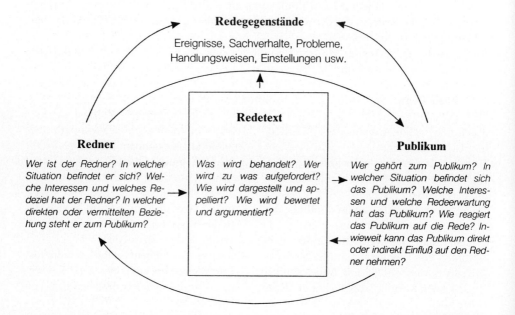

1. *Wie beurteilen Sie die Strategie des Redners?*
   Hat das Publikum eine Chance, die Ausführungen kritisch zu beurteilen, dem Redner zu antworten und die Sache zu entscheiden?
2. *Wie beurteilen Sie den Redetext?*
   Stimmen die Informationen? Überzeugt die Rede? Ist es legitim und moralisch vertretbar, den Appellen zu folgen?
3. *Wie beurteilen Sie das Verhalten des Publikums?*
   Nimmt es Chancen wahr mitzudenken, mitzureden, mitzuhandeln?

Analyse einer Gerichtsrede

Kurt Huber
Schlußwort vor dem Volksgerichtshof (April 1943)

Als deutscher Staatsbürger, als deutscher Hochschullehrer und als politischer Mensch erachte ich es als Recht nicht nur, sondern als sittliche Pflicht, an der Gestaltung der deutschen Geschichte mitzuarbeiten, offenkundige Schäden aufzudecken und zu bekämpfen... Was ich bezweckte, war die Weckung der studentischen Kreise nicht durch eine Organisation, sondern durch das schlichte Wort, nicht zu irgendeinem Akt der Gewalt, sondern zu sittlicher Einsicht in bestehende schwere Schäden des politischen Lebens. Rückkehr zu klaren sittlichen Grundsätzen, zum Rechtsstaat, zu gegenseitigem Vertrauen von Mensch zu Mensch, das ist nicht illegal, sondern umgekehrt die Wiederherstellung der Legalität. Ich habe mich im Sinne von Kants kategorischem Imperativ gefragt, was geschähe, wenn diese subjektive Maxime meines Handelns ein allgemeines Gesetz würde. Darauf kann es nur eine Antwort geben: Dann würden Ordnung, Sicherheit, Vertrauen in unser Staatswesen zurückkehren. Jeder sittlich Verantwortliche würde mit uns seine Stimme erheben gegen die drohende Herrschaft der bloßen Macht über das Recht, der bloßen Willkür über den Willen der sittlich Guten. Die Forderung der freien Selbstbestimmung auch des kleinsten Volksteils ist in ganz Europa vergewaltigt, nicht minder die Forderung der Wahrung der rassischen und völkischen Eigenart. Die grundlegende Forderung wahrer Volksgemeinschaft ist durch die systematische Untergrabung des Vertrauens von Mensch zu Mensch zunichte gemacht. Es gibt kein furchtbareres Urteil über eine Volksgemeinschaft als das Eingeständnis, das wir alle machen müssen, daß keiner sich vor seinem Nachbarn, der Vater nicht mehr vor seinen Söhnen sicher fühlt.

Das war es, was ich wollte, mußte.

Es gibt für alle äußere Legalität eine letzte Grenze, wo sie unwahrhaftig und unsittlich wird. Dann nämlich, wenn sie zum Deckmantel einer Feigheit wird, die sich nicht getraut, gegen offenkundige Rechtsverletzung aufzutreten. Ein Staat, der jegliche freie Meinungsäußerung unterbindet und jede sittlich berechtigte Kritik, jeden Verbesserungsvorschlag als ›Vorbereitung zum Hochverrat‹ unter die furchtbarsten Strafen stellt, bricht ein ungeschriebenes Gesetz, das ›im gesunden Volksempfinden‹ noch immer lebendig war und lebendig bleiben muß.

Ich habe das eine Ziel erreicht, diese Warnung und Mahnung nicht in einem privaten, kleinen Diskutierklub, sondern an verantwortlicher, an höchster richterlicher Stelle vorzubringen. Ich setze für diese Mahnung, für diese beschwörende Bitte zur Rückkehr, mein Leben ein. Ich fordere die Freiheit für unser deutsches Volk zurück. Wir wollen nicht an Sklavenketten unser kurzes Leben dahinfristen, und wären es goldene Ketten eines materiellen Überflusses.

Sie haben mir den Rang und die Rechte des Professors und den ›summa cum laude‹ erarbeiteten Doktorhut genommen und mich dem niedrigsten Verbrecher gleichgestellt. Die innere Würde des Hochschullehrers, des offenen, mutigen Bekenners seiner Welt- und

Staatsanschauung, kann mir kein Hochverratsverfahren rauben. Mein Handeln und Wol-
40 len wird der eherne Gang der Geschichte rechtfertigen; darauf vertraue ich felsenfest. Ich
hoffe zu Gott, daß die geistigen Kräfte, die es rechtfertigen, rechtzeitig aus meinem eigenen Volk sich entbinden mögen. Ich habe gehandelt, wie ich aus einer inneren Stimme
heraus handeln mußte. Ich nehme die Folgen auf mich nach dem schönen Wort Johann
Gottlieb Fichtes: Und handeln sollst du so, als hinge von dir und deinem Tun allein das
45 Schicksal ab der deutschen Dinge, und die Verantwortung wär' dein!

In: Der Nationalsozialismus. Dokumente 1933–45. Hg. v. Walter Hofer. Frankfurt/M.: Fischer
1957, S. 332 f.

Erster Arbeitsschritt: Der Text und sein Bezugsfeld
Beschreiben Sie die Situation des Redners, und tragen Sie die zur Erfassung der Rede
notwendigen Informationen zusammen.
1. *Informieren Sie sich über den Abschnitt der deutschen Geschichte vom 24. 2. 1942*
   (Hitler übernimmt die Funktion eines obersten Gerichtsherrn) bis zum 20. 7. 1944
   (Bombenattentat auf Hitler).
2. *Informieren Sie sich über Professor Karl Huber und den Kreis der »Weißen Rose«.*
3. *Informieren Sie sich über Funktion und Arbeitsweise des Volksgerichtshofes.*

Zweiter Arbeitsschritt: Genaue Analyse des Texts
1. *Beschreiben Sie den status des Redners und das genus der Rede.*
2. *Formulieren Sie das Thema, das der Redner in den Mittelpunkt rückt.*
   – Welche Absicht verfolgt der Redner?
   – Inwieweit redet er adressatenbezogen, inwieweit wendet er sich von dem vorgege-
   benen Publikum ab?
   – Welchen kommunikativen Rahmen wählt er für seine Rede?
3. *Wie begründet er seine Kritik, wie begründet er seine Forderungen?*
4. *Auf welche Autoritäten beruft er sich?*
5. *Welche Stellen arbeitet er rhetorisch besonders wirkungsvoll aus?*

Weiterführende Arbeitsschritte:
Vergleichen Sie die Rede rückblickend mit dem Leitartikel »Verbrennt mich!« von Oskar
Maria Graf.
– Beschreiben Sie die Rolle der Herrschenden und der Beherrschten. Vergleichen Sie die
Situation des Autors Graf und des Philosophen Huber.
– Vergleichen Sie Zweck und mögliche Wirkung des Leitartikels mit der Rede Hubers.

4. Wissenschaftliche Texte

Wissenschaft ist, wie ein Lexikon in knappster Zusammenfassung erklärt, »die methodische Erforschung aller Gegenstandsbereiche«[1]. Konkret gibt sich Wissenschaft als eine Summe von Einzelwissenschaften zu erkennen. Aus den meisten Wissenschaftsbezeichnungen ist abzulesen, welcher Gegenstandsbereich von den zuzuordnenden Wissenschaftlern erforscht wird. Methode, wörtlich übersetzt »Weg, etwas zu erreichen; Weg oder Gang der Untersuchung; kunstgemäßes oder geregeltes Verfahren« ist »der beim wissenschaftlichen Verfolgen eines Gedankens eingeschlagene Weg«[2]. Zweifellos sieht dieser »eingeschlagene Weg« in der Physik anders aus als in der Geschichtswissenschaft. In dem einen Fall vollzieht sich das Erforschen auf dem Weg des Experimentierens, des Beobachtens, der Hypothesenbildung mit dem Ziel, ein »Gesetz der Natur« zu erfassen; in dem anderen Fall werden Quellen untersucht und verglichen, um herauszufinden, wie es – nach einem Wort des Historikers Leopold von Ranke – »eigentlich gewesen ist«.

Als Grundformen des wissenschaftlichen Verfahrens werden die Induktion und die Deduktion angesehen. Wird vom Allgemeinen auf das Besondere geschlossen, handelt es sich um einen deduktiven (herleitenden) Schluß. Im umgekehrten Fall wird der Schluß induktiv (hinleitend) genannt. Man beachte dabei, daß das induktive Verfahren stets Ausnahmen zuläßt. So läßt sich aus der Tatsache, daß fast alle Philosophen ihre Lehre in Schriften niedergelegt haben, nicht schließen, daß dies auch für Sokrates gelten muß. Tatsache ist, daß wir über seine Philosophie nur durch die Dialoge Platons Bescheid wissen. Analogieschlüsse zeigen

Möglichkeiten oder Wahrscheinlichkeiten auf, führen so zur Bildung von Arbeitshypothesen und können Grundlagen neuer Erkenntnisse werden.

Ziel aller Bemühungen ist, verläßlichen Aufschluß über die Welt der Wirklichkeit zu erhalten. Als verläßlich in diesem Sinne gelten Erkenntnis und Wissen. Zur Erkenntnis gehört aber nicht nur die Einsicht, daß beispielsweise Kraft notwendig ist, um Arbeit zu leisten, oder daß in Deutschland 1848 eine Revolution scheiterte, sondern auch die Erklärung, warum das so ist oder war. So kann Wissenschaft in einer erweiterten Fassung erklärt werden als »der sachlich geordnete Zusammenhang von wahren Urteilen, wahrscheinlichen Annahmen (s. Hypothese, Theorie) und möglichen Fragen über das Ganze der Wirklichkeit oder einzelner Gebiete derselben«[3].

Sowohl die Urteile als auch die Annahmen und Fragen treten in sprachlicher Formulierung entgegen. Dabei kommt es auf höchste Präzision an. Wichtigstes Element der genauen sprachlichen Formulierung ist der definierte Begriff. Der Begriffswortschatz einer Wissenschaft ist in der Terminologie zusammengefaßt. Ohne eine zuverlässige Terminologie ist methodische Forschung nicht vermittelbar: Die Kommunikation unter Wissenschaftlern ist nur mit Hilfe einer exakten Terminologie möglich. Einen Zugang zu einer Wissenschaft findet also nur der, der den Gegenstandsbereich kennenlernt, die Methoden erprobt und die Terminologie lernt.

Wissenschaftliche Aussagen werden meist in Form von Thesen vorgetragen. Eine These ist ein Satz, der des Beweises bedarf. Wird eine Behauptung aufgestellt, die Gül-

---

[1] Der Neue Brockhaus. Allbuch in fünf Bänden. Bd. 5. Wiesbaden: F. A. Brockhaus [3]1965, S. 546.
[2] Johannes Hoffmeister: Wörterbuch der philosophischen Begriffe. Hamburg: Meiner [2]1955, S. 403.
[3] Georgi Schischkoff: Philosophisches Wörterbuch. Stuttgart: Kröner 1957, S. 652.

tigkeit beansprucht, für die der Beweis noch nicht geliefert ist, so spricht man genauer von einer Hypothese. Das darf aber nicht zu dem Schluß führen, daß Thesen endgültig seien. Immer wieder werden von Forschern Thesen angegriffen und widerlegt, die lange Zeit als wahr und gültig angesehen wurden.

Thesen und Hypothesen, die einen größeren wissenschaftlichen Teilbereich erklären, werden zu einer Theorie zusammengefaßt. In diesem Sinne ist eine Theorie also ein wissenschaftliches Gebilde, »›in der die Tatsachen in ihrer Unterordnung unter die allgemeinen Gesetze erkannt und ihre Verbindungen aus diesen erklärt werden‹ (Fries). Das ihr unausweichlich anhaftende hypothetische Element mischt in alle Erkenntnis durch Theorie etwas von Unsicherheit und bloßer Wahrscheinlichkeit«.[1]

Bei der Analyse wissenschaftlicher Texte ist also genau zu fragen:

1. *Welche Thesen werden aufgestellt? Wie werden sie begründet oder bewiesen? Wie wurden sie gewonnen? Welchen Gegenstandsbereich treffen sie?*
2. *Welche Begriffe werden verwendet? Inwieweit werden sie definiert? Inwieweit wird vorausgesetzt, daß der Begriffsinhalt bekannt und akzeptiert ist?*
3. *Welche Forschungsmethode wurde angewendet?*

Wolfgang Kayser
Das sprachliche Kunstwerk

Kapitel I
Philologische Voraussetzungen
Bevor die wissenschaftliche Behandlung eines literarischen Textes beginnen kann, müssen einige Vorbedingungen erfüllt sein. Sie werden als philologische Voraussetzungen bezeichnet und sind allen Wissenschaften gemeinsam, die Texte als Grundlage ihrer Arbeit benutzen.

1. Kritische Ausgabe eines Textes
5 Wie immer ein Text erforscht werden soll – die erste Voraussetzung ist, daß er selber als zuverlässig gelten kann. Die darin liegenden Forderungen werden nicht sichtbar, wo es sich um einen eben erschienenen Druck handelt. Der neue Roman, den man im Laden kauft, ist von dem Drucker nach dem Manuskript des Autors gesetzt worden. Der Autor selber hat während des Korrekturlesens alle Fehler beseitigt (wobei er von der Druckerei
10 und dem Verlag unterstützt wurde) und die ihm nötig scheinenden Änderungen eingefügt. So wie der Roman nun vorliegt, ist er in jedem Wort und jedem Interpunktionszeichen vom Autor gewollt und damit authentisch. Ein zuverlässiger Text, so läßt sich definieren, ist ein Text, der den Willen des Autors repräsentiert.
Die Dinge liegen schwieriger, wenn es sich um Texte handelt, deren Autoren tot sind, die

---

[1] Georgi Schischkoff, a.a.O., S. 595.

aber immer wieder gedruckt werden. Wer in den Laden geht und eine möglichst billige 15
Ausgabe von Grimmelshausens *Simplicius Simplicissimus* kauft, der glaubt, nun den
richtigen Text in Händen zu haben. Aber schon bei einigem Nachdenken muß er zu dem
Schluß kommen, daß sich verschiedene Personen zwischen ihn als Leser und den Dichter
gestellt haben. Da ist zunächst ein Mann, der für den letzten Druck die Orthographie
modernisiert hat. Nun ist es ja für das rechte Verständnis wie für die theoretische Be- 20
schäftigung gewöhnlich von geringem Belang, in welcher Orthographie sich das Werk
dem Auge darbietet. Bedeutsamer ist schon die Frage der Interpunktion. Hier können die
Ersetzung eines Kommas durch einen Punkt und ähnliche Änderungen, durch die der
letzte Herausgeber die Lektüre zu erleichtern suchte, den Sinn eines Satzes verändern. Der
verständliche Wunsch, die Lektüre eines Werkes zu erleichtern und es selber dadurch am 25
Leben zu erhalten, kann aber noch weiter gehen. Es kommt vielleicht dazu, daß veraltete
Sprachformen und Wörter, die das heutige Publikum nicht mehr versteht, durch gängige
Formen und Wörter ersetzt werden. Oder es kann sein, daß der Setzer selber mißverstand
und änderte; man kann sich leicht vorstellen, was geschah, wenn ein späterer Drucker
eine solche Ausgabe zugrunde legte und nun weiter mißverstand und änderte. Gedanken- 30
losigkeit und falsch angewendete Gedankenfülle tragen gleichermaßen zu der Verderbnis
der Texte bei.
Die Rettung scheint zu sein, daß man auf die erste Ausgabe zurückgeht, die ja dem Willen
des Dichters am nächsten steht. Nun kann nicht jeder, der den authentischen Text eines
Werkes lesen will, die erste Ausgabe kaufen. Es genügt, einen Neudruck zu lesen, der den 35
authentischen Wortlaut bietet. Eine solche Ausgabe heißt eine »KRITISCHE« Ausgabe.
Es tauchen freilich im Fall des Simplizissimus wie bei fast allen älteren Werken gleich neue
Fragen auf. Kann der erste Druck als authentisch gelten? In früheren Jahrhunderten lasen
die Dichter gewöhnlich nicht selber die Korrektur. Nachdem sie das Manuskript zur
Veröffentlichung übergeben hatten, war dessen Schicksal ihrer Obhut entzogen. Es ist in 40
jedem Fall damit zu rechnen, daß der Drucker Änderungen vorgenommen hat, sei es aus
Sorglosigkeit oder aus Absicht. Dazu kommen die Änderungen, die die Zensurbehörden
verlangten. Nicht der Dichter, sondern der Drucker hatte mit ihnen zu verhandeln. So
kommt eine kritische Ausgabe bei älteren Texten meist nur annäherungsweise an den
Willen des Dichters heran. (...) 45
Aus den genannten Gründen kann sich der Herausgeber einer kritischen Ausgabe nicht
einfach mit dem Abdruck der ersten Ausgabe begnügen. Eine solche Wiederholung, und
geschehe sie in faksimilierter Form, das heißt buchstaben- und formgetreu, ist noch kein
kritischer Text. Andererseits muß der kritische Herausgeber alle vorgenommenen Änderungen, und sei es die Korrektur eines offenbaren Druckfehlers, in einem sogenannten 50
»KRITISCHEN APPARAT« angeben und begründen und somit dem Leser die Möglichkeit
zur eigenen Prüfung und Entscheidung an die Hand geben. Wäre außer dem ersten Druck
die Handschrift des Dichters erhalten – beim Simplizissimus ist das wie bei fast allen
Werken des 17. Jahrhunderts nicht der Fall (...) –, so hätte der Herausgeber auch alle
anders lautenden Stellen der Manuskriptfassung in dem Apparat anzuführen. 55
Unser Simplizissimus-Beispiel führt noch gleich vor eine weitere Frage. Es waren mehrere
vom Dichter gewollte und dabei abweichende Ausgaben vorhanden. In den letzten Jahrhunderten ist es bei wichtigeren Werken fast die Regel, daß zu Lebzeiten des Dichters
mehrere Auflagen erscheinen und daß der Dichter die Gelegenheit benutzt, um mehr oder
weniger umfangreiche Änderungen vorzunehmen. Es hat sich der Brauch eingebürgert, 60
die Druckfassungen mit großen lateinischen Buchstaben zu bezeichnen (A, B, C...) und

handschriftliche Fassungen mit Minuskeln (a, b, c ...). (Am Anfang des kritischen Apparats findet sich immer eine Liste der angewandten Bezeichnungen und eine Darlegung der Grundsätze, nach denen die Ausgabe hergestellt wurde; der Benutzer tut gut, beides eingehend zu studieren, bevor er mit der Ausgabe arbeitet.) 65
Sind mehrere authentische Ausgaben vorhanden, so kommen als Grundlage für den kritischen Text nur zwei in Betracht: die letzte Ausgabe, die der Dichter selber betreut hat, die sogenannte Ausgabe »LETZTER HAND«, die also seinen endgültigen Willen darstellt, und die erste Ausgabe, die editio princeps. Denn mit ihr hat sich das Werk von seinem Autor gelöst, mit ihr beginnt es sein eigenes Leben und beginnen seine Wirkungen. Im 70 allgemeinen räumt man der Ausgabe letzter Hand die Vorzugsstellung ein, als Grundlage des kritischen Textes zu dienen. Es ist das eine Auswirkung jenes weltanschaulichen Leitbegriffs vom »Dichter«, der dem 19. Jahrhundert mehr bedeutete als sein Werk und dessen »reiferer« Wille deshalb als maßgebend angesehen wurde. Welche Ausgabe auch als Grundlage gewählt wird, der Herausgeber hat die Pflicht, in dem kritischen Apparat 75 die Abweichungen aller handschriftlichen und gedruckten Fassungen anzugeben.
Im Fall des Simplizissimus, und er steht damit nicht allein, waren freilich die Abweichungen der letzten Fassung von der ersten, die der Dichter verstoßen hatte, so erheblich, daß ein vollständiger kritischer Apparat nicht mehr recht lesbar geworden wäre, zumal Grimmelshausen inzwischen noch einmal beträchtlich eingegriffen und modernisiert hatte. Es 80 empfahl sich daher, die erste Ausgabe in einem besonderen Neudruck der wissenschaftlichen Forschung zugänglich zu machen.
Einer der sorgsamsten Verbesserer seiner Werke war Conrad Ferdinand Meyer. Es gibt viele Gedichte von ihm, die in vier, fünf, sechs verschiedenen Fassungen vorliegen. Damit ist ein reiches Material vorhanden, um die innere Entwicklung des Künstlers zu erfor- 85
schen und zugleich die Eigenmacht und Entfaltungskraft lyrischer Motive zu beobachten.

In: Wolfgang Kayser: Das sprachliche Kunstwerk. Eine Einführung in die Literaturwissenschaft. Bern: Francke ⁴1956, S. 27 ff.

Erster Arbeitsschritt: Das Thema des Textes und der zuzuordnende Gegenstandsbereich
1. Wie stellt der Autor sein Thema vor?
 – Werten Sie den Titel des Werks aus, dem der Abschnitt entnommen ist.
 – Erklären Sie die Überschriften des Kapitels und des Absatzes. Informieren Sie sich genau über die Begriffe »philologisch« und »kritisch«.
2. In welchen Wissenschaftsbereich wird der Leser des Textes geführt?
 – Verschaffen Sie sich durch eine erste durchgehende Lektüre einen groben Überblick über den Text: Welcher Gegenstand der Forschung steht im Mittelpunkt des Interesses?
 – Schreiben Sie während eines zweiten Lesedurchgangs die Begriffe heraus, die Ihnen zentral zu sein scheinen, und markieren Sie diejenigen, die Ihnen noch fremd sind.

Zweiter Arbeitsschritt: Die Thesen und ihre Begründung
1. Fertigen Sie eine Gliederung des Haupttextes »Kritische Ausgabe eines Textes« an, indem Sie jedem Abschnitt eine Überschrift geben. Prüfen Sie, ob die Gliederungspunkte eine Beziehung zum Thema erkennen lassen.

2. *Arbeiten Sie nun die wichtigen Thesen des Textes heraus. Erwartet wird, daß Sie die Hauptgedanken des Autors fassen und in einfachen Hauptsätzen formulieren. Also: »Literarische Texte müssen zuverlässig sein.«*

3. *Erklären Sie die Begriffe, die in den Thesen vorkommen; beachten Sie, daß einige Begriffe vom Autor definiert werden und andere als bekannt vorausgesetzt werden.*

4. *Ordnen Sie die Argumente und Beispiele den Thesen zu.*

Weiterführende Arbeitsschritte: Stellungnahme zu den Thesen

1. *Erörtern Sie, ob es für Wissenschaftler und Leser in gleicher Weise wichtig ist, dem »Willen des Dichters« möglichst nahe zu kommen.*

2. *Prüfen Sie anhand eines Beispiels die unterschiedliche Ausgaben eines Textes:*

Auf S. 33 wurde das sechste Epigramm aus der Sammlung »Venetianische Epigramme« von Johann Wolfgang von Goethe nach der Ausgabe letzter Hand abgedruckt. Der Text war als editio princeps in dem von Schiller herausgegebenen »Musenalmanach für das Jahr 1796« erstmals gedruckt worden. Entstanden waren die Epigramme 1790 in Venedig. Einige wenige erschienen 1791 in der »Deutschen Monatsschrift«; die meisten lagen nur handschriftlich vor.

In der editio princeps hat das sechste Epigramm folgende Gestalt:

> Diese Gondel vergleich' ich der Wiege, sie schaukelt gefällig,
> Und das Kästchen darauf scheint ein geräumiger Sarg.
> Recht so! Zwischen Sarg und Wiege wir schwanken und schweben,
> Auf dem großen Kanal, sorglos durchs Leben dahin.

In: Goethe-Gedichte. Hg. u. kommentiert v. Erich Trunz. München: Beck 1978, S. 564.

Die Erstausgabe der Epigramme schickte Goethe A. W. Schlegel zur metrischen Verbesserung zu. Teils nach dessen Vorschlägen, teils aus eigenem Antrieb änderte Goethe die Texte für die Herausgabe in den »Neuen Schriften«, die 1800 erschienen.

> Diese Gondel vergleich' ich der sanft einschaukelnden Wiege,
> Und das Kästchen darauf scheint ein geräumiger Sarg.
> Recht so! Zwischen der Wieg' und dem Sarg wir schwanken und schweben
> Auf dem großen Kanal sorglos durchs Leben dahin.

In: Goethe-Gedichte. Hg. u. kommentiert v. Erich Trunz. München: Beck 1978, S. 176.

1. *Vergleichen Sie die Textfassungen.*

2. *Welche der Fassungen entspricht dem eigentlichen Willen des Dichters?*

5. Philosophische Texte

»Die Philosophie ist keine Wissenschaft. Sie hat daher auch nicht denselben Stil der Lehr- und Lernbarkeit wie die Wissenschaften. Philosophie ist aber auch nicht Weltanschauung, die prophetisch verkündet werden kann«, heißt es in einer »Einleitung in die Philosophie«[1]. Die beiden, letztlich negativen Erklärungen, daß Philosophie keine Wissenschaft und keine Weltanschauung sei, haben abgrenzenden Charakter. Philosophie sucht – jetzt positiv gesagt – »Gewißheit – durch die Kritik an allem Zweifelhaften und Unsicheren«[2]. Sie fragt in dem einen Fall, inwieweit die Sätze, die in den einzelnen Wissenschaften über die zugeordneten Gegenstandsbereiche aufgestellt wurden, haltbar sind; und sie prüft in dem andern Fall, inwieweit Weltanschauungen als gesichert angesehen werden können. Philosophie bezieht, wie dies Weltanschauungen tun, das Ganze der Welt in ihre Untersuchungen ein; aber Philosophie geht dabei, wie dies Wissenschaftler tun, kritisch rational vor. Ihre Grundhaltung ist reflexiv, d. h. sie denkt prüfend und vergleichend über die Bedingungen und Möglichkeiten des Denkens und Handelns nach.

Immanuel Kant
Stellenwert der Philosophie

Denn die Philosophie ist die Idee einer vollkommenen Weisheit, die uns die letzten Zwecke der menschlichen Vernunft zeigt. Zur Philosophie nach dem Schulbegriff gehören zwei Stücke: erstlich ein zureichender Vorrat an Vernunfterkenntnissen, fürs andere: ein systematischer Zusammenhang dieser Erkenntnisse, oder ein Verbindung derselben in der Idee eines Ganzen. (...)
Das Feld der Philosophie in dieser weltbürgerlichen Bedeutung läßt sich auf folgende Fragen bringen:
1. Was kann ich wissen?
2. Was soll ich tun?
3. Was darf ich hoffen?
4. Was ist der Mensch?

In: Johann Karl Mader: Der Philosoph 1. Wesensbestimmung, Grundprobleme und Disziplinen der Philosophie. Wien/Heidelberg: Ueberreuter 1966, S. 24.

---

[1] Eugen Fink: Einleitung in die Philosophie. Hg. v. Franz A. Schwarz. Würzburg: Königshausen und Neumann 1985, S. 7.
[2] Eugen Fink, a. a. O., S. 9.

Analysieren und Philosophieren: Was kann ich wissen?

Die Frage »Was kann ich wissen?« ist so alt wie die Philosophie. Indirekt ist sie in der Frage enthalten: Was ist Wahrheit? Auch die Aufforderung, zwischen Meinen, Wissen und Glauben zu unterscheiden, hat den gleichen Ausgangspunkt. Der gesamte Problemkreis wird in der abendländischen Philosophie seit Platon erörtert und hat bis heute nicht an Aktualität verloren.

Der folgende Text stammt von Bertrand Russell, der als Mathematiker, Philosoph und Pazifist 1950 den Nobelpreis »in Anerkennung seiner vielseitigen, bedeutenden Werke, in denen er sich als Anwalt der Menschlichkeit und der geistigen Freiheit gezeigt hat«, erhielt. Russell wurde 1872 in Trelleck/Monmouthshire geboren, er starb 1970 in Plas Penrhyn/Wales.

Bertrand Russell
»Gibt es unbezweifelbare Erkenntnisse?«

Gibt es auf dieser Welt eine Erkenntnis, die so unumstößlich gewiß ist, daß kein vernünftiger Mensch daran zweifeln kann? – Auf den ersten Blick scheint das vielleicht keine schwierige Frage zu sein, aber in Wirklichkeit handelt es sich um eine der schwierigsten, die es gibt. Wenn uns klar geworden ist, welche Hindernisse einer direkten und zuversichtlichen Antwort im Wege stehen, haben wir es in der Philosophie schon ein Stück weit 5
gebracht. Die Philosophie ist nämlich nichts anderes als der Versuch, solche fundamentalen Fragen zu beantworten, und zwar nicht gedankenlos und dogmatisch zu beantworten, wie wir das im Alltag und selbst in der Wissenschaft oft tun, sondern kritisch, nachdem wir untersucht haben, was solche Fragen rätselhaft macht, und nachdem wir die ganze Verworrenheit und Verschwommenheit unserer normalen Vorstellungen erkannt 10
haben.
Für gewöhnlich halten wir viele Dinge für sicher und gewiß, an denen bei näherem Zusehen so viele Widersprüche sichtbar werden, daß wir lange nachdenken müssen, bevor wir wissen, was wir glauben dürfen. Es ist nur natürlich, wenn wir auf unserer Suche nach Gewißheit bei den Erlebnissen anfangen, die wir jetzt, in diesem Augenblick 15
haben, und ohne Zweifel lassen sie uns in irgendeinem Sinne etwas erkennen. Aber jede Aussage darüber, was es ist, das uns unsere gegenwärtigen Erlebnisse zu wissen geben, hat gute Chancen, falsch zu sein.
Es scheint mir, daß ich jetzt auf einem Stuhl sitze, an einem Tisch von bestimmter Gestalt, auf dem ich beschriebene oder bedruckte Papiere sehe. Wenn ich meinen Kopf drehe, sehe 20
ich vor dem Fenster Gebäude, Wolken und die Sonne. Ich glaube, daß die Sonne etwa 150 Millionen Kilometer von der Erde entfernt ist, daß sie eine heiße Kugel und sehr viel größer als die Erde ist, daß sie dank der Erdumdrehung jeden Morgen aufgeht und noch bis in die ferne Zukunft aufgehen wird. Ich glaube, daß, wenn irgendein anderer normaler Mensch in mein Zimmer kommt, er dieselben Stühle, Tische, Bücher und Papiere sehen 25
wird, die ich auch sehe, und daß der Tisch, den ich sehe, derselbe ist wie der Tisch, dessen Druck gegen meinen aufgestützten Arm ich spüre.

Es lohnt sich kaum, dies alles ausdrücklich zu sagen, außer wenn ich es mit jemandem zu tun habe, der zweifelt, ob ich überhaupt etwas weiß. Und doch kann man es vernünfti-
30 gerweise bezweifeln, und wir werden lange und gründlich überlegen müssen, bevor wir sicher sein können, daß wir unsere Aussagen in eine einwandfreie Form gebracht haben.
Um uns die auftauchenden Schwierigkeiten deutlich zu machen, wollen wir unsere Aufmerksamkeit auf den Tisch richten. Dem Auge erscheint er viereckig, braun und glänzend, dem Tastsinn glatt und kühl und hart; wenn ich auf ihn klopfe, klingt es nach Holz.
35 Jedermann, der den Tisch sieht, befühlt und beklopft, wird meiner Beschreibung zustimmen, so daß es auf den ersten Blick aussieht, als ob es gar keine Schwierigkeiten gäbe. Sie fangen erst an, wenn wir genauer zu sein versuchen: Obwohl ich glaube, daß der Tisch »in Wirklichkeit« überall die gleiche Farbe hat, sehen die Stellen, die das Licht reflektieren, viel heller aus als die übrigen, einige Stellen erscheinen infolge des reflektierenden
40 Lichts sogar weiß. Ich weiß, daß andere Stellen das Licht reflektieren werden, wenn ich mich bewege; die scheinbare Verteilung der Farben auf dem Tisch wird sich bei jeder Bewegung, die ich mache, verändern. Es folgt, daß, wenn mehrere Leute den Tisch gleichzeitig betrachten, keine zwei genau dieselbe Farbverteilung sehen werden, weil ihn keine zwei von genau demselben Punkt aus betrachten können, und weil jede Veränderung des
45 Blickpunkts auch eine Verschiebung der reflektierenden Stellen mit sich bringt. Für praktische Zwecke sind diese Unterschiede meist uninteressant, aber für den Maler zum Beispiel bedeuten sie alles: Der Maler muß sich abgewöhnen zu denken, daß an den Dingen die Farben sichtbar sind, die sie nach unserem Hausverstand »wirklich« haben, und er muß sich angewöhnen, sie so zu sehen, wie sie erscheinen. Hier kommen wir auf
50 einen Unterschied, der in der Philosophie eine große Rolle spielt – den Unterschied zwischen »*Erscheinung*« und »*Wirklichkeit*«, zwischen dem, was die Dinge zu sein scheinen, und dem, was sie sind. Der Maler will wissen, wie die Dinge erscheinen; der Praktiker und der Philosoph wollen wissen, was sie sind. Dabei ist der Erkenntnisdrang des Philosophen stärker als der des Praktikers, und überdies hat der Philosoph ein lebhafteres Bewußtsein
55 von den Schwierigkeiten, die der Erfüllung seines Wunsches im Wege stehen.
Um auf unseren Tisch zurückzukommen: Wir haben festgestellt, daß es keine Farbe gibt, die vor allen anderen als *die* Farbe des Tisches oder auch nur eines bestimmten Teils des Tisches gelten kann – er erscheint von verschiedenen Blickpunkten aus in verschiedenen Farben, und es gibt keinen Grund, eine dieser Farben mehr für »seine« Farbe zu halten als
60 die übrigen. Wir wissen außerdem, daß selbst von einem vorgegebenen Blickpunkt aus die Farbe bei künstlichem Licht anders erscheinen wird als bei natürlichem; einem Farbenblinden oder jemandem, der eine blaue Brille trägt, wird sie anders erscheinen als uns, und im Dunkeln wird überhaupt keine Farbe erscheinen, obwohl der Tisch für Gehör und Tastsinn unverändert bleibt. *Diese* Farbe ist also nicht etwas dem Tisch Innewohnendes,
65 sondern etwas, das vom Tisch *und* dem Betrachter *und* der Beleuchtung abhängig ist. Wenn wir unreflektiert von *der* Farbe des Tisches sprechen, meinen wir nur die Farbe, die einem normalen Beobachter von einem normalen Blickpunkt aus bei normaler Beleuchtung erscheinen wird. Aber die anderen Farben, die unter anderen Verhältnissen erscheinen, haben ein ebenso gutes Recht, für »wirklich« genommen zu werden, und deshalb
70 müssen wir – um den Verdacht der Begünstigung zu vermeiden – leugnen, daß der Tisch, für sich genommen, irgendeine bestimmte Farbe habe. (...)
Es ist daher einleuchtend, daß der »wirkliche« Tisch – wenn es ihn gibt« nicht der ist, den wir durch unseren Gesichts- oder Tastsinn oder durch das Gehör unmittelbar wahrnehmen. Der wirkliche Tisch – wenn es einen gibt – ist uns überhaupt nicht *unmittelbar*

bekannt, sondern muß etwas sein, das aus dem uns unmittelbar Bekannten erschlossen 75
worden ist. Wir müssen uns infolgedessen hier gleich zwei schwierige Fragen stellen:
1. Gibt es überhaupt einen wirklichen Tisch? 2. Wenn ja, was für eine Art Gegenstand
kann das sein?

Wir werden diese Fragen leichter diskutieren können, wenn wir einige Ausdrücke einführen, deren Bedeutung klar und fest umrissen ist. Als »Sinnesdaten« wollen wir die Dinge 80
bezeichnen, die uns unmittelbar in der Wahrnehmung gegeben sind: z. B. Farben, Geräusche, Gerüche, Härten, Rauheiten usf. Als »Empfindung« wollen wir das *Erlebnis* bezeichnen, das wir haben, wenn wir diese Dinge unmittelbar wahrnehmen. So haben wir
immer, wenn wir eine Farbe sehen, eine Empfindung dieser bestimmten Farbe, aber die
Farbe *selbst* ist ein Sinnesdatum und keine Empfindung. Die Farbe ist das, was wir 85
unmittelbar wahrnehmen, und das unmittelbare Wahrnehmen selbst ist die Empfindung.

Soviel ist klar: wenn wir etwas über den Tisch wissen, muß dies vermittels der Sinnesdaten – braune Farbe, rechteckige Gestalt, Glätte usw. –, die wir im Zusammenhang mit
dem Tisch haben, zustande kommen; aber aus den angeführten Gründen können wir 90
nicht sagen, der Tisch wäre *dasselbe* wie die Sinnesdaten, oder auch nur, daß die Sinnesdaten unmittelbar Eigenschaften des Tisches wären. Damit stellt sich die Frage nach der
Beziehung der Sinnesdaten zum wirklichen Tisch – immer vorausgesetzt, daß es ihn gibt.
Den wirklichen Tisch – wenn es ihn gibt – wollen wir »materiellen Gegenstand« nennen.
Wir haben somit die Beziehung zwischen Sinnesdaten und materiellen Gegenständen zu 95

betrachten. Die Gesamtheit aller materiellen Gegenstände nennt man »Materie«. Jetzt können wir unsere beiden Fragen erneut und anders formulieren, nämlich: 1. Gibt es so etwas wie Materie? 2. Wenn ja, worin besteht das Wesen dieser Materie? (...)

Bevor wir fortfahren, wollen wir jedoch kurz zusammenfassen, was wir bisher entdeckt
100 haben. Es hat sich herausgestellt, daß – wenn wir einen Gegenstand nehmen, den man normalerweise durch Sinneswahrnehmung zu kennen glaubt – die Sinne uns nicht *unmittelbar* die Wahrheit über den Gegenstand, wie er unabhängig von uns existiert, erkennen lassen, sondern nur die Wahrheit über gewisse Sinnesdaten, die – soweit wir das ausmachen können – von den Beziehungen zwischen uns und dem Gegenstand abhängig
105 sind. Was wir unmittelbar sehen und fühlen, ist daher bloße »Erscheinung«, und wir glauben, daß diese Erscheinung als Zeichen auf eine hinter ihr liegende Wirklichkeit verweist. Aber wenn die Wirklichkeit nicht das ist, was erscheint, gibt es dann Mittel, mit deren Hilfe man erkennen kann, ob es überhaupt »Wirklichkeit« gibt? Und wenn ja, besitzen wir auch Mittel, um herauszufinden, wie sie beschaffen ist?
110 Solche Fragen verwirren uns, und es macht Mühe, sich zu vergewissern, ob nicht die seltsamsten Vermutungen wahr sein könnten. Unser gewohnter Tisch, der uns bisher kaum Anlaß zum Nachdenken gegeben hat, ist zu einem Problem geworden, in dem viele Überraschungen verborgen sein können. Wir wissen nur eines von ihm: daß er nicht so ist, wie er erscheint. Über dieses bescheidene Ergebnis hinaus haben wir alle erdenkliche
115 Freiheit, Vermutungen über ihn anzustellen. Leibniz sagt, daß er aus einer Gemeinschaft von Seelen besteht; Berkeley sagt, er sei eine Vorstellung im Bewußtsein Gottes; und nicht weniger seltsam ist, was uns die nüchterne Wissenschaft sagt: daß er aus zahllosen, in heftiger Bewegung befindlichen elektrischen Ladungen bestehe.

Angesichts dieser überraschenden Möglichkeiten regt sich der Zweifel, ob es überhaupt
120 einen Tisch gibt. Die Philosophie kann nicht so viele Fragen *beantworten*, wie wir gern möchten; aber sie kann wenigstens Fragen *stellen*, die unser Interesse an der Welt vergrößern und uns zeigen, wie dicht unter der Oberfläche der alltäglichen Dinge alles seltsam und erstaunlich wird.

In: Bertrand Russell: Probleme der Philosophie (Originalausgabe englisch 1912). Übers. u. mit einem Nachwort versehen v. Eberhard Bubser. Frankfurt/M.: Suhrkamp 1967, S. 9 ff.

Erster Arbeitsschritt: Erfassen der Problemlage
Analysieren Sie zunächst den ersten Abschnitt, und bestimmen Sie danach Thema und Problemlage des Textes.
1. *Was wird als Aufgabe der Philosophie angesehen? Durch welche Merkmale zeichnen sich philosophische Fragen vor anderen aus? Durch welche Merkmale sollten sich philosophische Antworten vor »normalen« Antworten in anderen Lebensbereichen auszeichnen?*
2. *Inwiefern ist die Eingangsfrage »Gibt es... eine Erkenntnis, die... unumstößlich gewiß ist...?« eine philosophische Frage? Prüfen Sie sich selbst, ob Sie die Frage, entsprechend Ihren »normalen Vorstellungen«, eher mit Ja oder mit Nein beantworten würden. Welche Argumente und Beispiele stünden Ihnen zur Verfügung?*
   Erklären Sie die Begriffe »Erkenntnis«, »gewiß«, »zweifeln«, »vernünftig«, und ziehen Sie zur Vergewisserung die Erklärungen eines philosophischen Wörterbuchs heran.
3. *Bei näherem Nachdenken dürfte sich die gestellte Frage als eine Problemfrage erweisen:*

Probleme enthalten eine Aufgabe, die von ihnen aufgeworfenen Schwierigkeiten verlangen eine Lösung. Der nach Wissen Strebende muß sich ihren Fragen stellen und damit auch den vorgebrachten Antworten und Einwänden. Das Problem wird so zum Gegenstand eines Gesprächs, eines Streitgesprächs, in dem von beiden Seiten der Gesprächspartner Argumente für und gegen die verschiedenen Lösungsversuche vorgebracht und 5 diskutiert werden. Auf die agonale Form solcher Diskussionen deutet schon das griechische ἀγών in seinem ursprünglichen Wortsinn hin, und wenn wir heute von einem Ringen mit Problemen spechen, so ist nicht nur die Sachschwierigkeit ihrer Fragen gemeint, sondern auch der Kampfcharakter der Auseinandersetzung mit ihnen. Dieser letztere Gesichtspunkt kommt schon in der begrifflichen Bestimmung von Problem bei Aristoteles 10 zum Ausdruck.

Er bringt in den Problembegriff das Moment des Gegensatzes hinein, im Problem werde bei einer vorgetragenen Ansicht auch nach deren entgegengesetzten gefragt.

In: Jakob Barion: Philosophie. Einführung in ihre Terminologie und ihre Hauptprobleme. Bonn: Bouvier 1977, S. 24.

Formulieren Sie die Problemfrage so, daß der Gegenstand der Frage und die grundsätzlich möglichen Lösungsansätze deutlich werden, so daß die Frage als Aufforderung zur Diskussion verstanden wird.

Zweiter Arbeitsschritt: Analyse des Textes

1. *Gliedern Sie den Text, indem Sie zuerst den einzelnen Abschnitten Überschriften geben und dann erörtern, wie die einzelnen Abschnitte zueinander und zur aufgeworfenen Problemfrage stehen.*
2. *Arbeiten Sie nun die Thesen heraus, die der Autor als grundsätzlich vertretbar darlegt, und diejenigen, die er als seine eigenen ausweist.*
3. *Mit welchen Gründen und Gegengründen versieht er die Thesen? Wo arbeitet er mit Argumenten, wo mit Beispielen?*
4. *Welche Intention verfolgt der Autor?*

Dritter Arbeitsschritt: Stellungnahme

1. *Wie beurteilen Sie die Thesen und deren Begründungen? Hat der Text Ihre ursprüngliche Auffassung bestätigt oder erschüttert?*
2. *Hat der Text Konsequenzen für die Beurteilung von Aussagen, die im Alltag oder im Bereich der Wissenschaft gemacht werden?*
3. *Hat Sie der Text bezüglich der Frage »Was kann ich wissen?« weitergebracht?*

Analysieren und Philosophieren: Was soll ich tun?

Eine weitere Grundfrage, die an die Philosophie gerichtet wird, lautet »Was soll ich tun?« Die philosophische Ethik, die sich dieser Frage stellt, gibt keine konkreten Handlungsanweisungen für einzelne Personen oder für bestimmte Situationen, sondern sie sucht allgemein gültige Lebensregeln zu formulieren und zu begründen.

Platon

Phaidon

Mit der Frage, was der Sinn des Lebens sei und welche Bedeutung die Tugenden für die Lebensgestaltung jedes einzelnen Menschen haben, hatte bereits Sokrates (469–399 v. Chr.) die Athener herausgefordert. Er verwickelte die Mitbürger in Gespräche über die verschiedenen Problembereiche der Menschen und der menschlichen Gemeinschaft und zwang sie zur Selbsterkenntnis. Sokrates wurde daraufhin vorgeworfen, die Jugend zu verführen und die Götter zu mißachten; er wurde zum Tode verurteilt und mußte im Gefängnis den Schierlingsbecher trinken.

Die Wirkung des Sokrates, der nur mündlich lehrte und seine Gedanken nicht schriftlich niederlegte, beruht auf seinem Lebenszeugnis und auf der Überlieferung durch seinen Schüler Platon (427–347 v. Chr.), der die Verteidigungsrede des Sokrates verfaßte und neben anderen Werken 25 Dialoge schrieb, in denen Sokrates meist der Gesprächsführer ist. Im »Phaidon« – so genannt nach einem Schüler des Sokrates, der zu den Teilnehmern des Dialogs gehört – wird über den Tod des Sokrates berichtet; Thema des Dialogs ist die Unsterblichkeit der Seele.

Ihr nun, mein lieber Simmias und Kebes und Ihr anderen werdet alle auch einmal zu anderer Zeit die Fahrt antreten müssen. Mich aber ruft jetzt schon – um mich wie ein Tragiker auszudrücken – das Schicksal, und es ist schon für mich fast Zeit, an das Bad zu denken. Denn es dürfte wohl besser sein, gebadet den Giftbecher zu trinken und den

5 Frauen zu ersparen, einen Leichnam zu baden. Als er das gesagt hatte, sagte Kriton: Es ist recht, mein lieber Sokrates. Was aber trägst Du den hier Versammelten und mir im besonderen für die Kinder auf – oder für wen sonst, womit wir Dir einen letzten Dienst erweisen können?

Was ich immer sage: nichts Neues: Daß Ihr für Euch selbst sorgen solltet. Damit werdet

10 Ihr mir und den Meinen und Euch selber den besten Dienst erweisen, ohne daß Ihr mir jetzt etwas Besonderes zu versprechen braucht. Wenn Ihr Euch selber aber vernachlässigt und nicht wie auf einer Spur dem nachlebt, was über die jetzige und die zukünftige Zeit gesagt worden ist, wird es Euch nichts nützen, auch wenn Ihr noch soviel im Augenblick und noch so fest versprechen wolltet.

15 Das zu tun, sagte er, sind wir wahrlich alle bereit. Aber auf welche Weise sollen wir Dich begraben?

Wie Ihr wollt, wenn Ihr mich überhaupt zu fassen bekommt und ich Euch nicht entwische.

132

Und dabei lachte er still vor sich hin, und dann sah er auf uns und sagte: Den Kriton, Ihr
Leute, werde ich nie überreden, daß ich hier der Sokrates bin, der jetzt mit Euch redet und 20
alles im einzelnen auseinandersetzt, sondern er denkt immer noch, daß ich der bin, den er
binnen kurzem als Leiche sehen wird, und deshalb fragt er, wie er ›mich‹ begraben soll.
Meine ganze schöne Rede aber, daß, wenn ich den Giftbecher getrunken habe, ich nicht
mehr bei Euch aushalte, sondern mich davonmache zu irgendwelchen seligen Freuden,
das habe ich offenbar für ihn ganz umsonst geredet, so sehr ich Euch und mir damit auch 25
zureden wollte. Nun müßt Ihr also für mich bei Kriton Bürgschaft leisten, und zwar genau
im umgekehrten Sinne als er bei den Richtern Bürgschaft leisten wollte, denn er verbürgte
sich dafür, daß ich dableiben würde, Ihr aber sollt Euch jetzt dafür verbürgen, daß ich
nicht dableiben werde, wenn ich gestorben bin, sondern mich davonmache, damit Kriton
nicht so schwer daran trägt und nicht, wenn er meinen Leib sieht, wie er verbrannt oder 30
begraben wird, um meinetwillen Kummer hat, als ob mir etwas Schlimmes widerfahre.
Und daß Ihr mir ja nicht sagt bei der Beerdigung, daß ich Sokrates sei, den Ihr da aufbahrt
oder herausgeleitet und beerdigt. Denn das laß Dir gesagt sein, mein bester Kriton, sagte
er, daß Falsches sagen nicht nur an sich verkehrt ist, sondern auch der Seele etwas Übles
antut. Also raff Dich auf und sage, daß es mein Leib ist, den Du begräbst, und ihn darfst 35
Du begraben, wie es Dir lieb ist und wie Du meinst, daß es am meisten dem Brauche
entspricht. Als er das gesagt hatte, ging er in den Nebenraum, um sich zu baden. (...)
Als er gebadet war, wurden seine Kinder zu ihm gebracht. Er hatte zwei kleine Söhne und
einen großen, und auch die Frauen aus seiner Familie kamen. Im Beisein des Kriton
sprach er mit ihnen und gab seine letzten Anweisungen. Dann hieß er die Frauen und die 40
Kinder weggehen und kam selber wieder zu uns heraus. Es war schon nahe an Sonnenuntergang, denn er war ziemlich lange drin gewesen. (...)
Nun, Kriton, (...) soll einer den Giftbecher holen, wenn die Mischung fertig ist. Wenn
noch nicht, dann soll der Mann sie jetzt fertig machen.
Da sagte Kriton: Ach Sokrates, ich glaube, es ist noch Sonne auf den Bergen zu sehen, sie 45
ist noch nicht ganz untergegangen. Auch weiß ich ohnehin, daß manche andere sehr spät
erst trinken, nachdem es ihnen verkündet worden ist, erst wenn sie noch einmal tüchtig
gegessen und getrunken haben und manche sogar, wenn sie noch einmal mit der Frau
zusammen waren, nach der sie Verlangen hatten. Also beeile Dich nicht so, es hat noch
Zeit. 50
Sokrates aber sagte: Das ist ganz natürlich, mein lieber Kriton, daß die anderen das so
machen, wie Du sagst. Sie glauben eben, wenn sie so tun, etwas davon zu haben. Ebenso
natürlich ist es aber, wenn ich das nicht so mache. Denn ich glaube ganz und gar nicht,
daß ich etwas davon habe, wenn ich ein bißchen später trinke, es sei denn, daß ich mir
selber lächerlich vorkomme, wenn ich so am Leben hänge und mit etwas spare, was gar 55
nicht mehr da ist. Also, sagte er, gehorche mir und tue, wie ich sage.
Da winkte Kriton dem Sklaven, der in der Nähe stand, und der Sklave ging hinaus. Nach
einiger Zeit kam er mit dem Mann wieder, der den Gifttrank verabfolgen sollte und der
den gemischten Trank in einem Becher trug. Als Sokrates den Mann sah, sage er: Nun,
mein Bester, Du kennst Dich ja in diesen Dingen aus, was habe ich zu tun? 60
Gar nichts, sagte er, als zu trinken, und dann herumzugehen, bis Du Deine Glieder schwer
werden fühlst. Dann Dich niederzulegen. Dann wird das Gift seine Wirkung tun. Und
damit reichte er dem Sokrates den Becher.
Der nahm ihn und, denk Dir nur, mein lieber Echekrates, ganz heiter, ohne zu zittern oder
die Farbe zu wechseln oder das Gesicht zu verziehen, sondern wie er es gewohnt war, den 65

Mann fest anblickend, sagte er zu ihm: Was meinst Du, ob man von diesem Trank hier auch eine Spende weihen darf? Ist es erlaubt oder nicht?

Wir mischen nur soviel, wie wir glauben, daß dann der Trank richtig ist.

Ich verstehe, sagte er. Aber zu den Göttern ein Gebet sprechen, das ist ja erlaubt.

70 Und recht, damit die Umsiedlung von hier nach dort glücklich geschehe.

Darum also bete ich jetzt, und so möge es in Erfüllung gehen.

Nach diesen Worten setzte er den Becher an und trank ihn glatt und friedlich aus.

Die meisten von uns waren bis dahin einigermaßen imstande gewesen, die Tränen zurückzuhalten. Als wir aber sahen, wie er trank und ausgetrunken hatte, da war es vorbei.

75 Mir wenigstens, so sehr ich mich auch gewaltsam zu beherrschen suchte, brachen die Tränen hervor, daß ich mich einhüllen mußte und weinen. – Um mich selber, nicht um jenen Mann, sondern um mein eigenes Geschick, der ich einen solchen Freund verloren hatte.

Kriton war noch vor mir aufgestanden, da er nicht mehr die Tränen zurückhalten konnte,

80 und Apollodor, der schon die ganze Zeit vorher unaufhörlich geweint hatte, brach in ein lautes Jammern aus und wütete förmlich und steckte alle Anwesenden mit seinem Gejammer an, nur Sokrates nicht. Der sagte vielmehr: Was macht Ihr denn, Ihr verrückten Leute? Ich habe ja gerade deswegen die Frauen weggeschickt, damit sie nicht so etwas Unpassendes tun. Auch habe ich immer gehört, daß es still sein soll, wenn einer stirbt.

85 Also seid ruhig und nehmt Euch zusammen. Als wir das hörten, schämten wir uns und hielten die Tränen zurück. Er ging hin und her, und als ihm, wie er sagte, die Glieder schwer wurden, legte er sich hin, denn so hatte es der Mann empfohlen. Gleich befühlte ihn der Mann, der das Gift gegeben hatte, sah sich nach einiger Zeit seine Füße und seine Waden an, dann drückte er einmal kräftig ihm auf den Fuß und fragte ihn, ob er es noch

90 merke. Und er sagte: Nein.

Dann machte er es wieder so mit den Unterschenkeln, und so rückte er immer weiter hinauf und zeigte uns so an, wie er immer weiter kalt und starr wurde. Dann befühlte er ihn noch einmal und sagte, wenn ihm das bis zum Herzen gedrungen sei, werde es mit ihm aus sein. Schon war die Erstarrung bis zum Unterleib vorgedrungen. Da schlug er noch

95 einmal das Gewand auf (denn sein Kopf war eingehüllt) und sagte – das waren seine letzten Worte –: O Kriton, dem Asklepios sind wir einen Hahn schuldig. Den müßt Ihr opfern, vergeßt das nicht.

Das wird geschehen, sagte Kriton, willst Du noch etwas anderes sagen?

Auf diese Frage antwortete er nicht mehr, sondern nach kurzer Zeit zuckte er noch

100 einmal, und dann deckte ihn der Mann auf. Da waren seine Augen gebrochen.

Als Kriton das sah, schloß er ihm den Mund und die Augen.

Das, mein lieber Echekrates, war der Tod unseres Freundes. Er war, wie wir sagen dürfen, unter denen, die wir gekannt haben, der allerbeste, weiseste und gerechteste Mann.

In: Platon: Phaidon. Griechisch und Deutsch. Hg. v. Franz Dirlmeier. München: Heimeran 1949, S. 195 ff.

1. *Welche Haltung nimmt Sokrates dem Tod gegenüber ein?*
2. *Was ist für Sokrates das höchste Gut, also das Ziel allen Handelns? Welche untergeordneten Ziele strebt er an?*

3. *Auf welche Geisteshaltung läßt das Gespräch schließen, das Sokrates mit dem Sklaven führt, der ihm den Giftbecher bringt?*
4. *Warum glaubt Sokrates »dem Asklepios ... einen Hahn schuldig« zu sein? Beachten Sie, daß Asklepios der Gott der Heilkunde ist.*
5. *Inwiefern ist Sokrates in den Augen seiner Freunde »der allerbeste, weiseste und gerechteste Mann«?*

Seneca
Brief an Lucilius. 1. Buch. 5. Brief

Lucius Annaeus Seneca (4 v. Chr.–65 n. Chr.) war zunächst Erzieher, später Berater von Kaiser Nero. Er wurde verdächtigt, an einer Verschwörung gegen den Kaiser beteiligt gewesen zu sein; als Nero seinem ehemaligen Lehrer die Todesart freistellte, öffnete Seneca sich selbst die Adern. Seneca ist Verfasser von Epigrammen und Tragödien; als philosophischer Schriftsteller steht er den Stoikern nahe.

Ob die 124 Briefe an Lucilius – im Original: Epistulae morales ad Lucilium –, die in 20 Büchern überliefert sind, auf eine wirkliche Korrespondenz zurückgehen oder literarische Kunstbriefe darstellen, ist nicht endgültig geklärt.

(1) Daß Du Dir beharrlich Mühe gibst und, ohne Dich um alles andere zu bekümmern, nur das eine im Sinn hast, Dich täglich zu bessern, billige ich und freue mich darüber; und nicht nur ermahne ich Dich, so weiterzumachen, sondern ich bitte Dich sogar darum. Davor aber warne ich Dich, nach Art derer, die nicht fortschreiten, sondern sich zur Schau stellen möchten, etwas zu tun, was an Deinem Äußern oder Deiner Lebensweise Aufsehen erregen könnte. (2) Vermeide grobe Kleidung, ungeschorenes Haupthaar, allzu ungepflegten Bart, erklärten Haß gegen das Geld, ein Lager auf dem Erdboden und was sonst noch dem Ehrgeiz auf falschem Wege folgt. Genug mißliebig ist schon der Name ›Philosophie‹ selbst, auch wenn er maßvoll gehandhabt wird: Was dann, wenn wir uns auch noch dem geselligen Umgang mit Menschen zu entziehen beginnen? Im Innern sei alles anders – unsere Stirn gleiche sich dem Volke an! (3) Nicht glänze die Toga, sie sei auch nicht schmutzig; kein Silbergeschirr wollen wir besitzen, das mit getriebener Arbeit aus reinem Gold verziert ist, doch halten wir es nicht für ein Zeichen der Anspruchslosigkeit, sich Gold und Silber versagt zu haben! Dies sei unsere Sorge, nach einer besseren Lebensart zu streben als die Menge, nicht nach einer entgegengesetzten: Ansonsten verjagen wir die, die wir gebessert wissen wollen, und stoßen sie von uns ab; auch das erreichen wir damit, daß sie nichts von unserem Wesen nachahmen wollen, in ihrer Angst, alles nachahmen zu müssen. (4) Dies verspricht die Philosophie als erstes: Gemeinschaftssinn, Menschenfreundlichkeit und geselliges Zusammenleben; mit dieser Erklärung wird sich unsere Andersartigkeit nicht vertragen. Sehen wir zu, daß dies, womit wir Bewunderung hervorrufen wollen, nicht lächerlich und widerwärtig sei. Freilich, unser Vorsatz lautet, naturgemäß zu leben: Das jedoch ist gegen die Natur, seinen Körper zu peinigen, einfache Eleganz zu verschmähen, Ungepflegtheit anzustreben und nicht bloß minderwertige Speisen zu sich zu nehmen, sondern ekelerregende und abscheuliche. (5) Wie das Verlangen nach delikaten Dingen ein Zeichen der Verwöhntheit ist, so die Abneigung

gegen gebräuchliche und billig zu erwerbende ein Zeichen der Torheit. Anspruchslosigkeit fordert die Philosophie, nicht Pein. Doch kann Anspruchslosigkeit auch gepflegt sein.
Diese maßvolle Art findet meinen Beifall: In Einklang möge das Leben gebracht werden
mit den untadeligen Gewohnheiten und den volkstümlichen; aufschauen sollen alle zu
30 unserem Lebenswandel, ihn aber auch anerkennen. (6) »Was nun? Werden wir dasselbe
tun wie die übrigen? Wird zwischen uns und jenen kein Unterschied sein?« Ein sehr
großer sogar: Daß wir verschieden sind von der Menge, wisse jeder, der uns näher in
Augenschein genommen hat; wer unser Haus betreten hat, bewundere lieber uns als
unseren Hausrat. Groß ist jener, der Tongefäße ebenso handhabt wie Silber, doch nicht
35 geringer ist jener, der Silber ebenso handhabt wie Tongefäße. Ein Merkmal zaghafter
Sinnesart ist es, Reichtum nicht ertragen zu können.
(7) Doch um mit Dir auch dieses Tages kleinen Gewinn zu teilen – bei unserem Hekaton[1]
fand ich den Satz, das Ende heftigen Verlangens wirke auch als Heilmittel gegen die
Angst. »Aufhören wirst Du«, sagt er, »zu fürchten, wenn Du aufhörst zu hoffen.« Du
40 wirst einwenden: »Wie können diese so entgegengesetzten Regungen gleichzeitig vorhanden sein?« So ist es, mein Lucilius, obwohl sie einander zu widersprechen scheinen,
gehören sie eng zusammen. Wie dieselbe Kette den Gefangenen und den Soldaten verbindet, so schreiten diese so grundverschiedenen Gefühle gemeinsam einher: der Hoffnung folgt die Angst. (8) Und ich wundere mich nicht, daß es so geht: Beides ist das
45 Merkmal eines abhängigen, beides eines in Erwartung der Zukunft beunruhigten Gemü-
tes. Der Hauptgrund für beides liegt darin, daß wir uns nicht auf die Gegenwart einstellen, sondern die Gedanken in weite Ferne vorauseilen lassen; so hat sich die Voraussicht,
der größte Vorteil menschlicher Bestimmung, zum Nachteil gewandelt. (9) Wilde Tiere
fliehen die Gefahren, die sie sehen, wenn sie ihnen entkommen sind, sind sie sorglos. Wir
50 zermartern uns mit dem Künftigen und dem Vergangenen. Viele von unseren Vorteilen
schaden uns. Die Erinnerung bringt die Qual der Angst zurück, die Voraussicht nimmt sie
vorweg; niemand ist nur wegen der Gegenwart unglücklich. Leb wohl!

In: Seneca: Epistulae morales ad Lucilium. Liber I. Lateinisch und Deutsch. Übersetzt, erläutert
und mit einem Nachwort hg. v. Franz Loretto. Stuttgart: Reclam 1985, S. 18 ff.

1. *Welche konkreten Handlungsanweisungen gibt Seneca? Welche seiner Empfehlungen*
   sind allgemeiner Art? Was ist für ihn das höchste Gut?
2. *Wie begründet er die einzelnen Empfehlungen?*

[1] Hekaton: Hekataios von Abdera, griech. Schriftsteller, um 300 v. Chr.

Peter Handke

»... die Idee von einem durch Tätigsein geglückten ganzen Leben ...«

Während die Frage »Was soll ich tun?« auf die Zukunft gerichtet ist und zur Überlegung vor dem Handeln auffordert, richtet Peter Handke in seinem Essay »Versuch über einen geglückten Tag« den Blick rückwärts und fragt, was dazu gehört, um einen Tag »geglückt« zu nennen. Die Wortverbindung »geglückter Tag« scheint an die Zielvorstellungen des Aristoteles und die Empfehlungen Senecas anzuknüpfen.

Wer hat schon einen geglückten Tag erlebt? Sagen werden das zunächst von sich wahrscheinlich die meisten. Und es wird dann nötig sein, weiterzufragen. Meinst du »geglückt« oder bloß »schön«? Sprichst du von einem »geglückten« Tag oder einem – es ist wahr, ebenso seltenen – »sorglosen«? Ist für dich ein geglückter Tag allein schon, der ohne Problem verlief? Siehst du einen Unterschied zwischen einem glücklichen Tag und 5 dem geglückten? Ist es für dich etwas anderes, mit Hilfe der Erinnerung von diesem und jenem geglückten Tag zu reden, oder gleich jetzt, unmittelbar danach, ohne eine Verwandlung durch die Zwischenzeit, am Abend ebendesselben Tags, als dessen Beiwort dann auch nicht ein »geschafft« oder »überstanden« stehen kann, sondern einzig »geglückt«? Ist dir der geglückte Tag also grundverschieden von einem unbeschwerten, ei- 10 nem Glückstag, einem ausgefüllten, einem Aktivtag, einem durchstandenen, einem von der Langvergangenheit verklärten – ein Einzelnes genügt da, und ein ganzer Tag schwebt auf in Glorie –, auch gleichwelchem Großem Tag für die Wissenschaft, dein Vaterland, unser Volk, die Völker der Erde, die Menschheit? (Im übrigen: Schau – blick auf –, der Umriß des Vogels dort oben im Baum; wozu das griechische Verb für »lesen« in den 15

Briefen des Paulus, buchstäblich übersetzt, ein »Auf-Blicken« wäre, geradezu ein »*Hinauf*-Wahrnehmen«, ein »*Hinauf*-Erkennen«, ein Wort ohne besondere Befehlsform schon als eine Aufforderung oder ein Aufruf; und dazu noch jene Kolibris in den südamerikanischen Dschungeln, die beim Verlassen ihres Schutzbaums, um die Raubgeier zu täu-
20 schen, das Geschaukel eines fallenden Blatts nachmachen..) – Ja, der geglückte Tag ist für mich nicht wie all die anderen; er *heißt* mir mehr. Der geglückte Tag ist mehr. Er ist mehr als eine »geglückte Bemerkung«, mehr als ein »geglückter Schachzug« (sogar ein geglücktes vollständiges Spiel), als eine »geglückte Erstbesteigung im Winter«, etwas anderes als eine »geglückte Flucht«, eine »geglückte Operation«, eine »geglückte Bezie-
25 hung«, gleichwelche »geglückte Sache«, ist auch unabhängig vom geglückten Pinselstrich oder Satz, und hat nicht einmal etwas zu schaffen mit jenem »nach lebenslangem Warten in einer einzigen Stunde geglückten Gedicht«! Der geglückte Tag ist unvergleichlich. Er ist einzigartig.
Ob es mit unserer speziellen Epoche zu tun hat, daß das Glücken eines einzelnen Tages
30 zum Thema (oder Vorwurf) werden kann? Bedenk, daß vordem eher der Glaube an den richtig ergriffenen »Augenblick« gewirkt hat, der freilich für das »ganze große Leben« einstehen konnte. Glaube? Vorstellung? Idee? (...)
Nein, die Idee von einem durchs Tätigsein geglückten ganzen Leben ist, natürlich, weiter in Kraft und wird immer fruchtbar bleiben.

In: Peter Handke: Versuch über den geglückten Tag. Frankfurt/M.: Suhrkamp 1991, S. 9 passim.

1. *Erklären Sie, wie sich die Attribute »geglückt«, »schön«, »sorglos«, »glücklich«, »geschafft«, »überstanden«, »ausgefüllt«, die alle als Ergänzung zu Tag erprobt werden, gemäß Ihrem Verständnis unterscheiden.*
2. *An welche Ereignisse denken Sie, wenn Sie aufgefordert werden, einen »Großen Tag« für »die Wissenschaft, dein Vaterland, unser Volk, die Völker der Erde, die Menschheit« zu nennen.*
3. *Gestalterisches Schreiben: Verfassen Sie einen Essay, der zu dem Titel von Handkes Buch »Versuch über einen geglückten Tag« paßt und in dem Sie Ihre eigenen Erfahrungen so mitteilen, daß Sie sie einem Publikum vortragen könnten. Der Essay ist deshalb die geeignete Form dafür, weil er eine »kürzere Abhandlung« ist, die »durch bewußte Subjektivität der Auffassung«[1] gekennzeichnet ist und in »geistreicher und ästhetisch befriedigender Form« Fragen des geistigen, kulturellen oder sozialen Lebens behandeln läßt.*

---

[1] Gero von Wilpert: Sachwörterbuch der Literatur. Stuttgart: Kröner [5]1969, S. 235.

III. PROBLEMERÖRTERUNG

Wenn Behauptungen, Meinungen und Urteile, die mündlich oder schriftlich verbreitet wurden, angezweifelt werden, so ist damit der Anlaß für eine Auseinandersetzung gegeben. Wie die Anlässe verschiedenartig sein können, so kann sich auch die Auseinandersetzung vielfältig abspielen. Sicherlich liegt ein großer Unterschied darin, ob Kinder streiten, wem das größere Stück Kuchen zusteht, oder ob ein Parlament debattiert, wie die Steuerlast zu verteilen sei. Trotzdem sind die Fälle, die Art der Auseinandersetzung und auch die Möglichkeiten einer Lösung vergleichbar.

1. ... als freie Textarbeit

»Das sollten wir genauer diskutieren.« Verschiedene Situationen sind vorstellbar, in denen dieser Satz sinnvoll ist. Klar ist, daß etwas vorangegangen ist, das einen der Beteiligten zu dem Satz veranlaßt hat. Meist geht es darum, daß eine Aussage, ein Plan oder auch eine eingeleitete Handlung angezweifelt wird. In der nachfolgenden Diskussion stehen sich daher mindestens zwei Parteien gegenüber.

1. *Nennen Sie Situationen, an die Sie sich erinnern oder die Sie für denkbar halten, in denen Sie oder ein Gesprächspartner diesen Satz hätte äußern können.*
   Denken Sie dabei
   – an Situationen zu Hause, in der Schule, auf der Straße, im Sportverein, in einer Versammlung, im Bekannten- oder Freundeskreis;
   – an Gespräche oder Überlegungen mit Eltern oder Lehrern, mit Mitschülern, Freunden oder mit völlig unbekannten Personen?
2. *Welche Erwartungen werden an eine so heraufbeschworene Diskussion gestellt? Welche Hoffnung richtet jede der beteiligten Parteien an die Diskussion?*
3. *Wie wird eine solche Diskussion eröffnet, wie wird sie geführt, wie abgeschlossen?*
4. *Nehmen Sie zu folgender Frage Stellung:*
   Sind die Erwartungen, die an Diskussionen gerichtet werden, erfüllbar oder nicht?

Thema: Die Frage, ob die Erwartungen, die gemeinhin an Diskussionen gestellt werden, erfüllbar sind, ist nicht einfach mit Ja oder Nein zu beantworten. Die Frage gehört in einen komplexen Themenbereich.
Das Wort *Thema* geht auf ein altgriechisches Verb zurück, das »setzen, stellen, legen« bedeutet; Thema heißt danach ursprünglich der gesetzte Fall, die aufgestellte Behauptung, die Annahme. Heute wird das Wort meist im Sinne von »Gegenstand eines Vortrags, einer Abhandlung oder eines Beweisverfahrens« verwendet. In der Musik- und Literaturwissenschaft faßt man unter dem Thema den Hauptgedanken oder das Hauptmotiv eines Werks.

Das Thema gibt also an, unter welchem Gesichtspunkt ein Gegenstandsbereich oder ein Sachverhalt betrachtet oder welche Frage an ihn gerichtet werden soll. Als Leser möchte man aus der Überschrift einer Abhandlung möglichst genau erkennen, welcher Gegenstandsbereich erarbeitet und welche Perspektive angelegt wird. Als Verfasser einer Arbeit wird man auf die Themenformulierung besonderen Wert legen. Wer aufgefordert wird, eine Arbeit zu einem gegebenen Thema zu bearbeiten, wird sich die Aufgabenstellung genau ansehen.

Im Zentrum der *Themenfrage* »Sind die Erwartungen, die an eine Diskussion gestellt werden, erfüllbar oder nicht?« steht der Begriff *Diskussion*. Es leuchtet ein, daß eine Themenfrage nicht beantwortet werden kann, wenn der *Themenbegriff* nicht geklärt ist. Um den Themenbegriff zu erläutern, wird man zunächst versuchen, den Inhalt und die Herkunft des Wortes zu beschreiben. Außerdem wird man überlegen, in welchen Sinnbezirk oder in welches Wortfeld das Wort gehört. Danach ist es möglich, das Wort als Begriff zu erklären und zu definieren. In dieser Arbeitsphase ist es nützlich, Lexika und Wörterbücher zu Rate zu ziehen:

Diskussion [*lat.*] *w*; –, -en: Erörterung, Aussprache, Meinungsaustausch. diskutabel [*lat.-fr.*]: erwägenswert; strittig. Diskutant [*lat.-nlat.*] *m*; -en, -en: Teilnehmer an einer Diskussion. diskutieren [*lat.*]: erörtern, besprechen

In: Der Große Duden in 10 Bänden. Bearbeitet von Karl-Heinz Ahlheim. Bd. 5: Fremdwörterbuch. Mannheim/Wien/Zürich: Dudenverlag ²1966, S. 164.

diskutieren »erörtern, besprechen«: Im 16. Jh. entlehnt aus *lat.* discutere »zerschlagen, zerteilen, zerlegen« in dessen übertragener Bed. »eine zu erörternde Sache zerlegen, sie im einzelnen durchgehen«. Grundverb ist *lat.* quatere »schütteln, erschüttern; stoßen; beschädigen« – dazu als Intensivbildung *lat.* quassāre »schütteln, erschüttern; zerschmettern«, *vlat.* *quassicāre »zerbrechen« > *span.* cascar (s. Kasko) –, das urverwandt ist mit *dt.* → *schütten*, schütteln. – Abl.: d i s k u t a b e l »erwägenswert; strittig« (19./20. Jh.; aus *frz.* discutable ← *nlat.* discutābilis), dazu als Gegenbildung i n d i s k u t a b e l »nicht der Erörterung wert«; D i s k u s s i o n *w* »Erörterung, Aussprache« (17./18. Jh.; aus gleichbed. *lat.* discussiō).

In: Der Große Duden in 10 Bänden. Bearbeitet von der Dudenredaktion unter Leitung von Paul Grebe. Bd. 10: Etymologie. Mannheim/Wien/Zürich: Dudenverlag 1963, S. 112.

Diskussion: → Gespräch; zur D. stehen/stellen → erörtern.
Diskussionsfrage → Frage.
Diskussionspartner → Gesprächsteilnehmer.
Diskussionsteilnehmer → Gesprächsteilnehmer.

Diskutant → Gesprächsteilnehmer.
diskutieren, erörtern, abhandeln, verhandeln, behandeln, auseinandersetzen, darstellen, darlegen, untersuchen, disputieren, die Klingen kreuzen, sich streiten über, debattieren, zur Debatte/Diskussion stellen, zur Sprache bringen/kommen, polemisieren, beraten, bereden, besprechen, sprechen über, durchsprechen, kakeln über (*ugs.*), bekakeln, bekatern (*ugs.*), durchkauen (*ugs.*), nicht → ruhenlassen; diskutiert werden, zur Debatte/Diskussion stehen; → anfangen → beanstanden, → begründen, → erwähnen, → mitteilen, → tagen, → zanken (sich); → unsachlich; → Darlegung, → Gespräch, → Kampf, → Streit.

In: Der Große Duden in 10 Bänden. Bearbeitet von Wolfgang Müller. Bd. 8: Sinn- und sachverwandte Wörter. Mannheim/Wien/Zürich: Dudenverlag 1972, S. 170.

Diskussion die (lat.), freie Rede u. Gegenrede zum Zweck der krit. Vertiefung in einen vorgetragenen Stoff. Die Diskussion ist eine Grundform nicht nur der ↗ Demokratie, sondern des geistigen Lebens in Europa u. aller von hier geprägten Kulturen. Sie wird dort zum leeren u. ziellosen Gerede (»uferlose Diskussion«), wo die Diskussion nicht mehr auf die Wahrheit bezogen ist od. ihr eine gemeinsame Grundlage fehlt.

In: Der große Herder. Nachschlagewerk für Wissen und Leben. 5. neubearbeitete Auflage von Herders Konversationslexikon. Bd. 2. Freiburg: Herder 1953, S. 1411.

1. *Besorgen Sie sich die Eintragungen weiterer Lexika und Wörterbücher zu den Stichwörtern Diskussion und diskutieren.*
2. *Erarbeiten Sie, von den Hinweisen auf sinnverwandte Wörter ausgehend, das Wortfeld, in dem Diskussion einen wichtigen Platz einnimmt.*
3. *Erklären Sie die heute übliche Bedeutung des Wortes, und vergleichen Sie diese mit der ursprünglichen Bedeutung des zugrundeliegenden lateinischen Verbs.*
4. *Geben Sie nun eine Nominal- und eine Realdefinition des Begriffs Diskussion.*
5. *Grenzen Sie Diskussion von folgenden Begriffen ab: Disput, Disputation, Debatte, Diskurs, Dissertation.*

Da Fragen für gewöhnlich nach einer Antwort verlangen, sind solche Aufgabenstellungen am leichtesten zu erfassen, die als Frage formuliert sind. Es ist aber darauf zu achten, daß unterschiedliche Fragen auf unterschiedliche Erwartungen des Themenstellers verweisen.

Aufgabenstellungen aus dem Themenbereich Diskussion:

1. Eine direkte Frage als Sachfrage:
   Welche Arten der Diskussion unterscheiden Sie?
   Welche Aufgabe hat die Diskussion im alltäglichen Leben?
2. Eine direkte Frage als Wertfrage:
   Setzt sich Ihrer Meinung nach in einer Diskussion immer die gerechte Sache durch?
   Welche Bedeutung hat die Diskussion für die Wahrheitsfindung?
3. Eine dialektische Frage als Entscheidungsfrage:
   Sind die Erwartungen, die an Diskussionen gestellt werden, erfüllbar oder nicht? Wird Ihrer Ansicht nach den Parlamentsdebatten in den Medien genügend Zeit eingeräumt oder nicht?

Die Aufgabenstellung kann aber auch in anderer Form erfolgen. Immer kommt es darauf an, die Intention genau zu erfassen.

1. Der direkte Auftrag:
   Erläutern Sie den Begriff der Diskussion, und erklären Sie Gemeinsamkeiten und Unterschiede zwischen Gesprächen und Diskussionen.
   Nehmen Sie Stellung zu der Behauptung, daß im Parlament zuviel diskutiert und zuwenig entschieden werde.
   Diskussion – Pro und Contra.
2. Der verhüllte Auftrag:
   »Die Diskussion ist das Sieb der Wahrheit« (Guazzo).
   »Die Diskussion ist der Übungsplatz des Geistes« (Wiggins).
3. Textvorlage mit sich anschließendem Untersuchungsauftrag:

»*Keiner weiß so viel, wie wir alle zusammen*«, so steht an einer dänischen Rathaustür geschrieben.
Keine Begründung der Diskussionsrede ist so kurz und treffend. Die Diskussion ist eine Sonderform des Gesprächs. Sie umspannt ein weites Feld vom alltäglichen Zwiegespräch bis hin zur großen Auseinandersetzung z. B. im Anschluß an einen Vortrag.

5

141

Man sollte Diskussionen nicht um ihrer selbst willen pflegen, sondern um Wahrheiten zu ergründen und um Gegner zu überzeugen. Jede *echte* Diskussion ist ein Versuch, durch *gemeinsames* Überdenken eines Sachverhaltes diesem gerecht zu werden. Dieses vielfältige Abwägen von Tatsachen und Folgerungen, von mehreren Partnern vorgenommen, führt oft erst zur rechten Klärung. Das meint auch Luther, wenn er sagt: »Eines Mannes Rede ist keine Rede, man soll sie billig hören alle beede.«

In: Heinz Lemmermann: Lehrbuch der Rhetorik. München: Goldmann ³1986, S. 160.

Arbeiten Sie heraus, was der Autor unter einer »echten Diskussion« versteht.
Erläutern Sie anhand von Beispielen, die auf eigenen Erfahrungen beruhen sollten, wie der »Versuch, durch gemeinsames Überdenken eines Sachverhaltes diesem gerecht zu werden«, gelingen und wodurch er scheitern kann.

Themenerschließung und Stoffsammlung: Die Themenerschließung ist durch die Leitfrage bestimmt: Was verlangt der Auftrag? Welche Fragen müssen beantwortet werden? Die Stoffsammlung hat zum Ziel, Material zu sammeln, mit dem man den Auftrag erfüllen und die Fragen beantworten kann. Schlüsselfragen helfen oft, einen Weg zur Lösung zu finden. Im folgenden werden einige Beispiele für den Umgang mit Aufgabenstellungen gegeben.

Thema: Welche Arten der Diskussion unterscheidet man?
1. *Was heißt »Diskussion«?*
   Welche Wörter gehören zum gleichen Wortfeld?
2. *Wo und wann wird diskutiert?*
   Wodurch unterscheiden sich Diskussionen im Alltag von denen im Parlament und im Gericht?
   Was ist der Unterschied zwischen öffentlichen und privaten Diskussionen?
3. *Wer diskutiert in den verschiedenen Fällen? Wer leitet die Diskussion?*
4. *Was ist die Ursache von Diskussionen?*
5. *Was ist das Ziel von Diskussionen?*
6. *Wie verläuft eine normale Diskussion?*

Thema: Sind die Erwartungen, die an Diskussionen gestellt werden, erfüllbar oder nicht?
1. *Was ist eine Diskussion? Welche unterschiedlichen Arten von Diskussionen gibt es?*
2. *In welcher Situation wird diskutiert? Was ist der Ausgangspunkt, was ist das Ziel von Diskussionen?*
3. *Welche Erwartungen haben die Prozeßparteien im Gericht, die Parteiredner im Parlament, die Wissenschaftler bei einem Wissenschaftsforum, wenn sie in die Diskussion eingreifen?*
4. *Wann sind diese Erwartungen erfüllt?*

1. *Notieren Sie Ihre Antworten auf einem Zettel, und prüfen Sie, ob noch weitere Fragen notwendig sind, um die Themen zu erschließen.*
2. *Ordnen Sie Ihre Antworten, und entwerfen Sie eine Gedankenfolge, nach der Sie das Thema behandeln.*

Argumentation: Die Themenerschließung ist die notwendige Voraussetzung, in eine Auseinandersetzung erörternd einzugreifen. In der Stoffsammlung trägt man das Material zusammen, mit dem eine wohlbegründete Antwort aufgebaut werden kann. Während die Antwort in der Grundstruktur aus Behauptungen besteht, kann die Begründung mit Hilfe von Beispielen und Argumenten erfolgen. Ziel ist, in einer geordneten Gedankenfolge die eigenen Behauptungen zu bestärken und die gegnerischen Behauptungen zu widerlegen.

Eine These ist eine Behauptung, die mit Annahme wie mit skeptischer Zurückweisung rechnen kann. Durch Beweise wird man versuchen, die Wahrheit einer Aussage zu erweisen; Argumente wird man vorbringen, um die Zweifelnden von der Nützlichkeit eines Vorhabens, von der Berechtigung einer durchgeführten Handlung oder eines abgegebenen Urteils zu überzeugen.

Um aus ausreichendem Sachwissen eine überzeugende Argumentation aufzubauen, sollte man sich Klarheit über Ziel und Weg der Beweisführung verschaffen. Der deduktive Argumentationsversuch ist dadurch gekennzeichnet, daß wahre Aussagen aus wahren Aussagen abgeleitet werden. Es wird vom Allgemeinen auf das Einzelne geschlossen. Das Allgemeine kann eine Gesetzesaussage sein oder eine unbezweifelbare Erkenntnis. Der induktive Argumentationsversuch geht von einzelnen Tatsachen und Erfahrungen aus. Aus ihnen wird auf eine Gesetzmäßigkeit geschlossen, die dann allgemeine Gültigkeit beansprucht. Man sollte vor sich selbst eingestehen, daß nicht jedes Argument, das man vorträgt, gleiches Gewicht hat. Eine Berufung auf ein gültiges Gesetz oder eine wissenschaftliche Erkenntnis wiegt mehr als ein Satz, der als Sprichwort formuliert ist oder der auf Goethe oder Schiller zurückgeht. Trotzdem sind schwache Argumente besser als gar keine.

Rudolf Walter Leonhardt
Öffentliche Diskussionen

Während eines längeren Zeitraums veröffentlichte die Wochenzeitung »Die Zeit« in ihrem Feuilleton eine Artikel-Serie »Pro und Contra«. Die Grundstruktur war immer gleich: Nach einer kurzen Einführung folgte der Hauptteil mit den beiden Punkten Pro und Contra, den Schluß bildete eine Conclusio. Unter Pro und Contra wurden in kürzest möglicher Form die Argumente zusammengetragen. Ein Thema lautete »öffentliche Diskussionen«. Gefragt war, wie es in der Einleitung hieß, »was dafür und was dagegen spricht, vor einem Publikum, auf einem »Podium«, im Rundfunk, im Fernsehen, in öffentlichen Sälen bestimmte Themen zu diskutieren«. Wiedergegeben werden im Hinlick auf die anschließenden Arbeitsaufträge lediglich die Contra-Argumente des Autors Leonhardt, wobei wir ausdrücklich auf den Aufbau seiner Argumentation in Contra/Pro/Conclusio hinweisen.

CONTRA
1. Es kommt wenig bei solchen Diskussionen heraus, und zwar um so weniger, je mehr Leute diskutieren, weil das Für und Wider der Meinungen immer undurchsichtiger wird und die Informationen überwuchert.

2. Es kommt wenig dabei heraus, weil Menschen selten ihre Meinungen aus Vernunftgründen ändern. Meinungen gründen in einer anderen Schicht des Bewußtseins.

3. Es diskutieren oft die falschen Leute zur falschen Zeit über das falsche Thema. Denn Diskussionen müssen »veranstaltet«, also von weither vorbereitet werden. Nicht immer ist ihnen die Stunde günstig, wenn sie dann wirklich stattfinden.

4. Als Diskussionsredner brillieren wortgewandte Rhetoren, die ihre Argumente fix und fertig parat haben und sie gut »verkaufen«, indem sie sich dem jeweiligen Geschmack des jeweiligen Publikums anzupassen verstehen. Das sind nicht immer die besten Denker.

5. Diskussionen nähren den Harmonie und Zufriedenheit zersetzenden Verdacht, daß es mehr als eine Wahrheit geben könnte. Sie machen niemanden sicherer, sondern alle irgend Belehrbaren unsicher.

6. Diskussionen frustrieren die Aktiven, weil sie selbst dann, wenn sie völlig gelingen, an den Verhältnissen nur selten etwas ändern.

In: Rudolf Walter Leonhardt: Argumente Pro und Contra. München: Piper 1974, S. 98.

1. *Untersuchen Sie Form und Inhalt der vorgebrachten Argumente. Wenn Sie die Zuordnung der argumentativen Sätze zu der vorgelagerten These nicht sofort erkennen, so ist es hilfreich, die Argumente so umzuformulieren, daß sie als Kausalsätze an die These angehängt werden können:*
   – *Öffentliche Diskussionen sind sinnlos, weil bei solchen Diskussionen nichts herauskommt.*
   – *Bei öffentlichen Diskussionen kommt nichts heraus, weil zu viele Leute diskutieren, weil das Für und Wider der Meinungen undurchsichtig wird, weil die grundlegenden Informationen von den vielen Meinungen überwuchert werden.*
2. *Prüfen Sie die Argumente im einzelnen, und entscheiden Sie sich, welchen Sie zustimmen wollen und welche Sie zurückweisen.*
3. *Formulieren Sie nun die Gegenthese, und sammeln Sie Argumente, mit denen diese These gestützt werden könnte.*
4. *Schreiben Sie die Argumente ähnlich wie im vorgegebenen Text auf; bereiten Sie sich aber darauf vor, den Argumentationscharakter dadurch nachzuweisen, daß Sie die Sätze in Kausalsätze umformulieren können.*
5. *Schreiben Sie eine Conclusio, also eine abschließende Stellungnahme, aus der Ihre Entscheidung klar hervorgeht, in der Sie aber die Bedenken der Gegenseite berücksichtigen und argumentativ zurückweisen.*

Gliederungsschemata: Zur schriftlichen Erörterung gehört eine Gliederung und eine dieser Gliederung entsprechende, sprachlich korrekt und ansprechend gestaltete Durchführung. In einem ersten Zugriff wird man eine Grobgliederung entwerfen, die den Gedankenweg ebnet, die aber im Sinne einer Feinabstimmung zum Abschluß der Schreibarbeit korrigiert wird. Daher wird von der Gliederung erst am Schluß des Arbeitsprozesses eine Reinschrift angefertigt.

Gliederungsschemata für einsträngig angelegte Erörterungen:

A. Einleitung	1 Einleitung
B. Hauptteil	2 Hauptteil
I. These 1	2.1 These 1
Argument 1	2.1.1 Argument 1
Argument 2	2.1.2 Argument 2
II. These 2	2.2 These 2
Argument 1	2.2.1 Argument 1
Argument 2	2.2.2 Argument 2
III. These 3	2.3 These 3
Argument 1	2.3.1 Argument 1
Argument 2	2.3.2 Argument 2
C. Schluß	3 Schluß

Gliederungsschemata für dialektisch angeordnete Erörterungen:

A. Einleitung	1 Einleitung
B. Hauptteil	2 Hauptteil
I. Erste These: Pro	2.1 Erste These: Pro
Argument 1	2.1.1 Argument 1
Argument 2	2.1.2 Argument 2
II. Zweite These: Contra	2.2 Zweite These: Contra
Argument 1	2.2.1 Argument 1
Argument 2	2.2.2 Argument 2
III. Abwägende Stellungnahme	2.3 Abwägende Stellungnahme
(Synthese)	(Synthese)
1. Empfehlung mit Gründen	2.3.1 Empfehlung mit Gründen
2. Zurückweisung mit	2.3.2 Zurückweisung mit
(Gegen-)Gründen	(Gegen-)Gründen
C. Schluß	3 Schluß

A. Einleitung
B. Hauptteil
  I.   Erste These: Pro ⟶ II. Zweite These: Contra

      Argument 1 ⟵   Argument 1
      Argument 2 ⟵   ⟶ Argument 2
  III. Abwägende Stellungnahme
     (Synthese)
C. Schluß

Besondere Sorgfalt muß man bereits bei der Gliederung der Einleitung und dem Schluß zuwenden, damit man nicht in formelhaften und nichtssagenden Wendungen stekkenbleibt. Nach E. Krämer[1] gibt es jeweils fünf Möglichkeiten, eine Darstellung zu beginnen oder abzuschließen.

Einleitung:
– Erklärung des Oberbegriffs
– einfache erläuternde Geschichte
– exemplarischer, zeitloser Fall
– Begründung für die Einschränkung des Themas auf einen Teilaspekt
– Rahmenerzählung erster Teil

---

[1] Der Deutschunterricht 5 (1970), S. 135.

Schluß:
- Zusammenfassung des wesentlichen Gehalts in Kurzform
- kritische persönliche Stellungnahme
- Vergleich mit anderen Fällen, Gebieten
- Einordnung in einen größeren Zusammenhang
- Rahmenerzählung zweiter Teil.

Bei der stilistischen Gestaltung einer Gliederung sollten Sie für die Hauptpunkte (Einleitung, Abschnitte des Hauptteils, Schluß) möglichst ganze Sätze verwenden; untergeordnete Abschnitte können stichwortartig aufgeführt werden, jedoch muß der logische Zusammenhang dem Leser stets einsichtig bleiben.

Führen Sie die Gliederungsschemata aus für die Themen:
1. Welche Arten der Diskussion unterscheidet man?
2. Sind die Erwartungen, die an Diskussionen gestellt werden, erfüllbar oder nicht?

2. ...auf der Grundlage von Texten

Texte können den Anlaß für eine Erörterung geben. Viele publizistische, aber auch viele wissenschaftliche und philosophische Texte fordern zur Auseinandersetzung heraus. Poetische Texte wird man nicht unbedingt mit der Absicht lesen, ihren Problemgehalt zu überprüfen; aber auch viele poetische Texte – vor allem Dramen und politische Lyrik – sind von sich aus auf eine Diskussion hin angelegt und können Ausgangspunkt für eine Erörterung werden.

Die Erörterung auf der Grundlage von Texten setzt die Kenntnis analytischer Verfahren voraus. Dazu gehört:

1. Der Inhalt der Vorlage muß verstanden sein:
   - Thema, Problem, Hauptgedanken und Argumente des Textes herausarbeiten
   - Begriffe und Aussagen des Textes erläutern

2. Der Verwendungszusammenhang des Textes muß erfaßt sein:
   - Erscheinungsort und Erscheinungszeit ermitteln
   - Intention des Autors beschreiben
   - Informationen über den Autor einholen

3. Die Struktur des Textes muß durchschaut sein:
   - Grobgliederung des Textes anfertigen
   - Argumentationsstruktur ermitteln
   - Rhetorische Mittel erfassen und funktional erklären

Erst wenn diese Analysearbeit geleistet ist, wird man den nächsten Schritt tun:

4. Zur Problemfrage und zur Textvorgabe wird eine Stellungnahme abgegeben:
   - Aussagen und Argumente der Vorlage beurteilen
   - Eigenen Standpunkt darlegen und begründen

Nikolas Benckiser
Ausdiskutieren

Wir haben noch andere wichtige Punkte auf der Tagesordnung und können dieses Problem jetzt nicht ausdiskutieren, sagt der Diskussionsleiter; oder er besteht umgekehrt darauf, daß eine Frage »ausdiskutiert« werde. Aus – das heißt bis zum Ende, bis zur völligen Erschöpfung des Gegenstandes – oder sollte man sagen, der diskutierenden Menschen? Das Wort Erschöpfung hat hier im Grunde nur scheinbar zwei verschiedene 5
Bedeutungen; auch die Argumente zur Sache werden aus dem Denken und aus dem Willen der Menschen geschöpft, so lange, bis diese, im doppelten Sinn, er-schöpft sind. Wenn nach einer dreistündigen Folge von Diskussionsbeiträgen ungezählte Zigaretten- und Zigarrenstummel in den Aschenbechern liegen, die Schreibblocks sich mit Notizen und Männchen gefüllt haben und trotz Fleiß und Ernsthaftigkeit die goldbraunen Schnit- 10
zel des längst fälligen Mittagessens sich in die Phantasie drängen – wenn nun also der Vorsitzende erklärt, die Frage scheine ihm ausdiskutiert, so ist ihm allgemeine Zustimmung gewiß. Aber schwieriger ist es schon, das Ergebnis dieser Vollendung zusammenzufassen und festzuhalten. Wenn es die feste Form einer Resolution haben soll, so verdankt sie ihr Zustandekommen mehr der Müdigkeit, die manche Teilnehmer nicht so 15
leidenschaftlich und genau sein läßt wie vorhin in der Diskussion, als etwa der Übersehbarkeit, die die Sache nun von allen Seiten her gewonnen hätte. Das »Aus« ist trügerisch. Ganz abgesehen von der Verwirrung, die man zunächst meist verspürt, die sich aber im Abstand vielleicht klärt, ist keine Diskussion je zu Ende. Zwar muß man irgendwann einmal in verantwortlicher Entscheidung die Folgerungen ziehen; aber die Diskussion 20
wird auch danach weitergehen.

In: Nikolas Benckiser (Hg.): Sprache – Spiegel der Zeit. Frankfurt/M.: Societäts-Verlag 1964, S. 85.

Erster Arbeitsschritt: Verschaffen eines ersten Überblicks
1. *Tragen Sie nach der ersten Lektüre des Textes Verständnisfragen zusammen, und holen Sie die notwendigen Informationen ein.*
2. *Formulieren Sie als Ergebnis ihres vorläufigen Verständnisses die Hauptaussage des Textes.*

Zweiter Arbeitsschritt: Genaue Analyse des Textes
1. *Fertigen Sie sich für die weitere Arbeit eine Fotokopie des Textes an. Sie können dann mit unterschiedlichen Farbstiften leicht kennzeichnen, was Sie sonst mit Mühe herausschreiben müssen.*
   Analysieren Sie den Text, und kennzeichnen Sie
   – rot oder mit der Abkürzung Th die Hauptthesen,
   – grün oder mit der Abkürzung Def die Definitionen,
   – blau oder mit der Abkürzung Arg die Argumente,
   – mit Bleistift und mit Abkürzung die Beispiele (Bsp.), Vergleiche (Vergl.), Zitate (Zi) und die herausgestellten Fälle (Fall).
2. *Stellen Sie die Beziehung der Textelemente dar, indem Sie durch Pfeile kennzeichnen, wie die vorhandenen Definitionen und die verschiedenen Arten der Begründung auf die Hauptthese zu beziehen sind.*

3. *Überprüfen Sie, ob alle Bezüge ausgeführt sind, und überlegen Sie, ob der Text Lücken aufweist, ob etwa Definitionen für wichtige Begriffe in den Thesenformulierungen fehlen. Die Ergebnisse der Analyse können zur Verdeutlichung in einem Schema festgehalten werden:*

Nikolas Benckiser: Ausdiskutieren
Thema: Das Diskutieren
Hauptaussage: Keine Diskussion ist je zu Ende.
Die dargelegten Fälle: Der Diskussionsleiter beendet die Diskussion.
Der Diskussionsleiter besteht auf »Ausdiskutieren«.
Definitionen:
Argumente für die Hauptaussage:

Dritter Arbeitsschritt: Bestimmen der Textsorte
Der Artikel »Ausdiskutieren« ist ursprünglich in der »Frankfurter Allgemeinen Zeitung«
erschienen. Er wird der Textsorte »Sprachglosse« zugeordnet.
1. Bestimmen Sie den Begriff »Glosse« (vgl. S. 111).
2. Legen Sie dar, welche Merkmale einer Glosse der Text »Ausdiskutieren« aufweist.

Vierter Arbeitsschritt: Stellungnahme
1. Prüfen Sie, ob Sie der Hauptaussage des Textes zustimmen oder nicht.
2. Fühlen Sie sich herausgefordert durch die Tendenz des Textes, Sinn und Zweck von Diskussionen in Frage zu stellen?
3. Sind Sie in der Lage, dem Text entgegenzutreten, indem Sie Gegenthesen aufstellen und diese durch Ihr Wissen und durch Ihre Erfahrungen abstützen?

Fünfter Arbeitsschritt: Zusammenstellung von Material für eine mögliche Entgegnung
Zur Hauptaussage: Zweifellos enden viele Diskussionen unbefriedigend. Das läßt aber nicht den Schluß zu, daß »keine Diskussion je zu Ende« sei.
Es gibt durchaus Diskussionen, an deren Ende ein Konsens gefunden wird. Auch ein ehrlicher Kompromiß kann ein zufriedenstellendes Ende sein.
In der Politik sind Wahl und Abstimmung legitime und anerkannte Möglichkeiten, Diskussionen zu beenden. Auch das Urteil im Gerichtsprozeß bildet einen Schlußpunkt.
Zu den Fällen: Die Fälle sind parteiisch ausgewählt, sind keineswegs repräsentativ und sind leicht durch andere zu ersetzen.

Zu den Argumenten: »Argumente zur Sache« werden bewußt in die Nähe von subjektiv begründeten Argumenten gerückt, um ihre Stichhaltigkeit in Frage zu stellen.
Die Wendung »allgemeine Zustimmung« wird im alltagssprachlichen Sinne verwendet.
Stoffsammlung:
– Themenbegriff
– Erfahrungen mit Diskussionen, an denen Sie selbst teilgenommen haben
– Beobachtungen an politischen Diskussionen

Möglichkeiten der Entgegnung:

1. Leserbrief: Nichts liegt näher, als auf einen Artikel, der in der Zeitung stand, mit einem Leserbrief zu antworten, der an die Redaktion gerichtet ist und der unter Umständen veröffentlicht wird. Der Anfang könnte so aussehen: »In Ihrer Glosse ›Ausdiskutieren‹, am 31. 12. veröffentlicht, stellen Sie in leicht aggressiver Form den Sinn von Diskussionen in Frage; denn: Was sollen Diskussionen, wenn sie ohnehin nie ans Ende kommen? ...«

2. Gegenglosse: Die Glosse gestattet Ihnen, ironisch und satirisch, möglicherweise sogar kontrolliert aggressiv vorzugehen. Vor Beleidigungen sollte sich allerdings auch der Verfasser einer Glosse hüten. Der Auftakt einer Glosse könnte so aussehen: »Zu schön. Diskussionen finden nie ein Ende, können also nie als verbindlich angesehen werden, sie sind rein für die Katz. Das sollte man nutzen. Beschlüsse sind nicht zu befolgen, sondern zu hinterfragen. Und dann geht es wieder los ...«

3. Essay: Ein Essay ist eine kürzere Abhandlung zu aktuellen, wissenschaftlichen oder auch philosophischen Fragen. Der Essay wird allerdings nicht in fachwissenschaftlicher Sprache verfaßt, sondern in gekonnter, geistreicher Hochsprache. Da Essays subjektive Entfaltung zulassen, folgen sie auch nicht logischen Gliederungen: »Der Essay gilt daher als offene Form von fragmentarischer Wahrheit, als ein Schwebezustand zwischen Wissen und Zweifel.«[1] Es verbietet sich, für eine derart offene Form Handwerksregeln anzugeben.

4. Abwägende Stellungnahme: Für diese Möglichkeit sind Sie bestens vorbereitet: Durch die Analyse des Textes haben sie das Thema weitgehend erschlossen; der Themenbegriff steht zur Verfügung; eine Stoffsammlung ist angelegt. Vorschlag für eine

Gliederung:

A. Einleitung: Charakterisierung des vorgelegten Textes als Glosse

B. Hauptteil: Problemerörterung auf der Grundlage des vorgegebenen Textes
   I. Analyse des Textes
      1. Die Hauptaussage: Keine Diskussion ist je zu Ende.
      2. Die Darlegung der Grundstruktur einer normalen Diskussion
      3. Die vorgebrachten Fälle
      4. Die Begründungen der Hauptaussage
   II. Problem: Kann das Ergebnis einer Diskussion nie als endgültig angesehen werden, oder können Diskussionen abgeschlossen werden?
   III. Erörterung der Problemfrage
      1. Die Gegenthese: Ergebnisse von Diskussionen können endgültig sein.
      2. Mögliche Abschlüsse von Diskussionen
         a) Der Konsens
         b) Abstimmung und Gerichtsurteil
         c) Der Kompromiß
      3. Begründung
         a) Der Rechtscharakter von Verträgen
         b) Die Endgültigkeit von Wahlen und Abstimmungen

C. Schluß: Die Anerkennung von Verträgen als Grundlage der Rechtssicherheit

5. Aphorismus: Die kürzeste und am meisten zugespitzte Form der Entgegnung geschieht im Aphorismus: »Es ist besser, ein Problem zu erörtern, ohne es zu entscheiden, als es zu entscheiden, ohne es erörtert zu haben.« (Joubert)

Einige dieser Formen sind dem Bereich des gestalterischen Schreibens zuzuordnen.

---

[1] Gero von Wilpert: Sachwörterbuch der Literatur. Stuttgart: Kröner [7]1989, S. 268.

IV. LITERARISCHE ERÖRTERUNG

Als literarische Erörterung bezeichnet man eine Erörterung, in der Sachverhalte oder Probleme der Literatur diskutiert werden. Sie unterscheidet sich also durch ihren Gegenstand von anderen Problemerörterungen, nicht durch ihre Methode.

Ausgangspunkt einer literarischen Erörterung können Probleme sein, die in einem literarischen Text aufgeworfen werden oder für die in einem solchen Text eine Lösung angeboten wird. Der Ausgangspunkt kann aber auch im Umfeld des Textes liegen: So kann erörtert werden, welche Bedeutung der Text für den Autor oder für die Leser hat, welche Wirkung er in seiner Zeit hatte, wie er in den Rahmen einer Epoche paßt oder welche Merkmale einer Gattung er aufweist. Schließlich kann der Text anderen Texten gegenübergestellt werden, so daß sich Gesichtspunkte ergeben, die zur Diskussion herausfordern. Die literarische Erörterung fügt den Aufgaben, die aus dem Umgang mit literarischen Texten bekannt sind, jene hinzu, die unter dem Stichwort Problemerörterung erarbeitet wurden:

1. Beherrschung sämtlicher Techniken zur Erörterung von Sachverhalten und Problemen.

2. Vertrautheit mit dem zu behandelnden Werk aufgrund sorgsamer, möglichst zweimaliger Lektüre.

3. Kenntnis der literarischen Zusammenhänge hinsichtlich Stoff, Motiv, Struktur, Stil und Einordnung.

4. Überblick über die einschlägige Sekundärliteratur (bei Hausaufgaben, Facharbeiten und Referaten).

5. Fähigkeit, bestimmte Textstellen in der benutzten Ausgabe schnell und treffsicher aufzufinden.

6. Fähigkeit, den Inhalt eines Abschnitts oder Kapitels, einer Szene oder Aktes, u. U. auch des gesamten Werkes bündig zusammenzufassen.

7. Fähigkeit, das Wesen und die Handlungsweise auftretender Figuren knapp zu charakterisieren.

8. Fähigkeit, den Problemgehalt von Teilen oder dem Gesamten eines Werkes zu erkennen und zu umreißen.

9. Fähigkeit, Zitate funktionsgerecht in die Darstellung einzubauen und korrekt nachzuweisen.

10. Fähigkeit, indirekt wiedergegebene Textstellen stilistisch richtig in die eigene Darstellung einzufügen.

1. Fragestellungen zum Textzusammenhang

Literarische Texte sind meist komplexe Gebilde. Sie geben sich nicht von selbst zu verstehen, sondern sie wollen befragt sein. Dem geschickt Fragenden werden sie Auskunft geben über den Sinn, der in ihnen steckt, über den geschichtlichen Zusammenhang, in dem sie stehen, und über ihre Eigenheiten in Form und Inhalt, durch die sie sich von anderen poetischen Werken unterscheiden. Dieses Frage- und Antwortspiel mit dem Text hat durchaus den Charakter einer Erörterung; denn auch hier werden Thesen aufgestellt, die sich auf den Text beziehen und Argumente geprüft, die der Text geliefert hat.

Literarische Erörterungen werden meist zu

umfangreichen Ganzschriften gestellt. Die folgenden Aufgaben beziehen sich auf zwei Werke:

Max Frisch: Homo faber (S. 328 ff.)
Gotthold Ephraim Lessing: Nathan der Weise (S. 231 ff.)

Aus beiden Werken sind umfangreiche Textabschnitte im vorliegenden Arbeitsbuch abgedruckt, die eine Lösung der Aufgaben ermöglichen. Trotzdem wäre eine Kenntnis der ganzen Texte nützlich.

Im Anschluß an die folgenden Thesen werden mögliche Vorgehensweisen zu ihrer Bearbeitung aufgezeigt.

Thema: Welche Erwartungshaltung wird am Anfang des Romans »Homo faber« von Max Frisch beim Leser aufgebaut?

Erster Arbeitsschritt: Themenerschließung
Unter »Romananfang« soll der abgedruckte Textabschnitt (S. 328 ff.) verstanden werden.
Er umfaßt in der Taschenbuchausgabe vier von insgesamt 146 Seiten.
Der Begriff der Erwartungshaltung muß genauer erklärt werden. Es wird davon ausgegangen, daß der Leser in mehrfacher Hinsicht an dem Werk interessiert ist; d.h. er möchte mehr über die eingeführte Person und die in Gang gesetzte Handlung wissen. Vielleicht stellen sich ihm auf den ersten Seiten auch schon weitergehende Fragen.
Der Begriff der Erwartungshaltung geht des weiteren davon aus, daß der Leser eine gewisse literarische Kompetenz hat. Ein kompetenter Leser weiß, daß auf den ersten Seiten oft Vorausdeutungen gemacht werden, auf die später zurückgegriffen wird, und daß meist auch das Thema des Gesamtwerks auf den ersten Seiten schon anklingt.

Zweiter Arbeitsschritt: Genaue Interpretation der Textstelle
1. Unterscheiden Sie genau zwischen dem Autor – Max Frisch –, dem Erzähler, der sich als »Ich« vorstellt und der einen »Bericht« verfaßt, und der fiktiven Person, deren Handeln und Verhalten beschrieben wird und die ebenfalls als »Ich« vorgestellt wird. Beachten Sie, daß das handelnde Ich zwar mit dem erzählenden Ich identisch ist, daß zwischen Handlung und Bericht aber einige Zeit verflossen ist.
2. Beschreiben Sie die Situation und die Handlungsfolge, über die berichtet wird.
3. Charakterisieren Sie »passenger Faber«.
*   – Was wird über seinen Beruf, seine sozialen Beziehungen und über seine Lebenseinstellung ausgesagt?*
*   – Wie beschreibt der Erzähler seinen damaligen Zustand?*
*   – Wie erklärt er sein Verhalten?*
*   – Welche Rückerinnerungen bedrängten ihn damals schon?*
*   – Welchen Eindruck machen Erzähl-Ich und Handlungs-Ich auf Sie, den Leser?*
4. Achten Sie auf Leitwörter und versteckte Hinweise:
*   Der Passagier ist »nervös«, später geht ihm der Mitreisende »auf die Nerven«.*
*   Er hat »ein blödes Gefühl... im Magen«; einige Anzeichen sprechen dafür, daß er krank ist; außerdem ist er »todmüde«.*
*   Er sieht sich »im Spiegel«. Er kommt sich vor »wie ein Blinder«.*

– Setzen Sie die Einzelheiten zu einem Mosaik zusammen, aus dem ein vorläufiges Bild von der Titelfigur entsteht. Welche Erwartungen werden durch dieses Bild beim Leser geweckt?

Mit der »Maschine« scheint irgend etwas nicht in Ordnung zu sein. Sie war »verspätet« und hat Schwierigkeiten mit dem »Start«.

In der »Zeitung« wird von einem »Air Crash« berichtet.

– Verbinden Sie die Hinweise, und überlegen Sie, welche Funktion sie für den weiteren Verlauf der Handlung haben könnten.

Dritter Arbeitsschritt: Einordnung in den Romanzusammenhang

1. Formulieren Sie in knappen Sätzen das Thema des Romananfangs, das möglicherweise Thema des Romans ist, und beschreiben Sie die Hauptzüge der Titelfigur, die später eine Ergänzung oder eine Revision erfahren könnten.

2. Bestimmen Sie aus der folgenden Auflistung der Handlungsfolge des Romans, in welcher Situation der Erzähler seinen »Bericht« verfaßt. Erklären Sie, welche Erfahrungen hinter ihm liegen und welche Erklärungen der Leser im weiteren Verlauf des Romans erwarten kann.

Die Abfolge der Ereignissse

1)	1933–1935	Faber Assistent an der ETH in Zürich
2)	1935	Plan Fabers, Hanna zu heiraten
3)	1936	Trennung von Hanna
4)	ca. 1937	Heirat Hannas und Joachims; Geburt Sabeths
5)		Scheidung dieser Ehe
6)	1938	Hanna in Paris
7)	ca. 1941	Flucht nach England
8)		Heirat Hannas und Pipers
9)	ab 1946	Wohnsitz Fabers in New York
10)	1953	Trennung Hannas von Piper; Hanna in Athen
11)	1956	Stipendium Sabeths an der Yale University

1957
Erste Station

12)	1.4.	Abflug Fabers vom La Guardia-Flughafen
13)	2.4.	Zwischenlandung in Houston
14)	2.–5.4.	Aufenthalt in der Wüste von Tamaulipas
15)	6.–9.4.	Aufenthalt in Campeche
16)	10.–15.4.	Aufenthalt in Palenque
17)	15.4.	Fahrt zur Plantage in Guatemala
18)		Rückkehr nach Palenque; Reise über Mexico City
19)	20.4.	in Caracas

20)	21.4.	Rückkehr nach New York
21)	22.–30.4.	Schiffsreise von New York nach Le Havre
22)	29.4.	Fabers fünfzigster Geburtstag
23)	1.5.	Aufenthalt in Paris
24)	13.5.	Übernachtung mit Sabeth in Avignon
25)		Reise durch Italien
26)	2.6.	Akrokorinth
27)	3.6.	Athen
28)	4.6.	kurze Fahrt nach Akrokorinth; Rückkehr nach Athen; Tod Sabeths

Zweite Station

29)	8.6.	Faber wieder in New York
30)	9.6.	Abflug nach Caracas
31)		Reiseunterbrechung in Mérida
32)		Zweite Fahrt zu der Plantage in Guatemala
33)	20.6.–8.7.	Aufenthalt in Caracas; ab 21.6. Abfassung des ersten Berichtteils
34)	9.7.–11.7.	Aufenthalt in Habanna auf Cuba
35)	15.7.	Düsseldorf
36)	16.7.	Zürich
37)	18.7.	Athen
38)	19.7.	Athen, Krankenhaus (Abfassung des zweiten Berichtteils)

In: Walter Schmitz: Max Frisch, Homo faber. Materialien, Kommentar. München/Wien: Hanser 1977, S. 20.

Vierter Arbeitsschritt: Erarbeitung einer Gliederung und Ausführung des Aufsatzes

1. *Entwerfen Sie eine Grobgliederung, in der folgende Gesichtspunkte berücksichtigt und in eine nachvollziehbare Zuordnung gebracht werden:*
   - *Die Situation des Erzählers*
   - *Die aus der Erinnerung geschilderte Situation während des Flugs von New York nach Houston*
   - *Die Einführung der Hauptperson*
   - *Die Erwartungen des Lesers*

2. *Überlegen Sie, ob Sie folgenden Gedankengang in eine Gliederung des Hauptteils überführen können:*
   - *Am Ende des Abschnitts hat der Leser den Eindruck, daß er einen Krankheitsausbruch der Hauptperson miterlebt hat:* »Er hat erfahren...«
   - *Besorgnis erweckt nicht nur die Person. Auch die Begleitumstände...:* »Er fragt sich...«
   - *In diesem Zusammenhang wird er auf versteckte Hinweise des Erzählers aufmerksam...:* »Er überlegt...«
   - *Der Leser merkt, daß ein berichtendes Ich über das nachdenkt, was ihm vorher selbst widerfahren ist:* »Der Leser wird genau verfolgen, wie es mit der handelnden Person weitergeht und der Berichtende die Ereignisse deutet.«

Thema: Entspricht Walter Faber dem Typ des »homo faber«?

Erster Arbeitsschritt: Themenerschließung
Informieren Sie sich über den Begriff »homo faber«. Analysieren Sie den Begriff, indem Sie die Wortverbindung mit verwandten Verbindungen wie »homo sapiens«, »homo ludens« oder »homo oeconomicus« vergleichen.
Nennen Sie die Merkmale des »homo faber« in mehreren Hauptsätzen, die als Thesen verwendet werden können.

Zweiter Arbeitsschritt: Personencharakteristik

1. *Charakterisieren Sie Walter Faber, wie Sie ihn aus dem Romananfang oder aus dem Gesamttext kennen.*

2. *Beziehen Sie die charakteristischen Eigenschaften, Verhaltensweisen, Welt- und Lebensanschauungen Walter Fabers auf die Merkmale des »homo faber«, und ziehen Sie einen vorsichtigen Schluß.*

Dritter Arbeitsschritt: Erarbeitung einer Gliederung und Ausführung des Aufsatzes

Thema: Inwiefern kann die »Ringparabel« als der Mittelpunkt von Lessings dramatischem Gedicht »Nathan der Weise« angesehen werden?

Erster Arbeitsschritt: Themenerschließung
Der Begriff Mittelpunkt kann in zweifacher Hinsicht gemeint sein. Zunächst ist an eine Raumbestimmung zu denken. In diesem Sinne ist die Frage sehr leicht zu beantworten. Das Drama »Nathan der Weise« umfaßt fünf Akte; die Ringparabel wird in der siebten Szene des dritten Aktes erzählt.
Die Ringparabel ist aber auch unter inhaltlichen Gesichtspunkten Mitte des Stückes. Das ist leicht zu erkennen, wenn man die Inhaltsangabe des Werks liest.

Im Hause des reichen und edelmütigen Juden Nathan ist Recha aufgewachsen, nicht ahnend, daß sie nicht seine Tochter, sondern eine Christin ist, die Nathan nach Verlust von sieben, von den Christen ermordeten Söhnen an Kindesstatt annahm. Von einer Reise zurückkehrend, erfährt Nathan von Daja, daß Recha einer großen Gefahr entgangen ist. Bei einer Feuersbrunst wäre sie fast umgekommen, wenn nicht ein junger Tempelherr ihr zum Retter geworden wäre. Nathan sucht die Bekanntschaft des Tempelherrn, um ihm seinen Dank abzustatten. Doch dieser weicht ihm aus und lehnt eine durch Daja übermittelte Einladung in Nathans Haus ab, bis eine spätere persönliche Begegnung sie einander näherbringt. Die aufkeimende Liebe des Tempelherrn zu Recha findet endlich ihre Lösung und Erklärung in der Tatsache, daß er ihr Bruder ist, den seltsame Schicksale nach Jerusalem verschlagen hatten. Mit dieser Handlung verschlungen ist eine zweite, die an den Hof des freigebigen Sultan Saladin und seiner klugen Schwester Sittah führt. Saladin ist in Geldverlegenheiten, sucht und findet aber schließlich die Hilfe Nathans. Die Brücke für ihre Freundschaft ist in der »Ring-Erzählung« gegeben. Vom Sultan befragt, welche Religion die wahre sei, das Christentum, das Judentum oder der Islam, antwortet Nathan mit der Parabel von den drei Ringen, die einander so sehr gleichen, daß sie in ihrem Wert nicht mehr zu unterscheiden sind. So soll man auch keiner der drei Religionen den Vorzug geben. Vor Gott sind sie alle gleich, und diejenige ist die beste, die am meisten mit den anderen in der von »Vorurteilen freien Liebe« wetteifert. Zum Schluß des Werkes sind die Handlungen kunstvoll zusammengeführt. Außer der Enthüllung der Geschwisterschaft Rechas mit dem Tempelherrn stellt sich heraus, daß die beiden auch mit Sultan Saladin blutsverwandt sind.

In: Reclams Schauspielführer. Hg. v. Otto C. A. zur Nedden u. Karl H. Ruppel. Stuttgart: Reclam [3]1955, S. 231.

»Nathan der Weise« hat für seinen Autor einen besonderen Stellenwert. Um ihn zu erkennen, ist es notwendig, die Entstehungsgeschichte des Werks zu erarbeiten (vgl. S. 224 ff.).

Zweiter Arbeitsschritt: Genaue Interpretation der Ringparabel

Dritter Arbeitsschritt: Erarbeitung einer Gliederung und Ausführung des Aufsatzes
Vorschlag für eine Grobgliederung
A. *Einleitung: Lessings Wirken in Wolfenbüttel und seine Kontroverse mit dem Haupt-*
   pastor Goeze
B. *Hauptteil: Die Ringparabel als Mittelpunkt von Lessings Drama »Nathan der Weise«*
   I. *Die Stellung der Ringparabel im Handlungsgefüge des Dramas*
   II. *Die Ringparabel als Botschaft*
      1. Die Frage nach der »wahren« Religion
      2. Die Wertvorstellung »Humanität«
      3. Der Aufruf zur Toleranz
   III. *Die Bedeutung des Werks für den Autor*
C. *Schluß: Die Wirkung von Lessings Botschaft*

Thema: Nathan – eine Identifikationsfigur?

Erster Arbeitsschritt: Themenerschließung
Informieren Sie sich über den Begriff Identifikationsfigur. Charakterisieren Sie die Figur
des Nathan. Erarbeiten Sie die Grundzüge seiner Botschaft, indem Sie die Ringparabel
interpretieren.
Zweiter Arbeitsschritt: Themenerarbeitung
1. Denken Sie über die Botschaft und die Handlungsweise Nathans nach und überlegen
   Sie, ob Sie beides akzeptieren.
2. Prüfen Sie, ob das Denken und Handeln Nathans in Übereinstimmung zu bringen ist,
   so daß von einem geschlossenen Charakter gesprochen werden kann. Entscheiden Sie,
   ob eine Figur wie Nathan heute als vorbildlich angesehen werden kann.
Dritter Arbeitsschritt: Erarbeitung einer Gliederung und Ausführung des Aufsatzes

Thema: Als Vorlage für seine »Ringparabel« benutzt Lessing eine Erzählung aus dem
Dekameron des Giovanni Boccaccio. Vergleichen Sie die beiden Texte, und arbeiten Sie
heraus, welche Veränderungen Lessing vornahm, um die Erzählung für seine Intention zu
nutzen.

Giovanni Boccaccio
Das Dekameron I.3

Melchisedech wendet mit einer Erzählung von drei Ringen eine große von Saladin ihm zugedachte Gefahr ab.

Ihr alle werdet wissen, daß Torheit uns oft vom höchsten Glück ins größte Elend stürzt. Verstand hingegen den Klugen aus den größten Gefahren reißt und in die vollkommenste und zufriedenste Sicherheit versetzt. Die Wahrheit des ersteren sehn wir in vielen Beispielen.

5 Saladin hatte sich durch seine vorzügliche Tapferkeit von einem geringen Manne bis zum Sultan von Babylon emporgeschwungen und manchen Sieg über sarazenische und christliche Könige erfochten. Aber seine vielen Kriege und große Pracht hatten auch seinen ganzen Schatz erschöpft; und als ein plötzlicher Zufall eine ansehnliche Summe Geldes erforderte, wußte er nicht, wo er so geschwind es hernehmen sollte.

10 Endlich besann er sich auf einen reichen Juden, namens Melchisedech, der in Alexandrien Geld auf Zinsen lieh. Dieser, glaubte er, könnte ihm aushelfen, wenn er nur wollte; aber er war so geizig, daß er es gutwillig nie würde getan haben, und Gewalt wollte er nicht brauchen. In der Not sann er auf ein Mittel, wie ihm der Jude dienen müßte, und entschloß sich, endlich zwar Gewalt anzuwenden, sie aber doch mit einigem Schein zu

15 bemänteln. Er ließ ihn rufen, empfing ihn sehr freundschaftlich und befahl, sich neben ihm niederzulassen. »Braver Mann«, sprach er, »ich habe dich von vielen Leuten für weise und erfahren in göttlichen Dingen rühmen hören. Ich wünschte von dir zu wissen, welche von den drei Religionen du für die wahre hältst, die jüdische, die sarazenische oder die christ-

20 liche.« Der Jude, welcher wirklich ein gescheiter Mann war, merkte wohl, daß Saladin die Absicht hatte, seine Worte zu benutzen, um ihm einen verdrießlichen Handel auf den Hals zu ziehn. Er glaubte also, wenn er sein Spiel nicht gleich verloren geben wolle, keine von diesen drei Religionen mehr loben zu dürfen als die andere, und bekümmert um eine

25 unverfängliche Antwort, besann er sich endlich auf folgende Ausflucht: »Mein Beherrscher«, erwiderte er, »die Frage, die ihr mir vorlegt, ist schön. Um mein Urteil darüber zu fällen, muß ich folgende Geschichte erzählen. Ich besinne mich, sofern ich nicht irre, gehört zu haben, daß ehedem ein großer und reicher Mann unter andern raren Edelsteinen in seinem Schatz auch einen vorzüglich schönen und kostbaren Ring

30 besessen hat. Er schätzte ihn seines Werts und seiner Schönheit wegen so sehr, daß er wünschte, er möge beständig in seiner Familie bleiben, und befahl daher, daß dasjenige von seinen Kindern, bei dem sich dieser Ring fände und dem er ihn hinterließe, für seinen Erben angesehn und von den übrigen als der Vornehmste geachtet und geschätzt werden solle. Sein Erbe beobachtete bei seinen Nachkommen ebendiese von seinem Vorfahren

35 festgesetzte Ordnung, und so ging der Ring von einer Hand in die andre. Endlich kam er an einen Vater von drei Söhnen, die gleich schön, tugendhaft und ihrem Vater äußerst gehorsam waren. Er liebte sie folglich alle drei gleich stark. Die Söhne kannten die Bedeutung des Ringes, und jeder war begierig, der Erbe zu sein. Jeder bat also den alten Vater, ihm beim Sterben den Ring zu hinterlassen. Der ehrliche Mann, der

40 gleiche Liebe für sie hatte, war wirklich im Zweifel, welchen er zum Besitzer des Ringes

machen sollte. Er hatte ihn allen versprochen und war also darauf bedacht, wie er allen dreien sein Versprechen halten wollte. Er ließ daher bei einem guten Künstler insgeheim noch zwei andre Ringe fertigen. Diese waren dem ersten so ähnlich, daß er selbst kaum den rechten unterscheiden konnte, und als er zum Sterben kam, gab er jedem seiner Söhne heimlich einen davon. 45

Nach dem Tode des Vaters verlangte jeder die Erbschaft nebst der Ehre. Da einer dem andern dieselbe verweigerte, brachte jeder seinen Ring hervor zum Beweise, daß er ein Recht darauf habe. Man fand die Ringe einander so ähnlich, daß der rechte nicht zu unterscheiden war. Die Frage, welcher von ihnen der rechtmäßige Erbe des Vaters sei, blieb daher unentschieden und soll auch heute noch unausgemacht sein. 50

Dies ist, mein Beherrscher, meine Meinung von den drei Religionen, welche Gott der Vater den drei Nationen gegeben hat und worüber ihr die Frage aufwarft. Jede hält ihre Gesetze für wahr und glaubt ihre Gebote unmittelbar von ihm zu haben. Die Frage, wer recht hat, ist ebenso unentschieden wie die von den drei Ringen.«

Als Saladin sah, daß der Jude sich sehr gut aus der ihm gelegten Schlinge zu ziehen wußte, 55 entschloß er sich, ihm sein Anliegen vorzutragen, ob er ihm helfen wolle. Er verhehlte ihm auch die Absicht nicht, die er gehabt, wenn er nicht so bescheiden geantwortet hätte. Der Jude ließ sich willig finden, die verlangte Summe vorzustrecken. Saladin zahlte sie ihm nachher völlig zurück und verehrte ihm überdies noch ansehnliche Geschenke.

In: Giovanni Boccaccio: Das Dekameron. Hg. v. Johs von Guenther. München: Goldmann 1957, S. 29 f.

Zur Information: Das Dekameron des Giovanni Boccaccio ist eine Novellensammlung, die zwischen 1349 und 1353 entstand. Es handelt sich um eine Sammlung von »hundert Geschichten oder Fabeln oder Parabeln oder Historien«, wie es in der Vorrede heißt, die von jungen Leuten, die vor der Pest in Florenz geflohen sind, an zehn Tagen erzählt werden.

Als Lessing vom Herzog Karl von Braunschweig verboten wurde »in Religionssachen... ohne vorherige Genehmigung... etwas drucken (zu) lassen«, arbeitete er ein Schauspiel aus, das er bereits entworfen hatte und dessen »Inhalt eine Art von Analogie mit meinen gegenwärtigen Streitigkeiten« hat, wie er an seinen Bruder schreibt. Wenn der Bruder den Inhalt wissen wolle, so schreibt Lessing weiter, »so schlagt das ›Dekamerone‹ des Boccaccio auf: Giornata I, Nov. III.« Die dritte Novelle des ersten Tages ist die abgedruckte Erzählung, die von Melchisedech und Saladin handelt.

Erster Arbeitsschritt: Genaue Lektüre der beiden Texte und Erarbeitung des Themenbegriffs »Intention«

Zweiter Arbeitsschritt: Erarbeitung der Vergleichspunkte

1. Listen Sie auf einem Arbeitsblatt die in beiden Texten übereinstimmenden Elemente auf.

2. Notieren Sie die kleineren Abweichungen wie Verschiedenheit der Namen und Ort der Handlung.

3. Konzentrieren Sie sich nun auf die Veränderungen und Ergänzungen, die Lessing vornahm.

Boysen als Nathan (re.), Eberth als Saladin. Münchener Kammerspiele 1984. Regie: Fritz Marquardt.

Dritter Arbeitsschritt: Erarbeitung einer Gliederung und Ausführung des Aufsatzes
Folgende Punkte müßten berücksichtigt werden:
– Lessing und die Zensur nach der Kontroverse mit dem Hauptpastor Goeze (S. 224 ff.)
– Lessing und die Intentionen des dramatischen Gedichts »Nathan der Weise«
– Aufbau, Inhalt und Zielsetzung der Erzählung Boccaccios
– Übernahmen und Änderungen durch Lessing
– Die Bedeutung der »Ringparabel« innerhalb des Dramas »Nathan der Weise«

2. Themen in literarischen Werken

Nathan weicht mit seinem »Märchen« von den drei Ringen der Frage, welche Religion die wahre sei, ebenso aus, wie Lessing, der in seinem dramatischen Gedicht »Nathan der Weise« eine klare, eindeutige Antwort vermeidet. Nathan und mit ihm Lessing hoffen, daß »über tausend tausend Jahre« »ein weisrer Mann« die Lösung finden könne. Die Konsequenz aus der Erkenntnis, daß es dem Menschen nicht möglich ist, die Wahrheit einer einzelnen Religion zu erkennen und zu beweisen, muß sein, den anderen Religionen gegenüber tolerant zu sein. Zu Recht ist Lessings Drama als Aufruf zu Toleranz und Humanität aufgefaßt worden.

Thema: Arbeiten Sie aus dem folgenden Text die wichtigsten Forderungen und Hemmnisse toleranten Denkens und Handelns heraus.
Beziehen Sie Ihre Ergebnisse auf Lessings »Ringparabel«, und zeigen Sie Überschneidungen und Abweichungen auf.

Legen Sie in einer Stellungnahme dar, welche Forderungen Sie für leicht und welche Sie für schwer erfüllbar halten.

Toleranz – so läßt sich formulieren – ist das Ertragen des anderen in der Absicht, ihn besser zu verstehen. Erst aus diesem besseren Verständnis heraus sollen die Interessenkonflikte und Rechte der Gegenspieler geordnet werden. Dabei kann eine tolerante Haltung auf einem biologisch vorbereiteten Verstehen aufruhen – wie in der Beziehung zwischen Mutter und Kind; oder sie kann im Verlaufe sozialen Lernens entstanden sein. 5 Freilich lernt man in unseren Gesellschaften bis in die Gegenwart mehr Techniken des Durchsetzens mit intoleranten als mit toleranten Verhaltensweisen. (...)
Der Begriff der Toleranz kann keinesfalls auf ein (masochistisches) Dulden um jeden Preis ausgeweitet werden. Man frönt in ihr nicht der Leidenslust. Gemeint ist das sinnvolle Ertragen andersartiger menschlicher Gewohnheiten, Sitten, Ausdrucksformen im Ver- 10 gleich zu den unseren. Aber auch diese selbst können unter Umständen schwer erträglich sein und fordern dann unsere Duldsamkeit heraus. (...)
Da sogenanntes freies Denken in der Geschichte unendlich häufiger unterdrückt als gefördert wurde, bestimmten die dem Denken unzugänglich gemachten religiösen und alltäglichen Glaubenssätze und Vorurteile das Verhalten. Diese Steuerungsform hat sich für 15 die kompakte Majorität der heute lebenden Menschen nicht geändert. Widerfährt dem Individuum in der Kindheit solche Indoktrinierung, dann wird ihm Toleranz schwer erlernbar. Sie scheint, da ja Alternativpositionen immer schlechter, immer wertloser als die eigene sind, kaum erstrebenswert. Wir sehen hier, wie Moral gleichsam zwanglos, selbstverständlich an die Befolgung unanzweifelbarer Glaubensmuster geknüpft, der Mo- 20 ral der Toleranz strikt entgegenläuft. (...)
Um es zu wiederholen: Toleranz ist nicht Interessenlosigkeit des Laisser-faire, sondern kritische Selbständigkeit in Konkurrenz- und Konfliktsituationen, wozu noch die Fähigkeit kommt, den Gedanken und Gefühlen des anderen verstehend folgen zu können.

In: Alexander u. Margarete Mitscherlich: Die Unfähigkeit zu trauern. Grundlagen kollektiven Handelns. München/Zürich: Piper [19]1987, S. 264.

Zur Information: Alexander Mitscherlich (20.9.1908–26.6.1982) studierte Medizin in München, Prag, Berlin, Freiburg, Zürich und Heidelberg. Er wurde 1946 Privatdozent für Neurologie in Heidelberg, später Professor in Heidelberg. Von 1959 bis 1976 war er Direktor des Sigmund-Freud-Instituts in Frankfurt.

Margarete Mitscherlich wurde am 17.7.1917 in Graasten (Dänemark) geboren, studierte Medizin und erhielt später eine psychoanalytische Ausbildung in Stuttgart, London und Heidelberg. Sie setzte sich u. a. mit der Problematik der Idealisierung, der Geschlechterbeziehung und dem Rollenverhalten der Frau in der Politik auseinander.

In dem gemeinsamen Werk von Margarete und Alexander Mitscherlich »Die Unfähigkeit zu trauern. Grundlagen kollektiven Handelns« geht es darum, die Gedanken- und Erkenntniswelt im nationalistischen und nationalsozialistischen Deutschland aus psychoanalytischer Sicht darzulegen und zu erklären.

Erster Arbeitsschritt: Erarbeitung des vorgegebenen Textausschnitts
1. *Erarbeitung des Themenbegriffs: Schreiben Sie die im Text enthaltenen Definitionen heraus, und erklären Sie sie: Wer ist der »andere«? Was heißt »verstehen«? Was heißt »kritische Selbständigkeit«?*
2. *Erarbeiten Sie wichtige Forderungen in Thesenform.*
3. *Welche Begründungen werden gegeben?*
4. *Tragen Sie zusammen, welche Hemmnisse tolerantes Handeln verhindern.*

Zweiter Arbeitsschritt: Wiederholende Interpretation der »Ringparabel« unter erkenntnisleitender Fragestellung
1. *Inwiefern ist in der »Ringparabel« von Toleranz die Rede? Wer sind die »anderen«? Was bedeutet »verstehen«? Welche Forderungen werden erhoben? Wie werden sie begründet?*
2. *Mit welchen Hemmnissen wird gerechnet? Welche Erwartungen werden mit dem Toleranz-Gebot verknüpft?*

Dritter Arbeitsschritt: Vergleich der Texte
1. *Aufbau, Sprachgebung, Funktion, Textsorte?*
2. *Entstehungszeit, Entstehungsanlaß?*
3. *Forderungskatalog?*
4. *Argumentationshintergrund?*

Vierter Arbeitsschritt: Erarbeitung einer Gliederung und Ausführung des Aufsatzes

3. Thesen der Sekundärliteratur

Unter dem Stichwort Sekundärliteratur faßt man wissenschaftliche und kritische Werke zusammen, die etwas über das eigentliche Werk, die Primärliteratur, aussagen. Zur Sekundärliteratur gehören also Kommentare, kritische Auseinandersetzungen, Interpretationen, Einzeldarstellungen über Dichter, Epochen, Gattungen. Die Sekundärliteratur hilft, ein Werk besser zu verstehen; allerdings sollte sich der Benutzer nicht der Sekundärliteratur ausliefern. Er sollte sich mit ihr auseinandersetzen, sie prüfen und ihr unter Umständen widersprechen.

Thema: Ist »Homo faber« von Max Frisch ein moderner Roman?
Erarbeiten Sie aus dem gegebenen Textausschnitt die wichtigsten Thesen. Prüfen Sie, inwieweit die Thesen auf Max Frischs Roman zutreffen.[1]

---

[1] Es ist durchaus möglich, die Thesen allein auf den Romananfang zu beziehen.

Dieter Wellershoff
Die Darstellung der Welt im modernen Roman

Der Roman, dem oft Formlosigkeit vorgeworfen wird, hat für jeden Aspekt der erfahrbaren Wirklichkeit eigene Darstellungsformen entwickelt. Er kann Gedanken und Gefühle ebenso darstellen wie Gegenstände, und er kann genauso mühelos von außen nach innen und von innen nach außen wechseln wie sich durch Zeit und Raum bewegen. Er kann den Raum perspektivisch auseinandernehmen in Nähe und Ferne, Ausschnitt und 5 Gesamtansicht, und er kann die Zeit beliebig dehnen und raffen, kann sie überspringen, überblicken, kann ihr Fortschreiten durchbrechen und durcheinanderwirbeln, kann sie zerlegen und in Augenblicke zersprengen. Er kann die Welt aus wechselnden Personenperspektiven betrachten oder erzählend über ihr stehen. Er kann episch, dramatisch und lyrisch sein und analytisch, ironisch, dokumentarisch oder phantastisch. Er kann all diese 10 Sichtweisen und Ausdrucksebenen in sich integrieren und gegeneinanderstellen. Inzwischen gibt es auch keinen Bereich der menschlichen Erfahrung mehr, dessen Darstellung ihm verboten wäre. Und doch kann dieser Krake mit seinen vielen Greifarmen und Saugnäpfen immer nur Stücke der Wirklichkeit an sich reißen. (...) Da sich das in vielen Fällen als radikale Subjektivierung und Perspektivierung des Blicks vollzieht, wird die 15 Darstellung einer objektiven, allgemeingültigen Totalität zur Illusion.
Das sind für uns Selbstverständlichkeiten. Man muß sie sich am herbeizitierten Gegenteil verdeutlichen, etwa an der Philosophie Thomas von Aquins, für die die gesamte Wirklichkeit eine hierarchische Ordnung war, in deren Sinnmittelpunkt Gott stand.

In: Dieter Wellershoff: Der Roman und die Erfahrbarkeit der Welt. Köln: Kiepenheuer und Witsch 1988, S. 15.

Erster Arbeitsschritt: Erarbeitung des Themenbegriffs
»Modern« ist ein literaturwissenschaftlicher Begriff, der nicht eindeutig gefaßt ist, im vorliegenden Arbeitsbuch wird die »Moderne« als eine literarische Strömung des 20. Jahrhunderts erklärt. Näheres finden Sie auf S. 269 ff.
Sie können voraussetzen, daß Dieter Wellershoff immer den modernen Roman meint, wenn er in seinem Text über den Roman spricht.

Zweiter Arbeitsschritt: Analyse des Textes
Herausarbeitung der wichtigsten Thesen:
– Zu »Darstellungsformen«
– Zur Behandlung der »Zeit«
– Zur Erzählerperspektive
– Zu den behandelten Themen
– Erarbeitung des Gegensatzes
  Das Weltbild des Thomas von Aquin – das Weltbild des modernen Romans

Dritter Arbeitsschritt: Themenerarbeitung
1. Anwendung der einzelnen Thesen auf den Roman
2. Zusammenfassende Beurteilung über die Anwendbarkeit der Thesen und die Charakterisierung des Romans

Vierter Arbeitsschritt: Erarbeitung einer Gliederung und Ausführung des Aufsatzes

Thema: Ist Lessings »Nathan der Weise« eher ein Tendenzstück oder ein »Stück eigener Schönheit«?
Analysieren Sie Lessings Entwurf zu einer Vorrede für sein Stück, und nehmen Sie aus heutiger Sicht Stellung zu der Frage.

Wenn man sagen wird, dieses Stück lehre, daß es nicht erst von gestern her unter allerley Volke Leute gegeben, die sich über alle geoffenbarte Religion hinweggesetzt hätten, und doch gute Leute gewesen wären; wenn man hinzufügen wird, daß ganz sichtbar meine Absicht dahin gegangen sey, dergleichen Leute in einem weniger abscheulichen Lichte
5 vorzustellen, als in welchem der christliche Pöbel sie gemeiniglich erblickt: so werde ich nicht viel dagegen einzuwenden haben.
Denn beydes kann auch ein Mensch lehren und zur Absicht haben wollen, der nicht jede geoffenbarte Religion, nicht jede ganz verwirft. Mich als einen solchen zu stellen, bin ich nicht verschlagen genug: doch dreist genug, mich als einen solchen nicht zu verstellen. –
10 Wenn man aber sagen wird, daß ich wider die poetische Schicklichkeit gehandelt, und jenerley Leute unter Juden und Muselmännern wolle gefunden haben: so werde ich zu bedenken geben, daß Juden und Muselmänner damals die einzigen Gelehrten waren; daß der Nachtheil, welche geoffenbarte Religionen dem menschlichen Geschlechte bringen, zu keiner Zeit einem vernünftigen Manne müsse auffallender gewesen seyn, als zu den
15 Zeiten der Kreuzzüge, und daß es an Winken bey den Geschichtschreibern nicht fehlt, ein solcher vernünftiger Mann habe sich nun eben in einem Sultane gefunden.
Wenn man endlich sagen wird, daß ein Stück von so eigner Tendenz nicht reich genug an eigner Schönheit sey: – so werde ich schweigen, aber mich nicht schämen. Ich bin mir eines Ziels bewußt, unter dem man auch noch viel weiter mit allen Ehren bleiben kann.
20 Noch kenne ich keinen Ort in Deutschland, wo dieses Stück schon jetzt aufgeführt werden könnte. Aber Heil und Glück dem, wo es zuerst aufgeführt wird. –

In: Gotthold Ephraim Lessing: Nathan der Weise. Vollständiger Text. Dokumentation. Hg. v. Peter Demetz. Frankfurt/M./Berlin: Ullstein 1966, S. 6.

Erster Arbeitsschritt: Analyse des Textes
1. *Was soll das »Stück« lehren?*
2. *Inwiefern könnte der Vorwurf erwartet werden, daß der Autor »wider die poetische Schicklichkeit« gehandelt habe?*
3. *Was ist dem Autor wichtiger: »Lehre« oder »Schönheit«?*
4. *Welche Funktion hat der Text?*

Zweiter Arbeitsschritt: Erarbeitung der Themenfrage
1. *Was ist ein »Tendenzstück«?*
2. *Wie prüft man die »Schönheit« eines Werks?*

Dritter Arbeitsschritt: Stellungnahme

Vierter Arbeitsschritt: Erarbeitung einer Gliederung und Ausführung des Aufsatzes

4. Übergreifende Sachfragen

Themenbereich: Shakespeare und die deutsche Literatur
In den literaturtheoretischen Äußerungen des 18. Jahrhunderts fällt der Name Shakespeares, des wohl bedeutendsten englischen Dramatikers, auffallend oft. In der Auseinandersetzung um die Tragödie, wie sie zuerst zwischen Lessing und Gottsched geführt wird, beruft sich Lessing auf Shakespeare (S. 219 ff.). Auch für den jungen Goethe hatte Shakespeare Vorbildfunktion (vgl. S. 263 f.). Das Thema »Shakespeares Dramenkonzeption« wurde an das 19. und 20. Jahrhundert weitergereicht und ist bis heute an kein Ende gekommen.
Wer diese Diskussion durch die Jahrhunderte verfolgen will, sollte Rechenschaft vom Beginn der Diskussion geben können.

Thema: Stellen Sie in Grundzügen die Auseinandersetzung deutscher Literaturtheoretiker des 18. Jahrhunderts mit dem Werk Shakespeares dar. Begründen Sie die These, daß damit eine »neue Epoche« der deutschen Theatergeschichte begann.

Erster Arbeitsschritt: Stoffsammlung
– *Welche Vorschläge zu einer Reform macht Gottsched? Wie begründet er seine Vorschläge? Welche Vorbilder empfiehlt er? Welche Thesen greift Lessing an, welche Gegenthesen stellt er auf? Welche Gründe trägt er vor? Welche Vorbilder hat er? Welche Rolle spielt Shakespeare in dem Streit? Welche Bedeutung hat Shakespeare für den jungen Goethe?*
– *Inwieweit lassen sich Wirkungen Shakespeares auf Schiller nachweisen?*
Achten Sie bei der Stoffsammlung darauf, daß Sie Wichtiges genau exzerpieren, damit Sie später zitieren können, und daß Sie Nebengedanken in Stichwörtern festhalten.

Zweiter Arbeitsschritt: Erarbeitung einer Gliederung und Ausführung des Aufsatzes
1. *Fertigen Sie eine vorläufige Gliederung an. Die folgende Grobgliederung mag Ihnen dabei helfen:*
   A. *Einleitung: Kurzbiographie Shakespeares und Hinweise auf sein Werk*
   B. *Hauptteil: Die Bedeutung Shakespeares für die Auseinandersetzung deutscher Literaturtheoretiker im 18. Jahrhundert*
      I. *Die Reformvorschläge Gottscheds für das deutsche Theater*
      II. *Die Kritik Lessings als Epoche in der deutschen Theatergeschichte*
      III. *Die Deutung Shakespeares als »Genie« durch Goethe*
      IV. *Schillers Theaterkonzeption als Folge der Auseinandersetzung mit Shakespeare*
   C. *Schluß: Die Bedeutung der Wegwendung von den Franzosen und der Zuwendung zu Shakespeare für die weitere Literaturentwicklung.*
2. *Verfassen Sie nun die geforderte Erörterung, die Ihnen bei der Diskussion weiterer Theaterprobleme dienlich sein wird. Stimmen Sie mit Ihrem Kurslehrer die erwartete Ausführlichkeit ab. Bedenken Sie, daß das Thema Stoff für ein dickes Buch liefert, daß von Ihnen aber nur eine Erarbeitung der Grundzüge erwartet wird.*

Themenbereich: Literatur und Gesellschaft zur Zeit Lessings

Immanuel Kant erklärte die Tendenz der Zeit: »Aufklärung ist der Ausgang des Menschen aus seiner selbst verschuldeten Unmündigkeit« (S. 185). Bei dem Versuch, diese Unmündigkeit zu überwinden, stie-ßen diejenigen, die das in aller Öffentlichkeit versuchten, an vielerlei Grenzen und Hindernisse. Lessings Streit mit dem Hauptpastor Goeze und seine Bemühungen, die Zensur zu umgehen, sind wohl das augenfälligste Beispiel für die genannten Schwierigkeiten.

Thema: Literatur spiegelt oft die politischen und sozialen Verhältnisse ihrer Entstehungszeit. Zeigen Sie an Gotthold Ephraim Lessings dramatischem Gedicht »Nathan der Weise«, wie Inhalt und Form des Dramas durch die Zeitverhältnisse beeinflußt sind.

Erster Arbeitsschritt: Erarbeitung des Themenbegriffs »politische und soziale Verhältnisse«

Zweiter Arbeitsschritt: Stoffsammlung
1. *Politische und soziale Verhältnisse: Stellung des Herzogs; Bedeutung der Kirche; Bedeutung des Bürgertums*
2. *Konfliktpunkte: »Aufklärung« und »Orthodoxie«; »Aufklärung« und »Absolutismus«*
3. *Entstehungsgeschichte von Lessings »Nathan«:*
   Lessings Stellung in Wolfenbüttel; Lessings Veröffentlichungen; Lessings Ausweichen auf einen anderen »Kampfplatz«

Dritter Arbeitsschritt: Erarbeitung einer Gliederung und Ausführung des Aufsatzes
Vorschlag für eine Gliederung
A. Einleitung: Lessings Stellung als Bibliothekar in Wolfenbüttel
B. Hauptteil: Lessings »Nathan der Weise« als Spiegelung der politischen und sozialen Verhältnisse der Zeit
   I. Lessing und die Veröffentlichung der Fragmente eines Ungenannten
   II. Die Reaktion der Kirche und des Herrschers
   III. Lessings »Nathan der Weise« als Parabelstück
      1. Die Unangreifbarkeit fiktionaler Texte
      2. Die Parabel als verdeckte Lehrform
      3. Die Botschaft in der Form eines Märchens
   IV. »Aufklärung« in Lessings dramatischem Gedicht
C. Schluß: Der Widerspruch zwischen dem Gedanken der Aufklärung und der Praxis der Zensur

LITERATUR

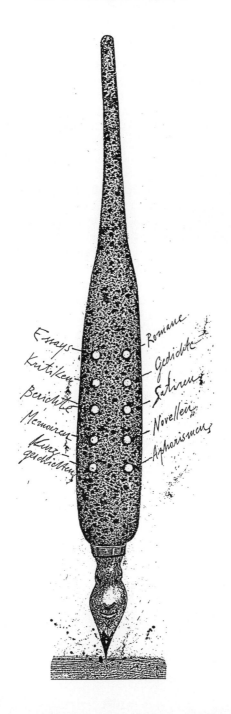

I. LITERATURGESCHICHTSSCHREIBUNG

Lesen und Schreiben sind Fähigkeiten, die gewöhnlich in der Schule vermittelt und die von fast allen Mitgliedern einer modernen Gesellschaft im täglichen Gebrauch sicher gehandhabt werden. Lesen heißt aber auch Umgang und Auseinandersetzung mit Literatur. Literarische Texte sind nicht Gebrauchstexte im engeren Sinn des Wortes und gelten trotzdem, wie eine Repräsentativumfrage 1980 feststellte, bei den meisten Bürgern als »sehr wertvoll, nützlich und interessant«[1]. Lesen kann, so ist die allgemeine Begründung des Literaturunterrichts in der Schule, zur Orientierung über uns selbst und über die Wirklichkeit beitragen.

Allerdings geht der Umgang mit Literatur nicht im einfachen Lesevorgang auf. Umgang mit Literatur heißt auch Teilhabe am literarischen Leben. Einen Text hat nicht derjenige schon verstanden, der die Wörter und Sätze aufgenommen und den Inhalt erfaßt hat. Verstehen ist ein sehr komplexer Vorgang, bei dem einzelne Teilprozesse deutlich unterschieden werden können. Der Leser, der ein Buch zu einem bestimmten Zeitpunkt zur Hand nimmt und mit Interesse liest, bezieht das Buch meist ganz auf sich selbst und auf die Situation, in der er sich gerade befindet. Dabei bleiben viele Faktoren unbeachtet, die für das genauere Verständnis des Buches wichtig sind.

Das literarische Leben ist ein Zusammenspiel von einzelnen Handlungen, die auf verschiedene Personengruppen aufgeteilt sind: Wichtig ist zunächst der Autor, der ein Werk verfaßt. Er schreibt in einer bestimmten Situation und unter bestimmten Bedingungen. Von diesen Voraussetzungen, die individueller, sozialer, politischer, kultureller oder ökonomischer Art sein mögen, gehen viele bewußt oder unbewußt in seinen Text ein.

Den Text selbst bietet der Verfasser als Manuskript, Typoskript oder Computerausdruck einem Verleger an. Verleger sind Literaturvermittler, die, wie das Wort noch zu erkennen gibt, Geld vorlegen, um den Text für ein Publikum verfügbar zu machen. Wenn ein Verleger einen Text annimmt, so beginnt die Verarbeitung der Vorlage: Vom Lektorieren des Manuskripts über das Setzen, Korrigieren, Drucken und Binden bis zur Werbung, Auslieferung und schließlich zum Verkauf des Buchs ist ein weiter und kostspieliger Weg zu durchmessen.

Autor und Verleger hoffen, daß das Buch Leser findet: Sie produzieren auf Lesergruppen hin. Leser stellen Erwartungen an Autoren und Verlagsprogramme, die teils individuell geprägt, oft aber Ausdruck politischer oder kultureller Bedürfnisse sind. Auch diese Überlegungen der Produzenten auf der einen Seite und der Rezipienten auf der anderen bestimmen also das literarische Leben mit.

Einflußreicher als die Meinung des einzelnen Lesers ist das Urteil der Kritiker, der Literaturwissenschaftler und all derer, die etwa als Regisseur ein Buch verfilmen oder als Dramaturg ein Werk für eine Bühneninszenierung einrichten. Sie lassen sich mit der wenig schönen Bezeichnung Literaturverarbeiter zusammenfassen.

Aus dem Zusammenspiel dieser Prozesse

---

[1] Dagmar Hintzenberg/Siegfried J. Schmidt/Reinhard Zobel: Zum Literaturbegriff in der Bundesrepublik Deutschland. Braunschweig/Wiesbaden 1980. Kap. 2.2.3.

entsteht ein »Sozialsystem Literatur«: »Literarische Rezeptionen beziehen sich auf literarische Produktionen, literarische Verarbeitungen auf literarische Rezeptionen, literarische Vermittlungen auf literarische Produktionen, literarische Produktionen auf literarische Produktionen usw.«[1] Verstehen eines Textes bedeutet also immer auch Verstehen eines Textes im Zusammenhang des literarischen Lebens.

Das »Sozialsystem Literatur« im Verlauf der Zeiten zu erforschen, ist Aufgabe des Literaturhistorikers. Dabei sind zwei wichtige Gesichtspunkte zu beachten: Literatur ist zum einen Ausdruck der Zeit, in der sie geschrieben wurde, sie ist also bedingt durch politische, wirtschaftliche, kulturelle, sogar durch naturwissenschaftliche und technische Faktoren; zum andern wirkt Literatur auf die Menschen ihrer Zeit und über die Zeiten hinweg, indem sie das Denken und Handeln, die Weltanschauungen und Menschenbilder beeinflußt. Sie hat, kurz gesagt, abbildende und bildende Funktionen. Diese Funktionen im einzelnen aufzuspüren und nachzuweisen, ist schwierig, aber notwendig, wenn Literaturgeschichte als Teil der Gesellschaftsgeschichte und nicht als Aufzählung von Museumsstücken verstanden werden soll.

Wie die Historiker sind sich die Literaturhistoriker des Problems bewußt, daß sie trotz gründlicher Forschungen nie eine umfassende und im strengen Sinne objektive Darstellung von Geschehen der Vergangenheit anbieten können. Immer sind sie herausgefordert, das Wichtige vom Unwichtigen zu trennen, Zusammenhänge zu erklären, Entwicklungen zu deuten und so die Möglichkeit zu geben, einen Überblick zu gewinnen und Einzelheiten zu verstehen.

Schon die grobe Einteilung der europäischen Geschichte in Altertum, Mittelalter und Neuzeit ist nicht natürlich und selbstverständlich, sondern ein ordnender Eingriff, dem eine bestimmte Geschichtsauffassung zugrundeliegt. Nicht anders ist es um die Bemühungen bestellt, die sich auf eine Epocheneinteilung und auf eine Periodisierung der Geschichte – und damit auch der Geschichte der Literatur beziehen.

Dabei meint das griechische Lehnwort *Periode* ursprünglich den regelmäßigen Kreislauf der Gestirne und Jahreszeiten; erwartet wird die periodische und regelmäßige Wiederkehr einer Jahreszeit oder eines Festes. Der Zeitlauf etwa zwischen zwei Olympischen Spielen ist dann die immer gleich lange Periode.

Auch das Wort *Epoche* ist griechischen Ursprungs und wird mit »Anhalten, Haltepunkt, Unterbrechung« übersetzt. Nach neuerem Verständnis ist Epoche ein »Zeitpunkt, bei dem etwas Neues beginnt, ein neues Moment bestimmend in die Entwicklung eintritt, ein Ereignis dem Lauf der Dinge eine neue Richtung gibt«[2]. Epochemachend oder epochal sind also solche Ereignisse, die den Lauf der Geschichte scheinbar zum Halten bringen und damit zugleich Endpunkt und Anfangspunkt von Entwicklungen sind.

Historiker versuchen, solche Haltepunkte zu erkennen und zu erklären; zugleich versuchen sie, die Perioden dazwischen zu beschreiben. Dabei fällt auf, daß sie die beiden Begriffe nicht streng unterscheiden, sondern oft sogar synonym verwenden.

---

[1] Funkkolleg: Medien und Kommunikation. Konstruktionen von Wirklichkeit. Studienbrief 8 (Klaus Merten, Siegfried J. Schmidt, Siegfried Weischenberg). Weinheim/Basel: Beltz 1991, S. 21.
[2] Erich Bayer: Wörterbuch zur Geschichte. Stuttgart: Kröner 1960, S. 116.

1. Literaturgeschichtliche Übersichten

Herbert A. Frenzel
Daten deutscher Dichtung. Inhaltsverzeichnis

1798–1835 Romantik
Begrenzung, Einteilung und Benennung des
Zeitabschnitts
Politischer und philosophisch-religiöser
Hintergrund
Die Kunstanschauungen und die Dichtungs-
theorie
Die epischen Dichtungsarten
Die Lyrik
Das Drama
Die literarischen Kreise und die wichtigsten
Zeitschriften

1820–1850 Biedermeier
Begrenzung und Benennung des Zeitab-
schnitts
Die geistigen und künstlerischen Tendenzen
Die literarischen Gattungen

**1830–1850 Das Junge Deutschland und die
politische Dichtung des Vormärz**
Begrenzung und Benennung des Zeitab-
schnitts
Der politische und allgemein-geistige Hin-
tergrund
Der Einfluß des Auslands
Die künstlerischen Ziele
Die Hauptgattungen der Literatur
Die Träger der Literatur und ihre Zeit-
schriften

1850–1890 Realismus
Begrenzung und Benennung des Zeitab-
schnitts
Der politische und allgemein-geistige
Hintergrund
Die künstlerischen Grundsätze
Die Hauptgattungen
Die Träger der Dichtung und ihre Zeit-
schriften

1880–1900 Naturalismus
Begrenzung und Benennung des Zeitab-
schnitts
Sozialer und geistiger Hintergrund
Ausländische Vorbilder
Die Kunstanschauung
Die Hauptgattungen
Die literarischen Gruppen und ihre Zeit-
schriften

**1890–1920 Gegenströmungen zum Natura-
lismus**
Begrenzung und Benennung des Zeitab-
schnitts
Der politische und geistige Hintergrund
Ausländische Einflüsse
Die künstlerische Haltung
Die Hauptgattungen
Literarische Zentren und ihre Zeitschriften

**1900–1930 Semirealismus und konsequenter
Realismus**
Charakterisierung und Benennung des Zeit-
abschnitts
Die Hauptgattungen
Wichtige Zeitschriften

1910–1925 Expressionismus
Begrenzung und Benennung des Zeitab-
schnitts
Der geistige und politische Hintergrund
Ausländische Einflüsse
Die Kunstanschauung
Die Entwicklung von Lyrik, Drama, Roman
Literarische Kreise und ihre Zeitschriften
Dichter des Expressionismus

**Chronologischer Abriß der wichtigsten seit
1931 erschienenen Werke**

In: Herbert A. Frenzel: Daten deutscher Dichtung. Chronologischer Abriß der deutschen Literaturgeschichte von den Anfängen bis zur Gegenwart. Köln/Berlin: Kiepenheuer und Witsch 1953.

1. *Untersuchen Sie das Inhaltsverzeichnis, und erklären Sie, nach welchen Gesichtspunk-
ten die Geschichte der deutschen Literatur eingeteilt wird.*
   – *Welche Zeitdauer wird für die verschiedenen Perioden angegeben?*
   – *Welche literarischen Perioden überschneiden sich zeitlich?*
   – *Welche Epochenbezeichnungen verweisen auf enge Beziehungen der Literatur zur
   politischen Geschichte, welche deuten auf vergleichbare Entwicklungen in der Ge-*

schichte der Kunst und der Literatur, welche verweisen auf Weltanschauungen oder Lebensauffassungen? Informieren Sie sich in einem Lexikon über die Bezeichnungen, die Ihnen fremd sind.

– Erörtern Sie, inwieweit die Untertitel unter den Epochenbezeichnungen erwarten lassen, daß Sie über das literarische Leben der Periode informiert werden.

2. Die »Daten deutscher Dichtung« sind inzwischen in vielen Auflagen auch als Taschenbuchausgabe erschienen. Versuchen Sie, eine neuere Auflage aus der Lehrer-, der Schüler- oder der Stadtbücherei zu entleihen, und prüfen Sie, welche Ergänzungen das Werk erfahren hat.

3. Besorgen Sie sich einige Werke der Literaturgeschichtsbeschreibung, und vergleichen Sie sie. Prüfen Sie:

– Welcher Ausschnitt der Literatur wird behandelt? (Beachten Sie, daß »Ausschnitt« räumlich und zeitlich aufgefaßt werden kann.)

– Nach welchen Gesichtspunkten ist das Werk gegliedert? (Sie erkennen die Konzeption einer Literaturgeschichte, indem Sie das Inhaltsverzeichnis sorgfältig analysieren.)

– Welche Aufgabe stellt sich das Werk? (Lesen Sie dazu das Vorwort oder die Einführung des Autors oder des Herausgebers.)

Leicht zugänglich sind folgende Werke:

– Fritz Martini: Deutsche Literaturgeschichte. Stuttgart: Kröner [19]1991.

– Helmut de Boor/Richard Newald: Geschichte der deutschen Literatur von den Anfängen bis zur Gegenwart, 7 Bände. München: Beck 1949 ff.

– Erwin Laaths: Geschichte der Weltliteratur. Eine Gesamtdarstellung. München/Zürich: Droemersche Verlagsanstalt 1953.

– Helmuth Nürnberger: Geschichte der deutschen Literatur. München: bsv [24]1992.

– Hans Gerd Rötzer: Geschichte der deutschen Literatur. Bamberg: Buchner 1992.

Vorschläge für Referate: Die frühen Epochen und Perioden der deutschen Literatur sind selten Gegenstand des Deutschunterrichts der Sekundarstufe II. Es empfiehlt sich, einige wichtige Stationen der Literaturgeschichte exemplarisch in Referaten vorzustellen. Grundlagen bieten unter anderem die genannten Literaturgeschichten.

1. Heldenlied und Zauberspruch als Zeugnisse germanischer Zeit
2. Die mittelhochdeutschen Epen als Ausdruck ritterlich-höfischer Gesinnung
3. Was ist Minnelyrik?
4. Die Bedeutung des Passionsspiels im späten Mittelalter
5. Zwei Werke der Renaissance: »Der Ackermann aus Böhmen« und »Das Narrenschiff«
6. Hans Sachs: Werk und Person
7. Die Bedeutung der Sprachgesellschaften für die Entwicklung der deutschen Sprache und Literatur
8. Der Dreißigjährige Krieg im Spiegel von Grimmelshausens Roman »Der abenteuerliche Simplizissimus«
9. Die geistlichen Gedichte des Andreas Gryphius als Ausdruck barocker Welt- und Lebensauffassung
10. Die Geschichte des Sonetts

2. Epochenbildung

Auf dem Weg, einen literarischen Text mitsamt seiner geschichtlichen Bedingtheit zu verstehen, sind die Werke der Literaturhistoriker, die selbst wieder Ausdruck ihrer Zeit sind, wichtige Hilfsmittel. Sie dienen dem besseren Verständnis; aber sie dürfen dieses Verständnis nicht vorwegnehmen. Literaturgeschichten sind immer als Sekundärliteratur anzusehen; Primärtexte sind die Werke der Dichter und Schriftsteller.

Hubert Teesing
»Eine nachträgliche Konstruktion«

Wenn wir die innere Struktur der Perioden untersuchen wollen, so scheint es nicht überflüssig zu sein, uns erst die Frage vorzulegen, ob wir es hier mit Gebilden der »Wirklichkeit« – wie man diese auch auffassen mag – zu tun haben, oder mit wissenschaftlichen Hilfskonstruktionen, die nur dem Ordnungsbedürfnis des menschlichen Geistes entspringen. 5

Die einzelne Dichtung stellt sich uns als ein abgerundetes, in sich geschlossenes Ganzes dar – auf sie erscheint die Definition der Struktur voll anwendbar –, der historische Zusammenhang aber, eben die Periode, in die wir sie einordnen wollen, ist durchaus nicht fest umreißbar, sie verschwimmt von allen Seiten, es bleibt immer fraglich, was wir noch hinzurechnen wollen, was nicht, und dasselbe gilt, wie wir sahen, von den anderen historischen Gebilden. Beim Organismus der Natur ist primär das Ganze gegeben; hier aber sind die Teile gegeben, und die Synthese kommt erst durch mühsame Denkarbeit zustande. Ein Organismus lebt und wirkt nur als Ganzes; in der Geschichte ist dieses Ganze eine nachträgliche Konstruktion, selbständiges Dasein kommt nur den »Teilen« zu. Daß die Teile hier eine weitaus größere Selbständigkeit haben als beim Organismus, zeigt sich 15 auch darin, daß ich eine Dichtung oder einen Dichter aus den verschiedensten Zusammenhängen heraus interpretieren kann. Ich kann etwa Wieland in den Zusammenhang des Rokoko wie in den der Aufklärung hineinstellen, ich kann ihn als einen Nachfahren des Barock wie als einen Vorfahren der Romantik betrachten. Die geistesgeschichtlichen Strömungen stehen eben untereinander in einem nicht zu übersehenden Zusammenhang: 20 Barock und Rokoko, Aufklärung und Rokoko, Aufklärung und Klassik usw. Ich kann sie daher zu höheren Einheiten zusammenfassen. »Wie weit man die Abstraktion treiben will«, sagt Spranger mit Recht in einer Jugendarbeit, »ist eine Frage der Zweckmäßigkeit.«

Es leuchtet ohne weiteres ein, daß die Art und Weise, wie man die Periodisierung in der 25 Praxis handhabt, von entscheidender Bedeutung für die literarhistorische Darstellung ist. Nach welchen Gesichtspunkten man periodisiert, wie man die Gliederung der Literaturgeschichte praktisch durchführt, in welche Zusammenhänge man die einzelnen Dichtungen hineinstellt, bestimmt nicht nur die Hauptlinien der Darstellung, sondern auch noch die Beleuchtung der Einzelheiten. 30

In: Hubert Paul Hans Teesing: Das Problem der Perioden in der Literaturgeschichte. Groningen: Wolter 1948, S. 40.

Egon Friedell
»Eine einfache Erwägung«

Eine einfache Erwägung zeigt, daß alle Klassifikationen, die der Mensch jemals gemacht hat, willkürlich, künstlich und falsch sind. Aber eine ebenso einfache Erwägung zeigt, daß diese Klassifikationen nützlich und unentbehrlich und vor allem unvermeidlich sind, weil sie einer eingeborenen Tendenz unseres Denkens entspringen. Denn im Menschen
5 lebt ein tiefer Wille zur Einteilung, er hat einen heftigen, ja leidenschaftlichen Hang, die Dinge abzugrenzen, einzufrieden, zu etikettieren. (...) Und die Aufgabe aller Wissenschaft hat ja niemals in etwas anderem bestanden als in der übersichtlichen Parzellierung und Gruppierung der Wirklichkeit: durch künstliche Trennung und Aufreihung macht sie die Fülle des Tatsächlichen handlich und begreiflich. Es heißt freilich: die Natur macht
10 keine Sprünge. Aber es scheint, daß ihr die Zwischenformen, durch die sie hindurch muß, nicht das Wichtigste sind, denn sie hat keine einzige von ihnen aufbewahrt; sie benutzt sie offenbar nur als Hilfslinien und Notbrücken, um zu ihrem eigentlichen Ziele zu gelangen: den scharf gesonderten Gruppen und Reichen; was sie will, sind die markanten Unterschiede und nicht die verwaschenen Übergänge. Oder sagen wir lieber: wir vermögen es
15 jedenfalls nicht anders zu sehen. Was uns bei der Betrachtung eines Entwicklungsganges reizt und bewegt, ist immer jener geheimnisvolle *Sprung*, der fast niemals fehlt; in jeder Biographie sind es die plötzlichen Erhellungen und Verdunklungen, Wandlungen und Wendungen, Taillen und Zäsuren, die unsere Teilnahme fesseln: das, was den Einschnitt, die Epoche macht. Kurz: wir fühlen uns nur glücklich in einer artikulierten, gestuften,
20 *interpungierten* Welt.

Dies gilt ganz besonders von allem, was einen *Zeitablauf* hat. Die Zeit ist vielleicht von allen Schrecklichkeiten, die den Menschen umgeben, die schrecklichste: flüchtig und unheimlich, gestaltlos und unergründlich, ein Schnittpunkt zwischen zwei drohenden Ungewißheiten: einer Vergangenheit, die nicht mehr ist und trotzdem noch immer be-
25 drückend in unser Jetzt hineinragt, und einer Zukunft, die noch nicht ist und dennoch bereits beängstigend auf unserem Heute lastet; die Gegenwart aber fassen wir nie. Die Zeit also, unsere vornehmste und wertvollste Mitgift, gehört uns nicht. Wir wollen sie besitzen, und statt dessen sind wir von ihr besessen, rastlos vorwärts gehetzt nach einem Phantom, das wir »morgen« nennen und das wir niemals erreichen werden. Aber gerade
30 darum ist der Mensch unermüdlich bemüht, die Zeit zu dividieren, einzuteilen, in immer kleinere und regelmäßigere Portionen zu zerlegen: er nimmt Luft und Sand, Wasser und Licht, alle Elemente zu Hilfe, um dieses Ziel immer vollkommener zu erreichen. Seine stärkste Sehnsucht, sein ewiger Traum ist: Chronologie in die Welt zu bringen. Haben wir die Zeit nämlich einmal schematisch und überschaubar, meßbar und berechenbar ge-
35 macht, so entsteht in uns die Illusion, daß wir sie beherrschen, daß sie uns gehört.

In: Egon Friedell: Kulturgeschichte der Neuzeit. Erste Ausgabe in drei Bänden 1927–1931. Ungek. Ausgabe in einem Band. München: Beck o. J., S. 59.

1. *Inwiefern bleibt jede Einteilung, die Literaturhistoriker vornehmen, »immer fraglich«?*
2. *Inwiefern sind Klassifikationen trotzdem »nützlich und unentbehrlich«?*
3. *Tragen Sie die Begründungen für die Behauptungen zusammen, und ziehen Sie Konsequenzen für den angemessenen Umgang mit literaturgeschichtlichen Darlegungen.*

II. 18. JAHRHUNDERT: AUFKLÄRUNG, EMPFINDSAMKEIT, STURM UND DRANG

Literatur im 18. Jahrhundert ist gemäß einem weitgefaßten Begriff von Literatur alles, was in dem genannten Jahrhundert geschrieben und veröffentlicht wurde. In einem engeren Sinn meint man mit der Ankündigung poetische oder fiktionale Texte, die nicht für den Tagesgebrauch, sondern mit einem gewissen Anspruch auf weiterreichende Gültigkeit verfaßt wurden. In den Epochen- und Periodenbezeichnungen Aufklärung, Empfindsamkeit und Sturm und Drang sind inhaltliche Tendenzen angesprochen: Literatur wird nach besonderen Eigenarten unterteilt. Zur Diskussion steht das literarische Leben der Zeit. Erste Fragestellungen lauten: Wie ist die Literatur von gesellschaftlichen, politischen und kulturellen Gegebenheiten beeinflußt? Wie hat die Literatur auf das Denken und Handeln jener Menschen gewirkt?

In einem weiteren Schritt ist zu fragen: Inwieweit sprechen literarische Texte jener Zeit den Leser heute an? Die Frage richtet sich nicht allein danach, ob die Werke gefallen; wichtiger ist, herauszuarbeiten, welche Fragen den Texten zugrundeliegen, welche Antworten sie anbieten, inwiefern sie das Denken und Empfinden anregen.

1. *Lesen Sie – wiederholend und kursorisch – in einem Geschichtsbuch der Sekundarstufe I nach, durch welche Ereignisse die Zeit geprägt wurde. Referieren Sie über Ereignisse und Personen der genannten Zeitspanne.*
2. *Was wissen Sie von der Musik, der Architektur und der bildenden Kunst des 18. Jahrhunderts? Nennen Sie bedeutende Künstler und Werke aus jener Zeit.*

1. Grundlagen

Ernst und Erika von Borries
Einführung in die Epoche

Der Absolutismus
Der Westfälische Friede, der 1648 den Dreißigjährigen Krieg beendete, hatte den Reichsfürsten die volle Souveränität, einschließlich des Bündnisrechts, gebracht. Reichspolitisch war damit jene Entwicklung abgeschlossen, die sich innerhalb der einzelnen Fürstentümer seit Beginn der Neuzeit vollzog: die Ablösung des Lehensstaates und der Aufbau zentral verwalteter Territorialstaaten, für die im 17. Jahrhundert der französische Absolutismus Ludwigs XIV. das Vorbild abgab. Das Reich hatte sich de facto zu einem Staatenbund gewandelt. 5
An der Spitze eines absolutistischen Staates stand der Fürst als Souverän, d. h. in seiner Person vereinigte sich alle staatliche Macht, er war, *legibus solutus* (losgelöst von den Gesetzen), nur noch Gott und seiner Rechtsordnung unterworfen. Der Fürst stützte sich 10
auf eine rationalistisch organisierte Verwaltung, bestehend aus nur ihm verantwortlichen

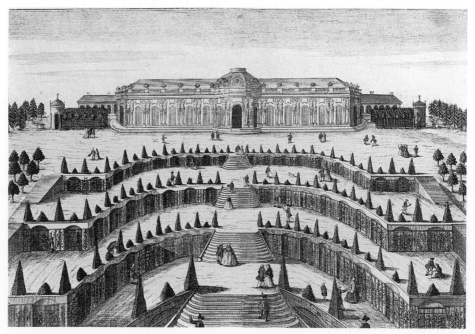

Das königliche Lustschloß Sanssouci bei Potsdam. G. B. Probst. Um 1720.

und von ihm abhängigen Beamten, auf das Heer und die Staatsreligion. Eine strenge
staatliche Zensur hatte dabei alle die Stellung des Monarchen anzweifelnden oder gefähr-
denden Meinungen zu unterdrücken. Die mittelalterliche Demutsformel »von Gottes
15 Gnaden« wandelte sich im Zeitalter des Absolutismus zum stolzen Begriff des »Gottes-
gnadentums«, das die weit über alle übrigen Sterblichen hinausragende Stellung des
Monarchen kennzeichnete. (...)

Der aufgeklärte Absolutismus
Unter dem Einfluß des aufklärerischen Rationalismus und des Naturrechts wandelte sich,
etwa ab der Jahrhundertwende, die Auffassung vom Staat: Der Staatsvertrag verpflichtete
20 nun vernünftigerweise nicht mehr nur die Untertanen, sondern ausdrücklich auch den
Staat, dessen zentrale Aufgabe es sei, Frieden und »Gemeinwohl«, ja die Glückseligkeit
aller Bürger zu gewährleisten. Der Monarch verstand sich nicht mehr als Verkörperung
seines Staates, sondern als dessen »erster Diener«, wie Friedrich II. es ausdrückte; mit
seinem Regierungsantritt 1740 datiert man den Beginn des aufgeklärten Absolutismus.
25 In der politischen Praxis allerdings sah die schöne Idee eines das allgemeine Glück ga-
rantierenden Staates anders aus: Um die wirtschaftliche Lage der Untertanen zu verbessern und deren Zufriedenheit und Loyalität zu befördern, griff der Staat mit Hilfe einer
ständig wachsenden Verwaltung in immer ausgedehntere Bereiche auch des privaten Lebens planend und reglementierend ein. Die Leistung der Bürger für die vom Staat als
30 Fürsorge begriffene Bevormundung bestand in striktem Gehorsam; für diesen Verlust an
persönlicher Freiheit gab es aber keinen Ersatz. In der politischen Realität blieb ferner als
nicht aufzuhebender Widerspruch, daß, ungeachtet aller Rechtskodifikation, der Mon-

Promenade in Leipzig. Kupferstich von Bergmüller nach einer Zeichnung von Rosmesler. Um 1775.

arch selbst nie an dieses von ihm erlassene Recht zwingend gebunden war, d. h. *legibus solutus* blieb; gegen seine Willkür gab es gegebenenfalls keinen Schutz. In der zweiten Hälfte des 18. Jahrhunderts wurden daher die Freiheit als Grundlage der Menschenwürde 35 und der Kampf gegen die »Tyrannen« zu Generalthemen von brennender Aktualität, in Deutschland vor allem in der Literatur des Sturm und Drang, denn eine Revolution war aufgrund der kleinstaatlichen Zersplitterung des Reichs unmöglich.

Das neue Bürgertum
Der Dreißigjährige Krieg hatte den Aufstieg des frühneuzeitlichen Stadtbürgertums (vor allem der Reichsstädte), das im Begriff gewesen war, sich zu einer wirtschaftlich, politisch 40 und kulturell bedeutenden Kraft zu entwickeln, beendet: Die Städte waren weitgehend zerstört, verarmt, entvölkert; der europäische Handel, einst Grundlage ihres Reichtums, hatte sich an die Küste verlagert. (...)
Gleichzeitig mit dem Niedergang des Stadtbürgertums war in den Residenzstädten und Verwaltungszentren der absolutistischen Fürsten ein neues Bürgertum entstanden, das 45 beim Aufbau der Territorialstaaten eine wichtige Rolle spielte. Diese neue Bürgerschicht hatte keinen Anteil an den Zünften, Gilden usw., in denen das Stadtbürgertum traditionell politisch und gesellschaftlich repräsentiert war, sondern stand in unmittelbarer Abhängigkeit des Landesherrn; sie konnte aber durch eigene Leistung in der von den Fürsten gelenkten Wirtschaft und in dem anwachsenden Verwaltungsapparat zu Ansehen und 50 Wohlstand gelangen.
Der Merkantilismus, die erste durchgeplante staatliche Wirtschaftspolitik, hatte in den ersten Jahrzehnten nach dem Dreißigjährigen Krieg primär die Landwirtschaft und die

zugehörigen Gewerbe unterstützt. Im 18. Jahrhundert förderten die Fürsten planmäßig
alle neuen auf Massenproduktion ausgerichteten Industrieformen wie Verlage und Manu-
fakturen, um mit Hilfe des konjunkturellen Aufschwungs vor allem die Steuereinnahmen
zu erhöhen; gleichzeitig versuchten sie, den Einfluß der Zünfte, die i. a. unternehmerische
Initiativen bremsten, zurückzudrängen. So entstand ein vor allem städtisches Wirtschafts-
bürgertum, das den wirtschaftlichen Aufschwung der absolutistischen Fürstenstaaten
trug.
Zum andern entwickelte sich eine Schicht akademisch, vielfach juristisch gebildeter Beamter, denen die Verwaltung oblag. Um die Qualifikation der Beamten zu verbessern,
gründeten und förderten die Landesherrn bewußt neue Universitäten und verbesserten
das Schulsystem: Professoren und Lehrer, dazu die protestantischen Pfarrer, also im
wesentlichen die geistige Elite, zählten ebenfalls zu den Staatsbediensteten.
Aus diesen Gruppen setzte sich das neue Bürgertum zusammen, das die Aufklärung als
philosophische und literarische Epoche trug. Der Handwerkerstand dagegen, in der Zeit
der staatsbürgerlichen Blüte hoch geachtet, sank zum Kleinbürgertum herab und nahm
an den geistigen Bestrebungen der Epoche keinen Anteil.
Mit zunehmender Etablierung des absolutistischen Staates hatte der Adel seine traditio-
nellen feudalen Unabhängigkeitsrechte aufgeben müssen. Seine Loyalität gegenüber dem
neuen Staatswesen erkauften sich die Fürsten mit neuen Privilegien, insbesondere reser-
vierten sie dem Adel ab dem letzten Drittel des 17. Jahrhunderts in steigendem Maße alle
höheren, mit Macht verbundenen zivilen Beamtenstellen und alle Offiziersränge im Heer.
Das bürgerliche Beamtentum wurde damit auf den Unter- und Mittelbau der rasch anwachsenden Staatsverwaltung beschränkt. (...)

Die Entstehung eines bürgerlichen Bewußtseins

Das Bürgertum in Deutschland akzeptierte zu Beginn des 18. Jahrhunderts erst einmal die
politische und gesellschaftliche Isolierung, in der es durch die Neuprivilegierung des
Adels gedrängt worden war. Aber es entwickelte – in klarer Abgrenzung zu Hof und
Adel, wenn nicht gar gegen diese – ein eigenes bürgerliches Bewußtsein.
Wirtschaftliches Planen und Handeln, vernünftiges Kalkulieren und Investieren im Sinne
des Merkantilismus prägten das Denken des Großbürgertums, das im wirtschaftlichen
Erfolg eine Chance sah, den eigenen Stand zu konsolidieren. Der in Bildungswesen und
Verwaltung tätige Bürger profilierte sich durch seine intellektuelle Leistung.
Beiden Gruppen gemeinsam war ein hohes Arbeitsethos, das Tugenden wie Fleiß, Zuverlässigkeit, Pflichterfüllung und Leistungswillen einschloß, unterstützt durch die Lehren
des protestantischen Pietismus, der die Bewährung des Christen im Alltag verlangte.
Mit wachsendem Selbstbewußtsein entdeckte das Bürgertum auch seine sittliche und
geistige Überlegenheit gegenüber dem Hofadel, der als verderbt durch Macht und Luxus
angesehen wurde, und dessen Selbstdarstellungsformen in spätbarockem Schwulst erstarrt waren. Begierig nahm es die Ideen des Rationalismus, der aus Frankreich stam-
menden Vernunftphilosophie, und die von Hugo Grotius in den Niederlanden begründete
Naturrechtslehre auf – in der Hoffnung, die gegebenen Machtverhältnisse auf geistigem
Wege eines Tages überwinden zu können. (...)

Die Zeitschrift und ihr Publikum

Es spricht für das wachsende bürgerliche Selbstbewußtsein, wenn auf einmal über wissenschaftliche, literarische und moralische Fragen öffentlich diskutiert wurde. Zum idea-

len Medium für solche Auseinandersetzungen wurde die Zeitschrift: Mit der Aufklärung entsteht der moderne Journalismus in Europa. (...)

Die Zeitschrift verlangte vom Autor, da sie von möglichst vielen Käufern gelesen werden sollte, eine klare, allgemeinverständliche Sprache und leistete so einen gar nicht zu über- [100] schätzenden Beitrag zur Vereinheitlichung der deutschen Hoch- und Schriftsprache. Alle sprachwissenschaftlichen Bemühungen der Barockzeit dürfen ja nicht darüber hinweg-täuschen, daß in Deutschland eine allgemein verbindliche Hochsprache noch immer fehlte. Zwischen dem katholischen Süden und dem protestantischen Norden gab es er-hebliche Unterschiede; insbesondere wehrte man sich im Süden gegen das »Meißnische« [105] des »Erzketzers« Luther. Da erschien 1748 von Gottsched eine ›Grundlegung der deut-schen Sprachkunst‹, die »nach den Mustern der besten Schriftsteller des vorigen und jetzigen Jahrhunderts abgefasset« war. (...) Da Gottsched ebendas Deutsch in Regeln faßte, das auch die meistgelesenen Dichter der Zeit benutzten, und es auch vermied, sich zu offenkundig an das im Süden ungeliebte Protestantendeutsch anzulehnen, konnte sich [110] schließlich auch in den katholischen Gebieten das Hochdeutsche als Schriftsprache durchsetzen.

Die Zeitschrift brachte auch einen neuen Typ des Autors hervor, der nun nicht mehr für einen Monarchen und dessen Hof dichtete, sondern für ein anonymes Publikum. Der Verkaufserfolg wurde gleichbedeutend mit der öffentlichen Anerkennung des Schriftstel- [115] lers, der erstmals die Chance hatte, sich als Herausgeber, Kritiker, Redakteur und natür-lich auch als Dichter wirtschaftlich über Wasser zu halten. Die Zahl der hauptberuflichen Schriftsteller, von denen auffallend viele aus evangelischen Pfarrhäusern stammten – wie etwa Gottsched, Gellert, Lessing, Claudius u. a. –, wuchs sprunghaft von etwa 2500 zu Beginn des 18. Jahrhunderts auf rund 10 000 am Ende. Viele begannen mit einem Theo- [120] logiestudium – schon weil es am billigsten war –, brachen dann aber ab und versuchten, sich mit Schreiben durchzubringen. Kaum einem ist dies letztlich gelungen, wenn das Ideal des freien Schriftstellers auch noch so hochstilisiert wurde.

Das wachsende Lesebedürfnis des Bürgertums deutet darauf hin, daß es in den Dichtun- gen und Schriften der Zeit ihm gemäße Ausdrucksformen und Gedanken fand. Erstmals [125] seit dem Untergang des Stadtbürgertums wandte sich eine ganze geistesgeschichtliche Bewegung nicht an die Höfe, sondern an das Bürgertum, »verbürgerte« schließlich sogar den Adel. Der stürmische Aufschwung der deutschen Literatur des 18. Jahrhunderts, wie auch der Wissenschaft, ist gleichzusetzen mit der Entwicklung des Bürgertums zum pri-mären Kulturträger in Deutschland. [130]

In: Ernst u. Erika von Borries: Deutsche Literaturgeschichte. Bd. 2: Aufklärung und Empfindsam-keit, Sturm und Drang. München: dtv 1991, S. 13 ff.

1. *Erklären Sie die Unterschiede zwischen der Theorie des Absolutismus und des aufge-klärten Absolutismus. Inwiefern ist der Unterschied wichtig für die Entfaltung des literarischen Lebens?*
2. *Welche Folgen für Staat und Gesellschaft hat es, wenn »das neue Bürgertum« litera-risch mündig wird?*

Biographien

Gottfried August Bürger wurde 1747 in Molmerswende (Harz) geboren und studierte Theologie und Jura in Halle und Göttingen. Früh hatte er Beziehungen zu Dichterkreisen in Göttingen. Eine Zeitlang war er Amtmann in Altengleichen, später Professor ohne Gehalt in Göttingen, 1779–94 Redakteur des »Deutschen Musenalmanachs«. Unglückliche Liebesaffären in und außerhalb von drei Ehen zerrütteten ihn und seine Partnerinnen. Er starb, völlig gebrochen, 1794 in Göttingen.
Werke: »Über Volkspoesie. Aus Daniel Wunderlichs Buch« (1776); »Gedichte« (1778); »Baron Münchhausens Erzählungen seiner wunderbaren Kriegsabenteuer in Rußland« (1786).

Matthias Claudius, als Sohn eines Pfarrers in Reinfeld (Holstein) am 15. 8. 1740 geboren, studierte in Jena Theologie und Jura und war ab 1768 in Hamburg als Bankrevisor und Schriftsteller tätig. Von 1771 bis 1775 gab er die viermal in der Woche erscheinende Zeitung »Der Wandsbecker Bothe« heraus; hier veröffentlichte er seine Aufsätze, Rezensionen, Briefe und Gedichte. Mögen seine Mahnungen zur Lebensklugheit auch aufklärerisch wirken, so ist seine fromme und schlichte Haltung, wie sie etwa in seinem Lied »Der Mond ist aufgegangen« zum Ausdruck kommt, eher als empfindsam und religiös zu kennzeichnen. Claudius starb am 21. 1. 1815 in Hamburg.
Werke: »Asmus Omnia sua portans oder Sämmtiche Werke des Wandsbecker Bothen« (1775–1812).

Christian Fürchtegott Gellert – am 4. 7. 1715 in Hainichen (Sachsen) geboren, am 13. 12. 1769 in Leipzig gestorben – besuchte als Pfarrerssohn die Fürstenschule in Meißen und studierte in Leipzig Theologie. In Leipzig wurde er 1744 Privatdozent, 1751 Professor. Er hielt Vorlesungen über Poetik, Rhetorik und Moral. Friedrich II. von Preußen nannte ihn »den vernünftigsten aller Weisen Deutschlands«.
Werke: »Fabeln und Erzählungen« (1746–1748); »Leben der schwedischen Gräfin von G... (1747); »Briefe, nebst einer praktischen Abhandlung vom guten Geschmack in Briefen« (1751).

Johann Wilhelm Ludwig Gleim wurde am 2. 4. 1719 in Ermsleben geboren. Der Sohn eines Beamten studierte von 1738 bis 1740 in Halle Rechtswissenschaften. Mit seinen Freunden Uz und Götz begründete er den Halleschen Dichterkreis. Nach einer kurzen Hauslehrertätigkeit wurde er 1744 Sekretär des Prinzen Wilhelm von Brandenburg-Schwedt und nahm mit diesem am zweiten Schlesischen Krieg teil. 1747 erhielt er die Sekretärsstelle beim Domkapitel in Halberstadt, die er bis zu seinem Tod am 18. 2. 1803 inne hatte.
Werke: »Versuch in scherzhaften Liedern« (1745); »Fabeln« (1756 f.); »Preußische Kriegslieder von einem Grenadier« (1758); »Lieder nach dem Anakreon« (1766).

Bürger

Claudius

Gellert

Johann Wolfgang Goethe wurde am 28.8.1749 in Frankfurt am Main geboren. Sein Vater war Kaiserlicher Rat ohne Amtsausführung, seine Mutter war die Tochter des Stadtschultheißen. Ehe Goethe 1765 das Studium der Rechte in Leipzig aufnahm, hatte er in seiner Heimatstadt nur Privatunterricht erhalten. In Leipzig ging er seinen vielseitigen Interessen nach, nahm Fecht- und Zeichenunterricht, schrieb Gedichte, Lieder und ein Schäferspiel »Die Laune des Verliebten« (1767/68). Einige dieser Lieder widmete er Annette Käthchen Schönkopf. 1768 erkrankte Goethe schwer, mußte das Studium unterbrechen und suchte Genesung zu Hause. In Frankfurt hatte er Kontakt zu pietistischen Kreisen, und er beschäftigte sich viel mit Mystik. Er ging 1770 nach Straßburg, um sein Studium abzuschließen. Hier lernte er Herder kennen, durch den er auf die Bedeutung Shakespeares, Ossians und die Volkspoesie aufmerksam gemacht wurde. Von Straßburg aus unternahm Goethe ausgedehnte Wanderungen und Ausritte ins Elsaß. In Sesenheim war er Gast der Pfarrersfamilie Brion. An Friederike Brion sind die bekanntesten Gedichte dieser Zeit gerichtet. Nach dem Abschluß des Studiums durch das Lizentiat sollte Goethe auf Anraten des Vaters eine Kanzlei in Frankfurt eröffnen. Geprägt ist diese Zeit aber mehr durch literarische Arbeiten und ehrgeizige literarische Pläne. Goethe schrieb das Drama »Götz von Berlichingen« (1773) und begann mehrere Dramen, unter ihnen den »Faust«. Während eines Aufenthalts am Reichskammergericht in Wetzlar lernte er Charlotte Buff kennen. Die Liebe zu ihr war auslösendes Moment für den Roman »Die Leiden des jungen Werther« (1774), der den jungen Autor bekannt und berühmt machte. Auf der Durchreise nach Darmstadt machte der junge Weimarische Erbprinz Karl August in Frankfurt Station, besuchte Goethe und lud ihn in seine Residenz ein. Mit der Übersiedlung Goethes nach Weimar 1775 begann ein neues Kapitel in der Lebensgeschichte des Autors und in der Geistesgeschichte Deutschlands. Die Weimarer Klassik wird Gegenstand von »Colleg Deutsch 2« sein.

Weitere Werke: »Zum Shakespeares-Tag« (1771); »Friederiken-Lieder« (1771); »Von deutscher Baukunst« (1773); »Urfaust« (1775); »Clavigo« (1774).

Johann Christoph Gottsched wurde am 2.2.1700 in Judittenkirchen bei Königsberg als Sohn eines Predigers geboren. Er hatte seit 1714 in Königsberg Theologie, Philosophie und Philologie studiert, floh 1724 vor preußischen Soldatenwerbern, habilitierte sich 1725 in Leipzig für Philosophie und Dichtkunst und erhielt 1730 in Leipzig eine Professur. Als Herausgeber mehrerer Zeitschriften, vor allem aber durch seine Werke »Ausführliche Redekunst«, (1728), »Versuch einer critischen Dichtkunst vor die Deutschen« (1730), »Nöthiger Vorrat zur Geschichte der deutschen dramatischen Dichtkunst« (1757–65) wurde er zu einem wichtigen Reformer der deutschen Sprache und Literatur, dessen Bedeutung dann allerdings durch Lessing in Frage gestellt wurde. Gottsched starb am 12. Dezember 1766 in Leipzig.

Weitere Werke: »Der sterbende Cato« (1732); »Grundlegung einer deutschen Sprachkunst« (1748).

Gleim

Goethe

Gottsched

Friedrich von Hagedorn galt zu seiner Zeit durch sein Werk »Versuch in poetischen Fabeln und Erzählungen« (1738) als ein Erneuerer der Fabel. Auch mit seinen Oden und Liedern war er für die junge Dichtergeneration, die sich als Anakreontiker verstanden, richtungsweisend.
Hagedorn, am 23. 4. 1708 in Hamburg als Sohn einer altadeligen Familie geboren, studierte

Jura, mußte das Studium aus finanziellen Gründen abbrechen und wurde Privatsekretär des dänischen Gesandten in London. Später erhielt er die Position des Sekretärs einer englischen Handelsgesellschaft in Hamburg. Hier starb er am 28. 10. 1754.
Weitere Werke: »Versuch einiger Gedichte« (1729); »Sammlung neuer Oden und Lieder« (1742–52); »Moralische Gedichte« (1750).

Johann Gottfried Herder wurde als Sohn eines pietistischen Kantors am 25. 8. 1744 in Mohrungen (Ostpreußen) geboren, studierte von 1762 bis 1764 in Königsberg Theologie und erhielt in Riga eine Anstellung als Lehrer und Prediger. Diese Stelle gab er auf und machte 1769 eine Schiffsreise nach Frankreich, über die er im »Journal meiner Reise im Jahr 1769« berichtete. In diesem Buch stellte er sich als literarisch und philosophisch vielseitig interessierter junger Mann vor. Während seines Aufenthalts in Straßburg 1770 und 1771 übte er großen Einfluß auf Goethe aus, der zu dieser Zeit in Straßburg studierte. Beide bestimmten maßgeblich die Gedankenrichtung des Sturm und Drang.

Von 1771 bis 1776 war Herder Hofprediger in der Residenz Bückeburg. Dann wurde er – auf Betreiben Goethes – als Leiter des Kirchen- und Schulwesens nach Weimar berufen. Die »Ideen zur Philosophie der Geschichte der Menschheit« (1784–91) gelten als sein Hauptwerk. Herder starb am 18. 12. 1803 in Weimar.
Weitere Werke: »Über die neuere deutsche Literatur« (1767/68); »Kritische Wälder« (1769); »Über den Ursprung der Sprache« (1772); »Auszug aus einem Briefwechsel über Ossian…« (1773); »Shakespeare« (1773); »Von deutscher Art und Kunst« (1773); »Auch eine Philosophie der Geschichte zur Bildung der Menschheit« (1774); »Volkslieder« (1778/79).

Immanuel Kant wurde am 22. 4. 1724 als Sohn eines Sattlers in Königsberg geboren. Er studierte in seiner Heimatstadt, war eine Zeitlang Hauslehrer in Ostpreußen, dessen Grenzen er zeit seines Lebens nicht überschritt, und wurde 1755 Privatdozent und 1770 Professor in Königsberg. Seine drei Kritiken – »Kritik der reinen Vernunft« (1781), »Kritik der praktischen Vernunft« (1787) und »Kritik der Urteilskraft« (1790) – machen ihn zum bedeutendsten deutschen Philosophen der Aufklärung, man-

che meinen, zum bedeutendsten deutschen Philosophen überhaupt. In Königsberg genoß er wegen seiner Sachlichkeit und Schlichtheit großes Ansehen; dagegen wurde er unter dem preußischen König Friedrich Wilhelm II. und dem Minister Wöllner wegen angeblicher Herabwürdigung des Christentums gemaßregelt. Er starb am 12. 2. 1804 in Königsberg.
Weitere Werke: »Prolegomena zu einer jeden künftigen Metaphysik« (1783); »Grundlegung zur Metaphysik der Sitten« (1785).

Hagedorn

Herder

Kant

Friedrich Gottlieb Klopstock durchbrach die Regeln einer vernunftgeleiteten Poetik zugunsten einer empfindsamen Lyrik mit den Themen Natur, Liebe, Freundschaft. Berühmt wurde er durch das großangelegte Epos »Der Messias«, von dem 1748 die ersten drei Gesänge erschienen.
Klopstock wurde am 2. 7. 1724 in Quedlinburg geboren. Er wurde streng pietistisch erzogen, besuchte die sächsische Fürstenschule Schulpforta, studierte in Jena und Leipzig Theologie und arbeitete ab 1748 als Hauslehrer. Von 1751 bis 1770 war er Legationsrat am Kopenhagener Hof, von 1770 an lebte er in Hamburg. Er starb am 14. 3. 1803. Sein Begräbnis hatte Züge einer nationalen Feier.
Weitere Werke: »Der Tod Adams« (1757); »Geistliche Lieder« (1758/59); »Hermanns Schlacht« (1769); »Oden« (1771); »Die deutsche Gelehrtenrepublik« (1774); »Hermann und die Fürsten« (1784); »Hermanns Tod« (1787).

Sophie von La Roche, geborene Gutermann von Gutershofen, wurde am 6. 12. 1731 in Kaufbeuren geboren. Sie stammte aus einer augsburgischen Patrizierfamilie und genoß eine für damalige Zeiten ungewöhnliche Ausbildung. 1753 heiratete sie den kurmainzischen Hofrat von Lichtenfels, genannt La Roche. Mit ihm lebte sie in Mainz, Biberach und Trier. Nach seinem Tode unternahm Sophie von La Roche Reisen in die Schweiz, nach Holland, Frankreich und England. Ihr Roman »Geschichte des Fräuleins von Sternheim« (1771) erregte als erster empfindsamer Roman einer Frau bei seinem Erscheinen großes Aufsehen. Eine lebenslange Freundschaft verband sie mit Christoph Martin Wieland. Ihre Enkelin Bettina von Arnim wuchs nach dem Tod der Eltern in ihrem Haus auf. Sophie von La Roche starb am 18. 2. 1807 in Offenbach.
Weitere Werke: »Der Eigensinn der Liebe und Freundschaft« (1772); »Rosaliens Briefe an ihre Freundin...« (1779/81); »Moralische Erzählungen« (1782/84/86); »Schönes Bild der Resignation« (1795/96).

Johann Kaspar Lavater wurde am 15. 11. 1741 in Zürich geboren und starb dort am 2. 1. 1801. Von Beruf Pfarrer, wurde er durch seine philosophischen Schriften bekannt. In seinen »Physiognomischen Fragmenten« (1775–78), an denen auch Goethe mitarbeitete, erläuterte er die Kunst der Charakterdeutung aus den Gesichtszügen.
Weitere Werke: »Schweizer Lieder« (1767); »Aussichten in die Ewigkeit« (1768–78); »Jesus Messias oder die Zukunft des Herrn« (1780); »Lieder für Leidende« (1786).

Jakob Michael Reinhold Lenz wurde am 12. 1. 1751 in Livland als Sohn eines Pfarrers geboren. Seit 1768 studierte er Theologie in Königsberg, kam 1771 als Hofmeister nach Straßburg, wo er durch die Lektüre von Homer, Shakespeare und Ossian wichtige Anregungen empfing. Er suchte hier und später in Weimar Kontakt zu Goethe. Nach einem Zerwürfnis mit Goethe wurde er aus Weimar ausgewiesen und fand – bereits psychisch schwer zer-

Klopstock

La Roche

Lavater

rüttet – vorübergehend Aufnahme bei Pfarrer Oberlin in Waldersbach/Steintal. Über Livland ging er nach Moskau, wo er am 24. 5. 1792 im Elend starb.

Bekannt geblieben sind seine Dramen »Der Hofmeister« (1774) und »Die Soldaten« (1776). Den Aufenthalt von Lenz bei Pfarrer Oberlin hat Georg Büchner in seiner Erzählung »Lenz« gestaltet.

Weitere Werke: »Lustspiele nach dem Plautus« (1774); »Anmerkungen übers Theater« (1774); »Der neue Menoza« (1774); »Pandämonium Germanicum« (1775); »Zerbin oder die neuere Philosophie« (1776); »Die Engländer« (1777).

Gotthold Ephraim Lessing gilt aus Heinrich Heines Sicht als der zweite deutsche Befreier nach Luther. Auch Bundespräsident Heinemann lobte 1974 in einer Festrede die Verbindung von »Aufklärung, Widerspruch und Anstoß«, die bei dem Schriftsteller und Dichter Lessing anzutreffen und die im einzelnen »allesamt Kinder der Freiheit« seien.

Lessing, am 22. 1. 1729 in Kamenz (Lausitz) geboren und auf der Fürstenschule in Meißen erzogen, studierte von 1746 bis 1748 Theologie, Philosophie und Medizin in Leipzig. Er fand gleichzeitig Kontakt zum Theater und schrieb erste Lustspiele. Von 1748 bis 1755 lebte er als freier Schriftsteller in Berlin, arbeitete an der »Berlinischen Privilegierten Zeitung« mit, veröffentlichte anakreontische Lyrik, Fabeln und das bürgerliche Trauerspiel »Miß Sara Sampson« (1755). Nach kurzer Unterbrechung wieder in Berlin, verfaßte er ab 1759 »Briefe, die neueste Literatur betreffend«, mit denen er gegen die Auffassungen Gottscheds anging. Während des Siebenjährigen Krieges war er in Breslau Sekretär eines preußischen Generals; er verarbeitete seine Erfahrungen in der Komödie »Minna von Barnhelm« (1767). Von 1767 bis 1769 schrieb er als Mitarbeiter des eben erst gegründeten Deutschen Nationaltheaters seine »Hamburgische Dramaturgie«. Zur Sicherung seiner materiellen Existenz nahm er 1770 eine Stellung als Bibliothekar in Wolfenbüttel im Dienst der Herzöge von Braunschweig und Lüneburg an. Aus den Beständen der Bibliothek veröffentlichte er »Beiträge zur Geschichte der Literatur aus der herzoglichen Bibliothek zu Wolfenbüttel«. Durch eine dieser Schriften fühlte sich der orthodoxe Pastor Goeze in Hamburg herausgefordert. Als der in Streitschriften ausgetragene theologische Disput durch den Einspruch des Herzogs unterbunden wurde, schrieb Lessing zur Darlegung seiner Haltung das Toleranzdrama »Nathan der Weise« (1779), das aber erst nach Lessings Tod – 15. 2. 1781 in Braunschweig – aufgeführt wurde.

Weitere Werke: »Der junge Gelehrte« (1747); »Fabeln« (1759); »Laokoon oder über die Grenzen der Malerei und Poesie« (1766); »Emilia Galotti« (1772); »Die Erziehung des Menschengeschlechts« (1780).

Georg Christoph Lichtenberg war als Professor für Mathematik einer der führenden Experimentalphysiker seiner Zeit. Der am 1. 7. 1742 in der Nähe von Darmstadt geborene Wissenschaftler litt zeitlebens an seinem gebrechlichen Körper. Die schriftstellerischen Arbeiten galten einerseits streng wissenschaftlichen Darlegungen, andererseits genauen, pieti-

Lenz

Lessing

Lichtenberg

stisch orientierten Selbstbeobachtungen, die er seinen Tagebüchern anvertraute. In diesen, von ihm »Sudelbücher« genannten Heften fanden sich die Aphorismen, die erst nach seinem Tod veröffentlicht wurden, die ihm einen Platz in der Literaturgeschichte sicherten und die in Form und Geist reinster Ausdruck der Aufklärung sind. Lichtenberg starb am 24. 2. 1799 in Göttingen.

Werke: »Briefe aus England« (1775); »Über Physiognomik wider die Physiognomen« (1778); »Ausführliche Erklärung der Hogarthischen Kupferstiche« (1794–1799); »Bemerkungen vermischten Inhalts« (1800–1806).

Magnus Gottfried Lichtwer wurde am 30. 1. 1719 in Wurzen geboren. Er war zeitweilig Hochschullehrer in Wittenberg, dann Regierungsbeamter und schließlich Konsistorialrat in Halberstadt und galt zu seiner Zeit als ausgezeichneter Fabeldichter und Nachdichter. Er starb am 7. 7. 1783 in Halberstadt.

Werke: »Vier Bücher Äcopischer Fabeln« (1748; erweitert 1758); »Das Recht der Vernunft« (1758).

Gottlieb Konrad Pfeffel wurde am 28. 6. 1736 in Colmar geboren; er starb am 1. 5. 1809 als Konsistorialpräsident in seiner Geburtsstadt. Pfeffel gründete 1773 eine bedeutende Erziehungsanstalt und leitete sie musterhaft, obwohl er früh erblindete. Seine Fabeln und poetischen Erzählungen wurden von seinen Zeitgenossen sehr geschätzt.

Werke: »Poetische Versuche in drei Büchern« (1761); »Fabeln« (1783).

Friedrich Schiller kam am 10. 11. 1759 als Sohn des späteren Offiziers Johann Christoph Friedrich Schiller in Marbach/Neckar zur Welt. Die Familie siedelte 1766 nach Ludwigsburg über, wo Herzog Karl Eugen seine Residenz hatte. 1773 trat Schiller in die Herzogliche Militär-Akademie (Karlsschule) ein, wo er in Rechtswissenschaften, später in Medizin ausgebildet wurde. Sein erstes Drama »Die Räuber« (1781) machte ihn bekannt, war aber auch Grund für seine Flucht 1782 aus Stuttgart. Er mußte seine persönliche und dichterische Freiheit für gefährdet halten. Im gleichen Jahr 1782 wurde das zweite Drama »Fiesko« (1783) fertiggestellt und das dritte »Kabale und Liebe« (1784) begonnen. Die Weimarer Klassik wird Gegenstand von Colleg Deutsch 2 sein.

Weitere Werke: »Brief an Scharffenstein« (1778); »Was kann eine gute stehende Schaubühne eigentlich wirken?« (1785; 1802 leicht verändert veröffentlicht unter dem berühmten Titel »Die Schaubühne als eine moralische Anstalt betrachtet«); »Don Carlos« (1787).

Lichtwer

Pfeffel

Schiller

Schubart   Uz   Wieland

Christian Friedrich Daniel Schubart wurde am 24.3.1739 in Obersontheim (Württemberg) geboren. Er war von 1769 bis 1773 Organist und Kapellmeister am württembergischen Hof in Ludwigsburg. In Augsburg gründete er 1774 die Zeitung »Deutsche Chronik«, in der er auch Artikel gegen die absolutistischen Herrschaftsmethoden der Fürsten schrieb. Er büß-te seinen Freimut mit mehr als zehnjähriger Haft auf der Festung Hohenasperg. Danach wurde er Theater- und Musikdirektor in Stuttgart. Er starb am 10.10.1791 in Stuttgart.
Weitere Werke: »Die Fürstengruft« (1780); »Gedichte aus den Kerker« (1785); »Schubarts Vaterländische Chronik« (1787); »Vaterlandschronik« (1788/89); »Chronik« (1790/91).

Johann Peter Uz wurde am 3.10.1720 in Ansbach geboren. Er studierte Jura und Philosophie in Halle und wurde durch seine anakreontischen Lieder bekannt. Uz begründete mit Götz und Gleim den Halleschen Dichterkreis. Er starb am 12.5.1796 als Wirklicher Geheimer Justizrat in seinem Geburtsort Ansbach.
Werke: »Lyrische Gedichte« (1749); »Der Sieg des Liebesgottes« (1753); »Versuch über die Kunst, stets fröhlich zu sein« (1760).

Christoph Martin Wieland wurde am 5.9.1733 in Oberholzheim bei Biberach als Sohn eines Pfarrers geboren. Nach pietistischer Schulerziehung studierte er seit 1749 Philosophie in Erfurt, ab 1750 Rechtswissenschaft in Tübingen. 1752 wurde er von Bodmer in die Schweiz eingeladen, verbrachte zwei Jahre in dessen Haus und arbeitete anschließend als Hauslehrer in der Schweiz. 1760 wurde er Kanzleiverwalter in Biberach, verkehrte mit dem Kanzler Graf Stadion und wendete sich von seiner frühen »seraphischen« Periode ab. 1769 wurde er als Professor für Philosophie nach Erfurt berufen, ab 1772 wurde er Prinzenerzieher am Weimarer Hof. Von 1798 bis 1803 lebte er auf Gut Oßmannstedt bei Weimar und wurde hier von Kleist besucht. Er starb am 20.1.1813 in Weimar.
Werke: »Die Abenteuer des Don Sylvio von Rosalva« (1764); »Komische Erzählungen« (1765); »Geschichte des Agathon« (1766); »Musarion oder die Philosophie der Grazien« (1768); »Der neue Adamis« (1771); »Der Goldne Spiegel« (1772).

2. Aufklärung

Aufklärung im 18. Jahrhundert

Die bedeutendste Antwort auf die Frage, was Aufklärung sei, hat der Königsberger Philosoph Immanuel Kant gegeben. Sie erschien 1783 als Aufsatz in der »Berlinischen Monatsschrift«. Diese Zeitschrift war eine der vielen periodisch erscheinenden Schriften, die im 18. Jahrhundert Grundlage öffentlicher Diskussion waren. Die »Berlinische Monatsschrift«, die von 1783 bis 1811 erschien, behandelte Themen wie »Etwas über die Hexenprozesse in Deutschland«, »Betrachtung über die Hinrichtung mit dem Schwert« und »Über den Ursprung der Weihnachtsgeschenke«. Es ging darum, falsche Vorstellungen, Aberglauben und Schwärmerei zurückzuweisen. Als sich eine Artikelserie damit befaßte, ob es sinnvoll sei, »das Ehebündniß ... ferner durch die Religion zu sanciren« oder nicht, und als im Namen der Aufklärung dafür und dagegen argumentiert wurde, forderte einer der Verfasser in einer Fußnote heraus: »Was ist Aufklärung? Diese Frage, die beinahe so wichtig ist, als: was ist Wahrheit, sollte doch wohl beantwortet werden, ehe man aufzuklären anfinge! Und noch habe ich sie nirgends beantwortet gefunden.«
Die Zeitschrift druckte Stellungnahmen verschiedenster Art ab. So konnte auch »Ein Fabelchen«, allerdings anonym, erscheinen.

Immanuel Kant
Beantwortung der Frage: Was ist Aufklärung? (1783)

Aufklärung ist der Ausgang des Menschen aus seiner selbst verschuldeten Unmündigkeit. Unmündigkeit ist das Unvermögen, sich seines Verstandes ohne Leitung eines anderen zu bedienen. Selbstverschuldet ist diese Unmündigkeit, wenn die Ursache derselben nicht am Mangel des Verstandes, sondern der Entschließung und des Muthes liegt, sich seiner ohne Leitung eines anderen zu bedienen. Sapere aude! Habe Muth dich deines eigenen Verstandes zu bedienen: ist also der Wahlspruch der Aufklärung. 5
Faulheit und Feigheit sind die Ursachen, warum ein so großer Theil der Menschen, nachdem sie die Natur längst von fremder Leitung frei gesprochen (naturaliter majorennes), dennoch gerne Zeitlebens unmündig bleiben; und warum es Anderen so leicht wird, sich zu deren Vormündern aufzuwerfen. Es ist so bequem, unmündig zu sein. Habe ich ein 10 Buch, das für mich Verstand hat, einen Seelsorger, der für mich Gewissen hat, einen Arzt, der für mich die Diät beurtheilt, u.s.w. so brauche ich mich ja nicht selbst zu bemühen. Ich habe nicht nöthig zu denken, wenn ich nur bezahlen kann; andere werden das verdrießliche Geschäft schon für mich übernehmen. Daß der bei weitem größte Theil der Menschen (darunter das ganze schöne Geschlecht) den Schritt zur Mündigkeit, außer 15 dem daß er beschwerlich ist, auch für sehr gefährlich halte: dafür sorgen schon jene Vormünder, die die Oberaufsicht über sie gütigst auf sich genommen haben. Nachdem sie

ihr Hausvieh zuerst dumm gemacht haben, und sorgfältig verhüteten, daß diese ruhigen Geschöpfe ja keinen Schritt außer dem Gängelwagen, darin sie sie einsperreten, wagen
20 durften; so zeigen sie ihnen nachher die Gefahr, die ihnen drohet, wenn sie es versuchen allein zu gehen. Nun ist diese Gefahr zwar eben so groß nicht, denn sie würden durch einigemahl Fallen wohl endlich gehen lernen; allein ein Beispiel von der Art macht doch schüchtern, und schrekt gemeiniglich von allen ferneren Versuchen ab.

Es ist also für jeden einzelnen Menschen schwer, sich aus der ihm beinahe zur Natur
25 gewordenen Unmündigkeit herauszuarbeiten. Er hat sie sogar lieb gewonnen, und ist vor der Hand wirklich unfähig, sich seines eigenen Verstandes zu bedienen, weil man ihn niemals den Versuch davon machen ließ. Satzungen und Formeln, diese mechanischen Werkzeuge eines vernünftigen Gebrauchs oder vielmehr Mißbrauchs seiner Naturgaben, sind die Fußschellen einer immerwährenden Unmündigkeit. Wer sie auch abwürfe, würde
30 dennoch auch über den schmalesten Graben einen nur unsicheren Sprung thun, weil er zu dergleichen freier Bewegung nicht gewöhnt ist. Daher giebt es nur Wenige, denen es gelungen ist, durch eigene Bearbeitung ihres Geistes sich aus der Unmündigkeit heraus zu wikkeln, und dennoch einen sicheren Gang zu thun.

In: Was ist Aufklärung? Beiträge aus der Berlinischen Monatsschrift. In Zusammenarbeit mit Michael Albrecht ausgewählt, eingeleitet und mit Anmerkungen versehen v. Norbert Hinske. Darmstadt: Wissenschaftliche Buchgesellschaft 1953, S. 514.

1. *Analysieren Sie den ersten Absatz.*
   – Welche Satzformen werden hier verwendet?
   – Welche Erklärungen werden gegeben?
   – Welche Forderungen werden aufgestellt?
2. *Erklären Sie die Begriffe »Unmündigkeit«, »verschuldet«, »Verstand« und »Mut«.*
3. *Welche Möglichkeiten liegen in dem Programm der Aufklärung begründet? Warum sollten Menschen nach der Vorstellung des Verfassers dem Programm folgen?*
4. *Welche Schwierigkeiten stehen dem Programm der Aufklärung entgegen?*

Z.[1]

Der Affe. Ein Fabelchen (1784)

Ein Affe stekt' einst einen Hain
Von Zedern Nachts in Brand,
Und freute sich dann ungemein,
Als er's so helle fand.
»Kommt Brüder, seht was ich vermag;
»Ich, – ich verwandle Nacht in Tag!

Die Brüder kamen groß und klein,
Bewunderten den Glanz
Und alle fingen an zu schrein:
Hoch lebe Bruder Hans!
»Hans Affe ist des Nachruhms werth,
»Er hat die Gegend aufgeklärt.

In: Was ist Aufklärung? Beiträge aus der Berlinischen Monatsschrift. In Zusammenarbeit mit Michael Albrecht ausgewählt, eingeleitet und mit Anmerkungen versehen v. Norbert Hinske. Darmstadt: Wissenschaftliche Buchgesellschaft 1953, S. 370.

[1] Hinter der Abkürzung vermutet man Friedrich Zöllner (1753–1804), einen Theologen und Pädagogen, der zum engsten Kreis der Berliner Aufklärer gehörte.

1. *Wie wird der Prozeß der Aufklärung hier dargestellt?*
2. *Welche Gefahren werden angedeutet?*
3. *Welche Intention verfolgt dieser Autor? Welche Gründe könnten dafür vorliegen, daß er anonym bleiben möchte?*
4. *Vergleichen Sie den Text mit den Aussagen und Forderungen Kants, und beziehen Sie Stellung.*

Aufklärung im 20. Jahrhundert

Die deutschen Philosophen Max Horkheimer und Theodor W. Adorno schrieben während ihrer amerikanischen Emigration einzelne Abhandlungen, die unter dem zusammenfassenden Titel »Dialektik der Aufklärung« 1947 erstmals in Amsterdam erschienen und die die Diskussion über die Tendenzen der Aufklärung neu belebten. Dargelegt wurde nämlich, wie auch fortschrittliche Tendenzen das Gegenteil des Beabsichtigten bewirken können: Wie kommt es, fragen Horkheimer und Adorno, daß »die vollends aufgeklärte Erde« »im Zeichen triumphalen Unheils« strahlt?

Max Horkheimer/Theodor W. Adorno
Begriff der Aufklärung

Seit je hat Aufklärung im umfassendsten Sinn fortschreitenden Denkens das Ziel verfolgt, von den Menschen die Furcht zu nehmen und sie als Herren einzusetzen. Aber die vollends aufgeklärte Erde strahlt im Zeichen triumphalen Unheils. Das Programm der Aufklärung war die Entzauberung der Welt. Sie wollte die Mythen auflösen und Einbildung durch Wissen stürzen. Bacon, »der Vater der experimentellen Philosophie«[1], hat die Motive schon versammelt. Er verachtet die Adepten der Tradition, die »zuerst glauben, daß andere wissen, was sie nicht wissen; und nachher, daß sie selbst wissen, was sie nicht wissen. Leichtgläubigkeit jedoch, Widerwille gegen den Zweifel, Unbesonnenheit im Antworten, Prahlerei mit Bildung, Scheu zu widersprechen, Interessiertheit, Lässigkeit in eigener Forschung, Wortfetischismus, Stehenbleiben bei bloßen Teilerkenntnissen: dies und Ähnliches hat die glückliche Ehe des menschlichen Verstandes mit der Natur der Dinge verhindert, und ihn statt dessen an eitle Begriffe und planlose Experimente verkuppelt: die Furcht und Nachkommenschaft einer so rühmlichen Verbindung kann man sich leicht vorstellen. Die Druckerpresse, eine grobe Erfindung; die Kanone, eine die schon nahe lag; der Kompaß, in gewissem Grad bereits früher bekannt: welche Veränderung haben nicht diese drei hervorgebracht – die eine im Zustand der Wissenschaft, die andere in dem des Krieges, die dritte in dem der Finanzen, des Handels und der Schiffahrt! Und auf diese, sage ich, ist man nur zufällig gestolpert und gestoßen. Also die Überlegenheit des Menschen liegt im Wissen, das duldet keinen Zweifel. Darin sind viele

[1] Voltaire: Lettres philosophiques XII. Œuvres complètes. Ed. Garnier. Paris 1879. Band XXII. S. 118.

Adorno   Horkheimer

20 Dinge aufbewahrt, welche Könige mit all ihren Schätzen nicht kaufen können, über die ihr Befehl nicht gebietet, von denen ihre Kundschafter und Zuträger keine Nachricht bringen, zu deren Ursprungsländern ihre Seefahrer und Entdecker nicht segeln können. Heute beherrschen wir die Natur in unserer bloßen Meinung und sind ihrem Zwang unterworfen; ließen wir uns jedoch von ihr in der Erfindung leiten, so würden wir ihr in
25 der Praxis gebieten.«[1]

Trotz seiner Fremdheit zur Mathematik hat Bacon die Gesinnung der Wissenschaft, die auf ihn folgte, gut getroffen. Die glückliche Ehe zwischen dem menschlichen Verstand und der Natur der Dinge, die er im Sinne hat, ist patriarchal: der Verstand, der den Aberglauben besiegt, soll über die entzauberte Natur gebieten. Das Wissen, das Macht
30 ist, kennt keine Schranken, weder in der Versklavung der Kreatur noch in der Willfährigkeit gegen die Herren der Welt. Wie allen Zwecken der bürgerlichen Wirtschaft in der Fabrik und auf dem Schlachtfeld, so steht es den Unternehmenden ohne Ansehen der Herkunft zu Gebot. Die Könige verfügen über die Technik nicht unmittelbarer als die Kaufleute: sie ist so demokratisch wie das Wirtschaftssystem, mit dem sie sich entfaltet.
35 Technik ist das Wesen dieses Wissens. Es zielt nicht auf Begriffe und Bilder, nicht auf das Glück der Einsicht, sondern auf Methode, Ausnutzung der Arbeit anderer, Kapital. Die vielen Dinge, die es nach Bacon noch aufbewahrt, sind selbst wieder nur Instrumente: das Radio als sublimierte Druckerpresse, das Sturzkampfflugzeug als wirksamere Artillerie, die Fernsteuerung als der verläßlichere Kompaß. Was die Menschen von der Natur lernen
40 wollen, ist, sie anzuwenden, um sie und die Menschen vollends zu beherrschen. Nichts anderes gilt. Rücksichtslos gegen sich selbst hat die Aufklärung noch den letzten Rest ihres eigenen Selbstbewußtseins ausgebrannt. Nur solches Denken ist hart genug, die Mythen zu zerbrechen, das sich selbst Gewalt antut.

In: Max Horkheimer/Theodor W. Adorno: Dialektik der Aufklärung. Philosophische Fragmente. Mit einem Nachwort von Jürgen Habermas. Frankfurt/M.: Fischer 1969, S. 9 f.

[1] Bacon: In Praise of Knowledge. London 1825. Band 1. S. 254.

Werner Schneiders
Die wahre Aufklärung

Aufklärung ist wieder ein Schlagwort geworden, auch Kritik und Emanzipation oder
Mündigkeit. Etwa seit der Jahrhundertmitte ist nach langer Anfeindung die mit Aufklärung gemeinte Sache wie die als Aufklärung bezeichnete Epoche mehr und mehr wieder
zu Ehren gekommen. Anlaß dieser Renaissance der Aufklärung in Deutschland ist nicht
zuletzt der Versuch einer intellektuellen Bewältigung der Katastrophe des Zweiten Welt- 5
kriegs durch Erkenntnis ihrer geistigen und gesellschaftlichen Hintergründe wie auch
ihrer z. T. restaurativen Folgen (Adorno, Horkheimer, Szczesny). Aufklärung hat daher
heute einen betont politischen Sinn; sie ist zwar nicht immer unmittelbar politische Aufklärung, meist aber auch Aufklärung in politischer Absicht. Die Frage, was denn nun
Aufklärung sei, stößt daher auf ein breites Spektrum von Antworten, zumal jedes der 10
vielen Aufklärungsprogramme in sich noch differenziert sein kann. Dennoch lassen sich
gewisse einheitliche Strukturen in der gegenwärtig intendierten Aufklärung sichtbar machen. Aufklärung ist im allgemeinen (wie konkret auf sexuellem und kriminellem, medi-
zinischem und militärischem Gebiet) Aufhellung eines unklaren und so Aufdeckung eines
verborgenen, verdeckten oder versteckten Sachverhalts. Aufklärung als Denkprogramm 15
meint daher geistige Erhellung, Klärung (Durchleuchtung) von Fakten und von Begriffen,
besonders im psychischen und sozialen Bereich: und zwar im Gegenzug zur Scheinwirk-
lichkeit und zum Scheinwissen. Aufklärung ist insofern eine Protestbewegung, eine Änderung der Denkrichtung, Opposition gegen geltende Positionen und als solche Negation
wesentlich Programm. Aufklärung erstrebt Enthüllung der Wirklichkeit und so Aufhe- 20
bung des falschen Bewußtseins. Sie ist nicht zuletzt Entlarvung der am Schein interessierten Personen und Institutionen, Demaskierung und nicht selten Desillusionierung – sei es
in der Weise der Selbstaufklärung, sei es als Aufklärung durch andere oder Aufklärung
von anderen (und dabei einseitige oder wechselseitige Aufklärung). Zur Aufklärung gehört daher zunächst Information; sie geschieht durch Information und vermittelt als 25
solche Information, nämlich richtige statt falscher oder mangelhafter Information. Zur
Aufklärung gehört dann aber vor allem Kritik, insbesondere Ideologiekritik und folglich
Kritik der Schein und Dunkelheit und damit Dummheit und Verblendung erzeugenden
Personen und Institutionen. Aufklärung ist Zerstörung von Tabus und Einsicht in die
psychischen und sozialen Mechanismen, die als Zwänge empfunden werden: und zwar 30
nicht nur in kritischer, sondern auch in praktischer Absicht, in pädagogischer sowie in
therapeutischer und politischer Absicht. Aufklärung ist so einerseits Selbstbefreiung aus
aller Bevormundung, gegebenenfalls Kampf zwecks Aufhebung der Unterdrückung; sie
verwirklicht sich dann in der Emanzipation: etwa von Gott durch Verweltlichung, von
der Natur durch Beherrschung, vom Staat durch individuelle Selbstentfaltung oder kol- 35
lektive Revolution. Aufklärung ist andererseits auch Pädagogik; sie ist Erziehung zur
Mündigkeit, gegebenenfalls auch medizinische Therapie und politische Reform.
So vielgestaltig das Programm der modernen Aufklärung, deren spezifische Ausformun-
gen und einzelne Vertreter hier undiskutiert bleiben müssen, erscheinen mag, es bleibt die
einheitsstiftende Selbstbezeichnung und Selbstdeutung dieser umfassenden geistigen Be- 40
wegung als Aufklärung. Diese Selbstartikulation hat nicht nur sachliche, sondern auch
geschichtliche Hintergründe. Schon die Selbstbezeichnung der Aufklärung der Gegen-

wart als Aufklärung, die Redeweise von einer neuen, schon vorhandenen oder noch erstrebten zweiten oder dritten Aufklärung (L. Marcuse), knüpft zumindest äußerlich an
45 die Aufklärung des 18. Jahrhunderts an, die sich selbst als erste den Namen Aufklärung gegeben hat und sich auch schon nicht selten neuere Aufklärung nannte, indem sie auf sogenannte ältere aufgeklärte Zeiten Bezug nahm, womit vor allem die griechische und römische Antike gemeint war. Darüber hinaus nimmt auch die inhaltliche Selbstreflexion der heutigen Aufklärung immer wieder ausdrücklichen Bezug auf die des 18. Jahrhun-
50 derts. Dieser Brückenschlag geschieht jedoch nicht ohne betonte Absetzung von den damaligen Formen und Inhalten. Die heutige Aufklärung intendiert nicht einfach das Wiederholen oder Nachholen einer seinerzeit abgebrochenen oder überwundenen, inzwischen jedenfalls geschichtlich überholten Bewegung. Alle ihre Programmatiker fordern mit der Rehabilitierung der älteren Aufklärung auch deren Weiterentwicklung, ihre Fort-
55 führung oder Vollendung auf einer höheren Ebene: eine neue Art von Aufklärung, die auch die problematischen Implikationen der älteren Aufklärung kritisch bzw. selbstkritisch reflektieren und so die genannte Naivität dieser Aufklärung, insbesondere deren Überschätzung der Rationalität des Menschen und damit der bloß theoretischen Aufklärung, aufheben soll. Nun geschieht allerdings die Anknüpfung an die Aufklärung des
60 18. Jahrhunderts, obwohl es auch in diesem Zusammenhang zu einer erfreulichen Belebung der historischen Erforschung der Aufklärung gekommen ist, oftmals noch in verblüffender Unkenntnis dieser Aufklärung, zumindest soweit es die deutsche Aufklärung betrifft. Die neueren Programmatiker der Aufklärung lassen sich ihr Bild von der älteren Aufklärung, die bekanntlich lange verfemt, verdrängt und vergessen war, nach wie vor
65 weitgehend durch die Klischees ihrer geschichtlichen Gegner und Nachfolger vorgeben. Soweit überhaupt historische Kenntnis der Aufklärung im Spiel ist, orientieren sie sich eher an der französischen oder englischen als an der deutschen Aufklärung und verstehen Aufklärung vielfach nur als theoretisches Vorspiel zur praktischen Revolution. Und da die neuere Aufklärung in diesem Sinne politisch zu sein beansprucht, findet sie die ältere
70 deutsche Aufklärung unpolitisch. Das ursprüngliche Selbstverständnis der deutschen Aufklärung des 18. Jahrhunderts wird dabei kaum zur Kenntnis genommen. Soweit die heutige Aufklärung aber direkt an die originale Selbstdeutung der damaligen Aufklärung anknüpft, geschieht diese Bezugnahme meist nur im Hinblick auf Kants Bestimmung der Aufklärung als Ausgang aus der selbstverschuldeten Unmündigkeit – ohne daß diese
75 Formel zureichend aus ihrem Kontext verstanden wird.

In: Werner Schneiders: Die wahre Aufklärung. Zum Selbstverständnis der deutschen Aufklärung. Freiburg/München: Alber 1974, S. 7 ff.

1. *Vergleichen Sie die Texte von Horkheimer/Adorno und Schneiders.*
   – *Wie wird der Begriff der Aufklärung inhaltlich gefüllt?*
   – *Wie werden die Tendenzen der Aufklärung beurteilt?*
   – *Welche Möglichkeiten werden erwähnt, welche Schwierigkeiten werden aufgedeckt?*
2. *Welche Tendenzen erkennen Sie »in der gegenwärtig intendierten Aufklärung«?*
   – *Benennen Sie aufklärerische Bewegungen, die Sie gedanklich verfolgen und die sie unterstützen.*
   – *Benennen Sie Bewegungen, die kritisch auf eine mögliche »Überschätzung der Rationalität des Menschen« aufmerksam machen.*

Philosophie

Aufklärung hat nicht in einem bestimmten Datum und an einem genau festzulegenden Ort begonnen; und Aufklärung ist nicht auf die Literatur beschränkt. Vielmehr kann Aufklärung als Anstoß verstanden werden, der immer und überall erfolgen kann, wo Menschen bereit sind, ihr Denken und Handeln kritisch zu überprüfen.

Als Bahnbrecher der neuzeitlichen europäischen Philosophie wird der Franzose René Descartes (1596–1650) gerühmt. Die großen Philosophen wie Leibniz, Kant, Fichte und Hegel sind von ihm beeinflußt. Der radikale Mut seines Denkens hat nicht nur auf seine Zeitgenossen bezwingende Macht ausgeübt; seine Gedanken haben Spuren hinterlassen, die bis auf den heutigen Tag wahrnehmbar sind.

Der englische Philosoph John Locke (1632–1704) folgt dem Grundsatz: Nichts ist im Verstand, was nicht vorher in den Sinnen war. So bestreitet er das Vorhandensein eingeborener Ideen. Locke ist zwar Verfechter des christlichen Glaubens, hält aber den Grundsatz der Toleranz für verpflichtend. Damit wirbt er für einen wichtigen Gedanken zur Aufklärung.

Unmittelbar auf die Literatur der frühen deutschen Aufklärungsphase wirkte Christian Thomasius (1655–1728); er begann 1687 an der Universität Leipzig Vorlesungen in deutscher Sprache zu halten – eine mutige Tat und eine wichtige Voraussetzung für die Verbreitung aufklärerischer Ideen in Deutschland. Seine Leipziger Vorlesung im Winter 1689/90 zum Thema »Von den Vorurteilen, die uns an der Erkenntnis der Wahrheit hindern« verbindet Gedanken, die vorher schon von englischen und französischen Aufklärern geäußert wurden. Er wird zum Sprecher gegen Pedanterie, Hexenprozesse und scholastische Philosophie; 1688 gründete er seine Monatsschrift »Freimütige, lustige und ernsthafte, jedoch vernunft- und gesetzmäßige Gedanken oder Monatsgespräche über allerhand vornehmlich aber über neue Bücher«. Auch hier meldet sich Kritik zu Wort, wie sie später in den »moralischen Wochenschriften« fortgesetzt wurde.

René Descartes
Meditatio IV, Vom Wahren und Falschen (1641)

Das habe ich in diesen Tagen zur Genüge erfahren, da ich alles das, was ich früher am meisten als wahr geglaubt hatte, allein deswegen als völlig falsch unterstellt habe, weil ich entdeckt hatte, daß auf irgendeine Weise daran gezweifelt werden kann.

12. Wenn ich aber nicht klar und deutlich genug erfasse, was wahr ist, so ist klar, daß ich richtig handele und mich nicht täusche, wenn ich mich wenigstens der Abgabe eines Urteils enthalte; wenn ich aber etwas behaupte oder verneine, dann gebrauche ich die Freiheit der Willenswahl nicht richtig. Und wenn ich mich nach der falschen Seite wende, täusche ich mich offenbar, wenn ich aber die andere ergreife, so mag ich zwar durch Zufall in die Wahrheit geraten, aber deshalb werde ich nicht von Schuld frei sein, weil es durch das natürliche Licht handgreiflich ist, daß die Erfassung durch den Verstand immer der Bestimmung durch den Willen vorhergehen muß. Und in diesem unrichtigen Ge-

brauch der freien Willenswahl liegt jener Ausfall, der die Form des Irrtums ausmacht; der Ausfall, sage ich, liegt in der Tätigkeit selbst, sofern sie von mir ausgeht, nicht aber in der Fähigkeit, die ich von Gott empfangen habe, und auch nicht in der Tätigkeit, sofern sie
15 von ihm abhängt.

13. Denn ich habe gar keine Ursache, mich zu beklagen, daß Gott mir keine größere Kraft des Einsehens oder kein größeres natürliches Licht gegeben habe, als er mir gegeben hat, weil es von der Art des endlichen Verstandes ist, daß er vieles nicht einsieht, und von der Art des geschaffenen Verstandes, daß er endlich ist; und ich habe allen Grund, ihm, der
20 mir niemals irgendetwas schuldig gewesen ist, zu danken für das, was er mir geschenkt hat, nicht aber zu meinen, ich sei von ihm dessen beraubt worden, oder er habe mir das weggenommen, was er nicht gegeben hat.

14. Ich habe auch keine Ursache, mich zu beklagen, daß er mir einen Willen gegeben hat, der sich weiter erstreckt als der Verstand; da nämlich der Wille nur in einer einzigen Sache
25 und gleichsam in einem Unteilbaren besteht, scheint sein Wesen nicht zu dulden, daß irgendetwas von ihm weggenommen werden könne. Und in der Tat, je mächtiger er ist, um so größeren Dank schulde ich seinem Geber.

15. Und endlich darf ich auch nicht klagen, daß Gott mit mir darin zusammentrifft, jene Willensakte oder jene Urteile, in welchem ich mich täusche, hervorzurufen. Denn jene
30 Akte sind, sofern sie von Gott abhängen, durchaus wahr und gut, und in mir ist es gewissermaßen die größere Vollkommenheit, daß ich sie hervorrufen kann, als wenn ich es nicht könnte. Der Ausfall aber, in dem allein der formale Grund der Falschheit und der Schuld besteht, bedarf keiner Mitwirkung Gottes, weil er kein Seiendes ist, und, auf ihn (Gott) als Ursache bezogen, nicht Ausfall, sondern lediglich Verneinung genannt werden
35 muß. Denn es ist wahrlich keine Unvollkommenheit in Gott, daß er mir die Freiheit gegeben hat, einigem zuzustimmen oder nicht zuzustimmen, dessen klare und deutliche Erfassung er nicht in meinen Verstand hineingelegt hat, sondern es ist ohne Zweifel eine Unvollkommenheit in mir, daß ich jene Freiheit nicht gut gebrauche und von dem, was ich nicht richtig einsehe, ein Urteil abgebe.

In: René Descartes: Meditationen über die erste Philosophie. Hg. v. Erich Chr. Schröder. Hamburg: Meiner 1956, S. 105.

1. *Inwiefern ist der Grundsatz, nur das für wahr zu halten, was »ich ... klar und deutlich ... erfasse«, aufklärerisch?*
2. *Welchen Anteil hat nach Ansicht des Autors der »Wille« und welchen Anteil hat der »Verstand«, das zu erfassen, was »wahr« ist?*

John Locke
Duldsamkeit (1689)

Da es Euch gefällig ist, Euch zu erkundigen, was ich über die wechselseitige Duldung der Christen verschiedenen religiösen Bekenntnisses denke, so muß ich Euch freimütig antworten, daß ich Duldung für das hauptsächlichste Kennzeichen der wahren Kirche erachte. Mögen einige auch viel Rühmens machen von den altertümlichen Stätten und
5 Namen oder von dem Gepräge ihres äußeren Gottesdienstes; andere von der Reformation ihrer Lehre; alle von der Orthodoxie ihres Glaubens – denn jeder ist in seinen eigenen

Augen orthodox – so sind doch diese Dinge und alle anderen dieser Natur viel eher kennzeichnend für Menschen, die für Macht und Herrschaft übereinander streiten, als für die Kirche Christi. Mag jemand einen noch so begründeten Anspruch auf alle diese Dinge haben, aber wenn er der Mildtätigkeit, der Sanftmut und des guten Willens überhaupt 10 gegen alle Menschen, selbst wenn sie nicht Christen sind, bar ist, so ist er gewiß weit davon entfernt, selbst ein guter Christ zu sein. (...)

Die Duldung derer, die von andern in Religionssachen abweichen, ist mit dem Evangelium Jesu Christi und der unverfälschten menschlichen Vernunft so sehr in Übereinstimmung, daß es ungeheuerlich scheint, wenn Menschen so blind sind, ihre Notwendigkeit 15 und Vorzüglichkeit bei so hellem Lichte nicht zu gewahren.

In: Die Aufklärung. In ausgewählten Texten dargestellt u. eingeleitet v. Gerhard Funke. Stuttgart: Köhler 1963, S. 236; © Meiner Verlag, Hamburg.

1. *Wie wird der Begriff der »Orthodoxie« verstanden und eingeschätzt?*
2. *Welche Gründe werden für das Prinzip der »Duldung« angegeben?*
3. *Inwieweit wird hier aufgeklärt argumentiert?*

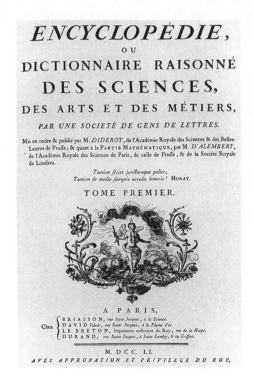

Frontispiz zur ›Encyclopédie‹. Kupferstich nach einer Zeichnung von Cochin d. J. (1763) »Oben sieht man die Wahrheit zwischen Vernunft und Einbildungskraft: die Vernunft sucht ihr den Schleier zu entreißen, die Einbildungskraft möchte sie zieren. Darunter spekulative Philosophen, weiter unten die Künstler. Die Philosophen blicken auf die Wahrheit; die stolze Metaphysik sucht sie weniger zu erblicken als zu erraten; die Theologie wendet ihr den Rücken und erwartet das Licht von oben.« (Diderot, Salon von 1763)

Christian Thomasius
Von denen Irrtümern und deren Ursprung (1691)

Dreizehntes Hauptstück der Einleitung zur Vernunftlehre

Aus diesem, was wir bisher gesagt haben, werden gar leicht die Ursprünge und Hauptquellen aller Irrtümer zu erkennen sein. Sie werden insgemein Praejudicia oder Vorurteile
genennet, teils weil dieselben bei den Menschen alsbald sich ereignen, ehe ihr Verstand
und Judicium noch recht reif ist, teils weil vermittelst derselben der Mensch aus Unbe-
5 dachtsamkeit eher urteilet, als er die Sache gehörig geprüfet. Dannenhero sind die Praejudicia und Vor-Urteile nichts anders als falsche Meinungen, die uns von Erkenntnis der
Wahrheit abführen, welche sich der Mensch ohne Ursache wahr zu sein beredet, entweder
weil er aus Leichtgläubigkeit von anderen, deren Autorität er getrauet, dessen beredet
worden, oder weil er aus Ungeduld und darauf erfolgter Übereilung sich dessen selber
10 beredet. (...)

Der Hauptquell aller Praejudiciorum ist der elende Zustand des Verstandes der Menschen
in ihrer Jugend und die demselben anklebende Leichtgläubigkeit, durch welche er sich
was Falsches geschwinde bereden läßt oder selbst beredet. Und weil diese eitle Beredung
teils außer dem Menschen von andern herrühret, teils in ihm selbst verborgen ist, so
15 entstehen dahero zwei allgemeine Haupt-Praejudicia, denen man alle Irrtümer, die auf
der Welt sein, zuschreiben kann, davon wir das eine das Vorurteil menschlicher Autorität,
das andere aber das Vorurteil der Übereilung nennen wollen. Wie es mit beiden in der
Jugend hergehe, haben wir allbereit in vorigem genugsam betrachtet, jetzo wollen wir nur
diese beiden Brunnquellen alles Übels noch ein wenig gegen einander konferieren.
20 Jenes, das praejudicium autoritatis, rühret aus einer unvernünftigen Liebe gegen andere
Menschen her und wird zuweilen durch eine eingedruckte Furcht, daß uns nicht Übels
widerfahre, bekräftiget. Dieses aber, das praejudicium praecipitantiae, rühret aus einer
unvernünftigen Selbstliebe zu unserer Gemachlichkeit her, unserer Nachlässigkeit und
Ungeduld zu schmeicheln und ihnen sanfte zu tun, und wird auf gleiche Weise durch eine
25 unzeitige Scham oder Faulheit bekräftiget. Jenes ist älter als dieses und dannenhero tiefer
eingewurzelt; denn wir glauben anderen Leuten eher, als wir selbst zu raisonnieren anfangen. Also folget auch daraus, daß man dieses eher los werden kann als jenes, wiewohl
dieser Satz auch aus dem ersten Unterschied erwiesen werden kann. Denn weil das praejudicium autoritatis sich fürnehmlich in einer unvernünftigen Liebe anderer Menschen
30 gründet, die Praecipitanz aber mehr auf eine unvernünftige Selbstliebe zielet, so hänget
auch jenes dem Menschen fester an als dieses; maßen wir denn schon zu seiner Zeit dieses
Paradoxum gar ausführlich beweisen wollen, daß die unvernünftige Liebe gegen andere
Dinge allezeit stärker ist als die unvernünftige Eigenliebe.

In: Aus der Frühzeit der deutschen Aufklärung. Christian Thomasius und Christian Weise. Hg. v.
Fritz Brüggemann. Darmstadt: Wissenschaftliche Buchgesellschaft 1972, S. 31 ff.

1. *Inwiefern sind Vorurteile »die Ursprünge und Hauptquellen aller Irrtümer«?*
2. *Beschreiben Sie die »Haupt-Praejudicia«, und grenzen Sie sie gegeneinander ab.*
3. *Welche Schlüsse lassen sich aus dem Gesagten ziehen: Wie sind Vorurteile aufzuheben?*

Bürgertum

Der Bürger und die bürgerliche Verfassung

Das Wort Bürger bezeichnete im Mittelalter die Einwohner einer Stadt, die das volle Bürgerrecht besaßen. Die Bürger waren in einer hierarchischen Ordnung nach Ständen gegliedert. An der Spitze stand die gesellschaftlich und politisch tonangebende Schicht der Patrizier. Unter den Patriziern standen die Handwerker, die wiederum nach Zünften gegliedert waren.

Diese Ordnung hielt sich im 18. Jahrhundert noch in den freien Reichsstädten, während in den absolutistisch regierten Gebieten die Stadtbewohner zu Untertanen der Regierenden wurden.

Im 18. Jahrhundert gelang, wo der aufgeklärte Absolutismus von Zunftreglements freistellte oder wo Privilegien vergeben wurden, Handwerkern, Kaufleuten und Verlegern der Aufstieg in die städtische Oberschicht. Außerdem wurde die Zulassung zum Staatsdienst vereinfacht.

Diese Wirtschaftsbürger und Beamten bildeten die Aufsteiger, die das Geburts- und Besitzprinzip der Ständegesellschaft durchbrachen: »Genau diese Elite ist auch gemeint, wenn von den neuen Bürgerlichen des 18. Jahrhunderts sowie von bürgerlicher Aufklärung die Rede ist.«[1]

Gottlieb Konrad Pfeffel
Der freie Mann · Ein Volkslied

Wer ist ein freier Mann?
Der, dem nur eigner Wille
Und keines Zwingherrn Grille
Gesetze geben kann;
5 Der ist ein freier Mann.

Wer ist ein freier Mann?
Der das Gesetz verehret,
Nichts tut, was es verwehret,
Nichts will, als was er kann;
10 Der ist ein freier Mann.

Wer ist ein freier Mann?
Wem seinen hellen Glauben
Kein frecher Spötter rauben,
Kein Priester meistern kann;
15 Der ist ein freier Mann.

Wer ist ein freier Mann?
Der auch in einem Heiden
Den Menschen unterscheiden,
Die Tugend schätzen kann;
20 Der ist ein freier Mann.

Wer ist ein freier Mann?
Dem nicht Geburt noch Titel,
Nicht Sammetrock noch Kittel
Den Bruder bergen kann;
25 Der ist ein freier Mann.

Wer ist ein freier Mann?
Wem kein gekrönter Würger
Mehr, als der Name Bürger
Ihm wert ist, geben kann;
30 Der ist ein freier Mann.

---

[1] Rolf Grimminger: Aufklärung, Absolutismus und bürgerliche Individuen. In: Sozialgeschichte der deutschen Literatur. Hg. v. Rolf Grimminger. Bd. 3/1. München: Hanser 1979, S. 88.

Wer ist ein freier Mann?
Der, in sich selbst verschlossen,
Der feilen Gunst der Großen
Und Kleinen trotzen kann;
35 Der ist ein freier Mann.

Wer ist ein freier Mann?
Der fest auf seinem Stande
Auch selbst vom Vaterlande
Den Undank dulden kann;
40 Der ist ein freier Mann.

Wer ist ein freier Mann?
Der, muß er Gut und Leben
Zum Raub Tyrannen geben,
Doch nichts verlieren kann;
45 Der ist ein freier Mann.

Wer ist ein freier Mann?
Der bei des Todes Rufe
Keck auf das Grabes Stufe
Und rückwärts blicken kann;
50 Der ist ein freier Mann.

In: Das große deutsche Gedichtbuch. Hg. v. Karl Otto Conrady. Kronberg/Ts.: Athenäum 1977, S. 194.

1. *Welche Rechte sollen dem freien Mann zustehen?*
2. *Welche Pflichten hat der freie Mann zu erfüllen?*
3. *Wem ist der freie Mann verantwortlich?*
4. *Welche Forderungen werden direkt oder indirekt an Staat und Kirche gestellt?*

Christoph Martin Wieland
Der Goldne Spiegel (1772)

Die KINDER der NATUR.

Der Roman steht in der Tradition des philosophisch-didaktischen Staatsromans. Er versucht, einen hypothetischen Idealstaat darzustellen, und besitzt damit utopischen Charakter. Darüber hinaus behandelt er das Verhältnis des idealen Fürsten zu seinem Staat. Wieland verlegt die Handlung ins indische Scheschian, einem in unzählige Provinzen aufgesplitterten Reich, in dem sich die Fürsten die zentrale Gewalt gegenseitig streitig machen. Tifan, ein angesehener König von Scheschian, wird von dem weisen Ratgeber Dschengis in ländlicher Abgeschiedenheit erzogen, aber auch er scheitert als König mit seiner »gar zu schöne(n), gar zu gute(n), gar zu vernünftige(n) und eben darum ... für so alberne Tiere, als die Menschen sind, gar nicht passende(n) Verfassung«. In der kunstvollen Rahmenerzählung berichtet der Hofphilosoph Danischmend seinem Sultan von den Vorgängen in Scheschian.

Titelkupfer zu »Der Goldne Spiegel oder Die Könige von Scheschian«. Gestochen von C. Kohl nach einer Zeichnung von J. H. Ramberg. 1794.

2. Teil, 6. Kapitel

»Die Begriffe« (so fuhr Danischmend in der Erzählung von Tifans Erziehung fort), »welche dieser junge Prinz von dem weisen Dschengis erhielt, konnten nicht anders als auf seinen Verstand und auf sein Herz mit ihrer vollen Kraft wirken, und jenem alles das Licht, so wie diesem alle die Rechtschaffenheit mitteilen, welche sie, vermöge der Natur der Sache, einer unverdorbenen Seele mitteilen müssen. Die Grundsätze – 5

I. Alle Menschen sind Brüder, und haben von Natur gleiche Bedürfnisse, gleiche Rechte, und gleiche Pflichten.

II. Die wesentlichen Rechte der Menschheit können weder durch Zufall, noch Gewalt, noch Vertrag, noch Verzicht, noch Verjährung, sie können nur mit der menschlichen Natur verloren werden; und eben so gewiß läßt sich keine notwen- 10 dige noch zufällige Ursache denken, welche einen Menschen, unter was für Umständen er sich auch befinde, von seinen wesentlichen Pflichten los zählen könnte.

III. Ein jeder ist dem andern schuldig, was er in den gleichen Umständen von ihm erwarten würde.

IV. Kein Mensch hat ein Recht, den andern zu seinem Sklaven zu machen. 15

V. Gewalt und Stärke gibt kein Recht, die Schwachen zu unterwerfen, sondern legt ihren Besitzern bloß die natürliche Pflicht auf, sie zu beschützen.

VI. Ein jeder Mensch hat, um einen gerechten Anspruch an Wohlwollen, Mitleiden und Hülfe von Seiten eines jeden Menschen zu haben, keinen andern Titel vonnöten, als daß er ein Mensch ist. 20

VII. Der Mensch, welcher von andern verlangen wollte, daß sie ihn köstlich nähren und kleiden, – mit einer prächtigen Wohnung und allen ersinnlichen Bequemlichkeiten versehen, – ihm, auf Unkosten ihrer Ruhe, Bequemlichkeit und Notdurft, alles nur mögliche Vergnügen gewähren, – unaufhörlich arbeiten um ihn aller Bemühung zu überheben, – sich bloß mit dem Unentbehrlichen behelfen, 25 damit er seine üppigsten Begierden bis zur Ausschweifung befriedigen könne, – kurz, daß sie nur für ihn leben, und, um ihm alle diese Vorteile zu erhalten, jeden Augenblick bereit sein sollten, sich allen Arten des Ungemachs und Elends, dem Hunger und dem Durst, dem Frost und der Hitze, der Verstümmelung ihrer Gliedmaßen und den schrecklichsten Gestalten des Todes für ihn auszusetzen – 30 der einzelne Mensch, der an zwanzig Millionen Menschen eine solche Forderung machen wollte, ohne sich schuldig zu halten, ihnen sehr große und mit solchen Diensten in gehörigem Ebenmaße stehende Gegendienste dafür zu leisten, – wäre ein Wahnsinniger, und müßte seine Forderung an Leute machen, die es noch mehr wert als er selbst wären, wenn er Gehör finden sollte. 35

Diese und tausend andre Sätze, welche sich aus ihnen ableiten lassen, fand der junge Tifan gleichsam mit der eigenen Hand der Natur in seine Seele geschrieben. Es waren eben so viele Gefühle, welche ihn der weise Dschengis in Grundsätze verwandeln lehrte, deren überzeugender Kraft seine Vernunft eben so wenig widerstehen konnte, als es in seiner Willkür stand, den Tag für Nacht, oder warm für kalt zu halten.« 40

In: Christoph Martin Wieland: Der Goldne Spiegel und andere Dichtungen. München: Winkler 1979, S. 209 f.

1. *Inwiefern wird hier eine neue Staatsverfassung als Ideal vorgestellt?*
2. *Wie ist die Verfassung begründet?*
3. *Gegen wen richtet sie sich?*
4. *Welches Menschenbild liegt ihr zugrunde?*
5. *Welche der genannten Grundsätze sind in die modernen Verfassungen eingegangen?*

Bürgerliche Tugenden

Handlungziele und Handlungsweisen der Menschen hängen in weitem Maße von den Umständen ab, unter denen sie leben. Mit den Lebensumständen ändern sich die Leitlinien für das Leben des einzelnen, der Gruppen und der Gesellschaft. Zu den Leitlinien zählen die Tugendbegriffe, die eine Gesellschaft anerkennt.

Die tragende Schicht der Aufklärung dachte über mögliche und erstrebenswerte Handlungsweisen intensiv nach. Dabei wollte man herausfinden, was »vernünftig« und nützlich sei, was einen erstrebenswerten Glückszustand erreichen lasse.

Tugendvorstellungen sind nicht so eindeutig zu bestimmen wie juristische Begriffe. Schon der Wortinhalt eines Tugendbegriffs wie Treue ist nicht genau zu fassen; auch der Grad von Schätzung oder Ablehnung, den ein solches Wort in einer Sprachgemeinschaft erfährt, ist nicht endgültig auszumachen; schließlich ist der Richtwert für das Verhalten, also die Wirkung auf die Angesprochenen, nicht zu messen.

Das Leben in der bürgerlichen Gesellschaft verlangt nach Verhaltensregeln. Das häufig genannte Werk »Über den Umgang mit Menschen« von Adolph Freiherr von Knigge (1752–1796) enthält praktische und unkomplizierte Ratschläge, wie sich der einzelne im öffentlichen Leben bewegen und zurechtfinden kann. Es ist ein grobes Mißverständnis, diese Regeln als »Anstandsregeln« aufzufassen. Dennoch haben Knigges Ausführungen hauptsächlich als praktische Hilfestellung gewirkt.

Eine Wirkung indirekter Art erhofften sich die Aufklärer von den Schönen Künsten. Sie sollten die Vernunft aktivieren und so auf die moralische Erziehung der Menschen Einfluß nehmen. Dieses Ziel verfolgte Johann Georg Sulzer (1720–1779), der mit seiner lexikalischen Darstellung »Allgemeine Theorie der schönen Künste« (1771–1774) großen Einfluß gewann. Erst die spätere Generation warf ihm vor, ihm sei es allzusehr um die Einordnung in eine vernunftbestimmte Gesellschaftsordnung gegangen. Die enge Verbindung von Ethik und Ästhetik wurde allerdings schon bald als problematisch angesehen.

Bürgerliche Tugenden bilden, wie der zeitgenössische Philosoph Otto Friedrich Bollnow (geb. 1903) zeigt, ein Gerüst, ohne das der Bestand der bürgerlichen Gesellschaft kaum vorstellbar ist.

Adolph Freiherr von Knigge
»Die Pflichten gegen uns selbst« (1788)

Hüte dich vor eingebildeten Leiden des Leibes und der Seele. Laß dich nicht gleich nie-
derbeugen von jedem wiedrigen Vorfalle, von jeder körperlichen Unbehaglichkeit. Fasse
Muth! Sei getrost! Alles in der Welt geht vorüber; Alles läßt sich überwinden durch
Standhaftigkeit; Alles läßt sich vergessen, wenn man seine Aufmerksamkeit auf einen
andern Gegenstand heftet.   5
5) Respectire dich selbst, wenn du willst, daß Andere dich respectiren sollen. Thue nichts
im Verborgenen, dessen du dich schämen müßtest, wenn es ein Fremder sähe. Handle
weniger Andern zu gefallen, als um deine eigene Achtung nicht zu verscherzen – gut und
anständig. Selbst in deinem Aeußern, in deiner Kleidung sieh dir nicht nach, wenn du
allein bist. Gehe nicht schmutzig, nicht lumpicht, nicht unrechtlich, nicht krumm, noch   10
mit groben Manieren einher, wenn dich Niemand beobachtet. Mißkenne deinen eigenen
Werth nicht. Verliere nie die Zuversicht zu dir selber, das Bewußtsein deiner Menschenwürde, das Gefühl, wenn nicht eben so weise und geschickt als manche Andre zu sein,
doch weder an Eifer, es zu werden, noch an Redlichkeit des Herzens irgend Jemand
nachzustehen.   15
6) Verzweifle nicht, werde nicht mißmuthig, wenn du nicht die moralische oder intellec-
tuelle Höhe erreichen kannst, auf welcher ein Andrer steht, und sei nicht so unbillig,
andere gute Seiten an dir zu übersehen, die du vielleicht vor Jenem voraushaben magst. –
Und wäre das auch nicht der Fall – müssen wir denn Alle groß sein?
Stimme dich auch herab von der Begierde zu herrschen, eine glänzende Hauptrolle zu   20
spielen. Ach, wüßtest du, wie theuer man das oft erkaufen muß. Ich begreife es wol, diese

Sucht, ein großer Mann zu sein, ist bei dem innern Gefühle von Kraft und wahrem Werthe schwer abzulegen. Wenn man so unter mittelmäßigen Geschöpfen lebt und sieht, wie wenig diese erkennen und schätzen, was in uns ist, wie wenig man über sie vermag, wie
25 die elendesten Pinsel, die Alles im Schlafe erlangen, aus ihrer Herrlichkeit herunterblicken – ja es ist wol freilich hart. – Du versuchst es in allen Fächern; im Staate geht es nicht; du willst in deinem Hause groß sein; aber es fehlt dir an Geld, an dem Beistande deines Weibes; deine Laune wird von häuslichen Sorgen niedergedrückt; und so geht denn Alles den Werkeltagsgang; du empfindest tief, wie so Alles in dir zu Grunde geht; du kannst
30 dich durchaus nicht entschließen, ein gemeiner Kerl zu werden, in dem Fuhrmannsgleise fortzuziehen – das Alles fühle ich mit dir, allein verliere doch darum nicht den Muth, den Glauben an dich selber und an die Vorsehung. Gott bewahre dich vor diesem vernichtenden Unglücke! Es gibt eine Größe – und wer die erreichen kann, der steht hoch über Alle. – Diese Größe ist unabhängig von Menschen, Schicksalen und äußerer Schätzung.
35 Sie beruht auf innerem Bewußtsein; und ihr Gefühl verstärkt sich, je weniger sie erkannt wird.

7) Sei dir selber ein angenehmer Gesellschafter. Mache dir keine Langeweile, das heißt: Sei nie ganz müßig. Lerne dich selbst nicht zu sehr auswendig, sondern sammle aus Büchern und Menschen neue Ideen. Man glaubt es gar nicht, welch ein eintöniges Wesen
40 man wird, wenn man sich immer in dem Cirkel seiner eigenen Lieblingsbegriffe herumdreht, und wie man dann alles wegwirft, was nicht unser Siegel an der Stirne trägt.
Der langweiligste Gesellschafter für sich selber ist man ohne Zweifel dann, wenn man mit seinem Herzen, mit seinem Gewissen in nachtheiliger Abrechnung steht. Wer sich davon überzeugen will, der gebe Acht auf die Verschiedenheit seiner Launen. Wie verdrießlich,
45 wie zerstreuet, wie sehr sich selbst zur Last ist man nach einer Reihe zwecklos, vielleicht gar schädlich hingebrachter Stunden, und wie heiter, sich selbst mit seinen Gedanken unterhaltend dagegen am Abend eines nützlich verlebten Tages.

8) Es ist aber nicht genug, daß du dir ein lieber angenehmer und unterhaltender Gesellschafter seiest, du sollst dich auch, fern von Schmeichelei, als deinen eigenen, treuesten
50 und aufrichtigsten Freund zeigen und wenn du eben so viel Gefälligkeit gegen deine Person als gegen Fremde haben willst, so ist es auch Pflicht, eben so strenge gegen dich, als gegen Andre zu sein. Gewöhnlich erlaubt man sich alles, verzeiht sich alles und Andern nichts, gibt bei eigenen Fehltritten, wenn man sie auch dafür anerkennt, dem Schicksal oder unwiderstehlichen Trieben die Schuld, ist aber weniger tolerant gegen die Verirrun-
55 gen seiner Brüder – das ist nicht gut gethan.

9) Miß auch nicht dein Verdienst darnach ab, daß du sagest: »ich bin besser, als Dieser und Jener von gleichem Alter, Stande,« und so ferner, sondern nach den Graden deiner Fähigkeiten, Anlagen, Erziehung und der Gelegenheit, die du gehabt hast, weiser und besser zu werden, als Viele. Halte hierüber oft in einsamen Stunden Abrechnung mit dir
60 selber, und frage dich als ein strenger Richter, wie du alle diese Winke zu höherer Vervollkommnung benützt habest.

In: Adolph Freiherr von Knigge: Über den Umgang mit Menschen. München: Lichtenberg 1975, S. 83 ff.

1. *Welche Verhaltensregeln gibt der Autor Knigge?*
2. *Welche Ziele sollte der Mensch anstreben?*
3. *Welche Tugendbegriffe werden genannt?*
4. *Diskutieren Sie Knigges Vorstellungen über »Die Pflichten gegen uns selbst«.*

Johann Georg Sulzer
Theorie der Schönen Künste. Vorrede zur ersten Auflage (1771–1774)

Der Mensch besitzet zwei, wie es scheinet, von einander unabhängliche Vermögen, den Verstand und das sittliche Gefühl, auf deren Entwicklung die Glückseligkeit des gesellschaftlichen Lebens gegründet werden muß. Von dem Verstand hänget die Möglichkeit desselben ab, das sittliche Gefühl aber gibt diesem Leben das, ohne welches dasselbe keinen Wert haben würde. 5

Daß die Menschen nicht mehr einzeln, oder in kleinen Horden, gleich den Tieren des Feldes herumirren, um eine kümmerliche Nahrung zu suchen; daß sie beständige Wohnplätze und einen zuverlässigen Unterhalt haben; daß sie in großen Gesellschaften, und unter guten Gesetzen leben, ist eine Wohltat, die sie dem Verstand zu danken haben, der die mechanischen Künste erfunden, Wissenschaften und Gesetze ausgedacht hat. Sollen aber die Menschen 10 diese herrlichen Früchte des Verstandes recht genießen, und in dem großen gesellschaftlichen Leben glücklich sein, so müssen gesellschaftliche Tugenden; so muß Gefühl für sittliche Ordnung, für das Schöne und Gute in die Gemüter gepflanzet werden.

Man betrachte den Zustand vieler großen Völker, bei denen der Verstand wohl angebaut ist; wo die mechanischen Künste und die Wissenschaften zu einer beträchtlichen Vollkommenheit gestiegen sind, und frage sich selbst, ob diese Völker glücklich seien? Bei der Untersuchung, warum sie es nicht sind, findet man, daß es ihnen an den Nerven der Seele, an dem lebhaften Gefühl des Schönen und Guten fehlet; man findet sie zu träg sich der Unordnung zu widersetzen; zu gefühllos den Mangel des Guten lebhaft zu empfinden, und zu unwürksam, ihm, da, wo sie ihn noch empfinden möchten, abzuhelfen. 20

Zwar liegt der Samen dieses Gefühls, so wie des Verstandes, in allen Gemütern, und in einigen wenigen glücklichern Seelen keimet er auch von selbst auf, und trägt Früchte: soll er aber überall aufgehen, so muß er sorgfältig gewartet und gepfleget werden. Zur Wartung des Verstandes hat man überall große und kostbare Anstalten gemacht; desto mehr aber hat man die wahre Pflege des sittlichen Gefühles versäumet. Aus einem öfters wiederholten Genuß des Vergnügens an dem Schönen und Guten, erwächst die Begierde nach demselben, und aus dem widrigen Eindruck, den das Häßliche und Böse auf uns macht, entsteht der Widerwillen gegen alles, was der sittlichen Ordnung entgegen ist. Durch diese Begierde und diese Abneigung wird der Mensch zu der edlen Würksamkeit gereizet, die unablässig für die Beförderung des Guten und Hemmung des Bösen arbeitet. 30

Diese heilsamen Würkungen können die schönen Künste haben, deren eigentliches Geschäft es ist, ein lebhaftes Gefühl für das Schöne und Gute, und eine starke Abneigung gegen das Häßliche und Böse zu erwecken.

Aus diesem Gesichtspunkt hab ich bei Verfertigung des gegenwärtigen Werks die schönen Künste angesehen; und in dieser Stellung erkannte ich nicht nur ihre Wichtigkeit, sondern 35 entdeckte zugleich die wahren Grundsätze, nach welchen der Künstler zu arbeiten hat, wenn er den Zweck sicher erreichen soll. Hieraus läßt sich leicht abnehmen, nach was für einem Ziel ich diese Arbeit gelenkt habe. Zuerst hab ich mir angelegen sein lassen auf das deutlichste zu zeigen, daß die schönen Künste jene große Würkung tun können, und daß die völlige Bewürkung der menschlichen Glückseligkeit, die durch die Kultur der mecha- 40 nischen Künste und der Wissenschaften ihren Anfang bekommen hat, von der Vollkommenheit und der guten Anwendung der schönen Künste müsse erwartet werden. Hernach

war meine zweite Hauptsorge den Künstler von seinem hohen Beruf zu überzeugen, und ihn auf den Weg zu führen, auf welchem er fortgehen muß, um seine Bestimmung zu
45 erfüllen.

Man hat durch den falschen Grundsatz, daß die schönen Künste zum Zeitvertreib und zur Belustigung dienen, ihren Wert erstaunlich erniedriget, und aus den Musen, die Nachbarinnen des Olympus sind, irdische Dirnen und witzige Buhlerinnen gemacht. Durch diesen unglücklichen Einfall sind die festen Grundsätze, wonach der Künstler arbeiten sollte, zer-
50 nichtet, und seine Schritte unsicher geworden. Wir müssen es diesen verkehrten Begriffen zuschreiben, daß die schönen Künste bei vielen rechtschaffenen Männern in Verachtung gekommen sind; daß die Politik sie ihrer Vorsorge kaum würdig achtet, und sie dem Zufall überläßt; daß sie bei unsern gottesdienstlichen Festen und bei unsern politischen Feierlichkeiten so gar unbedeutend sind. Man hat dadurch dem Künstler den Weg zum wahren Ver-
55 dienst gleichsam verrennt, und gemacht, daß er sich vor den barbarischen Künstlern halb wilder Völker schämen muß, die durch ihre unharmonische Musik, durch ihre unförmlichen Tänze und durch ihre ganz rohe Poesie, mehr ausrichten, als unsre feineste Virtuosen. Jene entflammen die Herzen ihrer Mitbürger mit patriotischem Feuer, da diese kaum eine vorübergehende Belustigung der Phantasie zu bewürken vermögend sind.
60 Es muß jeden rechtschaffenen Philosophen schmerzen, wenn er sieht, wie die göttliche Kraft des von Geschmack geleiteten Genies so gar übel angewendet wird. Man kann nicht ohne Betrübnis sehen, was die Künste würklich sind, wenn man erkennt hat, was sie sein könnten. Man muß unwillig werden, wenn man siehet, daß Leute, die mit den Musen nur Unzucht treiben, einen Anspruch auf unsre Hochachtung machen dürfen? Wie langwei-
65 lig, wie verdrüßlich und wie abgeschmackt bisweilen unsre öffentlichen Feierlichkeiten und Feste, und wie so gar schwach unsre Schauspiele seien, empfindet jeder Mensch von einigem Gefühl. Und doch könnte man durch dergleichen Veranstaltungen aus dem Menschen machen, was man wollte. Es ist in der Welt nichts, das die Gemüter so gar bis auf den innersten Grund öffnet, und jedem Eindruck so ausnehmende Kraft gibt, als öffent-
70 liche Feierlichkeiten, und solche Veranstaltungen, wo ein ganzes Volk zusammen kommt. Und doch – wie brauchen die Künstler diese Gelegenheiten die Gemüter der Menschen, derer sie da vollkommen Meister sein können, zum Guten zu lenken? Wo lebt der Dichter, der bei einer solchen Gelegenheit ein ganzes Volk mit Eifer für die Rechte der Menschlichkeit angeflammt, oder mit Haß gegen öffentliche Verbrecher erfüllt, oder ungerechte
75 und boshafte Seelen mit Scham und Schrecken geschlagen hat?

Es ist nur ein Mittel den durch Wissenschaften unterrichteten Menschen, auf die Höhe zu heben, die er zu ersteigen würklich imstand ist. Dieses Mittel liegt in der Vervollkommnung und der wahren Anwendung der schönen Künste. Noch ist die höchste Stufe in dem Tempel des Ruhms und des Verdienstes unbetreten; die Stufe, auf welcher einmal der
80 Regent stehen wird, der, aus göttlicher Begierde die Menschen glücklich zu sehen, mit gleichem Eifer und mit gleicher Weisheit die beiden großen Mittel zur Beförderung der Glückseligkeit, die Kultur des Verstandes und die sittliche Bildung der Gemüter, jene durch die Wissenschaften, diese durch die schönen Künste, zum vollkommenen Gebrauch wird gebracht haben.

In: Zeichen der Zeit. Ein deutsches Lesebuch in vier Bänden. Hg. v. Walther Killy. Bd. 1. Frankfurt/M.: Fischer 1962, S. 145 ff.

1. *Untersuchen Sie den Aufbau des Textes, und entwerfen Sie eine Gliederung.*
2. *Welche Aufgaben kommen dem Verstand, welche dem sittlichen Gefühl bei der Entwicklung der »Glückseligkeit des gesellschaftlichen Lebens« zu?*
3. *Was kritisiert der Autor am gegebenen Zustand? Welche Veränderungen schlägt er vor? Welche Argumente hat er für seine Kritik und für seine Empfehlungen?*
4. *Vergleichen Sie Sulzers Darlegungen mit den abgedruckten Textauszügen Platons (S. 132 ff.) und Senecas (S. 135 f.). Was ist für die Autoren das höchste Gut, was sind untergeordnete Zwecke?*
Nehmen Sie Stellung zu den Konzeptionen.

Otto Friedrich Bollnow
Bürgerliche Tugenden, Beispiel »Ordnungsliebe«

Man bezeichnet den hier zu betrachtenden Bereich am besten als den der wirtschaftlichen Tugenden, weil er für den Aufbau des wirtschaftlichen Lebens, für die Kunst des rechten Haushaltens bestimmend ist. Hier ist jedenfalls der Bereich, in dem sie sich am besten entwickeln, mag ihre Anwendbarkeit dann auch weit über diesen speziellen Bereich hinausgehen. 5
Man könnte sie auch als bürgerliche Tugenden bezeichnen, wenn man dabei den Stand vor Augen hat, der ihnen in der neueren Geistesgeschichte vor allem zum Durchbruch verholfen hat. Als Bürger wird dabei ein Mensch verstanden, der aus eigner Anstrengung und mit beschränkten, ihn zur Sparsamkeit zwingenden Mitteln ein geordnetes wirtschaftliches Leben aufzubauen unternimmt. Dieses Bürgertum hat sich geschichtlich vor 10 allem im Kampf gegen den Adel entwickelt, der für diese Tugenden kein Verständnis haben konnte, weil er ganz aus der Fülle seiner Mittel heraus lebte und darum einer solchen Kunst des Haushaltens gar nicht bedurfte. (...)
Erst wo der Mensch mit sehr viel geringeren Mitteln ein geordnetes Dasein aufzubauen gezwungen ist, da erst entwickelt sich das Verständnis für die Bedeutung dieser Tugenden. 15
Das geschieht, geistesgeschichtlich betrachtet, in der Zeit der Aufklärung, im 18. Jahrhundert also, als die bürgerliche Schicht zum erstenmal die Führung im kulturellen Leben übernahm. Vor allem bei den Pädagogen dieser Zeit, bei den Philanthropen, bei Basedow, Salzmann, Campe, aber auch bei Pestalozzi wird der Wert dieser Tugenden immer wieder hervorgehoben. Hier wird man also vor allem zugreifen müssen, wenn man diese Tugen- 20 den in ihrer Reinheit wirklich finden will. Das soll nicht bedeuten, daß diese Tugenden nicht schon vorher lange bestanden und in ihren Kreisen, in den arbeitenden Schichten allgemein, sich einer bescheidenen Schätzung erfreut hätten. Aber erst als im Verlauf der Aufklärung sich das Bürgertum aus der Vorherrschaft aristokratischer wie auch theologischer Bindungen löste, war die Möglichkeit gegeben, daß sich die Welt dieser wirt- 25 schaftlichen Tugenden in ihrem eigenen Wesen entfalten konnte.

Die Ordnung als Muttertugend
Der einfachste sittliche Grundbegriff des hier betrachteten Bereichs ist derjenige der Ordnung, die ihm zugeordnete Tugendhaltung die der Ordnungsliebe. Ordnung bedeutet hier

zunächst im allereinfachsten Sinn die Ordnung der dinglichen Lebensumgebung in Haus
30 und Hof, den Zustand also, in dem nicht die Gegenstände im wirren Haufen durchein-
anderliegen, sondern jedes Gerät an seiner Stelle zur Hand ist, jeder Vorrat richtig aus-
genutzt wird, so daß nichts verkommt, verlorengeht oder abhanden kommt und keine
Zeit unnütz vertan wird. Eine wichtige Tochtertugend der Ordnungsliebe ist die Pünktlichkeit als die genaue Innehaltung einer geregelten Zeiteinteilung, die als solche die
35 richtige Ausnutzung der zur Verfügung stehenden Zeit erst ermöglicht und auch auf die
Zeiteinteilung des andern Rücksicht nimmt, indem sie ihn nicht unnötig warten läßt. Sie
kann darüber hinaus weitgehend den Lebensstil eines Menschen bestimmen und wird so
zu einem wesentlichen Glied der Pflichttreue. Der Wert dieser Ordnung (und mit ihr der
Pünktlichkeit) liegt darin, daß sie die erste Vorbedingung für eine rationale Durchgestal-
40 tung des Lebens darstellt. Ihr Gegenteil ist die Unordnung, in der alles durcheinander-
geht, in der der Mensch nicht findet, was er braucht und so Zeit und Kraft verliert.
Die Ordnung ist in diesem Sinn so recht die Tugend der Aufklärung und spielt darum vor
allem in der philanthropischen Erziehung eine entscheidende Rolle. Bei Campe wird sie
gradezu als die »Muttertugend« bezeichnet, als die Grundlage also, auf deren Boden
45 dann erst die andern Tugenden entspringen. Wenn man überhaupt die ethischen Systeme
danach unterscheiden kann, welche Tugend jeweils bei ihnen die Führung hat, so ist die
Aufklärung durch die Vorrangstellung des menschlichen Ordnungswillens bestimmt.

Die Gefahren der Ordnung
Auf der andern Seite ist nicht zu verkennen, daß die Ordnung auch ihre Gefahren hat, und
es bestätigt sich schon hier der tiefe Gedanke des Aristoteles, der die Tugend als rechte
50 Mitte zwischen zwei einander entgegengesetzten Extremen bestimmt. Man kann nämlich
die Ordnung auch übertreiben und das, was seinem Wesen zufolge eine dienende Funktion hat, zum Selbstzweck erheben. Dann aber wird die Ordnung zu einem starren System, das die freie Bewegung des Lebens behindert. Wo gearbeitet wird, wo überhaupt
Menschen sich unbefangen bewegen, da entsteht notwendig ein gewisses Maß von Un-
55 ordnung. Und wo die Ordnung um jeden Preis bewahrt werden soll, da erstarrt das Leben
in einer Art von Friedhofsaufgeräumtheit.
Die Verkörperung dieser entarteten Ordnungsliebe ist der Pedant, der so sehr an der
mechanischen Einhaltung seiner Ordnung hängt, daß er sich unter keinen noch so drin-
genden Umständen darüber hinwegsetzen kann. Vor allem die Tiefenpsychologie hat den
60 Blick dafür geschärft, wie die entartete Ordnung zu Zwangshandlungen führen kann, in
deren Gefüge sich der Mensch vor dem chaotischen Ansturm einer feindlichen Welt
flüchtet, aber die schließlich ganz vom freien Leben absperren können. In der vollendeten
Ordnung erstarrt das Leben.

In: Otto Friedrich Bollnow: Wesen und Wandel der Tugenden. Frankfurt/M.: Ullstein 1958, S. 32.

*Als bürgerliche Tugenden gelten seit Ende des 17. Jahrhunderts besonders Fleiß, Gehor-
sam, Gerechtigkeit und Demut. Erarbeiten Sie Inhalt und Anspruch dieser Leitvorstel-
lungen in methodischer Anlehnung an Bollnows Abhandlung über die »Ordnungsliebe«.
Sicherlich gehen die Ansichten darüber auseinander, welchen Stellenwert diese Tugendvorstellungen heute noch haben. Solche Fragen nach der Geltung sind legitimer Anlaß zu
einer Diskussion.*

Literarische Formen

Zur Verbreitung der Aufklärung trugen nicht unerheblich literarische Texte mit belehrender und kritischer Tendenz bei. »Die Zahl der hauptberuflichen Schriftsteller«, so wurde in der Einleitung zu diesem Kapitel gesagt, »wuchs sprunghaft von etwa 2500 zu Beginn des 18. Jahrhunderts auf rund 10 000 am Ende« (S. 177). Sie alle strebten dem Ideal des freien Schriftstellers nach, der vom Verkaufserfolg seiner Bücher leben und unbehelligt seine Meinung äußern konnte.

Die materielle Seite dieses Ziels war kaum zu erreichen. Zwar entwickelte sich der Buchhandel nach dem Niedergang im Dreißigjährigen Krieg wieder zu einem blühenden Gewerbe mit etwa 1650 Neuerscheinungen jährlich, dennoch gab es im Jahre 1770 in Deutschland bei 24 Millionen Einwohnern nur 200 Buchhändler. Aber die Zahl der Leser wuchs, und immer neue Leserschichten wurden gewonnen. Für die Autoren hatte das allerdings kaum Konsequenzen, denn in den seltensten Fällen hatten sie ausreichenden Anteil am Gewinn; weder ihre Rechts- noch ihre Einkommenslage war gesichert. Nicht viel anders war es um das Ziel der freien Meinungsäußerung bestellt. Seit Gutenbergs Erfindung des Buchdrucks den Siegeszug angetreten hatte, hatten sich Staat und Kirche mit Zensurbehörden in den Weg gestellt, um – so die Argumentation – die Leser vor gefährlichen Büchern zu bewahren. Zur Zeit der römischen Republik war der censor, wie der consul und der praetor, ein Beamter; seine Aufgaben waren die Steuerschätzung, die Verpachtung der Staatsländereien und die Sittenkontrolle. Seit dem 16. Jahrhundert war die literarische Zensur bestrebt, die Produktion und Herstellung von Büchern, aber auch deren Verbreitung und Rezeption zu kontrollieren. Deshalb wurde es 1548 Gesetz, daß jedes Buch den Namen des Verfassers, den Ort des Erscheinens, den Namen des Druckers oder Verlegers und das Erscheinungsjahr zu nennen hatte.

Autoren und Drucker suchten sich immer schon der Bevormundung zu entziehen. Oft schien es nötig, die Zensur zu unterlaufen, um dem freien Wort Geltung zu verschaffen. Eine Möglichkeit war, den Namen des Autors zu verschweigen und das Buch anonym herauszugeben; eine andere, einen falschen Namen – ein Pseudonym – anzugeben; eine weitere, alle Angaben zu verschleiern und das Buch unfirmiert zu drucken. Da nach dem Zerfall des Reiches im Dreißigjährigen Krieg die Zensur von den einzelnen Staaten ausgeübt wurde, war es bei der Vielzahl der Behörden leicht, auf diese Weise der Zensur zu entkommen oder sie zu umgehen.

Die kritischen Schriften fanden also zum Publikum. Unter den kleinen Formen gewannen die Fabel, letztlich auf Äsop zurückgehend, neue Anerkennung. Die »Bemerkungen«, die Georg Christoph Lichtenberg in seine »Sudelbücher« eintrug, die erst nach seinem Tod unter dem Titel »Bemerkungen vermischten Inhalts« veröffentlicht wurden, werden bis heute als mustergültige Aphorismen geschätzt, die eine große Gedankenfülle, auf knappste Form konzentriert, zur Diskussion anbieten.

Die Fabel

Magnus Gottfried Lichtwer
Die beraubte Fabel

Es zog die Göttin aller Dichter,
die Fabel, in ein fremdes Land,
Wo eine Rotte Bösewichter
Sie einsam auf der Straße fand.

5 Ihr Beutel, den sie liefern müssen,
Befand sich leer; sie soll die Schuld
Mit dem Verlust der Kleider büßen,
Die Göttin litt es mit Geduld.

Hier wies sich eine Fürstenbeute,
10 Ein Kleid umschloß das andre Kleid;
Man fand verschiedner Tiere Häute,
Bald die, bald jene Kostbarkeit.

Hilf Himmel, Kleider und kein Ende!
»Ihr Götter!« schrien sie, »habet Dank;
15 Ihr gebt ein Weib in unsre Hände,
Die mehr trägt als ein Kleiderschrank.«

Sie fuhren fort, noch mancher Plunder
Ward preis; doch eh' man sich's versah,
Da sie noch schrien, so stund, o Wunder!
20 Die helle Wahrheit nackend da.

Die Räuberschar sah vor sich nieder
Und sprach: »Geschehen ist geschehn,
Man geb ihr ihre Kleider wieder,
Wer kann die Wahrheit nackend sehn?«

Fabel und Wahrheit. J. M. Moreau le jeune. 1820.

In: Deutsche Fabeln des 18. Jahrhunderts. Hg. v. Manfred Windfuhr. Stuttgart: Reclam 1960, S. 40.

1. *Inwiefern kann die Fabel die »Göttin aller Dichter« genannt werden?*
2. *Woran erkennt man, daß der Text »Die beraubte Fabel« selbst eine Fabel ist?*
3. *Erklären Sie den Aufbau und die Intention des Textes.*

Zur Diskussion

Manfred Windfuhr
Über die Fabel des 18. Jahrhunderts

Magnus Gottfried Lichtwer, einer der vergessenen Schriftsteller des 18. Jahrhunderts, schrieb eine Fabel mit dem Titel: Die beraubte Fabel. Darin läßt er in einem allegorischen Verfahren die Fabel als junge Frau auftreten. Er schildert, wie sie auf einer Reise unter Räuber fällt, die – verführt durch ihr prunkvolles Aussehen – eine reiche Beute zu machen hoffen. Aber die Enttäuschung ist groß: Sie finden nichts, was sich mitzunehmen lohnte, 5 außer ihren Kleidern. Darüber machen sie sich her, ziehen ihr eines nach dem anderen aus, bis sie auf einmal unverhüllt dasteht. Was zum Vorschein kommt – ist die Wahrheit. Erschreckt geben die Räuber die Kleider zurück und fliehen unverzüglich. Denn wer, so heißt es, kann die Wahrheit unbekleidet sehen?
Diese Fabel über die Fabel ist in doppelter Hinsicht aufschlußreich für Funktion und 10 Form dieser Gattung im 18. Jahrhundert. Sie drückt den Glauben an die unbeschränkte Macht der Wahrheit aus. Selbst der gesetzlose Mensch wird durch sie so angerührt, daß er von seinem Tun abläßt. Wie vom Blitz getroffen, kehren die »Räuber« um. Diese plötzliche Wendung ist nicht das Resultat einer gewaltsamen Gegenmaßnahme, sondern geschieht durch die Kraft des bloßen Wortes, durch die Einsicht in die unverhüllte Wahrheit. 15 Der Kern der Fabel, das ist Lichtwers Glauben, enthält die Wahrheit und vermag zu ändern. Auf diesem optimistischen Wort- und Wahrheitsglauben basiert die Fabel des 18. Jahrhunderts. Alle Fabeldichter dieser Zeit sind überzeugt, daß ihre Geschichten bessernd in das Leben der Gesellschaft eingreifen können. Die Fabel ist ein »Exempel der praktischen Sittenlehre«, heißt es in Lessings berühmten Schriften zur Geschichte der 20 Fabel, die für die Theorie der Gattung maßstabgebend wurden. Die Fabel hat also zunächst einen pädagogischen Zweck.
Mit dieser moralischen Zielrichtung hat sich die von Lichtwer apostrophierte »Wahrheit« von der Bindung an überwiegend religiöse Tendenzen gelöst, denen die Fabel vom Mittelalter bis zum Barock nahegestanden hatte. (...) Im Laufe des 18. Jahrhunderts, mit 25 dem Durchbruch der Aufklärung, verlagert sich die Wahrheit auf die Erfordernisse der Gesellschaft, der menschlichen Ordnung. Die Fabel zielt auf die politischen, psychologischen, bürgerlichen Zustände und versucht hier ändernd zu wirken. Sie will Hilfe zu humanem Verhalten sein. Aus der religiösen Fabel wird wieder die Gesellschaftsfabel. (...) 30
Die »Wahrheit« muß sich nicht nur auf die großen Fragen des moralischen Lebens beziehen. Innerhalb der Fabeldichtung des 18. Jahrhunderts gibt es eine breite Thematik. Hier können auch die Schönheitspflästerchen der Damen oder die Aufmachung des eleganten Stutzers Zielscheibe der Satire sein. Immer wieder wird das Modische in aller Form bekämpft, besonders in den Fabeln Gellerts. Das heißt aber nicht, daß dem 35 18. Jahrhundert die Dämonie und Dialektik des Lebens fremd wären. Im Gegenteil: In oft bestürzender Weise wird am Beispiel der tierischen Beziehungen die Unbarmherzigkeit, die Abgründigkeit der menschlichen Gesellschaft dargestellt. (...) Aber diese »Unmenschlichkeit« der Tiere bewegt sich noch in der Ordnung einer moralischen Welt, in welcher der Unbarmherzige seine Strafe findet und der grausame Fürst sein warnendes 40 Abbild entgegengehalten bekommt. (...) Der zweite Aufschluß, den wir Lichtwers Fabel-

fabel entnehmen können, bezieht sich auf die Form. Die Räuber finden bei ihrem Opfer nichts als eine Menge von Kleidern. Damit sind die Einkleidungsformen gemeint, in denen die Fabel-Wahrheit zugleich verhüllt und sichtbar gemacht wird. Zunächst die
45 Grundstruktur der Fabel: In einem außermenschlichen Bereich wird eine Entsprechung zu einer menschlichen Situation gesucht, der außermenschliche Vorgang ist ein Gleichnis, ein Spiegel für das menschliche Verhalten. Bei der außermenschlichen Analogie handelt es sich nicht nur um das tierische Leben – die Tierfabel ist die bekannteste Einkleidungs-form –, sondern auch um die Welt der Götter (Götter-, Schöpfungsfabeln) und allegori-
50 sche Begriffe, die gestalthaft vorgestellt werden, wie in der »Beraubten Fabel«. (...) Zur Fabel gehört ein »fabulöses«, ein »unrealistisches« Element; leider wird diese Bestim-mung zu wenig beachtet, so daß es zu einer Verwirrung der Begriffe kommt. Es gehört zum Reiz der Fabel, daß zwischen »Kleid« und »Wahrheit«, zwischen Menschlichem und Menschlich-Analogem eine besondere Spannung liegt. Man muß stets in mehreren Ebe-
55 nen denken, und häufig sind die vielschichtigen Fabeln die besten. Die Einkleidung macht es möglich, die Wahrheit auch unter schwierigen Umständen zu sagen. Das gilt für die politischen Fabeln, in denen vor allem Pfeffel hervorgetreten ist. Ohne Schonung sagt Pfeffel hier den absolutistischen Fürsten die »Wahrheit« (in seinen Löwenfabeln). Er kann es so offen tun, weil die Fabel zugleich verhüllt.
60 Neben der strukturellen Mehrschichtigkeit ist der Formenreichtum der Fabel zu beach-ten. Die »Kleider« können das verschiedenste Aussehen haben, ja es wird sogar eine besondere Energie auf diesem Gebiet eingesetzt. Die Stoffe der Fabeln werden vielfach von anderen Dichtern übernommen, von den antiken Vorbildern oder von den französi-schen Anregern, besonders Lafontaine. Es herrscht noch kein Originalitätskult. In der
65 formalen Ausführung dagegen soll das Eigene zum Ausdruck kommen. Im 18. Jahrhun-dert sind vor allem zwei Hauptrichtungen zu unterscheiden: die eine, die vorwiegend »unterhalten«, die andere, die »belehren« will. Die »unterhaltende« Partei neigt zu er-zählerischen, ausgedehnten, witzigen Fabeln, in denen ausführliche Detailschilderungen, längere Exkurse nicht vermieden werden. Der Leser soll sich auch an den Einzelheiten
70 erfreuen, der »Fabelzucker« soll, wie Lichtwer sagt, die oft »bittere Lehre« überdecken und angenehm machen. (...) Die belehrende Partei, angeführt durch Lessing, möchte dagegen die Einkleidung auf ein Minimum reduzieren. Der moralische Satz soll wuchtig, schlagkräftig zum Ausdruck kommen. Die Fabel muß daher kurz, prägnant sein, die Prosa ist dem Vers vorzuziehen. Zwischen den Extremen der Verserzählung und Prosa-
75 epigramm bewegt sich die Fabel des 18. Jahrhunderts in formaler Hinsicht. (...)
In einem Punkte sind der Variation allerdings Grenzen gesetzt: in der Treffsicherheit der Pointe. Die Fabel muß, ob sie kurz oder lang ist, am Ende durch eine plötzliche Wendung den Vorhang wegziehen und den Blick auf das eigentlich Gemeinte freimachen. Das ist genau der Augenblick, den Lichtwer in seiner Fabel beschreibt: Die Wirkung auf die
80 Räuber geht nicht zuletzt von dem Überraschungseffekt aus, mit dem plötzlich die Wahr-heit erscheint. Ohne eine solche Pointe kann eine gute Fabel nicht existieren. Wahrheit und Einkleidung müssen in einer inneren Übereinstimmung stehen und durch eine Schlußwendung ineinander übergehen. Die Fabel ist wie die Parabel vom Ende her kon-zipiert. Ist das Ende nicht gut, kann auch ein guter Anfang nichts helfen. An diesem
85 Punkte scheitern auch geübte Fabeldichter häufig genug.

In: Deutsche Fabeln des 18. Jahrhunderts. Hg. v. Manfred Windfuhr. Stuttgart: Reclam 1960, S. 124 ff.

Der Löwe in der Fabel

Johann Wilhelm Ludwig Gleim
Der Löwe. Die drey Tyger

Ein Löwe schlummerte. Die Sorge für sein Reich,
Und seiner Völker Ruh, ließ ihn nicht ruhig schlafen;
Er lag, wie auf den Sprung, gefaßt auf jeden Streich,
Die Feinde seines Reichs zu schrecken und zu strafen.
5 Drey Tyger sahen ihn. Der eine sprach: Seht da!
Das ist der Augenblick den Feind zu überfallen,
Der uns zu mächtig ist, sein Reich gehört uns allen,
Wir theilens unter uns. Die andern sagten: Ja!
Errichteten so gleich einmüthig einen Bund,
10 Beschworen ihn. Der schwur, so still des ersten Mund
Ihn lispelte, erscholl in des Monarchen Ohr,
Der lauschete, kaum glaubte, was geschah,
Der zweete Tyger schwur. Was that der Löwe da?
Er riß sich auf, er flog voll Heldenmuth hervor,
15 Saß auf des dritten Tygers Nacken,
Eh er noch schwur, erwürget' ihn,
Bekam den andern nur mit einer Klau zu packen.
Der dritte nahm die Flucht, und nennete im Fliehn,
Den Löwen klug, trieb ein Gespötte
20 Mit dem Verwundeten, der trabend neben her
Oft wiederholete: Wir hätten ihn, wenn er
Den Angriff abgewartet hätte.

In: Johann Wilhelm Ludwig Gleim: Sämtliche Schriften. Neue vermehrte Auflage. Amsterdam 1771, S. 61.

Johann Wilhelm Ludwig Gleim
Der Löwe. Der Fuchs

Herr Löwe, sprach ein Fuchs, ich muß
Es dir nur sagen, mein Verdruß
Hat sonst kein Ende.

Der Esel spricht von dir nicht gut;
5 Er sagt; was ich an dir zu loben fände,
Das wüßt er nicht; Dein Heldenmuth
Sey zweifelhaft? auch gäbst du keine Proben
Von Großmuth und Gerechtigkeit;
Du würgetest ohn Unterscheid;
10 Er könne dich nicht loben.

Ein Weilgen schwieg der Löwe still;
Dann sprach er: Fuchs, er spreche was er will;
Denn was von mir ein Esel spricht,
Das acht ich nicht!

In: Johann Wilhelm Ludwig Gleim: Sämtliche Schriften. Neue vermehrte Auflage. Amsterdam 1771, S. 14.

Johann Gottfried Herder
Das Bündniß mit dem Löwen

Mit Mächtigern ein Bündniß stiften, ist
Gefährlich; das lehrt diese Fabel euch.

Ein Bock und eine Kuh und das geduld'ge Schaf'
Gesellten sich zum Löwen auf die Jagd.
5 Sie fingen einen großen feisten Hirsch,
Und wollten theilen. Höret, sprach der Leu:
Vier Theile liegen da, den ersten nehm' ich mir
Dieweil ich Löwe bin; den zweiten gebt ihr mir,
Dem Stärkern; gleichfalls kommt der dritte mir zu gut,
10 Weil auf der Jagd das meiste ich gethan;
Und wer den vierten will, der messe sich mit mir.
So nahm er alles den Verbündeten.

In: Johann Gottfried Herder: Sämtliche Werke. Bd. 19. Stuttgart und Tübingen 1853, S. 119.

Illustration zu Fabeln des Äsop. J. Hegenbarth.

Gotthold Ephraim Lessing
Der Esel mit dem Löwen

Phaedrus lib. I. Fab. 11

Als der Esel mit dem Löwen des Äsopus, der ihn statt seines Jägerhorns brauchte, nach dem Walde ging, begegnete ihm ein andrer Esel von seiner Bekanntschaft und rief ihm zu: Guten Tag, mein Bruder! – Unverschämter! war die Antwort. – Und warum das? fuhr jener Esel fort. Bist du deswegen, weil du mit einem Löwen gehst, besser als ich? mehr als ein Esel?

Der Löwe mit dem Esel

Phaedrus lib. I. Fab. 11

Als des Äsopus Löwe mit dem Esel, der ihm durch seine fürchterliche Stimme die Tiere sollte jagen helfen, nach dem Walde ging, rief ihm eine nasenweise Krähe von dem Baume zu: Ein schöner Gesellschafter! Schämst du dich nicht, mit einem Esel zu gehen? – Wen ich brauchen kann, versetzte der Löwe, dem kann ich ja wohl meine Seite gönnen.
So denken die Großen alle, wenn sie einen Niedrigen ihrer Gemeinschaft würdigen.

In: Gotthold Ephraim Lessing: Werke in acht Bänden. Hg. v. Herbert G. Göpfert. Bd. 1. München: Hanser 1970, S. 247.

Zum Vergleich

Helmut Arntzen

Der Löwe trat morgens vor seine Höhle und brüllte.
Nicht so laut, Sire, rief ein Affe.
Sie sollten früher aufstehen, bemerkte ein Esel, der in der Nähe war.
Und nicht so drastisch riechen.
5 Wie, brüllt der Löwe, bin ich nicht mehr König der Tiere?
Schon, sagt der Affe, aber als konstitutioneller Monarch einer parlamentarischen Demokratie.

In: Fabeln, Parabeln, Gleichnisse. Hg. v. Reinhard Dithmar. München: dtv 1970, S. 254.

Vergleichen Sie in Anlehnung an die Darlegungen Windfuhrs die abgedruckten Fabeln:
1. Welcher Bereich der »menschlichen Ordnung« wird in den Texten thematisiert?
2. Wie unterscheiden sich die »Einkleidungen«?
3. Welche »unrealistischen Elemente« sind zu erkennen?
4. Welche Intentionen verfolgen die einzelnen Fabeln?
5. Wie setzen sie die Pointe?

Der Aphorismus

Aphorismen bestehen meist aus einem einzigen kurzen Prosasatz, mit dem pointiert und treffend eine Erfahrung, eine Erkenntnis, ein Werturteil oder ein persönlicher Gedanke formuliert wird. Der Terminus Aphorismus geht auf das altgriechische Verb aphorizein »abgrenzen, definieren« zurück. Allerdings erheben die in Aphorismen getroffenen Abgrenzungen und Definitionen keinen wissenschaftlichen Anspruch; sie sind vielmehr höchst subjektive Aussagen.

Georg Christoph Lichtenberg
Aus den »Sudelbüchern« (1800–1806)

Was man so sehr prächtig Sonnenstäubchen nennt sind doch eigentlich Dreckstäubchen.

Es ist fast unmöglich, die Fackel der Weisheit durch ein Gedränge zu tragen, ohne jemandem den Bart zu sengen.

Es läßt sich ohne sonderlich viel Witz so schreiben, daß ein anderer sehr vielen haben muß, es zu verstehen.

Wenn ein Buch und ein Kopf zusammenstoßen und es klingt hohl, ist das allemal im Buch?

Ein Buch ist ein Spiegel, wenn ein Affe hineinguckt, so kann freilich kein Apostel heraus sehen.

Es hatte die Würkung, die gemeiniglich gute Bücher haben. Es machte die Einfältigen einfältiger, die Klugen klüger und die übrigen Tausende blieben ungeändert.

Der Mann hat so viel Verstand, daß er fast zu nichts mehr in der Welt zu gebrauchen war.

Die Superklugheit ist eine der verächtlichsten Arten von Unklugheit.

Es gibt Leute, die glauben, alles wäre vernünftig, was man mit einem ernsthaften Gesicht tut.

Sagt, ist noch ein Land außer Deutschland, wo man die Nase eher rümpfen lernt als putzen?

Es kann nicht alles ganz richtig sein in der Welt, weil die Menschen noch mit Betrügereien regieret werden müssen.

Es tun mir viele Sachen weh, die anderen nur leid tun.

In: Georg Christoph Lichtenberg: Aphorismen – Schriften – Briefe. Hg. v. Wolfgang Promies. München: Hanser o. J., passim.

Folgende Leitfragen können bei der Analyse von Aphorismen hilfreich sein:
1. Über welchen Welt- und Lebensbereich macht der Aphorismus eine Aussage? Welche Wörter und Begriffe stehen im Mittelpunkt?
2. Durch welche sprachlichen und stilistischen Mittel erfährt er seine Zuspitzung?
3. Welche Intention verfolgt der Autor mit seiner Aussage?
4. Wie stehen Sie zu der Aussage und der Intention?

Vorschläge für Referate: Weitere wichtige Formen aufklärerischer Dichtung stellen das Epigramm und die Satire dar. Informieren Sie sich über die Textsorten, und stellen Sie charakteristische Beispiele der Aufklärung vor. Literatur:
Deutsche Epigramme. Auswahl und Nachwort v. Gerhard Neumann. Stuttgart: Reclam 1969.
Satiren der Aufklärung. Hg. v. Günter Grimm. Stuttgart: Reclam 1975.

Theater

Am Anfang des 18. Jahrhunderts waren die Schauspieler ähnlich niedrig angesehen wie die Gaukler; was die Hoftheater und die herumziehenden Wanderbühnen anboten, fand kein Interesse mehr. Diesen Zustand versuchte Johann Christoph Gottsched (1700–1766), Professor für Poetik in Leipzig, zu ändern. Er war überzeugt, daß dem Drama im Zeitalter der Vernunft eine erzieherische Funktion zukomme. Was auf der Bühne geschah, sollte die Wirklichkeit nachahmen; nur dann, so meinte Gottsched, könne das Spiel als Exempel belehren, warnen und erschüttern. Die Tragödie sollte eine Staatsethik verbreiten; deshalb spielte sie grundsätzlich in den höheren Ständen.

Dabei berief er sich vor allem auf die »Poetik« des Artistoteles. Aristoteles (384–322 v. Chr.), ein Schüler Platons, hatte neben seinen Abhandlungen über die Physik, die Ethik, die Rhetorik und andere Bereiche auch ein Werk über die Dichtkunst geschrieben, das zwar nur fragmentarisch vorliegt, dessen Einfluß auf die europäische Literatur aber nicht zu unterschätzen ist. Bei der Darlegung über die Tragödie stützt sich Aristoteles auf die wichtigsten griechischen Tragiker Aischylos, Sophokles und Euripides und deren Werke, um eine Theorie der Tragödie zu entwerfen.

Gottsched verwies auf das zeitgenössische französische Theater, auf dem mit großem Erfolg Stücke gespielt wurden, die genau den Vorstellungen des Aristoteles zu entsprechen schienen. Deshalb lag es nahe, die Poetik des Aristoteles als Theorie und die französischen Tragödien als Vorbilder zu empfehlen. Gottsched selbst verfaßte den »Versuch einer critischen Dichtkunst vor die Deutschen« (1730); außerdem gab er eine Sammlung »Die deutsche Schaubühne nach den Regeln der alten Griechen und Römer eingerichtet« (1740) heraus, die sechzehn aus dem Französischen und Dänischen übersetzte Dramen und einige deutsche enthielt.

Zweifellos verschaffte Gottsched dem Theater neues Ansehen. Aber weder seine »Regelpoetik« noch die von ihm vertretene

»Ständeklausel« noch sein Verweis auf die Franzosen entsprach dem Geschmack des deutschen Publikums. Lessing polemisierte gegen Gottsched, berief sich dabei ebenfalls auf Aristoteles, stellte aber als neues Vorbild Shakespeare ins hellste Licht. Auch der junge Goethe und andere Dichter des Sturm und Drang lehnten sich gegen jede Regelpoetik auf und ließen sich von den Dramen Shakespeares anregen. Einen Höhepunkt der deutschen Theatergeschichte brachte dann das Zeitalter der Klassik, das im Folgeband – Colleg Deutsch 2 – ausführlich zu Wort kommt.

Aristoteles
Poetik

Nachdem aber einmal die Tragödie und Komödie in Erscheinung getreten waren, da wandten sich die Dichter je nach ihrer natürlichen Veranlagung einer der beiden Richtungen in der Poesie zu, und die einen wurden Komiker, die anderen Tragiker. (...)

Die *Komödie* ist, wie gesagt, die nachahmende Darstellung niedrigerer Menschen, ohne
5 daß sie jedoch auf jede Art von Schlechtigkeit einzugehen brauchte, sondern es fällt in ihren Bereich nur das Häßliche und Gemeine, soweit es lächerlich ist. Denn lächerlich ist eine Verfehlung und eine Art von Häßlichkeit und Gemeinheit, die keinen Schmerz verursacht und nichts Verletzendes hat, wie ja auch gleich die komische Maske etwas Häßliches und Verzerrtes hat, das aber niemand weh tut.
10 (...) Jetzt aber wollen wir über die *Tragödie* sprechen und aus dem Gesagten den sich ergebenden Begriff ihres Wesens entnehmen. Es ist also die Tragödie die nachahmende Darstellung einer ernsten und in sich abgeschlossenen Handlung, die eine gewisse Größe hat, in kunstvollem Stil, der in den einzelnen Teilen sich deren besonderer Art anpaßt, einer Handlung, die nicht bloß erzählt, sondern durch handelnde Personen vor Augen
15 gestellt wird und die durch Mitleid und Furcht erregende Vorgänge die Auslösung (Katharsis), dieser und so ähnlicher Gemütsbewegungen bewirkt[1].

Da nun das Dargestellte eine Handlung ist und diese von gewissen Personen ausgeführt wird, die notwendig gewisse Eigenschaften betreffs ihres Charakters und ihres Verstandes haben müssen – denn darauf beruht ja auch die Qualifizierung ihrer Handlungen –, so
20 muß es natürlich zwei Ursachen ihrer Handlungen geben, nämlich Charakter und Verstand, und, je nachdem es mit diesen bestellt ist, haben alle mit ihrem Handeln Erfolg oder Mißerfolg. Die nachahmende Darstellung einer Handlung ist nun die Fabel. Unter Fabel verstehe ich hier die Verknüpfung der Begebenheiten, unter Charakter die sittlichen Eigenschaften, die wir den handelnden Personen zuschreiben, unter Verstand die Fähig-
25 keit, ihre Gedanken in Worten zu entwickeln oder einen Entschluß kundzutun. (...)

---

[1] Der griechische Ausdruck κάθαρσις, d. h. Reinigung, ist ein ursprünglich medizinischer Terminus (lat. purgatio, nicht lustratio), der von den Hippokrateern für die Entfernung schädlicher Stoffe aus dem Körper gebraucht wird. Man könnte ihn mit ›Entladung‹ wiedergeben. Gemeint ist also nicht eine Läuterung der genannten und ähnlicher Gemütsbewegungen, sondern eine Befreiung von ihnen gerade dadurch, daß in der Tragödie Anlaß zu höchster Steigerung, zu einem Ausbruch dieser Gefühle gegeben wird.

Die Tragödie hat also sechs wesentliche Bestandteile: diese sind die Fabel, die Charaktere, der Stil, die Gedankenführung, die äußere Ausstattung und die musikalische Komposition. Von diesen sind zwei Mittel zur Darstellung, einer betrifft die Art und Weise, drei den Gegenstand. Weitere gibt es nicht. Dieser Formen haben sich denn auch viele Dichter bedient. Denn jede Tragödie hat eine Ausstattung, Charaktere, eine Fabel, sprachlichen 30 Stil, Musik und Gedanken. Das wichtigste darunter ist der Aufbau der Handlung. Denn die Tragödie ist nicht eine nachahmende Darstellung von Menschen, sondern eine solche von Handeln und Leben. Glück und Unglück (der Helden) ist in ihren Handlungen beschlossen, und das Ziel (der Darstellung) ist eine Handlung, nicht eine Eigenschaft. Hinsichtlich ihres Charakters haben die Personen gewisse Eigenschaften, aber glücklich 35 oder unglücklich werden sie durch ihre Handlungen. Die Dichter lassen sie also nicht handeln, um ihren Charakter zur Darstellung zu bringen, sondern sie nehmen den Charakter mit auf, um daraus die Handlung hervorgehen zu lassen. So ist also die Handlung, d. h. die Fabel, das Endziel der Tragödie; dieses aber ist von allem das wichtigste. Ohne Handlung kann es keine Tragödie geben, dagegen ohne Charakter wäre eine solche mög- 40 lich. (...)

Nachdem wir diese Begriffe bestimmt haben, wollen wir weiter darüber reden, welcher Art die *Verknüpfung der Begebenheiten* sein muß, da dies das erste und wichtigste in der Tragödie ist. Wir haben den Satz aufgestellt, die Tragödie sei die nachahmende Darstellung einer in sich abgeschlossenen und vollständigen Handlung, die eine gewisse Größe 45 hat. Es kann nämlich auch eine vollständige Handlung geben, die keine (angemessene) Größe hat. Vollständig aber ist, was Anfang, Mitte und Ende hat. Anfang ist etwas, was selbst nicht notwendig auf etwas anderes folgt, nach dem aber natürlicherweise notwendig oder doch meistens etwas anderes ist oder eintritt. Ende aber ist im Gegensatz dazu etwas, das selbst natürlicherweise notwendig oder doch meistens nach einem anderen ist 50 oder eintritt, auf das aber nichts anderes mehr folgt. Mitte endlich ist etwas, das sowohl selbst auf ein anderes folgt, als auch seinerseits wieder etwas anderes im Gefolge hat. Eine gute Verknüpfung der Fabel beruht also darauf, daß diese weder einen zufälligen Anfang noch ein zufälliges Ende hat, sondern nach den genannten Begriffen verläuft. (...)

Die Grenze des Umfangs im Verhältnis zur Aufführung und zur Aufnahmefähigkeit (der 55 Zuschauer) zu bestimmen, ist nicht Sache der Kunst. Denn wenn man hundert Tragödien aufführen müßte, so würde man sie eben nach der Wasseruhr aufführen, wie man bei sonstigen Gelegenheiten zu sagen pflegt[1]. Was aber die aus der Natur der Sache sich ergebende Begrenzung betrifft, so ist immer die größere Fabel, vorausgesetzt, daß sie noch übersichtlich ist, in Hinsicht auf die Größe die schönere. Um aber die Sache einfach zu 60 bestimmen, so wird es genügen, die Grenze des Umfangs so zu ziehen, daß sich innerhalb derselben wahrscheinlicher- oder notwendigerweise bei den sich abspielenden Vorgängen ein Umschlag aus dem Unglück ins Glück oder aus dem Glück ins Unglück vollziehen kann.

Die *Fabel* ist aber nicht, wie manche meinen, schon dadurch einheitlich, daß eine einzige 65 Person ihren Mittelpunkt bildet; denn die eine Person kann unzählige Erlebnisse haben, und werden daraus einige herausgegriffen, so ist das noch keine Einheit. Auch kann es viele Handlungen einer einzigen Person geben, von denen doch keine zu einer einheitlichen Handlung wird. (...)

---

[1] Für die Reden in der Volksversammlung und vor Gericht war eine Maximaldauer vorgeschrieben, deren Einhaltung durch die Wasseruhr kontrolliert wurde.

70 Es muß daher, wie auch in den andern nachahmenden Künsten der Gegenstand der Darstellung ein einheitlicher ist, so auch die Fabel, da sie Nachahmung einer Handlung ist, Nachahmung einer einheitlichen und vollständigen Handlung sein, und der Zusammenhang muß ein derartig geschlossener sein, daß, wenn man einen Teil versetzt oder wegnimmt, das Ganze zusammenbricht oder doch erschüttert wird. Denn ein Bestandteil,
75 dessen Dasein oder Fehlen sich nicht bemerkbar macht, ist auch kein wesentlicher Teil des Ganzen. (...)
Da der Aufbau einer idealen Tragödie nicht einfach sein darf, sondern verflochten sein muß und sie, gemäß der ihr eigenen Darstellungsform, solche Handlungen zur Darstellung zu bringen hat, die Mitleid und Furcht erregen, so ist fürs erste klar, daß darin weder
80 sittlich besonders tüchtige Menschen vorkommen dürfen, die vom Glück ins Unglück stürzen – denn das erregt weder Furcht noch Mitleid, sondern ist einfach entsetzlich –, noch Schurken, die vom Unglück ins Glück kommen: denn das wäre das Alleruntragischste, und ein solches Motiv ließe alles vermissen, was man hier braucht: es würde weder menschliche Teilnahme noch Mitleid und Furcht erwecken. Es dürfen jedoch auch nicht
85 ganz böse Menschen aus dem Glück ins Unglück geraten. Die menschliche Teilnahme würde das ja zwar berühren, aber weder Mitleid noch Furcht erregen: denn jenes gilt einem Menschen, der unverdient ins Unglück kommt, diese bezieht sich auf einen solchen, der mit uns selbst etwa auf gleicher Stufe steht. Also würde ein solcher Vorgang weder Mitleid noch Furcht erregen. Es bleibt also derjenige Typus übrig, der zwischen
90 diesen Extremen die Mitte hält. Ein solcher ist, wer sich weder durch Tugend und Gerechtigkeit auszeichnet, noch infolge von Schlechtigkeit und Schurkerei ins Unglück gerät, sondern durch irgendeinen Fehltritt. Und zwar werden es Menschen in hoher Stellung und glücklichen äußeren Verhältnissen sein, wie Ödipus und Thyestes[1] und andere hervorragende Männer aus solchen Geschlechtern. (...)
95 Das, was *Furcht und Mitleid* erregt, kann in dem Vorgang liegen, den man auf der Bühne sieht; es kann aber auch in der Komposition der Handlung enthalten sein, und dies ist das bessere und das Werk eines geschickteren Dichters. Denn die Fabel muß, auch ohne daß man sie aufgeführt sieht, so komponiert sein, daß man schon beim bloßen Hören dessen, was geschieht, infolge der Vorgänge Schauder und Mitleid empfindet. So geht es einem in
100 der Tat, wenn man die Fabel des Ödipus hört.

In: Aristoteles: Hauptwerke. Ausgewählt, übers. u. eingeleitet v. Wilhelm Nestle. Stuttgart: Kröner [8]1977, S. 336 ff.

1. *Wie wird die Tragödie charakterisiert?*
   – Wodurch unterscheidet sie sich von der Komödie?
   – Welche wesentliche Merkmale muß eine Tragödie aufweisen?
   – Welche Handlungen können Gegenstand einer Tragödie werden?
   – Welche Art von Charakteren eignen sich zur tragischen Gestaltung?
2. *Welche Wirkung soll die Tragödie auf das Publikum haben?*
3. *Welche Voraussetzungen müssen gegeben sein, damit eine Tragödie auf ein Publikum oder auf einen Leser einwirken kann?*

[1] Thyestes, der Bruder des Atreus, suchte – ähnlich wie Ödipus – der Erfüllung eines Orakels, daß er mit seiner Tochter einen Sohn zeugen werde, aus dem Wege zu gehen und führte so gerade unwissentlich seine Vollziehung herbei. Sophokles hatte diesen Stoff behandelt.

Johann Christoph Gottsched
Von der Tragödie (1730)

§ 5. Bey den Griechen war also, selbst nach dem Urtheile des Aristoteles, die Tragödie zu ihrer Vollkommenheit gebracht; und konnte in diesem ihrem Zustande gar wohl ein Trauerspiel heißen: weil sie zu ihrer Absicht hatte, durch die Unglücksfälle der Großen, Traurigkeit, Schrecken, Mitleiden und Bewunderung bey den Zuschauern zu erwecken. Aristoteles beschreibt sie derowegen, als eine Nachahmung einer Handlung, dadurch sich 5 eine vornehme Person harte und unvermuthete Unglücksfälle zuzieht. Der Poet will also durch die Fabeln Wahrheiten lehren, und die Zuschauer, durch den Anblick solcher schweren Fälle der Großen dieser Welt, zu ihren eigenen Trübsalen vorbereiten. Z. B. Oedipus, eins der berühmtesten Trauerspiele des Sophokles, stellt das klägliche Ende vor, welches dieser thebanische König um seiner abscheulichen Thaten halber, genommen; 10 wiewohl er fast ohne seine Schuld darein gefallen war. Und das will eben Aristoteles haben, wenn er sagt, die Helden einer Tragödie müßten weder recht schlimm, noch recht gut seyn: nicht recht schlimm, weil man sonst mit ihrem Unglücke kein Mitleiden haben, sondern sich darüber freuen würde; aber auch nicht recht gut, weil man sonst die Vorsehung leicht einer Ungerechtigkeit beschuldigen könnte, wenn sie unschuldige Leute so 15 hart gestrafet hätte. So war nun Oedipus beschaffen. (...)
§ 7. Nach diesem allgemeinen Vorgeschmacke von der Tragödie wollen wir sie noch etwas genauer betrachten. Aeußerlichem Ansehen nach, konnte sie bey den Alten in zweyerley Stücke eingetheilet werden: nämlich in das, was von dem Chore gesungen, und in das, was nur schlechtweg gesprochen wurde. Der musikalische Theil bestund aus Oden, und 20 die Sänger derselben hießen alle zusammen der Chor. (...)
§ 9. Was den andern Theil der Tragödie, der nicht gesungen ward, anlanget, so bestund derselbe aus den Unterredungen der auftretenden Personen, die eine gewisse Fabel vorstelleten. Ungeachtet nun diese Fabel nur eine einzige Haupthandlung haben muß, wenn sie gut seyn soll: so theilte man doch der Abwechselung halber, dieselbe in fünf Theile ein, 25 die man Actus, Thaten, oder noch besser, Aufzüge nennte (...).
§ 10. Von diesen äußerlichen Stücken einer Tragödie, die auch einem Ungelehrten in die Augen fallen, komme ich auf die innere Einrichtung derselben, die nur ein Kunstverständiger wahrnimmt. Hier bemerkt man nun, daß das Trauerspiel einige Stücke mit dem Heldengedichte gemein hat; in andern aber von ihm unterschieden ist. Es hat mit ihm 30 gemein die Fabel, die Handlung, die Charactere, und die Schreibart, oder den Ausdruck. Es ist aber von demselben unterschieden in der Größe der Fabel, oder in ihrer Dauer; in der Beschaffenheit des Ortes, wo sie vorgehen muß; und in der Art des Vortrages, welche hier ganz dramatisch ist, da dort die Erzählung herrschet. Hierzu kömmt noch, daß in der Tragödie die Gemüthsbewegungen weit lebhafter und stärker vorgestellet werden; daß 35 man die Musik dabey brauchet, und daß man einer Schaubühne nöthig hat, die auf verschiedene Art verzieret werden muß. Von allen diesen Stücken ins besondere muß kürzlich gehandelt werden.
§ 14. Eine solche Fabel nun zu erdichten, sie recht wahrscheinlich einzurichten, und wohl auszuführen, das ist das allerschwerste in einer Tragödie (...).
40
Das macht, daß dieselbe eine dreyfache Einheit haben muß, wenn ich so reden darf: Die Einheit der Handlung, der Zeit, und des Ortes. Von allen dreyen müssen wir insonderheit handeln.

§ 15. Die ganze Fabel hat nur eine Hauptabsicht; nämlich einen moralischen Satz: also
45 muß sie auch nur eine Haupthandlung haben, um derentwegen alles übrige vorgeht. (...)

§ 16. Die Einheit der Zeit ist das andre, daß in der Tragödie unentbehrlich ist. Die Fabel
eines Heldengedichtes kann viele Monathe dauren, wie oben gewiesen worden; das
macht, sie wird nur gelesen: aber die Fabel eines Schauspieles, die mit lebendigen Personen in etlichen Stunden wirklich vorgestellet wird, kann nur einen Umlauf der Sonnen,
50 wie Aristoteles spricht; das ist einen Tag, dauren. Denn was hat es für eine Wahrscheinlichkeit, wenn man in dem ersten Auftritte den Helden in der Wiege, etwas weiter hin als
einen Knaben, hernach als einen Jüngling, Mann, Greis, und zuletzt gar im Sarge vorstellen wollte: wie Cervantes solche thörichte Schauspiele, an seinen spanischen Poeten,
im Don Quixote ausgelacht hat. Haben es die Engländer nicht völlig so schlimm ge-
55 macht; so ist es doch nicht viel besser. Schakespeares Cäsar hebt vor der Ermordung
Cäsars an, und dauret bis nach der philippinischen Schlacht, wo Brutus und Cassius
geblieben. Oder wie ist es wahrscheinlich, daß man es auf der Schaubühne etlichemal
Abend werden sieht; und doch selbst, ohne zu essen, oder zu trinken, oder zu schlafen,
immer auf einer Stelle sitzen bleibt? Die besten Fabeln sind also diejenigen, die nicht mehr
60 Zeit nöthig gehabt hätten, wirklich zu geschehen, als sie zur Vorstellung brauchen; das ist
etwa drey oder vier Stunden: und so sind die Fabeln der meisten griechischen Tragödien
beschaffen. Kömmt es hoch, so bedörfen sie sechs, acht, oder zum höchsten zwölf Stunden zu ihrem ganzen Verlaufe: und höher muß es ein Poet nicht treiben; wenn er nicht
wieder die Wahrscheinlichkeit handeln will.
65 § 18. Zum dritten gehört zur Tragödie die Einigkeit des Ortes. Die Zuschauer bleiben auf
einer Stelle sitzen: folglich müssen auch die spielenden Personen alle auf einem Platze
bleiben, den jene übersehen können, ohne ihren Ort zu ändern.

In: Johann Christoph Gottsched: Versuch einer Critischen Dichtkunst, unveränderter reprogra-
phischer Nachdruck der 4. vermehrten Ausgabe. Darmstadt: Wissenschaftliche Buchgesellschaft 1982, S. 606 ff.

1. *Mit welchen Forderungen lehnt sich Gottsched an Aristoteles an?*
2. *Wo weicht er sprachlich und gedanklich von Aristoteles ab?*
3. *Welche Beispiele benutzt er, um seine Thesen zu stützen, welche benutzt er, um Ge-
gunthesen zurückzuweisen?*

Gotthold Ephraim Lessing
Siebzehnter Literaturbrief

Den 16. Februar 1759.

»Niemand, sagen die Verfasser der Bibliothek, wird leugnen, daß die deutsche Schaubühne einen großen Teil ihrer ersten Verbesserung dem Herrn Professor Gottsched zu danken habe.«

Ich bin dieser Niemand; ich leugne es gerade zu. Es wäre zu wünschen, daß sich Herr Gottsched niemals mit dem Theater vermengt hätte. Seine vermeinten Verbesserungen betreffen entweder entbehrliche Kleinigkeiten, oder sind wahre Verschlimmerungen. 5

Als die Neuberin[1] blühte, und so mancher den Beruf fühlte, sich um sie und die Bühne verdient zu machen, sahe es freilich mit unserer dramatischen Poesie sehr elend aus. Man kannte keine Regeln; man bekümmerte sich um keine Muster. Unsre Staats- und Helden-Aktionen waren voller Unsinn, Bombast, Schmutz und Pöbelwitz. Unsre Lustspiele bestanden in Verkleidungen und Zaubereien; und Prügel waren die witzigsten Einfälle derselben. Dieses Verderbnis einzusehen, brauchte man eben nicht der feinste und größte Geist zu sein. Auch war Herr Gottsched nicht der erste, der es einsah; er war nur der erste, der sich Kräfte genug zutraute, ihm abzuhelfen. Und wie ging er damit zu Werke? Er verstand ein wenig Französisch und fing an zu übersetzen; er ermunterte alles, was reimen 15 und Oui Monsieur verstehen konnte, gleichfalls zu übersetzen; er verfertigte, wie ein Schweizerischer Kunstrichter sagt, mit Kleister und Schere seinen »Cato«; er ließ den

---

[1] Neuberin: Friederike Caroline Neuber (1697–1760), Theaterprinzipalin, arbeitete zeitweise mit Gottsched zusammen.

»Darius« und die »Austern«, die »Elise« und den »Bock im Prozesse«, den »Aurelius«
und den »Witzling«, die »Banise« und den »Hypocondristen«, ohne Kleister und Schere
20 machen; er legte einen Fluch auf das extemporieren; er ließ den Harlekin feierlich vom
Theater vertreiben, welches selbst die größte Harlekinade war, die jemals gespielt worden; kurz, er wollte nicht sowohl unser altes Theater verbessern, als der Schöpfer eines
ganz neuen sein. Und was für eines neuen? Eines Französierenden; ohne zu untersuchen,
ob dieses französierende Theater der deutschen Denkungsart angemessen sei, oder nicht.
25 Er hätte aus unsern alten dramatischen Stücken, welche er vertrieb, hinlänglich abmerken
können, daß wir mehr in den Geschmack der Engländer, als der Franzosen einschlagen;
daß wir in unseren Trauerspielen mehr sehen und denken wollen, als uns das furchtsame
französische Trauerspiel zu sehen und zu denken gibt; daß das Große, das Schreckliche,
das Melancholische, besser auf uns wirkt als das Artige, das Zärtliche, das Verliebte; daß
30 uns die zu große Einfalt mehr ermüde, als die zu große Verwickelung etc. Er hätte also auf
dieser Spur bleiben sollen, und sie würde ihn gerade Weges auf das englische Theater
geführt haben. – Sagen Sie ja nicht, daß er auch dieses zu nutzen gesucht; wie sein
»Cato« es beweise. Denn eben dieses, daß er den Addisonschen »Cato« für das beste
Englische Trauerspiel hält, zeiget deutlich, daß er hier nur mit den Augen der Franzosen
35 gesehen, und damals keinen Shakespeare, keinen Jonson, keinen Beaumont und Fletcher
etc. gekannt hat, die er hernach aus Stolz auch nicht hat wollen kennen lernen.
Wenn man die Meisterstücke des Shakespeare, mit einigen bescheidenen Veränderungen,
unsern Deutschen übersetzt hätte, ich weiß gewiß, es würde von bessern Folgen gewesen
sein, als daß man sie mit dem Corneille und Racine so bekannt gemacht hat. Erstlich
40 würde das Volk an jenem weit mehr Geschmack gefunden haben, als es an diesen nicht
finden kann; und zweitens würde jener ganz andere Köpfe unter uns erweckt haben, als
man von diesen zu rühmen weiß. Denn ein Genie kann nur von einem Genie entzündet
werden; und am leichtesten von so einem, das alles bloß der Natur zu danken zu haben
scheinet, und durch die mühsamen Vollkommenheiten der Kunst nicht abschrecket.
45 Auch nach den Mustern der Alten die Sache zu entscheiden, ist Shakespeare ein weit
größerer tragischer Dichter als Corneille; obgleich dieser die Alten sehr wohl, und jener
fast gar nicht gekannt hat. Corneille kömmt ihnen in der mechanischen Einrichtung, und
Shakespeare in dem Wesentlichen näher. Der Engländer erreicht den Zweck der Tragödie
fast immer, so sonderbare und ihm eigene Wege er auch wählet; und der Franzose erreicht
50 ihn fast niemals, ob er gleich die gebahnten Wege der Alten betritt. Nach dem »Ödipus«
des Sophoklos muß in der Welt kein Stück mehr Gewalt über unsere Leidenschaften
haben, als »Othello«, als »König Lear«, als »Hamlet« etc. Hat Corneille ein einziges
Trauerspiel, das Sie nur halb so gerühret hätte, als die »Zayre« des Voltaire? Und die
»Zayre« des Voltaire, wie weit ist sie unter dem »Mohren von Venedig«, dessen schwache
55 Kopie sie ist, und von welchem der ganze Charakter des Orosmans entlehnet worden?
Daß aber unsre alten Stücke wirklich sehr viel Englisches gehabt haben, könnte ich Ihnen
mit geringer Mühe weitläufig beweisen. Nur das bekannteste derselben zu nennen; »Doctor Faust« hat eine Menge Szenen, die nur ein Shakespearesches Genie zu denken vermögend gewesen. Und wie verliebt war Deutschland, und ist es zum Teil noch, in seinen
60 »Doctor Faust«!

In: Gotthold Ephraim Lessing: Werke in acht Bänden. Hg. v. Herbert G. Göpfert. Bd. 5. München:
Hanser 1970, S. 70 f.

Gotthold Ephraim Lessing
Hamburgische Dramaturgie

Sechs und vierzigstes Stück (Den 6ten Oktober, 1767)
Ein anderes ist, sich mit den Regeln abfinden; ein anderes, sie wirklich beobachten. Jenes
tun die Franzosen; dieses scheinen nur die Alten verstanden zu haben.
Die Einheit der Handlung war das erste dramatische Gesetz der Alten; die Einheit der
Zeit und die Einheit des Ortes waren gleichsam nur Folgen aus jener, die sie schwerlich
strenger beobachtet haben würden, als es jene notwendig erfordert hätte, wenn nicht die 5
Verbindung des Chors dazu gekommen wäre. Daß nämlich ihre Handlungen eine Menge
Volks zum Zeugen haben mußten, und diese Menge immer die nämliche blieb, welche
sich weder weiter von ihren Wohnungen entfernen, noch länger aus denselben wegbleiben
konnte, als man gewöhnlicherweise der bloßen Neugierde wegen zu tun pflegt: so konnten sie fast nicht anders, als den Ort auf einen und eben denselben individuellen Platz, und 10
der Zeit auf einen und eben denselben Tag einschränken. Dieser Einschränkung unter-
warfen sie sich denn auch bona fide; aber mit einer Biegsamkeit, mit einem Verstande,
daß sie, unter neunmalen, siebenmal weit mehr dabei gewannen, als verloren. Denn sie
ließen sich diesen Zwang einen Anlaß sein, die Handlung selbst so zu simplifizieren, alles
Überflüssige so sorgfältig von ihr abzusondern, daß sie, auf ihre wesentlichsten Bestand- 15
teile gebracht, nichts als ein Ideal von dieser Handlung ward, welches sich gerade in
derjenigen Form am glücklichsten ausbildete, die den wenigsten Zusatz von Umständen
der Zeit und des Ortes verlangte.
Die Franzosen hingegen, die an der wahren Einheit der Handlung keinen Geschmack
fanden, die durch die wilden Intrigen der spanischen Stücke schon verwöhnt waren, ehe 20

221

sie die griechische Simplizität kennen lernten, betrachteten die Einheiten der Zeit und des Orts, nicht als Folgen jener Einheit, sondern als für sich zur Vorstellung einer Handlung unumgängliche Erfordernisse, welches sie auch ihren reichern und verwickeltern Handlungen in eben der Strenge anpassen müßten, als es nur immer der Gebrauch des Chors
25 erfordern könnte, dem sie doch gänzlich entsagt hatten. Da sie aber fanden, wie schwer, ja wie unmöglich öfters, dieses sei: so trafen sie mit den tyrannischen Regeln, welchen sie ihren völligen Gehorsam aufzukündigen, nicht Mut genug hatten, ein Abkommen. Anstatt eines einzigen Ortes, führten sie einen unbestimmten Ort ein, unter dem man sich bald den, bald jenen, einbilden könne; genug, wenn diese Orte zusammen nur nicht gar
30 zu weit aus einander lägen, und keiner eine besondere Verzierung bedürfe, sondern die nämliche Verzierung ungefähr dem einen so gut als dem andern zukommen könne. Anstatt der Einheit des Tages schoben sie die Einheit der Dauer unter; und eine gewisse Zeit, in der man von keinem Aufgehen und Untergehen der Sonne hörte; in der niemand zu Bette ging, wenigstens nicht öfter als einmal zu Bette ging, mochte sich doch sonst noch so
35 viel und mancherlei darin eräugnen, ließen sie für einen Tag gelten.
Niemand würde ihnen dieses verdacht haben; denn unstreitig lassen sich auch so noch vortreffliche Stücke machen; und das Sprichwort sagt, bohre das Brett, wo es am dünnsten ist. – Aber ich muß meinen Nachbar nur auch da bohren lassen. Ich muß ihm nicht immer nur die dickeste Kante, den astigsten Teil des Brettes zeigen, und schreien: Da
40 bohre mir durch! da pflege ich durchzubohren! – Gleichwohl schreien die französischen Kunstrichter alle so; besonders wenn sie auf die dramatischen Stücke der Engländer kommen. Was für ein Aufhebens machen sie von der Regelmäßigkeit, die sie sich so unendlich erleichtert haben! – Doch mir ekelt, mich bei diesen Elementen länger aufzuhalten.
45 Möchten meinetwegen Voltairens und Maffeis Merope acht Tage dauern, und an sieben Orten in Griechenland spielen! Möchten sie aber auch nur die Schönheiten haben, die mich diese Pedantereien vergessen machen!

Fünf und siebzigstes Stück (Den 19ten Januar, 1768)
Er, Aristoteles, ist es gewiß nicht, der die mit Recht getadelte Einteilung der tragischen Leidenschaften in Mitleid und Schrecken gemacht hat. Man hat ihn falsch verstanden,
50 falsch übersetzt. Er spricht von Mitleid und Furcht, nicht von Mitleid und Schrecken; und seine Furcht ist durchaus nicht die Furcht, welche uns das bevorstehende Übel eines andern, für diesen andern, erweckt, sondern es ist die Furcht, welche aus unserer Ähnlichkeit mit der leidenden Person für uns selbst entspringt; es ist die Furcht, daß die Unglücksfälle, die wir über diese verhänget sehen, uns selbst treffen können; es ist die
55 Furcht, daß wir der bemitleidete Gegenstand selbst werden können. Mit einem Worte: diese Furcht ist das auf uns selbst bezogene Mitleid.
Aristoteles will überall aus sich selbst erklärt werden. Wer uns einen neuen Kommentar über seine Dichtkunst liefern will, welcher den Dacierschen[1] weit hinter sich läßt, dem rate ich, vor allen Dingen die Werke des Philosophen vom Anfange bis zum Ende zu lesen.
60 Er wird Aufschlüsse für die Dichtkunst finden, wo er sich deren am wenigsten vermutet;

---

[1] Dacierschen: französische Aristoteles-Übersetzung mit Kommentar, 1692.

besonders muß er die Bücher der Rhetorik und Moral studieren. Man sollte zwar denken, diese Aufschlüsse müßten die Scholastiker, welche die Schriften des Aristoteles an den Fingern wußten, längst gefunden haben. Doch die Dichtkunst war gerade diejenige von seinen Schriften, um die sie sich am wenigsten bekümmerten. Dabei fehlten ihnen andere Kenntnisse, ohne welche jene Aufschlüsse wenigstens nicht fruchtbar werden konnten: sie 65 kannten das Theater und die Meisterstücke desselben nicht.

Die authentische Erklärung dieser Furcht, welche Aristoteles dem tragischen Mitleid beifügt, findet sich in dem fünften und achten Kapitel des zweiten Buchs seiner Rhetorik. Es war gar nicht schwer, sich dieser Kapitel zu erinnern; gleichwohl hat sich vielleicht keiner seiner Ausleger ihrer erinnert, wenigstens hat keiner den Gebrauch davon ge- 70 macht, der sich davon machen läßt. Denn auch die, welche ohne sie einsahen, daß diese Furcht nicht das mitleidige Schrecken sei, hätten noch ein wichtiges Stück aus ihnen zu lernen gehabt: die Ursache nämlich, warum der Stagirit[1] dem Mitleid hier die Furcht, und warum nur die Furcht, warum keine andere Leidenschaft, und warum nicht mehrere Leidenschaften, beigesellet habe. Von dieser Ursache wissen sie nichts, und ich möchte 75 wohl hören, was sie aus ihrem Kopfe antworten würden, wenn man sie fragte: warum z. E. die Tragödie nicht eben so wohl Mitleid und Bewunderung, als Mitleid und Furcht, erregen könne und dürfe?

Es beruhet aber alles auf dem Begriffe, den sich Aristoteles von dem Mitleiden gemacht hat. Er glaubte nämlich, daß das Übel, welches der Gegenstand unsers Mitleidens werden 80 solle, notwendig von der Beschaffenheit sein müsse, daß wir es auch für uns selbst, oder für eines von den Unsrigen, zu befürchten hätten. Wo diese Furcht nicht sei, könne auch kein Mitleiden Statt finden. Denn weder der, den das Unglück so tief herabgedrückt habe, daß er weiter nichts für sich zu fürchten sähe, noch der, welcher sich so vollkommen glücklich glaube, daß er gar nicht begreife, woher ihm ein Unglück zustoßen könne, 85 weder der Verzweifelnde noch der Übermütige, pflege mit andern Mitleid zu haben. Er erkläret daher auch das Fürchterliche und das Mitleidswürdige, eines durch das andere. Alles das, sagt er, ist uns fürchterlich, was, wenn es einem andern begegnet wäre, oder begegnen sollte, unser Mitleid erwecken würde: und alles das finden wir mitleidswürdig, was wir fürchten würden, wenn es uns selbst bevorstünde. Nicht genug also, daß der 90 Unglückliche, mit dem wir Mitleiden haben sollen, sein Unglück nicht verdiene, ob er es sich schon durch irgend eine Schwachheit zugezogen: seine gequälte Unschuld, oder vielmehr seine zu hart heimgesuchte Schuld, sei für uns verloren, sei nicht vermögend, unser Mitleid zu erregen, wenn wir keine Möglichkeit sähen, daß uns sein Leiden auch treffen könne. Diese Möglichkeit aber finde sich alsdenn, und könne zu einer großen 95 Wahrscheinlichkeit erwachsen, wenn ihn der Dichter nicht schlimmer mache, als wir gemeiniglich zu sein pflegen, wenn er ihn vollkommen so denken und handeln lasse, als wir in seinen Umständen würden gedacht und gehandelt haben, oder wenigstens glauben, daß wir hätten denken und handeln müssen: kurz, wenn er ihn mit uns von gleichem Schrot und Korne schildere. Aus dieser Gleichheit entstehe die Furcht, daß unser Schick- 100 sal gar leicht dem seinigen eben so ähnlich werden könne, als wir ihm zu sein uns selbst fühlen: und diese Furcht sei es, welche das Mitleid gleichsam zur Reife bringe.

So dachte Aristoteles von dem Mitleiden, und nur hieraus wird die wahre Ursache begreiflich, warum er in der Erklärung der Tragödie, nächst dem Mitleiden, nur die einzige

---

[1] Stagirit: Aristoteles, der in Stageira geboren wurde.

105 Furcht nannte. Nicht als ob diese Furcht hier eine besondere, von dem Mitleiden unabhängige Leidenschaft sei, welche bald mit bald ohne dem Mitleid, so wie das Mitleid bald mit bald ohne ihr, erreget werden könne; welches die Mißdeutung des Corneille war: sondern weil, nach seiner Erklärung des Mitleids, dieses die Furcht notwendig einschließt; weil nichts unser Mitleid erregt, als was zugleich unsere Furcht erwecken kann.

In: Gotthold Ephraim Lessing: Werke in acht Bänden. Hg. v. Herbert G. Göpfert. Bd. 4. München: Hanser 1970, S. 443 ff., 580.

17. Literaturbrief
1. *Lessing leitet seinen berühmten Brief rhetorisch auffällig ein. Machen Sie sich die Wirkung klar.*
2. *Verfassen Sie eine Gliederung des Briefs. Wo stellt der Autor Behauptungen auf, wo bringt er Begründungen und Beispiele?*
3. *Mit welchen Aussagen wendet er sich gegen Gottsched und damit gegen den französischen Einfluß?*
4. *In welchen Punkten sieht Lessing Berührungspunkte zwischen dem deutschen und englischen Theater?*

Hamburgische Dramaturgie, 46. Stück
1. *Was kritisiert Lessing an der Rezeption der antiken Muster?*
2. *Wie sollte die Rezeption stattfinden? Erklären Sie dies anhand des angeführten Sprichworts.*
3. *Charakterisieren Sie den Stil des Textes.*

Hamburgische Dramaturgie, 75. Stück
Erklären Sie die Begriffe Furcht und Mitleid.

Inwiefern wirken Lessings Ausführungen epochemachend?

Die Kontroverse Lessing – Goeze

Das bedeutendste Dokument der Auseinandersetzung über Fragen der Religion ist der Streit zwischen Gotthold Ephraim Lessing und dem Hauptpastor Johann Melchior Goeze (1717–1786) in Hamburg. Dabei ist nicht nur der Gegenstand der Kontroverse bezeichnend, sondern auch die Bedingungen, unter denen sie geführt wird. Der Streit ist nämlich auch ein Streit um das Recht des freien Wortes. Zum Verständnis dieser Auseinandersetzung müssen einige Fakten mitgeteilt werden: Lessing, dessen Vater Theologe war, der selbst in seinen frühesten Schriften schon theologische Themen behandelt hatte, stellte sich aus eigenem Interesse, weil hier ein Hauptfeld aufklärerischer Diskussion lag, immer wieder theologischen Problemen. Seit seiner Hamburger Zeit kannte er den Orientalisten Hermann Samuel Reimarus (1694–1768), der religionskritische Abhandlungen geschrieben, aber bis zu seinem Tod nicht veröffentlicht hatte. Als Lessing aus Resignation und Not die

Stelle eines »Herzoglichen Bibliothekars« in Wolfenbüttel annahm, gehörten zu seinen Aufgaben die Pflege und Veröffentlichung der Bibliotheksschätze. Für diese Veröffentlichungen war ihm vom Herzog Zensurfreiheit zugebilligt worden. In dieser Situation publizierte er, ohne die Verfasserschaft anzugeben, die Schriften von Reimarus, die er von den Erben erhalten hatte und denen er kommentierende Erklärungen beigab. Es war eine unzutreffende Schutzbehauptung, daß diese »Fragmente eines Ungenannten« zum Bestand der Bibliothek gehörten. Der Herzog hob daraufhin die Zensurfreiheit auf und forderte das von Lessing erst teilweise veröffentlichte Manuskript ein.

Die Überschriften der Fragmente – »Von der Verschreiung der Vernunft auf den Kanzeln«, »Unmöglichkeit einer Offenbarung, die alle Menschen auf eine gegründete Art glauben könnten«, »Daß die Bücher des A. T. nicht geschrieben worden, eine Religion zu offenbaren«, »Über die Auferstehungsgeschichte« – forderten zur Entgegnung heraus. An die Spitze der Gegner setzte sich der Hamburger Hauptpastor Johann Melchior Goeze. Die in den Publikationen ausgetragene Fehde begann 1777. Lessing erhielt am 6. Juli 1778 vom Herzog Druckverbot für Werke religiöser Thematik, er ließ aber weitere in Hamburg und Berlin veröffentlichen, da diese Städte für den Braunschweiger Ausland waren. Nun wurde Lessing verboten, überhaupt etwas zum Fragmentenstreit ohne Erlaubnis der braunschweigischen Regierung zu veröffentlichen. Lessing wußte das Verbot zu umgehen. Er begann die Überarbeitung eines Dramenentwurfs, dessen Inhalt »eine Art von Analogie mit meinen gegenwärtigen Streitigkeiten hat«, wie er am 11. 8. 1778 an seinen Bruder Karl schrieb. Dieses dramatische Gedicht mit dem Titel »Nathan der Weise« war im April 1779 druckfertig und wurde am 14. 4. 1783, nach Lessings Tod also, in Berlin uraufgeführt.

Johann Melchior Goeze
Etwas Vorläufiges

gegen des Herrn Hofrat Lessings mittelbare und unmittelbare feindselige Angriffe auf unsre allerheiligste Religion, und auf den einigen Lehrgrund derselben, die heilige Schrift, von Johann Melchior Goeze, Hauptpastor an der St. Katharinen-Kirche in Hamburg (Ostern 1778)

I.

Es ist vor einiger Zeit eine Schrift an das Licht getreten, von welcher ich gegenwärtig, aus gegründeten Ursachen, keine nähere Anzeige geben will, als diese: Sie besteht aus zween Hauptteilen. Der erste enthält Fragmente, welche Angriffe gegen die heilige Schrift darlegen, und der zweite, Gegensätze des Herrn Herausgebers dieser Fragmente, gegen dieselben.   5

Der Herr Herausgeber ist eben so wenig mit den bisherigen Widersachern, als Verteidigern der christlichen Religion zufrieden. Er sagt S. 496: »Es ist falsch, daß schon alle Entwürfe gesagt wären, noch falscher ist es, daß sie alle schon beantwortet wären. Seichtigkeit und Spötterei auf der einen Seite, hat man nicht selten mit Stolz und Naserümpfen auf der andern erwidert. Man hat sich sehr beleidigt gefunden, wenn der eine Teil Reli-   10

gion und Aberglauben für eins genommen: aber man hat sich kein Gewissen gemacht, Zweifel für Unglauben, Begnügsamkeit mit dem, was die Vernunft sagt, für Ruchlosigkeit auszuschreien. Dort hat man jeden Gottesgelehrten zum Pfaffen, hier jeden Weltweisen zum Gottesleugner herabgewürdiget. So hat der eine und der andre seinen Gegner zum
15 Ungeheuer umgeschaffen, und ihn, wenn er ihn nicht besiegen können, wenigstens für vogelfrei erkläret. Wahrlich er soll noch erscheinen, auf beiden Seiten soll er noch erscheinen, der Mann, welcher die Religion so bestreitet, und der, welcher die Religion so verteidigt, als es die Wichtigkeit und Würde des Gegenstandes erfordert.«
Es ist hart, auf diese Art die Feinde der Religion und die Verteidiger derselben in eine
20 Klasse zu werfen. Was der Herr Herausgeber hier niedergeschrieben, soll ein Resultat sein. Was ist ein Resultat ohne vorher gegebene Induction? ein Machtanspruch, welchem der Leser einen blinden Beifall geben soll: welchem er aber mit völligem Rechte ein bloßes: negatur, ergo probetur, entgegen setzen kann. Und wenn es hoch kommt, so ist es ein Schluß von einzelnen Fällen auf das Allgemeine. Ich will es einräumen, daß einige
25 Verteidiger der christlichen Religion sich der, von dem Herrn Herausgeber gerügten Fehler, schuldig gemacht haben; verdienen sie darum alle verworfen zu werden? Und der ganze Vortrag des Herrn Herausgebers ist doch augenscheinlich so eingerichtet, daß der Leser das Arge, das er von einigen sagt, von allen denken soll.

In: Gotthold Ephraim Lessing: Werke in acht Bänden. Hg. v. Herbert G. Göpfert. Bd. 8. München: Hanser 1970, S. 21.

1. *Wie legitimiert der Verfasser seine Entgegnung?*
2. *Was wirft er Lessing vor?*
3. *Inwieweit kann man den Text als Angebot zu einer Diskussion verstehen?*

Die alte Bibliothek in Wolfenbüttel.

Gotthold Ephraim Lessing
Die Bitte (16. 3. 1778)

Ein andres ist ein Pastor: ein andres ein Bibliothekar. So verschieden klingen ihre Benennungen nicht: als verschieden ihre Pflichten und Obliegenheiten sind.

Überhaupt denke ich, der Pastor und Bibliothekar verhalten sich gegen einander, wie der Schäfer und der Kräuterkenner.

Der Kräuterkenner durchirret Berg und Tal, durchspähet Wald und Wiese, um ein Kräut- 5 chen aufzufinden, dem Linneus noch keinen Namen gegeben hat. Wie herzlich freuet er sich, wenn er eines findet! Wie unbekümmert ist er, ob dieses neue Kräutchen giftig ist, oder nicht! Er denkt, wenn Gifte auch nicht nützlich sind – (und wer sagt es denn, daß sie nicht nützlich wären?) – so ist es doch nützlich, daß die Gifte bekannt sind.

Aber der Schäfer kennt nur die Kräuter seiner Flur; und schätzt und pflegt nur diejenigen 10 Kräuter, die seinen Schafen die angenehmsten und zuträglichsten sind.

So auch wir, ehrwürdiger Mann! – Ich bin Aufseher von Bücherschätzen; und möchte nicht gern der Hund sein, der das Heu bewacht: ob ich schon freilich auch nicht der Stallknecht sein mag, der jedem hungrigen Pferde des Heu in die Raufe trägt. Wenn ich nun unter den mir anvertrauten Schätzen etwas finde, von dem ich glaube, daß es nicht 15 bekannt ist: so zeige ich es an.

Vors erste in unsern Katalogen; und dann nach und nach, so wie ich lerne, daß es diese oder jene Lücke füllen, dieses oder jenes berichtigen hilft, auch öffentlich: und ich bin ganz gleichgültig dabei, ob es dieser für wichtig, oder jener für unwichtig erklärt, ob es dem einen frommet, oder dem anderen schadet. Nützlich und verderblich, sind eben so 20 relative Begriffe, als groß und klein.

227

Sie hingegen, ehrwürdiger Mann, würdigen alle literarischen Schätze nur nach dem Einflusse, den sie auf Ihre Gemeinden haben können, und wollen lieber zu besorglich als zu fahrlässig sein. Was geht es Sie an, ob etwas bekannt, oder nicht bekannt ist? wenn es nur
25 Einen auch von den Kleinsten ärgern könnte, die Ihrer geistlichen Aufsicht anvertrauet sind.

Recht gut! Ich lobe Sie darum, Ehrwürdiger Mann. Aber weil ich Sie lobe, daß Sie Ihre Pflicht tun: so schelten Sie mich nicht, daß ich die meinige tue; – oder, welches einerlei ist, zu tun glaube.

30 Sie würden vor Ihrer Todesstunde zittern, wenn Sie an der Bekanntmachung der bewußten Fragmente den geringsten Anteil hätten. – Ich werde vielleicht in meiner Todesstunde zittern: aber vor meiner Todesstunde werde ich nie zittern. Am allerwenigsten deswegen, daß ich getan habe, was verständige Christen sich wünschen, daß es die alten Bibliothekare zu Alexandria, zu Cäsarea, zu Constantinopel, mit den Schriften des Celsus, des
35 Fronto, des Porphyrius, wenn sie es hätten tun können, möchten getan haben. Um die Schriften des letztern, sagt ein Mann, der sich auf solche Dinge verstehet, gäbe itzt mancher Freund der Religion gern einen frommen Kirchenvater hin.

Und ich hoffe ja nicht, Ehrwürdiger Mann, daß sie sagen werden: »jene alten Feinde der Religion hätten es allerdings verdient, daß ihre Schriften sorgfältiger wären aufbehalten
40 worden. Aber wozu der Neuern ihre aufbewahren, die nach siebzehnhundert Jahren doch nichts Neues sagen könnten?«

Wer weiß das, ohne sie gehört zu haben? Wer von unsern Nachkommen glaubt das, ohne es zu sehen? Dazu bin ich der festen Meinung, daß Welt und Christentum noch so lange stehen werden, daß in Betracht der Religion die Schriftsteller der ersten zwei Tausend
45 Jahre nach Christi Geburt, der Welt eben so wichtig sein werden, als uns itzt die Schriftsteller der ersten zwei Hundert Jahre sind.

Das Christentum geht seinen ewigen allmählichen Schritt: und Verfinsterungen bringen die Planeten aus ihrer Bahn nicht. Aber die Sekten des Christentums sind die Phases desselben, die sich nicht anders erhalten können, als durch Stockung der ganzen Natur, wenn
50 Sonn und Planet und Betrachter auf dem nämlichen Punkte verharren. Gott bewahre uns vor dieser schrecklichen Stockung!

Also, ehrwürdiger Mann: mißbilligen Sie es wenigstens weniger hart, daß ich ehrlich genug gewesen, eben sowohl sehr unchristliche Fragmente, als eine sehr christliche Schrift des Berengarius, von ihrem Untergange zu retten, und an das Licht zu bringen.

In: Gotthold Ephraim Lessing: Werke in acht Bänden. Hg. v. Herbert G. Göpfert. Bd. 8. München: Hanser 1970, S. 120.

1. *Welche Aufgaben hat nach Ansicht des Verfassers ein Pastor und welche ein Bibliothekar?*
2. *Inwiefern enthält der Vergleich, durch den die Funktion eines Pastors von der eines Bibliothekars abgegrenzt wird, parteiische Bewertungen?*
3. *Wie begründet Lessing die Notwendigkeit, die Schriften des Reimarus »an das Licht zu bringen«?*

Herzog Karl von Braunschweig

An Gotthold Ephraim Lessing

»Resolutio für den Hofrat und Bibliothekar Lessing zu Wolfenbüttel, dessen neuerlich herausgegebene Schriften betreffend: Der Durchleuchtigste Fürst und Herr, Herr Karl Herzog zu Braunschweig und Lüneburg etc. lassen dem Hofrat und Bibliothekar Lessing zu Wolfenbüttel auf desselben untertänigstes Ansuchen, daß seine eigene Schriften fernerhin von der Zensur ausgenommen, und die Waisenhaus-Buchhandlung bedeutet wer- 5 den möge, daß sie besonders seine sogenannten Anti-Goezischen Blätter nach wie vor verlegen und ohne vorgängige Zensur drucken lassen könne, hiemit die Resolution erteilen: daß, gleichwie es überhaupt bei der angeordneten Konfiskation der noch vorrätigen Exemplarien des 3ten und 4ten Teils der sogenannten ›Beiträge aus den Schätzen der Bibliothek zu Wolfenbüttel‹ sowohl, als des besonders gedruckten ›Fragments von dem 10 Zweck Jesu und seiner Jünger‹, auch aller anderen darauf einen Bezug habenden Schriften ein für allemal sein Bewenden hat, also auch fürs Künftige, nachdem die Dispensation von den Zensur wegen des davon gemachten Mißbrauchs aufgehoben werden müssen, weder die sogenannten Anti-Goezischen Blätter, noch sonst andre eigene oder fremde Schriften, sie mögen Namen haben, wie sie wollen, ohne Zensur drucken zu lassen dem 15 Supplikanten gestattet werden könne; sondern derselbe, was er fernerhin drucken zu lassen gemeinet ist, an Höchstgedachtes Sr. Durchl. Fürstliches Ministerium bis zu anderweiter Verordnung jedesmal zuvörderst einzuschicken, hienächst aber die hier einmal konfiszierten Schriften auswärts drucken zu lassen bei Vermeidung unangenehmer Verordnung sich zu enthalten habe; gleichwie denn auch demselben, daß er dem Fürstlichen 20 Consistorio bei Ausübung der diesem Landescollegio obliegenden teuren Pflichten einer Unbedachtsamkeit zu beschuldigen sich nicht zu viel sein lassen, hiemit ernstlich verwiesen wird. Braunschweig den 3ten August 1778 Urkundlich etc.«

In: Insel Almanach auf das Jahr 1979. »Ein Mann wie Lessing täte uns not«. Hg. v. Horst Günther. Frankfurt/M.: Insel 1978, S. 118.

1. *Auf welches Recht kann sich der Herzog bei seiner Resolution berufen? Welche Möglichkeiten hat er, seine Anordnung durchzusetzen?*
2. *Welche Konsequenzen hat die Resolution für Lessing?*
3. *Erklären Sie sprachlich und sachlich, was unter »Zensur« zu verstehen ist. Vergleichen Sie die Situation, in der sich Lessing befindet, mit der Situation, die Oskar Maria Graf (S. 112 ff.) beklagt.*

Elisabeth Reimarus

An Gotthold Ephraim Lessing

Hamburg, den 29. Jul. 1778.

So gleichgültig und ekelhaft mir die mehrsten Gerüchte zu sein pflegen, so unruhig macht mich eine seit gestern sich hier verbreitende Sage, daß Sie Wolfenbüttel verlassen. Und warum verlassen? Ich kann den Gedanken nicht denken ohne ein Gefühl, gleich Todtschlag vorrückend, damit zu verbinden.

5 Lieber Herr Lessing, wenn es wahr ist, daß Ihre *Anti-Goezen* verboten, Ihre *Fragmente* confiscirt sind, wenn Alles wahr ist, o, so gönnen Sie doch der Dummheit nicht auch den Sieg, daß Sie fliehen. Confiscationen sind von je her stillschweigende Zeugnisse für die Wahrheit gewesen, und je mehr sie gewaltthätig unterdrückt wird, je mehr gewinnt sie Anhänger; aber das Reich der Lügen wächst nur in der Abwesenheit des ehrlichen Man-
10 nes.

Um Alles daher, was Ihnen lieb ist, nein, um Ihres ärgsten Feindes willen verlassen Sie Wolfenbüttel itzt nicht.

Vielleicht haben Sie nie daran gedacht, vielleicht ist es Unsinn, mir einzubilden, daß meine Bitten etwas über die Entschließungen eines Mannes vermögen sollten; aber wie dem
15 auch sei, so hab' ich es meiner Unruhe nicht versagen können, mich ohne Jemandes Wissen an Sie selbst zu wenden, und wenigstens vergeben Sie den Versuch Ihrer Freundin

Elis. Reimarus.

Nicht blos um meiner Bitte ein größeres Gewicht zu geben, sondern der Wahrheit zu Gefallen muß ich Ihnen sagen, daß viele Ihrer hiesigen Freunde, durch jenes Gerücht beunruhigt, einerlei mit mir wünschen. Wenn doch diese Sie einmal hier sehen könnten!

In: Gotthold Ephraim Lessing: Sämtliche Schriften. Hg. v. Karl Lachmann. 3. durchgesehene und verbesserte Auflage v. Franz Munckes. Bd. 21. Stuttgart/Berlin/Leipzig: Göschen / de Gruyter, S. 224.

1. *Inwiefern ist Elisabeth Reimarus, die Tochter von Hermann Samuel Reimarus, von der Auseinandersetzung, in die Lessing geraten ist, besonders betroffen?*
2. *Welche Empfehlungen gibt sie? Wie begründet sie ihre Empfehlungen?*
3. *Inwieweit läßt der persönliche Brief auf die Stimmung im Herzogtum schließen?*

Gotthold Ephraim Lessing

An seinen Bruder Karl Lessing

Wolfenbüttel, den 7. November 1778.

Mein lieber Bruder,
Dein letzter brüderlicher Brief hätte wohl eine promptere Antwort verdient. Allerdings. Aber denke nur nicht, daß ich nicht prompt geantwortet, weil ich nicht prompt antworten können, indem ich mit mir selbst noch nicht einig gewesen, selbst noch nicht gewußt, wie es mit Dingen werden solle, mit denen ich vielleicht weiter nichts gesucht, als den Leuten
5 das Maul aufzusperren. Denn so dächtest Du nun ganz gewiß sehr falsch.
Mein Nathan, wie mir Professor Schmid und Eschenburg bezeugen können, ist ein Stück, welches ich schon vor drei Jahren, gleich nach meiner Zurückkunft von der Reise vollends aufs Reine bringen und drucken lassen wollen. Ich habe es jetzt nur wieder vorgesucht, weil mir auf einmal beifiel, daß ich, nach einigen kleinen Veränderungen des Plans, dem
10 Feinde auf einer andern Seite damit in die Flanke fallen könne. Mit diesen Veränderungen bin ich nun zu Rande, und mein Stück ist so vollkommen fertig, als nur immer eins von meinen Stücken fertig gewesen, wenn ich sie drucken zu lassen anfing. Gleichwohl will ich noch bis Weihnachten daran flicken, polieren, und erst zu Weihnachten anfangen, alles aufs Reine zu schreiben, und à mesure abdrucken zu lassen, daß ich unfehlbar auf der

Ostermesse damit erscheinen kann. Früher habe ich damit nie erscheinen wollen, denn 15
Du erinnerst Dich doch wohl, daß ich in meiner Ankündigung zu Weihnachten vorher die
Zahl der Subskribenten zu wissen verlangt habe.

Und also wäre der eine Punkt, über den Herr Voß gewiß sein möchte, ohne alle Schwierigkeit. Ostern 1779 ist mein Stück gedruckt, und wenn auch nicht zwanzig Personen
darauf subskribiert hätten; – und wenn ich es für mein eigenes Geld müßte drucken 20
lassen.

Auch könnte ich über den zweiten Punkt ihn völlig beruhigen. Mein Stück hat mit unsern
jetzigen Schwarzröcken nichts zu tun; und ich will ihm den Weg nicht selbst verbauen,
endlich doch einmal aufs Theater zu kommen, wenn es auch erst nach hundert Jahren
wäre. Die Theologen aller geoffenbarten Religionen werden freilich innerlich darauf 25
schimpfen; doch dawider sich öffentlich zu erklären, werden sie wohl bleiben lassen.

In: Lessings Leben und Werk in Daten und Bildern. Hg. v. Kurt Wölfel. Frankfurt/M.: Insel 1967.
S. 161.

Gotthold Ephraim Lessing
Nathan der Weise. Die Ringparabel (1779)

Das dramatische Gedicht »Nathan der Weise« spielt in Jersualem zur Zeit der Kreuzzüge. Der Jude Nathan ist ein erfolgreicher Kaufmann. In seinem Haus lebt Recha, eine Christin, die Nathan an Kindes statt aufgenommen hat. Recha ist während Nathans Abwesenheit von einem jungen Tempelherrn, der zur Partei der Christen gehört, gerettet worden. Diesem Tempelherrn ist Nathan Dank schuldig. Saladin, Sultan und Vertreter des Islam, ist beständig in Geldnöten und deshalb auf den reichen Juden angewiesen. Als aufgeklärter Herrscher schätzt er den Juden aber auch der Weisheit wegen und stellt ihm die schwerwiegende Frage nach der wahren Religion. Die Antwort gibt Nathan parabolisch als – wie er sagt – »Geschichtchen«.

Aus dem 3. Aufzug, 7. Auftritt
NATHAN. Vor grauen Jahren lebt' ein Mann in Osten,
 Der einen Ring von unschätzbarem Wert'
 Aus lieber Hand besaß. Der Stein war ein
 Opal, der hundert schöne Farben spielte,
5 Und hatte die geheime Kraft, vor Gott
 Und Menschen angenehm zu machen, wer
 In dieser Zuversicht ihn trug. Was Wunder,
 Daß ihn der Mann in Osten darum nie
 Vom Finger ließ; und die Verfügung traf,
10 Auf ewig ihn bei seinem Hause zu
 Erhalten? Nämlich so. Er ließ den Ring
 Von seinen Söhnen dem geliebtesten,
 Und setzte fest, daß dieser wiederum
 Den Ring von seinen Söhnen dem vermache,
15 Der ihm der liebste sei; und stets der liebste,

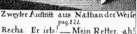

Zweyter Auftritt aus Nathan der Weise
pag. 121.
Recha. Er ists! — Mein Retter, ah!

Sechster Auftritt p. 251.
Sittah. Kind, was geschieht dir! — Recha §__
Recha. Diesen Vater soll — soll ich verliehten!

Nathan der Weise.

Ein

Dramatisches Gedicht,

in fünf Aufzügen.

Introite, nam et heic Dii sunt!
APVD GELLIVM.

Von

Gotthold Ephraim Lessing.

1779.

Ohn' Ansehn der Geburt, in Kraft allein
Des Rings, das Haupt, der Fürst des Hauses werde. –
Versteh mich, Sultan.

SALADIN. Ich versteh dich. Weiter!

20 NATHAN. So kam nun dieser Ring, von Sohn zu Sohn,
Auf einen Vater endlich von drei Söhnen;
Die alle drei ihm gleich gehorsam waren,
Die alle drei er folglich gleich zu lieben
Sich nicht entbrechen konnte. Nur von Zeit
25 Zu Zeit schien ihm bald der, bald dieser, bald
Der dritte, – so wie jeder sich mit ihm
Allein befand, und sein ergießend Herz
Die andern zwei nicht teilten, – würdiger
Des Ringes; den er denn auch einem jeden
30 Die fromme Schwachheit hatte, zu versprechen.
Das ging nun so, so lang es ging. – Allein
Es kam zum Sterben, und der gute Vater
Kömmt in Verlegenheit. Es schmerzt ihn, zwei
Von seinen Söhnen, die sich auf sein Wort
35 Verlassen, so zu kränken. – Was zu tun? –
Er sendet in geheim zu einem Künstler,
Bei dem er, nach dem Muster seines Ringes,
Zwei andere bestellt, und weder Kosten
Noch Mühe sparen heißt, sie jenem gleich,
40 Vollkommen gleich zu machen. Das gelingt
Dem Künstler. Da er ihm die Ringe bringt,
Kann selbst der Vater seinen Musterring
Nicht unterscheiden. Froh und freudig ruft
Er seine Söhne, jeden ins besondre;
45 Gibt jedem ins besondre seinen Segen, –

Und seinen Ring, – und stirbt. – Du hörst doch, Sultan?

SALADIN. *(der sich betroffen von ihm gewandt).*
   Ich hör, ich höre! – Komm mit deinem Märchen
   Nur bald zu Ende. – Wirds?

50 NATHAN. Ich bin zu Ende.
   Denn was noch folgt, versteht sich ja von selbst. –
   Kaum war der Vater tot, so kömmt ein jeder
   Mit seinem Ring', und jeder will der Fürst
   Des Hauses sein. Man untersucht, man zankt,
55   Man klagt. Umsonst; der rechte Ring war nicht
   Erweislich; –
   (Nach einer Pause, in welcher er des Sultans Antwort erwartet)
   Fast so unerweislich, als
   Uns itzt – der rechte Glaube.

   SALADIN. Wie? das soll
60   Die Anwort sein auf meine Frage? . . .

   NATHAN. Soll
   Mich bloß entschuldigen, wenn ich die Ringe,
   Mir nicht getrau zu unterscheiden, die
   Der Vater in der Absicht machen ließ,
65   Damit sie nicht zu unterscheiden wären.

   SALADIN. Die Ringe! – Spiele nicht mit mir! – Ich dächte,
   Daß die Religionen, die ich dir
   Genannt, doch wohl zu unterscheiden wären.
   Bis auf die Kleidung; bis auf Speis und Trank!

70 NATHAN. Und nur von Seiten ihrer Gründe nicht. –
   Denn gründen alle sich nicht auf Geschichte?
   Geschrieben oder überliefert! – Und
   Geschichte muß doch wohl allein auf Treu
   Und Glauben angenommen werden? – Nicht? –
75   Nun wessen Treu und Glauben zieht man denn
   Am wenigsten in Zweifel? Doch der Seinen?
   Doch deren Blut wir sind? doch deren, die
   Von Kindheit an uns Proben ihrer Liebe
   Gegeben? die uns nie getäuscht, als wo
80   Getäuscht zu werden uns heilsamer war? –
   Wie kann ich meinen Vätern weniger,
   Als du den deinen glauben? Oder umgekehrt. –
   Kann ich von dir verlangen, daß du deine
   Vorfahren Lügen strafst, um meinen nicht
85   Zu widersprechen? Oder umgekehrt.
   Das nämlich gilt von den Christen. Nicht? –

   SALADIN. (Bei dem Lebendigen! Der Mann hat Recht,
   Ich muß verstummen.)

   NATHAN. Laß auf unsre Ring'
90   Uns wieder kommen. Wie gesagt: die Söhne
   Verklagten sich; und jeder schwur dem Richter,

Unmittelbar aus seines Vaters Hand
Den Ring zu haben. – Wie auch wahr! – Nachdem
Er von ihm lange das Versprechen schon
95 Gehabt, des Ringes Vorrecht einmal zu
Genießen. – Wie nicht minder wahr! – Der Vater,
Beteu'rte jeder, könne gegen ihn
Nicht falsch gewesen sein; und eh' er dieses
Von ihm, von einem solchen lieben Vater,
100 Argwohnen laß': eh' müß' er seine Brüder,
So gern er sonst von ihnen nur das Beste
Bereit zu glauben sei, des falschen Spiels
Bezeihen; und er wolle die Verräter
Schon auszufinden wissen; sich schon rächen.
105 SALADIN. Und nun, der Richter? – Mich verlangt zu hören,
Was du den Richter sagen lässest. Sprich!
NATHAN. Der Richter sprach: wenn ihr mir nun den Vater
Nicht bald zur Stelle schafft; so weis' ich euch
Von meinem Stuhle. Denkt ihr, daß ich Rätsel
110 Zu lösen da bin? Oder harret ihr,
Bis daß der rechte Ring den Mund eröffne? –
Doch halt! Ich höre ja, der rechte Ring
Besitzt die Wunderkraft beliebt zu machen;
Vor Gott und Menschen angenehm. Das muß
115 Entscheiden! Denn die falschen Ringe werden
Doch das nicht können! – Nun; wen lieben zwei
Von euch am meisten? – Macht, sagt an! Ihr schweigt?
Die Ringe wirken nur zurück? und nicht
Nach außen? Jeder liebt sich selber nur
120 Am meisten? – O so seid ihr alle drei
Betrogene Betrieger! Eure Ringe
Sind alle drei nicht echt. Der echte Ring
Vermutlich ging verloren. Den Verlust
Zu bergen, zu ersetzen, ließ der Vater
125 Die drei für einen machen.
SALADIN. Herrlich! herrlich!
NATHAN. Und also; fuhr der Richter fort, wenn ihr
Nicht meinen Rat, statt meines Spruches, wollt:
Geht nur! – Mein Rat ist aber der: ihr nehmt
130 Die Sache völlig wie sie liegt. Hat von
Euch jeder seinen Ring von seinem Vater:
So glaube jeder sicher seinen Ring
Den echten. – Möglich; daß der Vater nun
Die Tyrannei des Einen Rings nicht länger
135 In seinem Hause dulden wollen! – Und gewiß;
Daß er euch alle drei geliebt, und gleich
Geliebt: indem er zwei nicht drücken mögen,
Um einen zu begünstigen. – Wohlan!

Es eifre jeder seiner unbestochnen
140 Von Vorurteilen freien Liebe nach!
Es strebe von euch jeder um die Wette,
Die Kraft des Steins in seinem Ring' an Tag
Zu legen! komme dieser Kraft mit Sanftmut,
Mit herzlicher Verträglichkeit, mit Wohltun,
145 Mit innigster Ergebenheit in Gott,
Zu Hülf'! Und wenn sich dann der Steine Kräfte
Bei euern Kindes-Kindeskindern äußern:
So lad' ich über tausend tausend Jahre,
Sie wiederum vor diesen Stuhl. Da wird
150 Ein weisrer Man auf diesem Stuhle sitzen,
Als ich; und sprechen. Geht! – So sagte der
Bescheidne Richter.
SALADIN. Gott! Gott!
NATHAN. Saladin,
155 Wenn du dich fühlest, dieser weisere
Versprochne Mann zu sein: ...
SALADIN. *(der auf ihn zustürzt, und seine
Hand ergreift, die er bis zu Ende nicht wieder
fahren läßt).*
Ich Staub? Ich Nichts?
O Gott!
NATHAN. Was ist dir, Sultan?
160 SALADIN. Nathan, lieber Nathan! –
Die tausend tausend Jahre deines Richters
Sind noch nicht um. – Sein Richterstuhl ist nicht
Der meine. – Geh! – Geh! – Aber sei mein Freund.

In: Gotthold Ephraim Lessing: Werke in acht Bänden. Hg. v. Herbert G. Göpfert. Bd. 2. München: Hanser 1970, S. 274 ff.

1. *Interpretieren Sie die Parabel, und beachten Sie die methodischen Hinweise, die zur Analyse von Parabeln gegeben wurden (S. 69 ff.).*
2. *Erklären Sie, welche Botschaft Lessing mit dieser Parabel indirekt dem Herzog von Braunschweig und dem Hauptpastor Goeze gibt.*
3. *Formulieren Sie die Parabel um: Welche Thesen stellt Lessing zum Ursprung und zum Wesen der Religion auf? Welche (imperativ vorgetragenen) Empfehlungen richtet er an die Gläubigen der verschiedenen Religionen?*

3. Empfindsamkeit

Viele Menschen der Zeit versuchten ihr Leben nach dem Wahlspruch der Aufklärung – »Habe Muth dich deines eigenen Verstandes zu bedienen« – zu gestalten. Er galt als Ruf der Befreiung, neben dem alle anderen Wünsche belanglos waren.

Und doch wurden bald Bedürfnisse formuliert, die von den Aufklärern unzureichend berücksichtigt worden waren: Neben der Anstrengung des Begriffs und des Denkens beanspruchen Empfindung und Erleben Raum; nicht vom »Kopf« allein wird das menschliche Handeln bestimmt, auch das »Herz« hat Anteil an Entscheidungen; es gibt nicht nur eine Wissenskultur, sondern auch eine Gefühlskultur.

Verwiesen wurde auf das ursprüngliche Leben, vorgestellt als goldenes Zeitalter in einem antiken Arkadien oder vorgelebt in einem einfachen Landleben. Die Pietisten, Anhänger einer mystisch bestimmten Religionsbewegung im Protestantismus, suchten eine innere Heilserfahrung. Statt sich an Diskurs und Kritik zu beteiligen, strebten sie nach Verinnerlichung, nach individueller Erfüllung und nach Harmonie mit den Menschen der Umgebung, mit Gott und mit der Natur.

Die »Empfindsamen« sind nicht eine literarische Gruppe, sondern Menschen und Autoren mit vergleichbaren Anschauungen an verschiedenen Orten. Durch ihre einzelnen Werke und durch ihre besondere Persönlichkeit, weniger durch ihre Zirkel und Gruppierung, haben sie sich Gehör verschafft.

Lyrik

Christian Friedrich Daniel Schubart
Das Glück der Empfindsamen (1774)

Weg, Plutus[1], mit der goldnen Gabe!
Bin ich nicht reich genug? Ich habe
   Ein Herze voll Gefühl.
Da nimm dein Gold! und gib's den Reichen,
5 Die steinernen Colossen gleichen!
   Ich habe schon zu viel.

Ein Frühlingstag, ein Sommermorgen
Zerstreuet alle meine Sorgen.
   Es darf die Lerche nur
10 Hoch in den blauen Lüfften trillern;
So wandl' ich froher in der stillern
   Mit Thau bedeckten Flur.

[1] Plutus: Gott des Reichtums

Gedrückt vom widrigen Geschicke,
Verlaß ich Stadtgetös, und pflücke
15 Ein Blümchen auf der Au.
Fällt auch ein Zährchen[1] hin und wieder
Aufs weiße Wiesenblümchen nieder;
So denk' ich, es sey Thau.

Oft spiel' ich klagend auf dem Flügel,
20 Wenn Luna[2] glänzt. Von Sions[3] Hügel
Kommt Göttinn Harmonie,
Und haucht Begeistrung in die Finger,
Und jenes Lebens Trost. Geringer
Wird dann der Schmerz durch sie.

25 Jüngst wünscht' ich mir den Tod! Da lauschte
Mein Minnchen in dem Busch' und rauschte
Hervor im Sonnenhut;
Gleich seufzt' ich nimmer um mein Ende;
Denn Minna drückte mir die Hände;
30 Und sprach: Ich bin dir gut.

Wenn Arme an den Dornenstäben
Gekrümmt vor meiner Hütte beben;
Da klopft mir zwar die Brust:
Doch, wenn ich eine kleine Gabe
35 Bey eigner Armuth übrig habe;
So fühl' ich Engellust.

Ich wohne gern in meiner Hütte.
Gewähre mir nur eine Bitte,
Wohlthätige Natur!
40 Nie will ich mich der Armuth schämen;
Du darfst mir alles, alles nehmen;
Mein Herze laß mir nur!

In: Empfindsamkeit. Theoretische und kritische Texte. Hg. v. Wolfgang Doktor u. Gerhard Sauder. Stuttgart: Reclam 1976, S.155 f.

1. *Wie stellt das lyrische Ich seine eigene Situation, seine Wünsche und Erwartungen vor?*
2. *Welche Bedeutung hat die Natur für das lyrische Ich?*
3. *Inwiefern gibt sich das Ich durch die Form und durch die sprachliche Gestaltung des Gedichts als literarisch gebildet zu erkennen?*
4. *Erklären Sie die Welt- und Lebensauffassung der »Empfindungen«, soweit sie aus dem Gedicht zu erschließen sind.*

[1] Zähre: (veralt.) Träne.
[2] Luna: römische Mondgöttin
[3] Sion, Zion: Name des Tempelbergs in Jerusalem, dann für die ganze Stadt Jerusalem.

Der Vogelkäfig. Nicolas Lancret. Um 1735.

Johann Peter Uz
Der Schäfer

Arkadien, sei mir gegrüßt!
Du Land beglückter Hirten,
Wo unter unentweihten Myrten
Ein zärtlich Herz allein noch rühmlich
     ist!

5 Ich will mit sanftem Hirtenstab
Hier meine Schafe weiden.
Hier, Liebe! schenke mir die Freuden,
Die mir die Stadt, die stolze Stadt nicht
     gab.

Wie schäfermäßig, wie getreu
10 Will ich Climenen lieben,
Bis meinen ehrfurchtvollen Trieben
Ihr Mund erlaubt, daß ich ihr Schäfer
     sei.

Welch süßem Traume geb ich Raum,
Der mich zum Schäfer machet!
15 Die traurige Vernunft erwachet;
Das Herz träumt fort und liebet seinen
     Traum.

In: Das große deutsche Gedichtbuch. Hg. v. Karl Otto Conrady. Kronberg/Ts.: Athenäum 1977, S. 170.

1 *Welche Vorstellungen verbindet das lyrische Ich mit der »Stadt«, welche mit dem »Land«?*

2. *Inwiefern sind die Vorstellungen nur als »Traum« nachzuvollziehen?*

Friedrich von Hagedorn

An die Freude

Freude, Göttinn edler Herzen!
Höre mich.
Laß die Lieder, die hier schallen,
Dich vergrösern, dir gefallen:
5 Was hier tönet, tönt durch dich.

Muntre Schwester süsser Liebe!
Himmelskind!
Kraft der Seelen! Halbes Leben!
Ach! was kann das Glück uns geben,
10 Wenn man dich nicht auch gewinnt?

Stumme Hüter todter Schätze
Sind nur reich.
Dem, der keinen Schatz bewachet,
Sinnreich scherzt und singt und lachet,
15 Ist kein karger König gleich.

Gieb den Kennern, die dich ehren,
Neuen Muth,
Neuen Scherz den regen Zungen,
Neue Fertigkeit den Jungen,
20 Und den Alten neues Blut.

Du erheiterst, holde Freude!
Die Vernunft.
Flieh, auf ewig, die Gesichter
Aller finstern Splitterrichter
25 Und die ganze Heuchlerzunft!

In: Des Herrn Friedrichs von Hagedorn sämtliche poetische Werke. Oden und Lieder in fünf Büchern. Bd. 2. Carlsruhe: Schmieder 1777, S. 33.

1. *Welche Bedeutung hat die »Freude« für das lyrische Ich? In welchen Variationen tritt ihm die Freude entgegen?*
2. *Wie umschreibt es das Gegenprinzip der Freude?*
3. *Der Titel des Gedichts kündet an, daß es sich bei dem Text um eine Ode handelt. Informieren Sie sich, was unter einer Ode zu verstehen ist, und vergleichen Sie den Text mit Schillers gleichnamigem Gedicht, das von Beethoven vertont wurde und das eine Zeitlang als Ersatz für eine deutsche Nationalhymne verwendet wurde.*

Friedrich Gottlieb Klopstock
Die Frühlingsfeier (1758)

Nicht in den Ozean der Welten alle
Will ich mich stürzen! schweben nicht,
Wo die ersten Erschaffnen, die Jubelchöre der Söhne des Lichts, –
Anbeten, tief anbeten! und in Entzückung vergehn!

5 Nur um den Tropfen am Eimer,
Um die Erde nur, will ich schweben, und anbeten!
Halleluja! Halleluja! Der Tropfen am Eimer
Rann aus der Hand des Allmächtigen auch!

Da der Hand des Allmächtigen
10 Die größeren Erden entquollen!
Die Ströme des Lichts rauschten, und Siebengestirne wurden,
Da entrannest du, Tropfen, der Hand des Allmächtigen!

Da ein Strom des Lichts rauscht', und unsre Sonne wurde!
Ein Wogensturz sich stürzte wie vom Felsen
15 Der Wolk' herab, und den Orion gürtete,
Da entrannest du, Tropfen, der Hand des Allmächtigen!

Wer sind die tausendmal tausend, wer die Myriaden alle,
Welche den Tropfen bewohnen, und bewohnten? und wer bin ich?
Halleluja dem Schaffenden! mehr wie die Erden, die quollen!
20 Mehr, wie die Siebengestirne, die aus Strahlen zusammenströmten! –

Aber du Frühlingswürmchen,
Das grünlichgolden neben mir spielt,
Du lebst; und bist vielleicht
Ach nicht unsterblich!

25 Ich bin heraus gegangen anzubeten,
Und ich weine? Vergib, vergib
Auch diese Träne dem Endlichen,
O du, der sein wird!

Du wirst die Zweifel alle mir enthüllen,
30 O du, der mich durch das dunkle Tal
Des Todes führen wird! Ich lerne dann,
Ob eine Seele das goldene Würmchen hatte.

Bist du nur gebildeter Staub,
Sohn des Mais, so werde denn

35 Wieder verfliegender Staub,
Oder was sonst der Ewige will!

Ergeuß von neuem du, mein Auge,
Freudentränen!
Du, meine Harfe,
40 Preise den Herrn!

Umwunden wieder, mit Palmen
Ist meine Harf' umwunden! Ich singe dem Herrn!
Hier steh ich. Rund um mich
Ist Alles Allmacht! und Wunder Alles!

45 Mit tiefer Ehrfurcht schau ich die Schöpfung an,
Denn Du!
Namenloser, Du!
Schufest sie!

Lüfte, die um mich wehn, und sanfte Kühlung
50 Auf mein glühendes Angesicht hauchen,
Euch, wunderbare Lüfte,
Sandte der Herr! der Unendliche!

Aber jetzt werden sie still, kaum atmen sie.
Die Morgensonne wird schwül!
55 Wolken strömen herauf!
Sichtbar ist, der kommt, der Ewige!

Nun schweben sie, rauschen sie, wirbeln die Winde!
Wie beugt sich der Wald! wie hebt sich der Strom!
Sichtbar, wie du es Sterblichen sein kannst,
60 Ja, das bist du, sichtbar, Unendlicher!

Der Wald neigt sich, der Strom fliehet, und ich
Falle nicht auf mein Angesicht?
Herr! Herr! Gott! barmherzig und gnädig!
Du Naher! erbarme dich meiner!

65 Zürnest du? Herr,
Weil Nacht dein Gewand ist?
Diese Nacht ist Segen der Erde.
Vater, du zürnest nicht!

Sie kommt, Erfrischung auszuschütten,
70 Über den stärkenden Halm!
Über die herzerfreuende Traube!
Vater, du zürnest nicht!

Alles ist still vor dir, du Naher!
Rings umher ist Alles still!
75 Auch das Würmchen mit Golde bedeckt, merkt auf!
Ist es vielleicht nicht seelenlos? ist es unsterblich?

Ach, vermöcht' ich dich, Herr, wie ich dürste, zu preisen!
Immer herrlicher offenbarst du dich!
Immer dunkler wird die Nacht um dich,
80 Und voller von Segen!

Seht ihr den Zeugen des Nahen den zückenden Strahl?
Hört ihr Jehovas Donner?
Hört ihr ihn? hört ihr ihn,
Den erschütternden Donner des Herrn?

85 Herr! Herr! Gott!
Barmherzig, und gnädig!
Angebetet, gepriesen
Sei dein herrlicher Name!

Und die Gewitterwinde? sie tragen den Donner!
90 Wie sie rauschen! wie sie mit lauter Woge den Wald durchströmen!
Und nun schweigen sie. Langsam wandelt
Die schwarze Wolke.

Seht ihr den neuen Zeugen des Nahen, den fliegenden Strahl?
Höret ihr hoch in der Wolke den Donner des Herrn?
95 Er ruft: Jehova! Jehova!
Und der geschmetterte Wald dampft!

Aber nicht unsre Hütte!
Unser Vater gebot
Seinem Verderber,
100 Vor unsrer Hütte vorüberzugehn!

Ach, schon rauscht, schon rauscht
Himmel, und Erde von gnädigen Regen!
Nun ist, wie dürstete sie! die Erd' erquickt,
Und der Himmel der Segensfüll' entlastet!

105 Siehe, nun kommt Jehova nicht mehr im Wetter,
In stillem, sanftem Säuseln
Kommt Jehova,
Und unter ihm neigt sich der Boden des Friedens!

In: Friedrich Gottlieb Klopstock: Ausgewählte Werke. Hg. v.
Karl August Schleiden. München: Hanser 1954, S. 90.

Briefkultur

Das 18. Jahrhundert wird auch das »Zeitalter der Geselligkeit« genannt. Neben dem Gespräch, das ausgiebig geführt und feinnervig kultiviert wird, kommt dem Brief besondere Beachtung zu. In ihm kann das private Gespräch weitergeführt werden. Dabei geht es nicht immer um Informationsaustausch; ebenso oft werden Empfindungen mitgeteilt. Im Briefroman findet die Schreibkultur literarischen Ausdruck.

Christian Fürchtegott Gellert
Über die Schreibart von Briefen

Ein Redner und Poet zu werden, das steht nicht in unsrer Gewalt; aber seine Gedanken von Dingen, die entweder keine Gelehrsamkeit erfodern, oder die uns bekannt sind, in einer anständigen und vernünftigen Schreibart vorzutragen, diese Geschicklichkeit können sich alle junge Leute durch eine gewisse Übung erwerben. Gleichwohl treiben sie die beiden ersten Künste oft lieber fruchtlos, als daß sie sich mit der beschäfftigen sollten, in 5 welcher sie glücklicher seyn könnten. Wenige von denen, die studiren, sind genöthigt, öffentliche Redner abzugeben; aber keiner kann die Schreibart der Briefe und die Beredsamkeit des gemeinen Lebens entbehren. Und mich deucht, wenn junge Leute bedenken wollten, daß Briefe wider unsern Willen Verräther unsers Verstandes, und oft unsers ganzen Charakters sind; daß sie Mittel sind, andern eine gute oder schlechte Meynung 10 von unsrer Geschicklichkeit beyzubringen; daß sie Beweise sind, ob es dunkel oder helle, ordentlich oder unordentlich, gesund oder krank in unserm Geiste aussieht, ob wir zu leben wissen oder nicht; daß sie also sehr oft Mittel sind, uns Hochachtung und Liebe zu erwerben, unser Glück zu befördern oder zu hindern: so sollten sie sich mehr Mühe um die Schreibart der Briefe, und da diese, ohne die Kenntniß der Sprache nicht richtig seyn 15 kann, auch mehr Mühe um ihre eigne Sprache geben. (...) Gut und richtig schreiben, wenn man sich einmal dazu gewöhnt hat, kostet nicht mehr Mühe, als schlecht schreiben. Schlechte Briefe schreiben, und studirt haben, das macht dem Studiren nicht viel Ehre. Und wenn man auch nichts sucht, als verstanden zu werden: so ists doch gewiß, daß keine Schreibart leichter verstanden wird, als die gute. (...) 20
Ich will durch alles dieses niemanden, der einmal in dem Besitze einer übeln Schreibart ist, in seinem Rechte stören. Nein, man kann sie haben, und immer noch ein wackerer und brauchbarer Mann seyn. Ich will nur diejenigen jungen Leute, die gütig genug sind, eine Bitte von mir anzuhören, ersuchen, daß sie sich bey Zeiten an eine natürliche und regelmäßige Schreibart in Briefen gewöhnen; daß sie sich ihre Aufsätze im Anfange von guten 25 Freunden und Kennern beurtheilen lassen. Diese Kritiken werden sie aufklären, und sie das Natürliche, das Wohlanständige besser finden lassen, als dicke Bände voll trockner und unbestimmter Regeln.

In: Christian Fürchtegott Gellert: Die epistolographischen Schriften. Faksimiledruck nach den Ausgaben von 1742 und 1751. Nachwort v. Reinhard M. G. Nickisch. Stuttgart: Metzler 1971, S. 120.

Prüfen Sie, inwieweit die Hinweise im Zeitalter technischer Kommunikationsmittel noch Geltung beanspruchen können.

Aus dem Briefwechsel zwischen Christoph Martin Wieland und Sophie von La Roche

Sophie von La Roche war eine erfolgreiche Schriftstellerin. Ihr erster Roman »Geschichte des Fräuleins von Sternheim« (1771) wurde in mehrere Sprachen übersetzt. Über 35 Jahre hinweg schrieb sie Romane, Reisebeschreibungen und pädagogische Schriften für ein vorwiegend weibliches Publikum. Alles dies ist bemerkenswert für eine Zeit, in der die Frau hauptsächlich durch ihre Zugehörigkeit zu ihrem Ehemann definiert wurde.

Als Sophie 18 Jahre alt war, starb ihre Mutter. Mit ihren Geschwistern kam Sophie nach Biberach, wo der Vater des später berühmten Wieland eine Pfarrstelle hatte. Christoph Martin, siebzehnjährig, verliebte sich in die drei Jahre ältere Sophie; beide gingen völlig privat und ohne öffentliche Verlautbarung eine Art Verlobung ein, an die sich beide gebunden fühlten. Wieland studierte, suchte eine Laufbahn als Schriftsteller und schien nichts zu tun, um die materielle Basis für eine Ehe zu schaffen. Der Vater Sophies heiratete wieder und ebnete den älteren Töchtern den Weg zur Ehe. Einige Jahre nach Sophies Heirat wird der

L'écriture. D. N. Chodowiecki.

Briefwechsel zwischen Wieland und Frau von La Roche wieder aufgenommen.

Christoph Martin Wieland
An Sophie von La Roche

Biberach, 25. 10. 1760

So einzigartig das auch scheinen mag, es ist nichtsdestoweniger gewiß, Madame, daß der Hauptgrund für mein wenig verbindliches Schweigen das Bedürfnis nach Ihrer Gegenwart ist. Schon lange hat mich jener Furor der Schwatzhaftigkeit, den Sie einst an mir kannten, verlassen; die gewöhnliche Sprache der Sterblichen scheint mir die Wahrheit
5 meiner Ideen zu verdunkeln und die Kraft meiner Gefühle zu schwächen; lieber schweige ich, als mich schlecht auszudrücken. Es gibt noch einen anderen Grund, durch den ich mich abgehalten fühle, Ihnen zu schreiben. Ich habe nämlich während dieser acht Jahre, die wir nun getrennt sind, so viele Veränderungen durchgemacht, daß wir einen Umgang

von vielleicht mehreren Monaten nötig hätten, daß Sie mich wieder kennen würden oder vielmehr daß Sie sich ein wahres und deutliches Bild von meinem Charakter machen 10 könnten. Briefe gäben Ihnen nur einige unzusammenhängende und ungeordnete Züge, die noch dazu durch das trügerische Kolorit verschiedener Stimmungen entstellt sind, die aus meiner gegenwärtigen unzuträglichen Lage entstehen; sie würden nur dazu dienen, Ihnen eine mißverständliche und irreführende Vorstellung von Ihrem alten Freund zu geben, dessen Identität Sie beim persönlichen Umgang unschwer erkennen würden, trotz 15 der wirklichen und scheinbaren Veränderungen, denen er während einer so beträchtlichen Zeit unterworfen war. Ich stelle mir vor, daß Sie, meine liebe Schwester, sich in dem selben Fall befinden, und das läßt mich, vereint mit dem Bedürfnis nach Umgang mit jemandem, der fähig ist, mich zu verstehen, mit Ungeduld den Augenblick herbeiwünschen, in dem wir uns wieder sehen werden, obwohl ich, die Wahrheit zu sagen, nicht 20 umhin kann, ihn zugleich zu fürchten. Für die Ruhe meiner Seele wünsche ich, daß Sie einigermaßen häßlich geworden sind, denn ich muß Ihnen gestehen, (...) ich bin ein großer Anhänger der Sinne, und zumindest, wenn eine Frau meine Sinne nicht durch ihr kümmerliches Äußeres niederschlägt, hätte sie auch einen Geist wie ein Engel, wird sie mich nie zu der Überzeugung bringen, daß sie einen ätherischen Körper hat, und wird 25 mich zu ganz anderen Gefühlen inspirieren als eine Entelechie[1] des Aristoteles. Fügen Sie zu dieser schönen Veranlagung noch die Kraft der Erinnerung und die Magie der poetischen Imagination hinzu, so werden Sie im Stande sein, sich selbst zu sagen, ob meine Befürchtungen gegründet sind. Vertrauen Sie meiner Philosophie nicht zu sehr; ich kenne mich und weiß, wie es damit steht; ich schwöre Ihnen, daß alle Philosophie der Welt 30 nichts vermag gegen die Beredsamkeit eines Korallenmundes und eines Alabasterhalses. Ich erkläre Ihnen also, meine liebe angebliche Schwester, daß meine ganze Sicherheit in Ihrer Weisheit besteht und daß Sie allein für unsere gemeinsame Tugend aufkommen müssen. Es ist Ihre Angelegenheit, und wenn der Erfolg nicht den Erwartungen entspricht, wasche ich mir die Hände in Unschuld. Lachen Sie, soviel es Ihnen gefällt, ich 35 errate alles, was Sie mir sagen wollen; ich erweise Ihrem Charakter die schuldige Gerechtigkeit, und ich bin nicht weniger überzeugt davon, daß es mit der Gefahr, von der ich gesprochen habe, ganz auf Gegenseitigkeit beruhen könnte. Es ist wahr, ich habe hinsichtlich meiner Gestalt keine Ansprüche anzumelden, ich sehe den Papefiguiers[2] des La Fontaine ähnlich, ich bin kein Stutzer und habe keinen guten Ton; der gewöhnliche Ton 40 meiner Seele ist der der Langeweile und Misanthropie, ich bin selten guter Laune, mein Geist liegt im Widerstreit mit fast allen Dingen unter dem Mond, und abgesehen von allem Respekt, den ich Ihnen schuldig bin, habe ich ein fühlsames Herz, und trotz so vieler Fehler behaupte ich, daß eine Frau von Geist bei mir ein bißchen in Gefahr geraten könnte, wenn sie nur das Unglück hat, ein zärtliches Herz zu besitzen. (...) 45

Farewell, my dear sister, and be assured, notwithstanding all I have said in a way of plaisantry, that all the charms of Venus and her graces, concentrated in your person, would not be able to overpower in my heart the superior beauty of matronal virtue nor the sentiments of respect and sacred friendship with whom I am your most humble obliged servant W. 50

---

[1] Entelechie (griech: ständige Wirksamkeit): Verwirklichung der in einem Seienden angelegten Möglichkeiten.
[2] Papefiguiers: »Les Papefigues« tauchen bei Rabelais, »Gargantua und Pantagruel« IV, 45 auf (nicht bei La Fontaine). Sie sind Gegner des Papstes und werden auch als »Lebemänner« bezeichnet.

Sophie von La Roche
An Christoph Martin Wieland

Mainz, 10. 11. 1760

Welch einen Brief haben Sie mir geschrieben, mein Bruder. Ohne das Englische am Schluß hätte ich niemals geglaubt, daß Sie ihn geschrieben haben. Sie sind also überzeugt, daß es Augenblicke gibt, in denen einen die Philosophie verläßt, sich in Wolken auflöst, um uns in aller Bequemlichkeit einen kleinen irdischen, ganz und gar materiellen Ausflug machen
5 zu lassen; und Sie sprechen sogar in einem natürlichen Ton davon. Ich bin mit dieser Entdeckung zufrieden, ja ich freue mich darüber; ich bin sogar mehr entzückt darüber, als Sie vielleicht denken. Ich werde Sie öfter sehen, denn ich zweifle nicht daran, daß Sie diese hübsche Laune, in der Sie mir diesen Brief geschrieben haben, von Zeit zu Zeit wieder packt, und in diesen Momenten werden Sie den Geist von Warthausen lieben. Man wird
10 es wagen, Sie zu uns zu bitten, hierher, wo man Sie schätzt und wo man nur Ihre Ernsthaftigkeit fürchtete. (...) Ich will Ihnen unterdessen sagen, daß Sie von meiner Figur nichts zu befürchten haben; sie ist einigermaßen häßlich, und Sie brauchen nur noch einen Schwamm zu nehmen, um mein Porträt auszuwischen. Angenommen, Sie haben es überhaupt noch. Denn acht Jahre, fünf Wochenbetten und mindestens ein Dutzend quä-
15 lende Kümmernisse genügen, um auch die am besten gestalteten Züge unkenntlich zu machen, und die meinen waren das niemals, demzufolge waren sie auch leichter zu entstellen. (...) Ich fühle mich sehr mutig, seit Sie mir sagen, daß Sie zuweilen den anderen Sterblichen ähneln, denn ich weiß aus meinem Ovid, daß die schönen Damen schon damals viel besser den Männern zu widerstehen wußten als ihren Halbgöttern, wo Ver-
20 ehrung und Eitelkeit schon den Weg halbiert hatten, und ich weiß aus meiner heutigen Zeit, daß, wenn sich die Eigenliebe nicht einmischt, ihr Herren nicht so leichtes Spiel habt. Und dann habe ich Hofluft geatmet, ich weiß mich zu verstellen, ich weiß mir Zwang anzutun, ich habe einen kleinen Stich zu Schikanen, Intrigen und Finessen, und ich hoffe, von alle dem einen ziemlich guten Gebrauch gegen Sie zu machen. Fahren Sie
25 fort, mir diesen Winter noch zu schreiben, Sie werden mich dadurch sehr verbinden, denn ich bin ganz allein, gehe kaum aus. Beginnen wir nur immer unsere Unterhaltung bis dahin, um so den gefährlichen Schlägen schon im voraus zu parieren, die wir uns beibringen könnten. Adieu. Lassen Sie diesen Brief allein meiner Schwester geben. Nächstens mehr; die Post will abgehen.

Sophie La Roche

In: Sophie von La Roche: Ich bin mehr Herz als Kopf. Ein Lebensbild in Briefen. Hg. v. Michael Maurer. München: Beck 1983, S. 71 ff.

1. *Inwiefern können die Briefe von Wieland und Frau von La Roche als Beispiel einer, wie Gellert fordert, »anständigen und vernünftigen Schreibart« angesehen werden?*
2. *Beziehen Sie die beiden Briefe auf die Situation der Schreibenden und das jeweilige Bezugsfeld der Adressaten. Vor welchen Schwierigkeiten steht Wieland, wenn er den Briefwechsel eröffnet? Was hat Frau von La Roche zu bedenken, wenn sie antwortet?*
3. *Wie stellen sich die Schreibenden selbst dar? Wie gehen sie auf den Briefpartner ein?*
4. *Beschreiben Sie, wie durch die angesprochenen Themen, aber auch durch den Schreibstil, eine besondere Beziehung zwischen den Personen aufgebaut wird.*

Johann Wolfgang Goethe
Die Leiden des jungen Werther

Goethes monologischer Briefroman läßt an dem »Schicksal eines jungen von krankhaft gesteigerter Empfindsamkeit erfaßten Menschen«[1] teilnehmen. Werther, eine Kunstfigur, in dem sich Züge des Autors und des jungen braunschweigischen Legationssekretärs Carl Wilhelm Jerusalem, den Goethe von Leipzig her kannte, spiegeln, hat ein negatives Verhältnis zur bürgerlichen Welt, findet aber auch keine Erfüllung in der Natur. Eine unglückliche Liebe zu Lotte treibt ihn in den Selbstmord, in die »Krankheit zum Tode«.

Der Roman erschien anonym 1774 und machte den Autor mit einem Schlag berühmt. Die junge Generation machte Werther zu ihrem Idol; die orthodoxe Kirche, vertreten durch den Hamburger Hauptpastor Goeze (vgl. S. 224 ff.), versuchte vergeblich, das Werk als sittenwidrig und jugendgefährdend verbieten zu lassen.

Am 16. Junius.

Wir hatten uns kaum zurecht gesetzt, die Frauenzimmer sich bewillkommt, wechselweise über den Anzug, vorzüglich über die Hüte ihre Anmerkungen gemacht und die Gesellschaft, die man erwartete, gehörig durchgezogen, als Lotte den Kutscher halten und ihre Brüder herabsteigen ließ, die noch einmal ihre Hand zu küssen begehrten, das denn der älteste mit aller Zärtlichkeit, die dem Alter von fünfzehn Jahren eigen sein kann, der andere mit viel Heftigkeit und Leichtsinn tat. Sie ließ die Kleinen noch einmal grüßen, und wir fuhren weiter.

Die Base fragte, ob sie mit dem Buche fertig wäre, das sie ihr neulich geschickt hätte. – »Nein,« sagte Lotte, »es gefällt mir nicht, Sie können's wiederhaben. Das vorige war auch nicht besser.« – Ich erstaunte, als ich fragte, was es für Bücher wären, und sie mir antwortete:* – Ich fand so viel Charakter in allem, was sie sagte, ich sah mit jedem Wort

---

* Man sieht sich genötigt, diese Stelle des Briefes zu unterdrücken, um niemand Gelegenheit zu einiger Beschwerde zu geben. Obgleich im Grunde jedem Autor wenig an dem Urteile eines einzelnen Mädchens und eines jungen, unsteten Menschen gelegen sein kann.

[1] Herbert A. Frenzel: Daten deutscher Dichtung. Chronologischer Abriß der deutschen Literaturgeschichte von den Anfängen bis zur Gegenwart. Köln/Berlin: Kiepenheuer und Witsch 1953, S. 144.

Lotte im Ballkleid, schneidet Brot für ihre Geschwister, als Werther sie zum Ball abholen will.
D. Chodowiecki.

neue Reize, neue Strahlen des Geistes aus ihren Gesichtszügen hervorbrechen, die sich
nach und nach vergnügt zu entfalten schienen, weil sie an mir fühlte, daß ich sie verstand.
»Wie ich jünger war«, sagte sie, »liebte ich nichts so sehr als Romane. Weiß Gott, wie
15 wohl mir's war, wenn ich mich Sonntags so in ein Eckchen setzen und mit ganzem Herzen
an dem Glück und Unstern einer Miß Jenny teilnehmen konnte. Ich leugne auch nicht,
daß die Art noch einige Reize für mich hat. Doch da ich so selten an ein Buch komme, so
muß es auch recht nach meinem Geschmack sein. Und der Autor ist mir der liebste, in
dem ich meine Welt wiederfinde, bei dem es zugeht wie um mich, und dessen Geschichte
20 mir doch so interessant und herzlich wird als mein eigen häuslich Leben, das freilich kein
Paradies, aber doch im ganzen eine Quelle unsäglicher Glückseligkeit ist.«
Ich bemühte mich, meine Bewegungen über diese Worte zu verbergen. Das ging freilich
nicht weit: denn da ich sie mit solcher Wahrheit im Vorbeigehen vom Landpriester von
Wakefield, vom –* reden hörte, kam ich ganz außer mich, sagte ihr alles, was ich mußte,
25 und bemerkte erst nach einiger Zeit, da Lotte das Gespräch an die anderen wendete, daß
diese die Zeit über mit offenen Augen, als säßen sie nicht da, dagesessen hatten. Die Base
sah mich mehr als einmal mit einem spöttischen Näschen an, daran mir aber nichts
gelegen war.

---

* Man hat auch hier die Namen einiger vaterländischen Autoren weggelassen. Wer teil an
Lottens Beifalle hat, wird es gewiß an seinem Herzen fühlen, wenn er diese Stelle lesen sollte,
und sonst braucht es ja niemand zu wissen.

Das Gespräch fiel aufs Vergnügen am Tanze. – »Wenn diese Leidenschaft ein Fehler ist,« sagte Lotte, »so gestehe ich Ihnen gern, ich weiß mir nichts übers Tanzen. Und wenn ich 30 was im Kopfe habe und mir auf meinem verstimmten Klavier einen Contretanz vortrommle, so ist alles wieder gut.«

Wie ich mich unter dem Gespräche in den schwarzen Augen weidete – wie die lebendigen Lippen und die frischen, muntern Wangen meine ganze Seele anzogen – wie ich, in den herrlichen Sinn ihrer Rede ganz versunken, oft gar die Worte nicht hörte, mit denen sie 35 sich ausdrückte – davon hast du eine Vorstellung, weil du mich kennst. Kurz, ich stieg aus dem Wagen wie ein Träumender, als wir vor dem Lusthause stille hielten, und war so in Träumen rings in der dämmernden Welt verloren, daß ich auf die Musik kaum achtete, die uns von dem erleuchteten Saal herunter entgegenschallte.

Die zwei Herren Audran und ein gewisser N. N. – wer behält alle die Namen –, die der 40 Base und Lottens Tänzer waren, empfingen uns am Schlage, bemächtigten sich ihrer Frauenzimmer, und ich führte das meinige hinauf.

Wir schlangen uns in Menuetts um einander herum; ich forderte ein Frauenzimmer nach dem andern auf, und just die unleidlichsten konnten nicht dazu kommen, einem die Hand zu reichen und ein Ende zu machen. (...) 45

Der Tanz war noch nicht zu Ende, als die Blitze, die wir schon lange am Horizonte leuchten gesehn und die ich immer für Wetterkühlen ausgegeben hatte, viel stärker zu werden anfingen und der Donner die Musik überstimmte. Drei Frauenzimmer liefen aus der Reihe, denen ihre Herren folgten; die Unordnung wurde allgemein, und die Musik hörte auf. Es ist natürlich, wenn uns ein Unglück oder etwas Schreckliches im Vergnügen 50 überrascht, daß es stärkere Eindrücke auf uns macht als sonst, teils wegen des Gegensatzes, der sich so lebhaft empfinden läßt, teils und noch mehr, weil unsere Sinne einmal der Fühlbarkeit geöffnet sind und also desto schneller einen Eindruck annehmen. Diesen Ursachen muß ich die wunderbaren Grimassen zuschreiben, in die ich mehrere Frauenzimmer ausbrechen sah. Die klügste setzte sich in eine Ecke, mit dem Rücken gegen das 55 Fenster, und hielt die Ohren zu. Eine andere kniete vor ihr nieder und verbarg den Kopf in der ersten Schoß. Eine dritte schob sich zwischen beide hinein und umfaßte ihre Schwesterchen mit tausend Tränen. Einige wollten nach Hause; andere, die noch weniger wußten, was sie taten, hatten nicht so viel Besinnungskraft, den Keckheiten unserer jungen Schlucker zu steuern, die sehr beschäftigt zu sein schienen, alle die ängstlichen Gebete, die 60 dem Himmel bestimmt waren, von den Lippen der schönen Bedrängten wegzufangen. Einige unserer Herren hatten sich hinabbegeben, um ein Pfeifchen in Ruhe zu rauchen; und die übrige Gesellschaft schlug es nicht aus, als die Wirtin auf den klugen Einfall kam, uns ein Zimmer anzuweisen, das Läden und Vorhänge hätte. Kaum waren wir da angelangt, als Lotte beschäftigt war, einen Kreis von Stühlen zu stellen und, als sich die 65 Gesellschaft auf ihre Bitte gesetzt hatte, den Vortrag zu einem Spiele zu tun.

Ich sah manchen, der in Hoffnung auf ein saftiges Pfand sein Mäulchen spitzte und seine Glieder reckte. – »Wir spielen Zählens!« sagte sie. »Nun gebt acht! Ich geh' im Kreise herum von der Rechten zur Linken, und so zählt ihr auch rings herum, jeder die Zahl, die an ihn kommt, und das muß gehen wie ein Lauffeuer, und wer stockt oder sich irrt, kriegt 70 eine Ohrfeige, und so bis tausend.« – Nun war das lustig anzusehen: Sie ging mit ausgestrecktem Arm im Kreise herum. »Eins«, fing der erste an, der Nachbar »zwei«, »drei« der folgende, und so fort. Dann fing sie an, geschwinder zu gehen, immer geschwinder; da versah's einer: Patsch! eine Ohrfeige, und über das Gelächter der folgende auch: Patsch! Und immer geschwinder. Ich selbst kriegte zwei Maulschellen und glaubte mit innigem 75

Vergnügen zu bemerken, daß sie stärker seien, als sie den übrigen zuzumessen pflegte. Ein allgemeines Gelächter und Geschwärm endigte das Spiel, ehe noch das Tausend ausgezählt war. Die Vertrautesten zogen einander beiseite, das Gewitter war vorüber, und ich folgte Lotten in den Saal. Unterwegs sagte sie: »Über die Ohrfeigen haben sie Wetter und
80 alles vergessen!« – Ich konnte ihr nichts antworten. – »Ich war«, fuhr sie fort, »eine der Furchtsamsten, und indem ich mich herzhaft stellte, um den andern Mut zu geben, bin ich mutig geworden.« – Wir traten ans Fenster. Es donnerte abseitwärts, und der herrliche Regen säuselte auf das Land, und der erquickendste Wohlgeruch stieg in aller Fülle einer warmen Luft zu uns auf. Sie stand auf ihren Ellenbogen gestützt, ihr Blick durchdrang die
85 Gegend; sie sah gen Himmel und auf mich, ich sah ihr Auge tränenvoll, sie legte ihre Hand auf die meinige und sagte: »Klopstock!« – Ich erinnerte mich sogleich der herrlichen Ode, die ihr in Gedanken lag, und versank in dem Strome von Empfindungen, den sie in dieser Losung über mich ausgoß. Ich ertrug's nicht, neigte mich auf ihre Hand und küßte sie unter den wonnevollsten Tränen. Und sah nach ihrem Auge wieder – Edler!
90 hättest du deine Vergötterung in diesem Blicke gesehen, und möcht' ich nun deinen so oft entweihten Namen nie wieder nennen hören!

In: Goethes Werke. Hamburger Ausgabe. Bd. 6. Hamburg: Wegner [3]1958, S. 22 ff.

1. *Charakterisieren Sie Lotte.*
2. *Charakterisieren Sie Werther, den Briefschreiber.*
3. *Welche Übereinstimmung in Lebensansichten und Lebensgewohnheiten sind gegeben?*
4. *Welche Wirkung geht von dem Stichwort »Klopstock« aus?*
5. *Inwieweit sind Zeichen einer beginnenden Liebesbeziehung zu erkennen?*

Werther am Schreibpult. Aquarell eines unbekannten Zeitgenossen.

4. Sturm und Drang

Am 1. 4. 1777 wurde durch die Seylersche Truppe das Stück eines jungen Mannes namens Friedrich Maximilian Klinger aufgeführt. Der ursprüngliche Titel des Dramas lautete »Der Wirrwarr«; aber Christoph Kaufmann hatte den Vorschlag gemacht, das Stück in »Sturm und Drang« umzubenennen. Bald wurde dieser Titel als Bezeichnung für ein Programm anerkannt, dem vor allem junge Leute mit Begeisterung folgten. Schon in Klingers Drama ging es um abenteuernde Kraftgenies, die vom Freiheitsgedanken und von Rousseaus Rückbesinnung auf die Natur bestimmt sind. Sie verlassen das enge Europa und beteiligen sich am Unabhängigkeitskrieg in Amerika.

Christoph Kaufmann, 1753 im Schweizer Winterthur geboren, war ein Idol der damaligen Jugend. Man nannte ihn »Kraftapostel«, »Gottesspürhund«, den »Einzigen« und den »Abgesandten Gottes an die Menschen«. Er reiste durch Deutschland und erregte Aufsehen durch sein Äußeres – mähnenartig flatterndes Haar, bis zum Nabel offenes Hemd – und durch sein Denken und Handeln. Er folgte dem Ruf »Zurück zur Natur«, trank nur Wasser oder Milch, ernährte sich vegetarisch und behauptete, kaum Schlaf zu brauchen. Veröffentlicht hat er nichts; ab 1778 verblaßte sein Stern; er starb 42jährig in der Herrnhuter Brüdergemeinde.

Im Rückblick erkannte man, daß die Gedanken, die vor allem zwischen 1770 und 1780 Aufsehen erregten, vorbereitet waren durch literaturtheoretische Schriften von Johann Georg Hamann (1730–1788) und Johann Gottfried Herder. Literarische Höhepunkte der Epoche sind aber zweifellos die Schriften des jungen Goethe und des jungen Schiller.

Der Sturm und Drang löst die Aufklärung nicht ab, sondern bildet einen Kontrapunkt. So erschienen Lessings Drama »Nathan der Weise«, ein Höhepunkt der Aufklärung, und Lichtenbergs »Vermischte Schriften« später als Goethes Drama »Götz von Berlichingen mit der eisernen Hand«. Schillers Drama »Die Räuber« wurde geschrieben, als Kant die Antwort auf die Frage »Was ist Aufklärung?« bei der Berlinischen Wochenschrift noch nicht eingereicht hatte.

Klinger

Genie

Die verbindende Auffassung aller Stürmer und Dränger war, das Genie höher zu schätzen als den sogenannten kritischen Kopf. Herz und Gefühl sollten mehr gelten als Verstand und Vernunft. Deshalb wurde Prometheus Leitfigur. Ihn läßt Goethe die rhetorische Frage stellen: »Hast du nicht alles selbst vollendet, / Heilig glühend Herz?«

Als wahres Genie wird der Künstler, insbesondere der Dichter angesehen, der gottähnlich aus sich selbst heraus schafft, ohne sich von Regeln und Konventionen beeinflussen zu lassen.

Johann Caspar Lavater
Genie (1778)

Was ist Genie? Wer's nicht ist, kann nicht, und wer's ist, wird nicht antworten. Vielleicht kann's und darf's einigermaßen, wer dann und wann gleichsam in der Mitte schwebt, und dem's wenigstens bisweilen gegeben ist, in die Höhe über sich und in die Tiefe unter sich hinzublicken.

5 Was ist Genie? Was ist's nicht? Ist's bloß Gabe ausnehmender Deutlichkeit in seinen Vorstellungen und Begriffen? Ist's bloß anschauende Erkenntnis? Ist's bloß richtig sehen und urteilen, viel wirken, ordnen, geben, verbreiten? Ist's bloß ungewöhnliche Leichtigkeit zu lernen, zu sehen, zu vergleichen? Ist's bloß Talent?

Genie ist Genius.

10 Wer bemerkt, wahrnimmt, schaut, empfindet, denkt, spricht, handelt, bildet, dichtet, singt, schafft, vergleicht, sondert, vereinigt, folgert, ahndet, gibt, nimmt, als wenn's ihm ein Genius, ein unsichtbares Wesen höherer Art diktiert oder angegeben hätte, der hat Genie, als wenn er selbst ein Wesen höherer Art wäre, ist Genie.

Einen reichen oder weisen Freund haben, der uns in jeder Verlegenheit rät, in jeder Not
15 hilft – und selbst reich sein und andern in jeder Not helfen, selbst weise, andern in jeder Verlegenheit raten zu können, siehe da den Unterschied zwischen Genie-sein und Genie-haben.

Wo Wirkung, Kraft, Gedanke, Empfindung ist, die von Menschen nicht gelernt und nicht gelehrt werden kann, da ist Genie! Genie, das allererkennbarste und unbeschreiblichste
20 Ding, fühlbar, wo es ist, und unaussprechlich wie die Liebe!

Der Charakter des Genies und aller Werke und Wirkungen des Genies ist meines Erachtens Apparition. Wie Engelserscheinung nicht kömmt, sondern dasteht, nicht weggeht, sondern weg ist, wie Engelserscheinung ins innerste Mark trifft, unsterblich ins Unsterbliche der Menschheit wirkt und verschwindet und fortwirkt nach dem Verschwinden und
25 süße Schauer und Schreckenstränen und Freudenblässe zurückläßt, so Werk und Wirkung des Genies. Genie – propior Deus...

Oder nenn es, beschreib es, wie du willst! Nenn's Fruchtbarkeit des Geistes, Unerschöpflichkeit, Quellgeist! Nenn's Kraft ohne ihresgleichen, Urkraft, kraftvolle Liebe! Nenn's Elastizität der Seele oder der Sinne und des Nervensystems, die leicht Eindrücke annimmt
30 und mit einem schnell ingerierten Zusatze lebendiger Individualität zurückschnellt!

Nenn's unentlehnte, natürliche, innerliche Energie der Seele! Nenn's Schöpfungskraft; nenn's Menge in- und extensiver Seelenkräfte, Sammlung, Konzentration aller Naturkräfte.

In: Die deutsche Literatur. Texte und Zeugnisse. Bd. V/1: Sturm und Drang – Klassik – Romantik 1. Hg. v. Hans Egon Hass. München: Beck 1966, S. 20 f.

1. *Erklären Sie, warum die Frage »Was ist ein Genie?« mit dem Hinweis verknüpft wird, daß kaum einer die Frage beantworten kann.*
2. *Besorgen Sie sich Wort- und Sacherklärungen zu den Begriffen »Genie«, »genial« und »genialisch«. Vergleichen Sie die Erklärungen mit den Darlegungen Lavaters.*
3. *Charakterisieren Sie den Sprachstil des Textauszugs. Welch Übereinstimmung zwischen Aussage und Sprachgestus können Sie feststellen?*

Prometheus. J. W. Goethe. Um 1810.

Johann Wolfgang Goethe
Prometheus (1773)

Bedecke deinen Himmel, Zeus,
Mit Wolkendunst
Und übe, dem Knaben gleich,
Der Disteln köpft,
5 An Eichen dich und Bergeshöhn;
Mußt mir meine Erde
Doch lassen stehn
Und meine Hütte, die du nicht gebaut,
Und meinen Herd,
10 Um dessen Glut
Du mich beneidest.

Ich kenne nichts Ärmeres
Unter der Sonn als euch, Götter!
Ihr nähret kümmerlich
15 Von Opfersteuern
Und Gebetshauch
Eure Majestät
Und darbtet, wären
Nicht Kinder und Bettler
20 Hoffnungsvolle Toren.

Da ich ein Kind war,
Nicht wußte, wo aus noch ein,
Kehrt ich mein verirrtes Auge
Zur Sonne, als wenn drüber wär
25 Ein Ohr, zu hören meine Klage,
Ein Herz wie meins,
Sich des Bedrängten zu erbarmen.

Wer half mir
Wider der Titanen Übermut?
30 Wer rettete vom Tode mich,
Von Sklaverei?
Hast du nicht alles selbst vollendet,
Heilig glühend Herz?
Und glühtest jung und gut,
35 Betrogen, Rettungsdank
Dem Schlafenden da droben?
Ich dich ehren? Wofür?
Hast du die Schmerzen gelindert
Je des Beladenen?
40 Hast du die Tränen gestillet
Je des Geängsteten?
Hat nicht mich zum Manne geschmiedet
Die allmächtige Zeit
Und das ewige Schicksal,
45 Meine Herrn und deine?

Wähntest du etwa,
Ich sollte das Leben hassen,
In Wüsten fliehen,
Weil nicht alle
50 Blütenträume reiften?

Hier sitz ich, forme Menschen
Nach meinem Bilde,
Ein Geschlecht, das mir gleich sei,
Zu leiden, zu weinen,
55 Zu genießen und zu freuen sich,
Und dein nicht zu achten,
Wie ich!

In: Johann Wolfgang Goethe: Gedenkausgabe der Werke, Briefe und Gespräche. Hg. v. Ernst Beutler. Bd. 1. Zürich: Artemis 1949, S. 320.

Johann Wolfgang Goethe
Ganymed (1774)

Wie im Morgenrot
Du rings mich anglühst,
Frühling, Geliebter!
Mit tausendfacher Liebeswonne
5 Sich an mein Herz drängt
Deiner ewigen Wärme
Heilig Gefühl,
Unendliche Schöne!

Daß ich dich fassen möcht'
10 In diesen Arm!

Ach, an deinem Busen
Lieg ich, schmachte,
Und deine Blumen, dein Gras
Drängen sich an mein Herz.
15 Du kühlst den brennenden
Durst meines Busens,
Lieblicher Morgenwind,
Ruft drein die Nachtigall
Liebend nach mir aus dem Nebeltal.

20 Ich komme! Ich komme!
Wohin? Ach, wohin?

Hinauf, hinauf strebt's.
Es schweben die Wolken
Abwärts, die Wolken
25 Neigen sich der sehnenden Liebe,
Mir, mir!

In euerm Schoße
Aufwärts,
Umfangend umfangen!
30 Aufwärts
An deinen Busen,
Alliebender Vater!

In: Goethes Werke. Hamburger Ausgabe. Bd. 1. Hamburg: Wegner [4]1958, S. 46 f.

1. *Informieren Sie sich über die griechischen Mythen zu Prometheus und Ganymed. Legen Sie dar, welche Elemente Goethe in seinen Gedichten verwendet hat.*
2. *Interpretieren Sie die Gedichte je einzeln.*
   - *Beachten Sie, daß der Text »Prometheus« ursprünglich als Monolog für ein Drama geplant war.*
     Mit wem setzt sich Prometheus gedanklich auseinander?
     Wodurch gewinnt die Rede ihre Wirkungskraft?
     Welches Welt- und Menschenbild wird entworfen?
   - *Auch im »Ganymed« spricht ein Rollen-Ich.*
     Wen spricht Ganymed an?
     Zu wem möchte Ganymed eine Beziehung aufbauen?
     Wie gestaltet sich seine Rede?
3. *Goethe hat gezögert, den »Prometheus« zu veröffentlichen. Allerdings wurde der Text durch Freunde, die ihn von Goethe zu lesen erhielten, einem breiteren Kreis bekannt. Später hat Goethe Wert darauf gelegt, daß die beiden Texte »Prometheus« und »Ganymed« immer zusammen abgedruckt wurden. Erklären Sie, inwiefern sich die Texte ergänzen.*

Liebe

Während seiner Studienzeit in Straßburg hatte Goethe die Tochter des Pfarrers von Sesenheim, Friederike Brion, kennengelernt. Im Frühjahr 1771 war er oft Gast bei der Pfarrersfamilie. Die Gedichte, die als erste Zeugnisse von Goethes Erlebnislyrik gelten und die zum großen Teil Friederike gewidmet sind, erschienen zuerst 1775 in der Zeitschrift »Iris«, die von Johann Georg Jacobi herausgegeben wurde.

Johann Wolfgang Goethe
Maifest (1771)

Wie herrlich leuchtet
Mir die Natur!
Wie glänzt die Sonne!
Wie lacht die Flur!

5 Es dringen Blüten
Aus jedem Zweig
Und tausend Stimmen
Aus dem Gesträuch

Und Freud und Wonne
10 Aus jeder Brust.
O Erd', o Sonne,
O Glück, o Lust,

O Lieb', o Liebe!
So golden schön,
15 Wie Morgenwolken
Auf jenen Höhn,

Du segnest herrlich
Das frische Feld –
Im Blütendampfe
20 Die volle Welt!

O Mädchen, Mädchen,
Wie lieb' ich dich!
Wie blinkt dein Auge,
Wie liebst du mich!

25 So liebt die Lerche
Gesang und Luft,
Und Morgenblumen
Den Himmelsduft,

Wie ich dich liebe
30 Mit warmen Blut,
Die du mir Jugend
Und Freud und Mut

Zu neuen Liedern
Und Tänzen gibst.
35 Sei ewig glücklich,
Wie du mich liebst.

In: Goethes Werke. Hamburger Ausgabe. Bd. 1. Hamburg: Wegner [4]1958, S. 30 f.

1. *Durch welche gestalterischen Mittel wird der Eindruck des Jubels erzeugt?*
2. *Wie wird die Natur dargestellt? Wie wird sie in das Erlebnis miteinbezogen?*
3. *Informieren Sie sich über den Begriff Pantheismus, und zeigen Sie wie pantheistisches Gedankengut im Gedicht verwirklicht sind.*

Johann Wolfgang Goethe

Willkommen und Abschied (Spätere Fassung 1789)

Es schlug mein Herz, geschwind zu Pferde!
Es war getan fast eh gedacht.
Der Abend wiegte schon die Erde,
Und an den Bergen hing die Nacht;
5 Schon stand im Nebelkleid die Eiche,
Ein aufgetürmter Riese, da,
Wo Finsternis aus dem Gesträuche
Mit hundert schwarzen Augen sah.

Der Mond von einem Wolkenhügel
10 Sah kläglich aus dem Duft hervor,
Die Winde schwangen leise Flügel,
Umsausten schauerlich mein Ohr;
Die Nacht schuf tausend Ungeheuer,
Doch frisch und fröhlich war mein Mut:
15 In meinen Adern welches Feuer!
In meinem Herzen welche Glut!

Dich sah ich, und die milde Freude
Floß von dem süßen Blick auf mich;
Ganz war mein Herz an deiner Seite
20 Und jeder Atemzug für dich.
Ein rosenfarbnes Frühlingswetter
Umgab das liebliche Gesicht,
Und Zärtlichkeit für mich – ihr Götter!
Ich hofft' es, ich verdient' es nicht!

25 Doch ach, schon mit der Morgensonne
Verengt der Abschied mir das Herz:
In deinen Küssen welche Wonne!
In deinem Auge welcher Schmerz!
Ich ging, du standst und sahst zur Erden
30 Und sahst mir nach mit nassem Blick:
Und doch, welch Glück, geliebt zu werden!
Und lieben, Götter, welch ein Glück!

In: Goethes Werke. Hamburger Ausgabe. Bd. 1. Hamburg: Wegner [4]1958, S. 28 f.

1. *Informieren Sie sich über den biographischen Hintergrund des Gedichtes.*
2. *Beschreiben Sie das Denken, Empfinden und Handeln des lyrischen Ichs.*
3. *Wie sind die Begegnung und der Abschied der Liebenden gestaltet?*
4. *Analysieren Sie die beiden letzten Zeilen des Gedichts genau: Welche Gegensätze werden hier zu einer höheren Einheit zusammengefügt?*

Der alte Pfarrhof zu Sesenheim. J. W. Goethe. 1770.

Kritik

Die Willkürakte der weiterhin absolutistisch regierenden Fürsten hatten schon den Aufklärern Anlaß zur Kritik gegeben. Die Kritiker riskierten Haft und Verfolgung. So ließ Herzog Karl Eugen von Württemberg Christian Friedrich Daniel Schubart, den Herausgeber des Wochenblatts »Deutsche Chronik«, verfolgen und auf dem Hohenasperg, dem württembergischen Staatsgefängnis, inhaftieren. Schiller mußte nach dem Erfolg seines Dramas »Die Räuber« aus Württemberg fliehen und schrieb mit »Kabale und Liebe« ein politisches Tendenzdrama, das in einer fürstlichen Residenzstadt spielt und die Intrigen am Hof offenlegt.

1. *Wie wird die Obrigkeit dargestellt? Was wird ihr konkret vorgeworfen?*
2. *Welche Forderungen stellen die Untertanen? Wie begründen sie ihre Forderungen?*
3. *Mit welchen Textsorten versuchen die Autoren sich Gehör zu verschaffen?*

Gottfried August Bürger

Der Bauer. An seinen durchlauchtigen Tyrannen (1773)

Wer bist du, Fürst, daß ohne Scheu
Zerrollen mich dein Wagenrad,
Zerschlagen darf dein Roß?

Wer bist du, Fürst, daß in mein Fleisch
5 Dein Freund, dein Jagdhund, ungebleut
Darf Klau' und Rachen haun?

Wer bist du, daß durch Saat und Forst
Das Hurra deiner Jagd mich treibt,
Entatmet, wie das Wild? –

10 Die Saat, so deine Jagd zertritt,
Was Roß und Hund und du verschlingst,
Das Brot, du Fürst, ist mein.

Du Fürst hast nicht, bei Egg' und Pflug,
Hast nicht den Erntetag durchschwitzt.
15 Mein, mein ist Fleiß und Brot! –

Ha! du wärst Obrigkeit von Gott?
Gott spendet Segen aus; du raubst!
Du nicht von Gott, Tyrann!

In: Gottfried August Bürger: Gedichte.
Hg. v. Jost Hermand. Stuttgart:
Reclam 1981, S. 58.

Matthias Claudius

Schreiben eines parforcegejagten Hirschen an den Fürsten, der ihn parforcegejagt hatte (1777)

Durchlauchtiger Fürst, Gnädigster Fürst und Herr!
Ich habe heute die Gnade gehabt, von Ew. Hochfürstlichen Durchlaucht parforcegejagt zu werden; bitte aber untertänigst, daß Sie gnädigst geruhen, mich künftig damit zu verschonen. Ew. Hochfürstl. Durchl. sollten nur einmal parforcegejagt sein, so würden Sie meine Bitte nicht unbillig finden. Ich liege hier und mag meinen Kopf nicht aufheben, und das Blut läuft mir aus Maul und Nüstern. Wie können Ihre Durchlaucht es doch 5 übers Herz bringen, ein armes unschuldiges Tier, das sich von Gras und Kräutern nährt, zu Tode zu jagen? Lassen Sie mich lieber totschießen, so bin ich kurz und gut davon. Noch einmal, es kann sein, daß Ew. Durchlaucht ein Vergnügen an dem Parforcejagen haben; wenn Sie aber wüßten, wie mir noch das Herz schlägt, Sie täten's gewiß nicht wieder, der ich die Ehre habe zu sein mit Glut und Blut bis in den Tod usw. usw. 10

In: Matthias Claudius: Gläubiges Herz. Sein Werk für uns. Hg. v. Willi August Koch. Stuttgart: Kröner o. J., S. 67.

Christian Friedrich Daniel Schubart
Menschenschatzung

Deutsche Chronik 1776

Hier ist eine Probe der neuesten Menschenschatzung! – Der Landgraf von Hessen-Kassel bekommt jährlich 450 000 Taler für seine 12 000 tapferen Hessen, die größtenteils in Amerika ihr Grab finden werden[1]. Der Herzog von Braunschweig erhält 56 000 Taler für 3964 Mann Fußvolk und 360 Mann leichter Reiterei, wovon ohnfehlbar sehr wenige ihr Vaterland sehen werden. Der Erbprinz von Hessen-Kassel gibt ebenfalls ein Regiment 5 Fußvolk ab um den Preis von 25 000 Taler. 20 000 Hannoveraner sind bekanntlich schon nach Amerika bestimmt und 3000 Mecklenburger für 50 000 Taler auch. Nun sagt man, der Kurfürst von Bayern werde ebenfalls 4000 Mann in englischen Sold geben. Ein furchtbarer Text zum Predigen für Patrioten, denen's Herz pocht, wenn Mitbürger das Schicksal der Negersklaven haben und als Schlachtopfer in fremde Welten verschickt werden. 10

In: Zeitgenossen aller Zeiten. Entdeckungsreise durch die deutsche Literatur (1760 bis heute). Hg. v. Rosemarie Wildermuth. München: Ellermann 1981, S. 28.

[1] Nordamerikanischer Freiheitskrieg 1775–1783

Hessische Söldner
werden für
den Einsatz in
Amerika
verladen.
Anonymer Stich.
1776.

Friedrich Schiller
Kabale und Liebe (1784)

2. Akt, 2. Szene
Ein alter Kammerdiener des Fürsten, der ein Schmuckkästchen trägt.
Die Vorigen

KAMMERDIENER. Seine Durchlaucht der Herzog empfehlen sich Mylady zu Gnaden,
und schicken Ihnen diese Brillanten zur Hochzeit. Sie kommen soeben erst aus Venedig.
LADY *(hat das Kästchen geöffnet und fährt erschrocken zurück).* Mensch! was bezahlt
dein Herzog für diese Steine?
5 KAMMERDIENER *(mit finsterm Gesicht).* Sie kosten ihn keiner Heller.
LADY. Was? Bist zu rasend? *Nichts? –* und *(indem sie einen Schritt von ihm wegtritt)* du
wirfst mir ja einen Blick zu, als wenn du mich durchbohren wolltest – *Nichts* kosten
ihn diese unermeßlich kostbaren Steine?
KAMMERDIENER. Gestern sind siebentausend Landskinder nach Amerika fort – Die
10 zahlen alles.
LADY *(setzt den Schmuck plötzlich nieder und geht rasch durch den Saal, nach einer
Pause zum Kammerdiener).* Mann, was ist dir? Ich glaube, du weinst?
KAMMERDIENER *(wischt sich die Augen, mit schrecklicher Stimm, alle Glieder zitternd).*
Edelsteine wie *diese* da – Ich hab auch ein paar Söhne drunter.
15 LADY *(wendet sich bebend weg, seine Hand fassend).* Doch keinen Gezwungenen?
KAMMERDIENER *(lacht fürchterlich).* O Gott – Nein – lauter Freiwillige. Es traten wohl
so etliche vorlaute Bursch vor die Front heraus und fragten den Obersten, wie teuer der
Fürst das Joch Menschen verkaufe? – aber unser gnädigster Landesherr ließ alle Re-
gimenter auf dem Paradeplatz aufmarschieren und die Maulaffen niederschießen. Wir
20 hörten die Büchsen knallen, sahen ihr Gehirn auf das Pflaster sprützen, und die ganze
Armee schrie: *Juchhe nach Amerika! –*
LADY *(fällt mit Entsetzen in den Sofa).* Gott! Gott! – Und ich hörte nichts? Und ich
merkte nichts?

KAMMERDIENER. Ja. gnädige Frau – warum mußtet Ihr denn mit unserm Herrn gerad
auf die Bärenhatz reiten, als man den Lärmen zum Aufbruch schlug? – Die Herrlichkeit 25
hättet Ihr doch nicht versäumen sollen, wie uns die gellenden Trommeln verkündigten,
es ist Zeit, und heulende Waisen dort einen lebendigen Vater verfolgten, und hier eine
wütende Mutter rief, ihr saugendes Kind an Bajonetten zu spießen, und wie man
Bräutigam und Braut mit Säbelhieben auseinanderriß, und wir Graubärte verzweif-
lungsvoll dastanden und den Burschen auch zuletzt die Krücken noch nachwarfen in 30
die neue Welt – Oh, und mitunter das polternde Wirbelschlagen, damit der Allwissende
uns nicht sollte beten hören –

LADY *(steht auf, heftig bewegt!)*. Weg mit diesen Steinen – sie blitzen Höllenflammen in
mein Herz. *(Sanfter zum Kammerdiener)* Mäßige dich, armer alter Mann. Sie werden
wiederkommen. Sie werden ihr Vaterland wiedersehen. 35

KAMMERDIENER *(warm und voll)*. Das weiß der Himmel! Das werden sie! – Noch am
Stadttor drehten sie sich um und schrien: »Gott mit euch, Weib und Kinder! – Es leb
unser Landesvater – am Jüngsten Gericht sind wir wieder da!« –

LADY *(mit starkem Schritt auf und niedergehend)*. Abscheulich! Fürchterlich! – *Mich*
beredete man, ich habe sie alle getrocknet, die Tränen des Landes – Schrecklich, 40
schrecklich gehen mir die Augen auf – Geh du – Sag deinem Herrn – Ich werd ihm
persönlich danken. *(Kammerdiener will gehen, sie wirft ihm ihre Geldbörse in den
Hut)* Und das nimm, weil du mir Wahrheit sagtest –

KAMMERDIENER *(wirft sie verächtlich auf den Tisch zurück)*. Legts zu dem übrigen. *(Er
geht ab)* 45

LADY *(sieht ihm erstaunt nach)*. Sophie, spring ihm nach, frag ihn um seinen Namen. Er
soll seine Söhne wiederhaben. *(Sophie ab. Lady nachdenkend auf und nieder. Pause.
Zu Sophien, die wiederkommt)* Ging nicht jüngst ein Gerüchte, daß das Feuer eine
Stadt an der Grenze verwüstet, und bei vierhundert Familien an den Bettelstab gebracht habe? *(Sie klingelt)* 50

SOPHIE. Wie kommen Sie auf das? Allerdings ist es so, und die mehresten dieser Unglücklichen dienen jetzt ihren Gläubigern als Sklaven, oder verderben in den Schachten
der fürstlichen Silberbergwerke.

BEDIENTER *(kommt)*. Was befehlen Mylady?

LADY *(gibt ihm den Schmuck)*. Daß das ohne Verzug in die Landschaft gebracht werde! – 55
Man soll es sogleich zu Geld machen, befehl ich, und den Gewinst davon unter Vierhundert verteilen, die der Brand ruiniert hat.

SOPHIE. Mylady, bedenken Sie, daß Sie die höchste Ungnade wagen.

LADY *(mit Größe)*. Soll ich den Fluch seines Landes in meinen Haaren tragen? *(Sie winkt
dem Bedienten, dieser geht)* Oder willst du, daß ich unter dem schrecklichen Geschirr 60
solcher Tränen zu Boden sinke? – Geh, Sophie – Es ist besser, falsche Juwelen im Haar,
und das Bewußtsein dieser Tat im Herzen zu haben.

SOPHIE. Aber Juwelen wie diese! Hätten Sie nicht Ihre schlechtern nehmen können?
Nein, wahrlich, Mylady! Es ist Ihnen nicht zu vergeben.

LADY. Närrisches Mädchen! Dafür werden in *einem* Augenblick mehr Brillanten und 65
Perlen für mich fallen, als zehen Könige in ihren Diademen getragen, und schönere –.

In: Friedrich Schiller: Sämtliche Werke. Hg. v. Gerhard Fricke u. Herbert G. Göpfert. Bd. 1. München: Hanser 1980, S. 780 f.

Theater

Im Drama sahen die Stürmer und Dränger die beste Möglichkeit, ihre Aufrufe zur Änderung der sittlichen und sozialen Zustände zu verbreiten. In der Form lehnten sie sich, wie Lessing empfohlen hatte, an Shakespeare an. Kunst war für sie nicht mehr etwas Erlernbares, durch Regeln Vermitteltes.

Auf dem Spielplan deutscher Bühnen haben bis heute die Dramen des jungen Goethe und – mehr noch – die des jungen Schiller einen festen Platz. Schillers Werke »Die Räuber« und »Kabale und Liebe« (S. 260 f.) sind Höhepunkte des Kampfes um Freiheit von Fürstenwillkür und gesellschaftlich bedingter Einschränkung.

Jakob Michael Reinhold Lenz
Anmerkungen übers Theater (1771-74)

Wir nennen die Köpfe Genies, die alles, was ihnen vorkommt, gleich so durchdringen, durch und durch sehen, daß ihre Erkenntnis denselben Wert, Umfang, Klarheit hat, als ob sie durch Anschaun oder alle sieben Sinne zusammen wäre erworben worden. Legt einem solchen eine Sprache, mathematische Demonstration, verdrehten Charakter, was ihr
5 wollt, eh ihr ausgeredt habt, sitzt das Bild in seiner Seele mit allen seinen Verhältnissen, Licht, Schatten, Kolorit dazu.

Diese Köpfe werden nun zwar vortreffliche Weltweise, was weiß ich, Zergliederer, Kritiker – alle ers –, auch vortreffliche Leser von Gedichten abgeben, allein es muß noch was dazukommen, eh sie selbst welche machen, versteh mich wohl, nicht nachmachen. Die
10 Folie, christlicher Leser! die Folie, was Horaz vivida vis ingenii und wir Begeisterung, Schöpfungskraft, Dichtungsvermögen oder lieber gar nicht nennen. Den Gegenstand zurückzuspiegeln, das ist der Knoten, die nota diacritica des poetischen Genies, deren es nun freilich seit Anfang der Welt mehr als sechstausend soll gegeben haben, die aber auf Belsazers Waage vielleicht bis auf sechs, oder wie Sie wollen –
15 Denn – und auf dieses Denn sind Sie vielleicht schon ungeduldig, das Vermögen nachzuahmen ist nicht das, was bei allen Tieren schon im Ansatz – nicht Mechanik – nicht Echo – – nicht was es, um Odem zu sparen, bei unsern Poeten. Der wahre Dichter verbindet nicht in seiner Einbildungskraft, wie es ihm gefällt, was die Herren die schöne Natur zu nennen belieben, was aber mit ihrer Erlaubnis nichts als die verfehlte Natur ist. Er nimmt
20 Standpunkt – und dann muß er so verbinden. Man könnte sein Gemälde mit der Sache verwechseln, und der Schöpfer sieht auf ihn hinab, wie auf die kleinen Götter, die mit seinem Funken in der Brust auf den Thronen der Erde sitzen und seinem Beispiel gemäß eine kleine Welt erhalten. Wollte sagen – was wollt ich doch sagen? –

In: Von Deutscher Art und Kunst. Hg. v. Heinz Kindermann. Leipzig: Reclam 1935, S. 246.

1. *Vergleichen Sie die hier vorgenommene Bestimmung von Genie mit der von Lavater (S. 252 f.).*
2. *Wie erweitert Lenz seine Bestimmung für das poetische Genie? Welche Konsequenzen hat dies für die Dichtung?*
3. *Charakterisieren Sie den Stil des Textauszugs.*

Johann Wolfgang Goethe
Zum Shakespeares-Tag

Wir ehren heute das Andenken des größten Wandrers und tun uns dadurch selbst eine
Ehre an. Von Verdiensten, die wir zu schätzen wissen, haben wir den Keim in uns.
Erwarten Sie nicht, daß ich viel und ordentlich schreibe, Ruhe der Seele ist kein Festtags-
kleid; und noch zurzeit habe ich wenig über Shakespearen gedacht; geahndet, empfunden, wenn's hoch kam, ist das höchste, wohin ich's habe bringen können. Die erste Seite, 5
die ich in ihm las, machte mich auf zeitlebens ihm eigen, und wie ich mit dem ersten
Stücke fertig war, stund ich wie ein Blindgeborner, dem eine Wunderhand das Gesicht in
einem Augenblicke schenkt. Ich erkannte, ich fühlte aufs lebhafteste meine Existenz um
eine Unendlichkeit erweitert, alles war mir neu, unbekannt, und das ungewohnte Licht
machte mir Augenschmerzen. Nach und nach lernt' ich sehen, und, Dank sei meinem 10
erkenntlichen Genius, ich fühle noch immer lebhaft, was ich gewonnen habe.
Ich zweifelte keinen Augenblick, dem regelmäßigen Theater zu entsagen. Es schien mir
die Einheit des Orts so kerkermäßig ängstlich, die Einheiten der Handlung und der Zeit
lästige Fesseln unsrer Einbildungskraft. Ich sprang in die freie Luft und fühlte erst, daß ich
Hände und Füße hatte. Und jetzo, da ich sahe, wie viel Unrecht mir die Herrn der Regeln 15
in ihrem Loch angetan haben, wie viel freie Seelen noch drinne sich krümmen, so wäre
mir mein Herz geborsten, wenn ich ihnen nicht Fehde angekündigt hätte und nicht täglich
suchte, ihre Türne zusammenzuschlagen.
Das griechische Theater, das die Franzosen zum Muster nahmen, war nach innrer und
äußerer Beschaffenheit so, daß eher ein Marquis den Alcibiades nachahmen könnte, als es 20
Corneillen dem Sophokles zu folgen möglich wär'. (...)
Shakespeares Theater ist ein schöner Raritätenkasten, in dem die Geschichte der Welt vor
unsern Augen an dem unsichtbaren Faden der Zeit vorbeiwallt. Seine Plane sind, nach
dem gemeinen Stil zu reden, keine Plane, aber seine Stücke drehen sich alle um den
geheimen Punkt (den noch kein Philosoph gesehen und bestimmt hat), in dem das Eigen- 25
tümliche unsres Ichs, die prätendierte Freiheit unsres Wollens, mit dem notwendigen
Gang des Ganzen zusammenstößt. Unser verdorbner Geschmack aber umnebelt dergestalt unsere Augen, daß wir fast eine neue Schöpfung nötig haben, uns aus dieser Finsternis zu entwickeln.
Alle Franzosen und angesteckte Deutsche, sogar Wieland, haben sich bei dieser Gelegen- 30
heit wie bei mehreren wenig Ehre gemacht. Voltaire, der von jeher Profession machte, alle
Majestäten zu lästern, hat sich auch hier als ein echter Thersit bewiesen. Wäre ich Ulysses,
er sollte seinen Rücken unter meinem Szepter verzerren.
Die meisten von diesen Herren stoßen auch besonders an seinen Charakteren an.
Und ich rufe: Natur! Natur! nichts so Natur als Shakespeares Menschen. 35
Da hab' ich sie alle überm Hals.
Laßt mir Luft, daß ich reden kann!
Er wetteiferte mit dem Prometheus, bildete ihm Zug vor Zug seine Menschen nach, nur in
k o l o s s a l i s c h e r   G r ö ß e; darin liegt's, daß wir unsre Brüder verkennen; und dann
belebte er sie alle mit dem Hauch s e i n e s Geistes, er redet aus allen, und man erkennt 40
ihre Verwandtschaft.
Und was will sich unser Jahrhundert unterstehen, von Natur zu urteilen? Wo sollten wir
sie her kennen, die wir von Jugend auf alles geschnürt und geziert an uns fühlen und an

andern sehen. Ich schäme mich oft vor Shakespearen, denn es kommt manchmal vor, daß ich beim ersten Blick denke, das hätt' ich anders gemacht! Hintendrein erkenn' ich, daß ich ein armer Sünder bin, daß aus Shakespearen die Natur weissagt, und daß meine Menschen Seifenblasen sind, von Romanengrillen aufgetrieben.

In: Goethes Werke. Hamburger Ausgabe. Bd. 12. Hamburg: Wegner 1953, S. 224 f.

1. *Goethe stellt seine Gefühle Shakespeare gegenüber dar. Wie sieht er sich selbst? Wie wirkt seine Zurückhaltung auf den Rezipienten?*
2. *Untersuchen Sie die rhetorischen Mittel der Rede.*
3. *Vergleichen Sie Goethes Text mit Lessings Siebzehnten Literaturbrief (S. 219 f.). Welche Ähnlichkeiten und Unterschiede fallen Ihnen in der Ausdrucksweise auf?*
4. *Der zentrale Begriff im Text heißt »Natur«. Zeigen Sie differenziert, was Goethe unter diesem Begriff versteht, und was die Natur für das Genie leisten soll.*
5. *Welches Menschenbild können Sie im Text erkennen? Versuchen Sie, den Begriff »Genie« zu aktualisieren. Was ist für den Leser heute einsichtig, was ist befremdlich?*

Friedrich Schiller
Die Räuber (1781)

In Friedrich Schillers Schauspiel »Die Räuber« ist Karl Moor, Sohn des regierenden Grafen von Moor, von der bürgerlichen Lebensbahn abgekommen, hat ein wildes Leben geführt und mit seinen Kameraden, einer Gruppe flüchtiger Studenten, manchen Streich ausgeführt. Zurück nach Hause kann er nicht, weil er durch seinen Bruder bei seinem Vater in Verruf gekommen ist. Da gründet er mit seinen Kameraden eine Bande, der er das Ziel gibt, die Bedrängten vor den Machenschaften der Obrigkeit zu verteidigen.

Die Uraufführung des Stücks am 13. 1. 1782 war ein beispielloser Erfolg. Schnell hintereinander erschienen die ersten gedruckten Auflagen – allerdings anonym. Der Grund dafür war ein doppelter: Die Autoren signalisierten so, daß das Werk wichtiger sei, als der Autor; zugleich richteten sie sich gegen die staatliche Verordnung, Verfasser und Verleger zu benennen, um grundsätzlich gegen die Zensurpraxis zu demonstrieren.

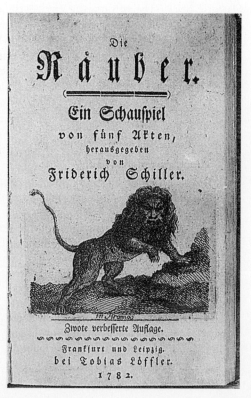

Die
Räuber.

Ein Schauspiel
von fünf Akten,
herausgegeben
von
Friderich Schiller.

Zwote verbesserte Auflage.

Frankfurt und Leipzig.
bei Tobias Löffler.
1782.

1. Akt, 2. Szene

Schenke an den Grenzen von Sachsen. Karl von Moor in ein Buch vertieft. Spiegelberg trinkend am Tisch

KARL VON MOOR *(legt das Buch weg)*. Mir ekelt vor diesem tintenklecksenden Säkulum, wenn ich in meinem Plutarch[1] lese von großen Menschen.

SPIEGELBERG *(stellt ihm ein Glas hin und trinkt)*. Den Josephus[2] mußt du lesen.

MOOR. Der lohe Lichtfunke Prometheus' ist ausgebrannt, dafür nimmt man itzt die Flamme von Bärlappenmehl[3] – Theaterfeuer, das keine Pfeife Tabak anzündet. Da krabbeln sie nun wie die Ratten auf der Keule des Herkules, und studieren sich das Mark aus dem Schädel, was das für ein Ding sei, das er in seinen Hoden geführt hat? Ein französischer Abbé doziert, Alexander sei ein Hasenfuß gewesen, ein schwindsüchtiger Professor hält sich bei jedem Wort ein Fläschchen Salmiakgeist vor die Nase und liest ein Kollegium über die *Kraft*. Kerls, die in Ohnmacht fallen, wenn sie einen Buben gemacht haben, kritteln über die Taktik des Hannibals – feuchtohrige Buben fischen Phrases aus der Schlacht bei Cannä, und greinen über die Siege des Scipio, weil sie sie exponieren[4] müssen.

SPIEGELBERG. Das ist ja recht alexandrinisch[5] geflennt.

MOOR. Schöner Preis für euren Schweiß in der Feldschlacht, daß ihr jetzt in Gymnasien lebet und eure Unsterblichkeit in einem Bücherriemen mühsam fortgeschleppt wird. Kostbarer Ersatz eures verpraßten Blutes, von einem Nürnberger Krämer um Lebkuchen gewickelt – oder, wenns glücklich geht, von einem französischen Tragödienschreiber auf Stelzen geschraubt, und mit Drahtfäden gezogen zu werden! Hahaha!

SPIEGELBERG *(trinkt)*. Lies den Josephus, ich bitte dich drum.

MOOR. Pfui! Pfui über das schlappe Kastratenjahrhundert, zu nichts nütze, als die Taten der Vorzeit wiederzukäuen und die Helden des Altertums mit Kommentationen zu schinden und zu verhunzen mit Trauerspielen. Die Kraft seiner Lenden ist versiegen gegangen, und nun muß Bierhefe den Menschen fortpflanzen helfen.

SPIEGELBERG. Tee, Bruder, Tee!

MOOR. Da verrammeln sie sich die gesunde Natur mit abgeschmackten Konventionen, haben das Herz nicht, ein Glas zu leeren, weil sie Gesundheit dazu trinken müssen – belecken den Schuhputzer, daß er sie vertrete bei Ihro Gnaden, und hudeln den armen Schelm, den sie nicht fürchten. – Vergöttern sich um ein Mittagessen und möchten einander vergiften um ein Unterbett, das ihnen beim Aufstreich überboten wird. – Verdammen den Sadduzäer[6], der nicht fleißig genug in die Kirche kommt, und berechnen ihren Judenzins am Altare – fallen auf die Knie, damit sie ja ihren Schlamp ausbreiten können – wenden kein Aug von dem Pfarrer, damit sie sehen, wie seine Perücke frisiert ist. – Fallen in Ohnmacht, wenn sie eine Gans bluten sehen, und klatschen in die Hände, wenn ihr Nebenbuhler bankerott von der Börse geht. – – So warm ich ihnen die Hand drückte: – »nur noch einen Tag« – Umsonst! – Ins Loch mit dem Hund! – Bitten! Schwüre! Tränen! *(Auf den Boden stampfend)* Hölle und Teufel!

[1] Plutarch: griechischer Schriftsteller (46-120 n. Chr.). Sein biographisches Werk »Parallelbiographien« machte ihn zu einem der meistgelesenen antiken Autoren.
[2] Josephus: Flavius J. (um 37–100 n. Chr.), jüdischer Geschichtsschreiber
[3] Bärlappenmehl: wurde als Pulver für Bühnenblitze verwendet
[4] exponieren: übersetzen
[5] alexandrinisch: vermutlich spöttischer Hinweis auf französische Dramen im Alexandriner
[6] Sadducäer: freisinnige Oppositionspartei zu den konservativen Pharisäern

SPIEGELBERG. Und um so ein paar tausend lausige Dukaten –

MOOR. Nein, ich mag nicht daran denken. Ich soll meinen Leib pressen in eine Schnür-
40 brust und meinen Willen schnüren in Gesetze. Das Gesetz hat zum Schneckengang
verdorben, was Adlerflug geworden wäre. Das Gesetz hat noch keinen großen Mann
gebildet, aber die Freiheit brütet Kolosse und Extremitäten aus. Sie verpalisadieren sich
ins Bauchfell eines Tyrannen, hofieren der Laune seines Magens und lassen sich klem-
men von seinen Winden. – Ah! daß der Geist Hermanns noch in der Asche glimmte! –
45 Stelle mich vor ein Heer Kerls wie ich, und aus Deutschland soll eine Republik werden,
gegen die Rom und Sparta Nonnenklöster sein sollen. *(Er wirft den Degen auf den
Tisch und steht auf)*

In: Friedrich Schiller: Sämtliche Werke. Hg. v. Gerhard Fricke u. Herbert G. Göpfert. Bd. 1. München: Hanser [6]1980, S. 502 ff.

1. *Zeigen Sie detailliert, was Karl von Moor an »diesem tintenklecksenden Säkulum«
   kritisiert. Welche Alternativen deutet er an?*
2. *Charakterisieren Sie die Sprachgestaltung der Szene.*
3. *Was sind die Gründe für die von ihm kritisierten Mißstände?*
4. *Inwieweit sehen Sie in dieser Szene Charakteristika des Sturm und Drang verwirklicht?*

Mannheimer Nationaltheater. 1782.

Friedrich Schiller

Was kann eine gute stehende Schaubühne eigentlich wirken? (1785)

Wenn uns der natürliche Stolz – so nenne ich die erlaubte Schätzung unsers eigentümlichen Werts – in keinem Verhältnis des bürgerlichen Lebens verlassen soll, so ist wohl das
erste *dieses*, daß wir uns selbst zuvor die Frage beantworten, ob das Geschäft, dem wir
jetzt den besten Teil unsrer Geisteskraft hingeben, mit der Würde unsers Geists sich
5 vertrage, und die gerechten Ansprüche des Ganzen auf unsern Beitrag erfülle. Nicht
immer bloß die höchste Spannung der Kräfte – nur ihre edelste Anwendung kann Größe

gewähren. Je erhabner das Ziel ist, nach welchem wir streben, je weiter, je mehr umfassend der Kreis, worin wir uns üben, desto höher steigt unser Mut, desto reiner wird unser Selbstvertrauen, desto unabhängiger von der Meinung der Welt. Dann nur, wenn wir bei uns selbst erst entschieden haben, was wir sind, und was wir nicht sind, nur dann sind wir 10 der Gefahr entgangen, von fremdem Urteil zu leiden – durch Bewunderung aufgeblasen oder durch Geringschätzung feig zu werden.

Woher kommt es denn aber – diese Bemerkung hat sich mir aufgedrungen, seitdem ich Menschen beobachte – woher kommt es, daß der Amtsstolz so gern im entgegengesetzten Verhältnis mit dem wahren Verdienste steht? Daß die meisten ihre Anforderungen an die 15 Achtung der Gesellschaft in eben dem Grade verdoppeln, in welchem sich ihr Einfluß auf dieselbe vermindert? – Wie bescheiden erscheint nicht oft der Minister, der das Steuerruder des Landes führt und das große System der Regierung mit Riesenkraft wälzt, neben dem kleinen Histrionen[1], der seine Verordnungen zu Papier bringt – wie bescheiden der große Gelehrte, der die Grenzen des menschlichen Denkens erweiterte und die Fackel der 20 Aufklärung über Weltteilen schimmern ließ, neben dem dumpfen Pedanten, der seine Quartbände hütet? – Man verurteilt den jungen Mann, der, gedrungen von innrer Kraft, aus dem engen Kerker einer Brotwissenschaft heraustritt und dem Rufe des Gottes folgt, der in ihm ist? – Ist das die Rache der kleinen Geister an dem Genie, dem sie nachzuklimmen verzagen? Rechnen sie vielleicht ihre Arbeit darum so hoch an, weil sie ihnen so 25 sauer wurde? – Trockenheit, Ameisenfleiß und gelehrte Taglöhnerei werden unter den ehrwürdigen Namen Gründlichkeit, Ernst und Tiefsinn geschätzt, bezahlt und bewundert. Nichts ist bekannter und nichts gereicht zugleich der gesunden Vernunft mehr zur Schande, als der unversöhnliche Haß, die stolze Verachtung, womit Fakultäten auf freie Künste heruntersehen – und diese Verhältnisse werden forterben, bis sich Gelehrsamkeit 30 und Geschmack, Wahrheit und Schönheit, als zwo versöhnte Geschwister umarmen.

Es ist leicht einzusehen, inwiefern diese Bemerkung mit der Frage zusammenhängt: »*Was wirkt die Bühne?*« – Die höchste und letzte Forderung, welche der Philosoph und Gesetzgeber einer öffentlichen Anstalt nur machen können, ist Beförderung allgemeiner Glückseligkeit. Was die Dauer des physischen Lebens erhält, wird immer sein erstes 35 Augenmerk sein; was die Menschheit innerhalb ihres Wesens veredelt, sein höchstes. *Bedürfnis des Tiermenschen* ist älter und drängender – *Bedürfnis des Geistes* vorzüglicher, unerschöpflicher. Wer also unwidersprechlich beweisen kann, daß die Schaubühne Menschen- und Volksbildung wirkte, hat ihren Rang neben den ersten Anstalten des Staats entschieden.   40

Die dramatische Kunst setzt mehr voraus als jede andre von ihren Schwestern. Das höchste Produkt dieser Gattung ist *vielleicht* auch das höchste des menschlichen Geistes. Das System der körperlichen Anziehung und Shakespeares »Julius Cäsar« – es steht dahin, ob die Zunge der Waage, worin höhere Geister die menschlichen wägen, um einen mathematischen Punkt überschlagen wird. Wenn dies entschieden ist – und entschied nicht der 45 unbestechlichste Richter, die Nachwelt? – warum sollte man nicht vor allen Dingen dahin beflissen sein, die Würde einer Kunst außer Zweifel zu setzen, deren Ausübung alle Kräfte der Seele, des Geistes und des Herzens beschäftigt? – (...)

Die Schaubühne ist der gemeinschaftliche Kanal, in welchen von dem denkenden bessern Teile des Volks das Licht der Weisheit herunterströmt und von da aus in milderen Strahlen 50

---

[1] Histrionen: Schauspieler

durch den ganzen Staat sich verbreitet. Richtigere Begriffe, geläuterte Grundsätze, reinere Gefühle fließen von hier durch alle Adern des Volks; der Nebel der Barbarei, des finstern Aberglaubens verschwindet, die Nacht weicht dem siegenden Licht. Unter so vielen herrlichen Früchten der bessern Bühne will ich nur zwo auszeichnen. Wie allgemein ist nur
55 seit wenigen Jahren die Duldung der Religionen und Sekten geworden? – Noch ehe uns Nathan der Jude und Saladin der Sarazene beschämten und die göttliche Lehre uns predigten, daß Ergebenheit in Gott von unserm Wähnen über Gott so gar nicht abhängig sei – ehe noch Joseph der Zweite die fürchterliche Hyder[1] des frommen Hasses bekämpfte, pflanzte die Schaubühne Menschlichkeit und Sanftmut in unser Herz, die ab-
60 scheulichen Gemälde heidnischer Pfaffenwut lehrten uns Religionshaß vermeiden – in diesem schrecklichen Spiegel wusch das Christentum seine Flecken ab. Mit ebenso glücklichem Erfolge würden sich von der Schaubühne Irrtümer der *Erziehung* bekämpfen lassen; das Stück ist noch zu hoffen, wo dieses merkwürdige Thema behandelt wird. (. . .)
Nicht weniger ließen sich – verstünden es die Oberhäupter und Vormünder des Staats –
65 von der Schaubühne aus die Meinungen der Nation über Regierung und Regenten zurechtweisen. Die gesetzgebende Macht spräche hier durch fremde Symbolen zu dem Untertan, verantwortete sich gegen seine Klagen, noch ehe sie laut werden, und bestäche seine Zweifelsucht, ohne es zu scheinen. Sogar Industrie und Erfindungsgeist könnten und würden vor dem Schauplatze Feuer fangen, wenn die Dichter es der Mühe wert
70 hielten, Patrioten zu sein, und der Staat sich herablassen wollte, sie zu hören.
Unmöglich kann ich hier den großen Einfluß übergehen, den eine gute stehende Bühne auf den Geist der Nation haben würde. Nationalgeist eines Volks nenne ich die Ähnlichkeit und Übereinstimmung seiner Meinungen und Neigungen bei Gegenständen, worüber eine andere Nation anders meint und empfindet. Nur der Schaubühne ist es möglich,
75 diese Übereinstimmung in einem hohen Grad zu bewirken, weil sie das ganze Gebiet des menschlichen Wissens durchwandert, alle Situationen des Lebens erschöpft und in alle Winkel des Herzens hinunterleuchtet; weil sie alle Stände und Klassen in sich vereinigt und den gebahntesten Weg zum Verstand und zum Herzen hat. Wenn in allen unsern Stücken *ein* Hauptzug herrschte, wenn unsre Dichter unter sich einig werden und einen
80 festen Bund zu diesem Endzweck errichten wollten – wenn strenge Auswahl ihre Arbeiten leitete, ihr Pinsel nur Volksgegenständen sich weihte – mit einem Wort, wenn wir es erlebten, eine Nationalbühne zu haben, so würden wir auch eine Nation. Was kettete Griechenland so fest aneinander? Was zog das Volk so unwiderstehlich nach seiner Bühne? – Nichts anders als der vaterländische Inhalt der Stücke, der griechische Geist,
85 das große überwältigende Interesse des Staats, der besseren Menschheit, das in denselbigen atmete.

In: Friedrich Schiller: Sämtliche Werke. Hg. v. Gerhard Fricke u. Herbert G. Göpfert. Bd. 5. München: Hanser [6]1980, S. 818 ff.

1. *Wie rechtfertigt Schiller »das Geschäft, dem wir jetzt den besten Teil unserer Geisteskräfte hingeben«?*
2. *Welche Aufgaben weist er der »Schaubühne« zu?*
3. *Erörtern Sie, ob Sie aus heutiger Sicht Schillers Argumentation zustimmen können.*

[1] Hyder: Hydra, ein Ungeheuer mit neun Köpfen, von denen acht sterblich und der in der Mitte unsterblich war.

III. 20. Jahrhundert

»In dem halben Jahrhundert von 1880 bis 1930 nahm unsere alltägliche Lebenswelt endgültig jene modernen Züge an, die sich seit der Industriellen Revolution entfaltet hatten und die bis heute ihre Gültigkeit bewahrt haben. Selbst in den elementarsten Dimensionen der Erfahrung, in der Erfahrung von Zeit und Raum, unterscheiden wir uns spätestens seitdem von der vorindustriellen Welt.«[1] Wer die »alltägliche Lebenswelt« der Gegenwart verstehen will, so läßt sich folgern, muß die politischen, wirtschaftlichen, technischen und kulturellen Entwicklungen dieses Jahrhunderts kennen. Besonders deutlich wird dies, wenn man etwa bedenkt, welche Bedeutung die modernen Verkehrsmittel wie Auto und Flugzeug oder die Kommunikationsmedien wie Telefon, Radio, Film und Fernsehen für unser alltägliches Leben haben. Die zunehmende Industrialisierung um die Jahrhundertwende führte einerseits zu dem immer noch anhaltenden Verstädterungsprozeß und andererseits zu jenem Raubbau an der Natur, der erst in den letzten Jahrzehnten in seinen fatalen Folgen erkannt wurde. Beide Entwicklungen betreffen uns unmittelbar.

Geprägt wird dieses Jahrhundert durch eine Unzahl von Kriegen, von denen die beiden Weltkriege die schlimmsten und folgenreichsten waren, und durch Blockbildungen, die über Jahrzehnte hinweg die Welt in zwei Teile spaltete, neben denen die Probleme in der sogenannten Dritten Welt wenig Beachtung fanden. In dieser Welt der weltanschaulichen und geistigen Auseinandersetzungen, der wirtschaftlichen und machtpolitischen Kämpfe fällt es den Menschen schwer, eine Orientierung zu bewahren oder zu finden.

Von den Versuchen, von den Schwierigkeiten, vom momentanen Gelingen und vom Scheitern handeln die Texte dieses Abschnitts. Sie sind durchaus unter das Thema »Literatur und Geschichte« zu stellen, auch wenn sie nicht literaturgeschichtlich angelegt sind. Vielmehr werden literarische Tendenzen inhaltlicher, thematischer und formaler Art aufgezeigt; dabei kommen Autoren zu Wort, die das literarische Leben dieses Jahrhunderts maßgebend geprägt haben. Den Versuch einer Epocheneinteilung der Literatur des 20. Jahrhunderts wird der dritte Band dieser Reihe – Colleg Deutsch – vorstellen.

1. Grundlagen

Viele Künstler zur Zeit der Jahrhundertwende – Maler, Bildhauer, Musiker und Dichter – nahmen das Etikett »modern« für sich in Anspruch, um sich von der tonangebenden Generation abzusetzen. Modern – auf das lateinische Adverb modo »nun, eben, jetzt« zurückgehend – sind die

»Neuen«, die sich darauf berufen, daß sich die Welt gewandelt habe und daß nur eine neue Generation den Anforderungen der Zeit gerecht werden könne.

Die Auseinandersetzung zwischen »Alten« und »Neuen« ist ein immerwährender Streit in der Geschichte und bezeichnet ei-

---

[1] Funkkolleg »Jahrhundertwende«. Die Entstehung der modernen Gesellschaft 1880–1930. Herausgegeben vom Deutschen Institut für Fernstudien an der Universität Tübingen. Weinheim/Basel: Beltz 1988, S. 12.

nen Gegensatz, der in der lateinischen Literatur ebenso nachzuweisen ist wie in der europäischen Literatur des Mittelalters und der Neuzeit. Daß sich eine neue Generation von der vorhergehenden absetzt, ist nicht das Besondere; beachtlich ist, wenn eine Innovation nur deshalb, weil sie neu und andersartig ist, schon als wertvoll angesehen wird. Die radikal Modernen lehnen die Tradierung von Formen, Normen und Werten ab; sie verwerfen das, was für andere klassische Güter und ewig gültige Vorstellungen sind; sie sind der Ansicht, daß eine neue Welt und Umwelt auch neuer Ausdrucksformen bedarf, wenn man sich über sie verständigen will.

Der Begriff »Moderne« ist zunächst ein Kampfwort. Der Literaturhistoriker Eugen Wolff soll ihn in Berlin bei einem Vortrag im literarischen Verein »Durch!« 1886 zum ersten Mal verwendet haben. Dieser Verein läßt dann 1888 in der Allgemeinen Deutschen Universitätszeitung zehn »Thesen zur literarischen Moderne« abdrucken. Zu diesem Zeitpunkt identifizieren sich schon mehrere junge Autoren wie Arno Holz (1863–1929), Johannes Schlaf (1862–1941) und Gerhart Hauptmann (1862–1946) mit dem Begriff.

Es ist allerdings zu beachten, daß das Kampfwort für eine Tendenz, nicht für ein ausformuliertes Programm steht. So ist es kein Widerspruch, wenn einige Autoren als moderne Dichter und zugleich als Naturalisten vorgestellt werden. Die gesellschafts-kritischen Dramen des Norwegers Henrik Ibsen (1828–1906) und die frühen Dramen Gerhart Hauptmanns gelten als naturalistisch, weil sie die Welt nicht in verklärter Schönheit, sondern so, wie sie wirklich ist, zeigen wollten. Diese entlarvende Tendenz wurde als modern angesehen.

Eine andere Strömung der europäischen Literatur am Ende des 19. Jahrhunderts war die sogenannte Dekadenzdichtung. Dekadenz, auf das lateinische Verb decadere »herabfallen« zurückgehend, heißt Verfall, Entartung. Auch diese Strömung, die antibürgerlich auftrat und die einen »Heroismus der Schwäche« proklamierte, hatte moderne Züge.

Zentren der beginnenden Moderne waren Wien und Berlin. In diesen Städten wurde auch zuerst versucht, die neuen Tendenzen begrifflich zu fassen. Der Text von Friedrich Michael Fels (Pseudonym für Friedrich Michael Mayer) erschien erstmals in der »Modernen Rundschau« 1891. Vom weiteren Lebensweg des Autors, der 1864 geboren wurde und in Wien studierte, ist nichts bekannt. Georg Simmel (1858–1918), der Autor des zweiten Textes, war Philosoph und Soziologe und lehrte als Professor seit 1900 in Berlin, später in Straßburg.

Beide Texte sind als Versuch einer Standortbestimmung anzusehen. Es sind von ihnen keine endgültigen Klärungen zu erwarten, wohl aber Denkanstöße, die nicht nur die Literatur betreffen.

Friedrich Michael Fels
Die Moderne

Die Vorwürfe, die von den Anhängern der älteren Kunstrichtung gegen uns erhoben werden, laufen im Grunde immer auf den einen hinaus: daß wir keine Achtung haben vor dem Bestehenden, daß wir einreißen und nur einreißen, ohne jemals imstande zu sein, ein neues Festes, ein neues Positives, ein neues Künstlerisches anstelle des verworfenen Alten zu errichten. 5
Das ist eine Behauptung, über die sich streiten läßt.
Es ist unzweifelhaft richtig, daß etwas vom Geiste Ibsens, der von sich sagen konnte: »Zu fragen ist mein Amt, nicht zu antworten«, in diesem ganzen jüngern Geschlechte lebt, daß die Probleme, die sich die heutige Literatur stellt, zumeist nur gestellt und nicht gelöst werden, daß schließlich die künstlerischen Formen, sowie sie im Verlaufe der Zeiten sich 10 herausgebildet haben, ihrer mehr oder minder vollständigen Auflösung entgegenzugehen drohen; und ebenso richtig, daß bei diesem jugendlich kräftigen und jugendlich heftigen Ansturme manches mit über den Haufen geworfen wird, was wohl längeren Bestand verdient hätte.
Aber auf der andern Seite darf niemals übersehen werden, von welchem Standpunkte aus 15 und zu welchem Endziele dies alles geschieht.
Es wird keinem, und auch nicht dem überzeugtesten, verbissensten und fanatischesten »Naturalisten« – um doch einmal bei diesem eingebürgerten Ausdrucke zu bleiben –, es wird keinem einfallen, die Erzeugnisse der modernen Literatur irgendwie in Parallele zu setzen mit der Hinterlassenschaft klassischer Perioden, der griechischen oder Weimaraner 20 Zeit. Ich glaube kaum, daß es irgend einen völlig modernen Schriftsteller gibt, in dessen Werken nicht, in dieser oder jener Form, der Gedanke zum Ausdruck käme: Wir stehen an der Grenzscheide zweier Welten; was wir schaffen, ist nur Vorbereitung auf ein künftiges Großes, das wir nicht kennen, kaum ahnen; es wird ein Tag kommen, da wir nicht mehr gelesen werden; freuen wir uns, daß der Tag bald komme! 25
Das ist das dekadente Bekenntnis eines sinkenden, haltlosen, unsicher treibenden Geschlechtes. Man hat ja immer und stets die Erfahrung gemacht, daß jede neue Generation ihren Vätern dekadent erscheint, erscheinen muß. (...)
Es gibt drei Arten von Menschen: solche, die ihrer Zeit vorausgehen, solche, die in ihrer Zeit stehen, und solche, die ihrer Zeit um ein halbes oder ganzes Menschenalter nach- 30 hinken. Aber sagen Sie, verehrte Anwesende, wäre dies ganze Leben nicht gräßlich öde, leer und monoton, wenn diese drei Klassen nicht in einem fort gegen einander, das sagt: miteinander arbeiteten!

In: Die Wiener Moderne. Literatur, Kunst und Musik zwischen 1890 und 1910. Hg. v. Gotthart Wunberg unter Mitarbeit v. Johannes J. Brakenburg. Stuttgart: Reclam 1981, S. 191 ff.

1. *Welche Vorwürfe werden gegen die Modernen erhoben?*
2. *Wie rechtfertigt der Autor die modernen Tendenzen?*
3. *Welche allgemeinen Forderungen lassen sich aus dem letzten Abschnitt ableiten?*

Georg Simmel
Die Großstädte und das Geistesleben

Der tiefste Grund indes, aus dem gerade die Großstadt den Trieb zum individuellsten persönlichen Dasein nahelegt – gleichviel ob immer mit Recht und immer mit Erfolg –, scheint mir dieser: Die Entwicklung der modernen Kultur charakterisiert sich durch das Übergewicht dessen, was man den objektiven Geist nennen kann, über den subjektiven,

5 d. h., in der Sprache wie im Recht, in der Produktionstechnik wie in der Kunst, in der Wissenschaft wie in den Gegenständen der häuslichen Umgebung ist eine Summe von Geist verkörpert, deren täglichem Wachsen die geistige Entwicklung der Subjekte nur sehr unvollständig und in immer weiterem Abstand folgt. (...)
Es bedarf nur des Hinweises, daß die Großstädte die eigentlichen Schauplätze dieser über

10 alles Persönliche hinauswachsenden Kultur sind. Hier bietet sich in Bauten und Lehranstalten, in den Wundern und Komforts der raumüberwindenden Technik, in den Formungen des Gemeinschaftslebens und in den sichtbaren Institutionen des Staates eine so überwältigende Fülle kristallisierten, unpersönlich gewordenen Geistes, daß die Persönlichkeit sich sozusagen dagegen nicht halten kann. Das Leben wird ihr einerseits unend-

15 lich leicht gemacht, indem Anregungen, Interessen, Ausfüllungen von Zeit und Bewußtsein sich ihr von allen Seiten anbieten und sie wie in einem Strome tragen, in dem es kaum noch eigener Schwimmbewegungen bedarf. Andererseits aber setzt sich das Leben doch mehr und mehr aus diesen unpersönlichen Inhalten und Darbietungen zusammen, die die eigentlich persönlichen Färbungen und Unvergleichlichkeiten verdrängen wollen; so daß

20 nun gerade, damit dieses Persönlichste sich rette, es ein Äußerstes an Eigenart und Besonderung aufbieten muß; es muß dieses übertreiben, um nur überhaupt noch hörbar, auch für sich selbst, zu werden. Die Atrophie der individuellen durch die Hypertrophie der objektiven Kultur ist ein Grund des grimmigen Hasses, den die Prediger des äußersten Individualismus, Nietzsche voran, gegen die Großstädte hegen, aber auch ein Grund

25 weshalb sie gerade in den Großstädten so leidenschaftlich geliebt sind, grade dem Großstädter als die Verkünder und Erlöser seiner unbefriedigtsten Sehnsucht erscheinen.
Indem man diese beiden Formen des Individualismus, die von den quantitativen Verhältnissen der Großstadt genährt werden: die individuelle Unabhängigkeit und die Ausbildung persönlicher Sonderart – nach ihrer geschichtlichen Stellung fragt, gewinnt die

30 Großstadt einen ganz neuen Wert in der Weltgeschichte des Geistes. Das 18. Jahrhundert fand das Individuum in vergewaltigenden, sinnlos gewordenen Bindungen politischer und agrarischer, zünftiger und religiöser Art vor – Beengungen, die dem Menschen gleichsam eine unnatürliche Form und längst ungerechte Ungleichheiten aufzwangen. In dieser Lage entstand der Ruf nach Freiheit und Gleichheit – der Glaube an die volle Bewegungsfrei-

35 heit des Individuums in allen sozialen und geistigen Verhältnissen, die sogleich in allen den gemeinsamen edlen Kern würde hervortreten lassen, wie die Natur ihn in jeden gelegt und die Gesellschaft und Geschichte ihn nur verbildet hätten. Neben diesem Ideal des Liberalismus wuchs im 19. Jahrhundert, durch Goethe und die Romantik einerseits, die wirtschaftliche Arbeitsteilung andererseits, das weitere auf: die von den historischen

40 Bindungen befreiten Individuen wollen sich nun auch voneinander unterscheiden. Nicht mehr der »allgemeine Mensch« in jedem einzelnen, sondern gerade qualitative Einzigkeit und Unverwechselbarkeit sind jetzt die Träger seines Wertes. In dem Kampf und den

Straßenszene. E. L. Kirchner.

wechselnden Verschlingungen dieser beiden Arten, dem Subjekte seine Rolle innerhalb der Gesamtheit zu bestimmen, verläuft die äußere wie die innere Geschichte unserer Zeit. Es ist die Funktion der Großstädte, den Platz für den Streit und für die Einungsversuche 45 beider herzugeben, indem ihre eigentümlichen Bedingungen sich uns als Gelegenheiten und Reize für die Entwicklung beider offenbart haben. Damit gewinnen sie einen ganz einzigen, an unübersehbaren Bedeutungen fruchtbaren Platz in der Entwicklung des see-lischen Daseins, sie enthüllen sich als eines jener großen historischen Gebilde, in denen sich die entgegengesetzten, das Leben umfassenden Strömungen wie zu gleichen Rechten 50 zusammenfinden und entfalten. Damit aber treten sie, mögen ihre einzelnen Erscheinun-gen uns sympathisch oder antipathisch berühren, ganz aus der Sphäre heraus, der gegen-über uns die Attitüde des Richters ziemte. Indem solche Mächte in die Wurzel wie in die Krone des ganzen geschichtlichen Lebens eingewachsen sind, dem wir in dem flüchtigen Dasein einer Zelle angehören – ist unsere Aufgabe nicht, anzuklagen oder zu verzeihen, 55 sondern allein zu verstehen.

In: Die Berliner Moderne 1885–1914. Hg. v. Jürgen Schutte u. Peter Sprengel. Stuttgart: Reclam 1987, S. 124 ff.

1. *Erklären Sie den Gegensatz »objektiver Geist« – »subjektiver Geist«.*
2. *Schreiben Sie die Hauptthese und die Unterthesen aus dem Text.*
3. *Erörtern Sie die »Funktion der Großstädte«. Nehmen Sie Stellung zu den Thesen des Autors, und prüfen Sie, ob die Aussagen auch noch für unsere Gegenwart gelten.*

Biographien

Thomas Bernhard wurde am 9.2.1931 in Kloster Heerlen bei Maastricht (Niederlande) geboren, wuchs dann aber bei seinem Großvater mütterlicherseits, dem Schriftsteller Johannes Freumbichler, in Oberösterreich auf. Schwierigkeiten in der Schule und langwierige Krankheiten belasteten seine Jugend. Er studierte zunächst in Wien, wo er gleichzeitig Hilfsarbeiter war, dann am Mozarteum in Salzburg Musik, Schauspiel und Dramaturgie. Seine Dichtungen, aus der Situation der Einsamkeit und im Wissen um den Untergang verfaßt, wurden als Protest und Provokation empfunden. Er starb am 12.2.1989 in Gmunden (Österreich). Werkauswahl: »Frost« (1963); »Watten« (1969); »Das Kalkwerk« (1970); »Der Ignorant und die Wahnsinnige« (1972); »Minetti« (1977); »Immanuel Kant« (1978); »Der Atem. Eine Entscheidung« (1978); »Der Stimmenimitator« (1978); »Ein Kind« (1982); »Der Theatermacher« (1984); »Ritter, Dene, Voss« (1984); »Heldenplatz« (1988).

Peter Bichsel wurde am 24.3.1935 in Luzern geboren. Er besuchte das Lehrerseminar in Solothurn und war von 1955 bis 1968 im Schuldienst tätig. Nach einer Lesung vor der »Gruppe 47« im Jahr 1965 erhielt er den Literaturpreis der Gruppe. Seit 1969 lebt er als freier Schriftsteller in Bellach bei Solothurn. Werkauswahl: »Eigentlich möchte Frau Blum den Milchmann kennenlernen« (1964); »Die Jahreszeiten« (1967); »Geschichten zur falschen Zeit« (1979); »Der Leser. Das Erzählen. Frankfurter Poetik Vorlesungen« (1982); »Schulmeistereien« (1985); »Im Gegenteil« (1990).

Heinrich Böll wurde am 21.12.1917 als Sohn eines Tischlers und Holzbildhauers in Köln geboren. Während der Schulzeit gehörte er einem verbotenen katholischen Jugendverband an. Nach dem Abitur 1937 begann er eine Buchhändlerlehre und studierte dann Philologie. Im Herbst 1939 wurde er zur Wehrmacht eingezogen. Er wurde in Rumänien und Rußland verwundet. Als er 1945 aus der Kriegsgefangenschaft nach Hause kam, nahm er zunächst das Studium wieder auf, arbeitete zugleich in der Schreinerei seines Bruders und veröffentlichte erste Kurzgeschichten. Seine erste längere Erzählung »Der Zug war pünktlich« erschien 1949; 1951 erhielt er den Preis der »Gruppe 47«. Bald wurde in ihm das »Gewissen der Nation« gesehen. Er beteiligte sich an der Gründung des Verbands deutscher Schriftsteller, war von 1971–74 Präsident des internationalen PEN-Clubs und erhielt 1972 den Literaturnobelpreis. Vor allem im Ausland wurde er als Repräsentant einer demokratischen, gesellschaftskritisch engagierten und humanen Literatur geschätzt. Er starb am 16.7.1985 in Hürtgenwald (Eifel). Werkauswahl: »Wo warst du, Adam?« (1951); »Und sagte kein einziges Wort« (1953); »Haus ohne Hüter« (1954); »Das Brot der frühen Jah-

Bernhard   Bichsel   Böll

re« (1955); »Dr. Murkes gesammeltes Schweigen und andere Satiren« (1958); »Billard um halb zehn« (1959); »Ansichten eines Clowns« (1963); »Ende einer Dienstfahrt« (1956);

»Gruppenbild mit Dame« (1971); »Die verlorene Ehre der Katharina Blum« (1974); »Fürsorgliche Belagerung« (1979); »Frauen vor Flußlandschaft« (1985).

Elisabeth Borchers wurde am 27. 2. 1926 in Homberg/Niederrhein geboren und verbrachte ihre Jugend im Elsaß. Sie veröffentlichte Gedichte, Prosa, Kinderbücher, Hörspiele und Übersetzungen. Sie lebt in Frankfurt/M.

Werkauswahl: »Gedichte« (1961); »Nacht aus Eis« (1965); »Der Tisch an dem wir sitzen« (1967); »Eine glückliche Familie und andere Prosa« (1970); »Wer lebt« (1986); »Von der Grammatik des heutigen Tages« (1992).

Wolfgang Borchert, am 20. 5. 1921 in Hamburg geboren, war kurze Zeit Buchhändler und Schauspieler, ehe er 1941 eingezogen wurde. Er wurde wegen Wehrkraftzersetzung angeklagt und zur Bewährung an die Ostfront geschickt. Nach erneuter Verhaftung kam er 1945 krank nach Hause. In Kurzgeschichten und in dem Drama »Draußen vor der Tür« formulierte

er die Erfahrungen einer »verlorenen Generation«. Er starb am 20. 11. 1947 in einem Hospital in Basel, einen Tag vor der Uraufführung seines als Hörspiel gesendeten Dramas. Werkauswahl: »Die Hundeblume« (1947); »An diesem Dienstag« (1947); »Draußen vor der Tür« (1947); »Die traurigen Geranien und andere Geschichten aus dem Nachlaß« (1962).

Bertolt Brecht (eigentlich Eugen Berthold Friedrich Brecht) wurde am 10. 2. 1898 in Augsburg als Sohn eines Kaufmanns geboren. Er studierte in München Medizin und Literatur, verfaßte schon früh Theaterkritiken und brachte 1922 sein erstes Drama »Trommeln in der Nacht« heraus, für das er den Kleist-Preis erhielt. Von 1924 bis 1933 lebte Brecht in Berlin. Mit seinen Theaterstücken, vor allem mit der »Dreigroschenoper«, errang er große Erfolge; für die Theatergeschichte waren seine Überlegungen zu den Möglichkeiten eines modernen Theaters noch wichtiger; ihn selbst prägte zunehmend die marxistische Weltanschauung.

Mit seiner Familie emigrierte er 1933 über Prag, die Schweiz, Dänemark, Finnland, Moskau in die USA. Er kehrte 1948 nach Berlin(Ost) zurück und starb dort am 14. 8. 1956. Werkauswahl: »Baal« (1920); »Im Dickicht der Städte« (1927); »Hauspostille« (1927); »Dreigroschenoper« (1929); »Aufstieg und Fall der Stadt Mahagonny« (1929); »Svendborger Gedichte« (1939); »Furcht und Elend des Dritten Reiches« (1941); »Mutter Courage und ihre Kinder« (1949); »Kleines Organon für das Theater« (1949); »Der gute Mensch von Sezuan« (1953); »Leben des Galilei« (1955); »Arbeitsjournale« (1973).

Borchers

Borchert

Brecht

Hans Magnus Enzensberger nimmt vor allem als Lyriker und Essayist kritisch zu Gesellschaft und Zeitgeschehen Stellung. Enzensbergers lyrische Texte und seine Beiträge zur Theorie moderner Lyrik hatten besondere Wirkung auf die zeitgenössischen Dichter. Als Forum der kritischen Auseinandersetzung erwies sich die Zeitschrift »Kursbuch«, die 1965 von Enzensberger gegründet und von ihm bis 1975 geleitet wurde.

Enzensberger wurde am 11. 11. 1929 in Kaufbeuren geboren, studierte Literaturwissenschaft, Sprachen und Philosophie in Erlangen, Freiburg, Hamburg und Paris; er promovierte 1955 mit einer Arbeit über die Lyrik des Romantikers Brentano.

Nach ausgedehnten Reisen und Auslandsaufenthalten in Norwegen, Italien, USA und Kuba ließ er sich 1980 in München nieder.

Werkauswahl: »verteidigung der wölfe« (1957); »landessprache« (1960); »Politik und Verbrechen« (1964); »Palaver« (1974); »Der Weg ins Freie« (1974); »Der Untergang der Titanic« (1978); »Politische Brosamen« (1982); »Ach, Europa« (1987); »Mittelmaß und Wahn« (1988); »Zukunftsmusik« (1991).

Max Frisch s. S. 99.

Eugen Gomringer wurde am 20. 1. 1925 in Bolivien geboren und ist bei seinen Großeltern in der Schweiz aufgewachsen; er studierte von 1946 bis 1950 Nationalökonomie und Kunstgeschichte in Bern und Rom. Von 1959 bis 1985 arbeitete er als Werbeleiter und Kulturbeauftragter der Industrie, seit 1976 als Dozent für Ästhetik an der Kunstakademie Düsseldorf. Gomringer gilt als der Begründer der Konkreten Poesie. Mit seinen »konstellationen« stellte er 1953 eine für den deutschen Sprachraum ganz neue Art von Lyrik vor. Er konstruierte »Gedichte«: Ausgangspunkt der Texte ist der graphisch-visuelle Gesichtspunkt. Die Gedichte sollen aus sich selbst sprechen.

Werkauswahl: »konstellationen« (1953/1960); »das stundenbuch« (1965); »Poesie als Mittel der Umweltgestaltung« (1969); »worte sind schatten. die konstellationen 1951–1968« (1969); »konstellationen, ideogramme, das stundenbuch« (1977); »Zur Sache der Konkreten« (1980).

Günter Grass hat mit seinem Roman »Die Blechtrommel«, der 1959 erschien, eine langdauernde literarische Diskussion ausgelöst. In diesem Roman, der den wichtigsten Teil der »Danziger Trilogie« ausmacht, schildert er die Zeit von 1900 bis etwa 1950 aus der Sicht Oskar Matzeraths, der als Dreijähriger das Wachstum durch einen bewußt herbeigeführten Sturz abbricht und nun aus der Perspektive von unten das Geschehen um sich kritisiert.

Grass, der am 16. 10. 1927 in Danzig geboren wurde und nach der Entlassung aus amerika-

Enzensberger

Frisch

Gomringer

nischer Kriegsgefangenschaft ins Rheinland kam, verarbeitet in seiner Trilogie eigene Erlebnisse. Grass engagierte sich in Wahlkämpfen für die SPD, setzte sich 1970 für die Unterzeichnung der Polenverträge ein, erhielt wichtige Literaturpreise (1959 Preis der »Gruppe 47«; 1965 Büchner-Preis und 1968 die Medaille der Internationalen Liga für Menschenrechte). Grass lebt als freier Schriftsteller in Berlin. Werkauswahl: »Die Blechtrommel« (1959); »Katz und Maus« (1961); »Hundejahre« (1963); »Aus dem Tagebuch einer Schnecke« (1972); »Der Butt« (1977); »Das Treffen in Telgte« (1979); »Kopfgeburten oder Die Deutschen sterben aus« (1980); »Vier Jahrzehnte« (1991); »Unkenrufe« (1992).

Hugo von Hofmannsthal wurde am 1. 2. 1874 als Sohn eines Bankdirektors in Rodaun bei Wien geboren. Seine ersten Gedichte veröffentlichte er als 16jähriger Gymnasiast. Mit ihnen wurde er zum bedeutendsten Vertreter der Schriftstellergruppe »Junges Wien«. Nach einem Jurastudium promovierte er 1898 im Fach Romanische Philologie und begann eine Habilitationsschrift, die aber nicht angenommen wurde. Er betätigte sich als Dichter, Publizist und Vortragsredner. Eine Künstlerfreundschaft verband ihn mit dem Komponisten Richard Strauss, für den er mehrere Libretti schrieb. Er starb am 15. 7. 1929 in Rodaun. Werkauswahl: »Das Märchen von der 672. Nacht« (1895); »Der Tor und der Tod« (1900); »Ausgewählte Gedichte« (1903); »Elektra« (1904); »Jedermann« (1911); »Die Frau ohne Schatten« (1919); »Reitergeschichte« (1920); »Der Unbestechliche« (1923).

Ernst Jandl – am 1. 8. 1925 in Wien geboren – wurde nach dem Abitur 1943 zum Kriegsdienst eingezogen, studierte nach der Entlassung aus amerikanischer Kriegsgefangenschaft Germanistik und Anglistik und trat 1949 in den höheren Schuldienst ein.
Jandl entwickelte das Lautgedicht, das in der Epoche des Expressionismus entstanden war, weiter und fand so eine eigene Art der experimentellen Literatur, die als Teilbereich der Konkreten Dichtung angesehen werden kann. Werkauswahl: »Laut uns Luise« (1966); »der künstliche baum« (1970); »Aus dem Fremde« (1980); »Das Öffnen und Schließen des Mundes. Frankfurter Poetik-Vorlesungen« (1984); »idyllen« (1989).

Franz Kafka ist eine der bestimmenden Gestalten des literarischen Lebens im 20. Jahrhundert. Geboren am 3. 7. 1883 in Prag, blieb Kafka dieser Stadt sein Leben lang verbunden. Sein Vater, jüdischer Kaufmann tschechischer Herkunft, übte bestimmenden Druck auf den Sohn aus. Jura-Studium und Beruf (Angestellter der Arbeiter-Unfall-Versicherungsanstalt) engten ihn weiter ein. Beziehungskrisen mit Verlobung und unmittelbar folgender Entlo-

Grass

Hofmannsthal

Jandl

bung belasteten ihn. Bereits 1917 zeigten sich Symptome einer Kehlkopftuberkulose, die ihn 1922 zur Aufgabe des Berufs veranlaßte, ihn zu Kuraufenthalten zwang und am 3. 6. 1924 zum Tod führte. Kafka, der zu Lebzeiten nur wenig veröffentlichte, verfügte im Testament, daß der Nachlaß vernichtet werde. An diese Verfügung hielt sich der Freund, Max Brod, nicht, sondern sorgte für die Publikation des gesamten Werkes.

Werkauswahl: »Die Verwandlung« (1915); »Das Urteil« (1916); »Ein Landarzt« (1919); »In der Strafkolonie« (1919); »Brief an den Vater« (1919); »Ein Hungerkünstler« (1924); »Der Prozeß« (1925); »Das Schloß« (1926); »Amerika« (urspr. Titel »Der Verschollene«; 1927).

Marie Luise Kaschnitz, eigentlich Freifrau von Kaschnitz-Weinberg, wurde am 31. 1. 1901 in Karlsruhe geboren und starb am 10. 10. 1974 in Rom. Die Tochter des Offiziers von Holzing-Berstett erhielt eine sehr gute Schulausbildung und war Buchhändlerin, ehe sie den Archäologen Guido von Kaschnitz-Weinberg heiratete. Ihn begleitete sie auf seinen Studienreisen. Sie selbst hatte zeitweise eine Dozentur für Politik in Frankfurt inne. Sie hinterließ ein umfangreiches Werk, von dem vor allem die Gedichte und Erzählungen größere Beachtung fanden.

Werkauswahl: »Ewige Zeit« (1952); »Engelsbrücke« (1955); »Lange Schatten« (1960); »Wohin denn ich« (1963); »Ferngespräche« (1966); »Steht noch dahin« (1970); »Orte« (1973); »Der alte Garten« (1975).

Sarah Kirsch, geborene Ingrid Bernstein, wurde am 16. 4. 1935 in Limlingerode (Harz) geboren. Nach dem Abitur arbeitete sie in einer Zuckerfabrik, studierte zunächst Forstwirtschaft, dann Biologie. Von 1963 bis 1965 absolvierte sie ein Studium am Literaturinstitut in Leipzig. Nach der Ausbürgerung von Wolf Biermann durch die ehemalige DDR siedelte sie in die Bundesrepublik Deutschland über. Sarah Kirsch ist vor allem als Lyrikerin bekannt.

Werkauswahl: »Landaufenthalt« (1967); »Die Pantherfrau« (1973); »Zaubersprüche« (1973); »Rückenwind« (1977); »Wintergedichte« (1978); »Drachensteigen« (1979); »Katzenleben« (1984); »Schneewärme« (1989); »Schwingrasen« (1991).

Karl Krolow – am 11. 3. 1915 in Hannover geboren – studierte Germanistik, Romanistik, Philosophie und Kunstgeschichte in Göttingen und Breslau. Seit 1943 veröffentlichte er hauptsächlich Lyrik. Auch seine Kritiken und Essays beziehen sich meist auf die Entwicklung der Lyrik. Krolow wurde 1953 Mitglied der Deutschen Akademie für Sprache und Dichtung, 1966 deren Vizepräsident und 1972 Präsident. Unter den zahlreichen Ehrungen gilt die Verleihung des Büchner-Preises 1956 als die bedeutendste.

Kafka   Kaschnitz

Kirsch

Werkauswahl: »Hochgelobtes, gutes Leben« (1943); »Fremde Körper« (1959); »Schattengefecht« (1964); »Alltägliche Gedichte« (1968); »Ein Gedicht entsteht« (1973); »Der Einfachheit halber« (1977); »Schönen Dank und vorüber« (1984); »Als es soweit war« (1989).

Günter Kunert wurde am 6.3.1929 in Berlin geboren; er verlebte, wie er von sich sagt, »eine staatlich verpfuschte Kindheit« in Berlin, studierte nach dem Zweiten Weltkrieg einige Semester an der Hochschule für angewandte Kunst in Berlin-Weißensee, lernte Bertolt Brecht kennen, der ihn förderte, und arbeitete publizistisch in der DDR. Er protestierte 1976 gegen die Ausbürgerung Biermanns aus der DDR. Aus diesem Grund wurde er aus der SED ausgeschlossen, durfte aber mit seiner Frau aus der DDR ausreisen. In seinen Arbeiten – sowohl in seiner Lyrik wie in seiner Prosa – tritt er als Kritiker auf, oft sogar als Skeptiker in bezug auf jeden Glauben an Fortschritt und Aufklärung.
Werkauswahl: »Wegschilder und Mauerinschriften« (1950); »Erinnerung an einen Planeten« (1963); »Betonformen. Ortsangaben« (1969); »Tagträume in Berlin und andernorts« (1972); »Warum Schreiben. Notizen zur Literatur« (1976); »Unterwegs nach Utopia« (1977); »Ziellose Umtriebe. Nachrichten vom Reisen und Daheimsein« (1979); »Leben und Schreiben« (1983); »Zurück ins Paradies« (1984); »Fremd daheim« (1990).

Reiner Kunze wurde als Sohn eines Bergarbeiters am 16.8.1933 in Oelsnitz (Erzgebirge) geboren. Er studierte von 1951 bis 1955 Journalistik, Philosophie, Literatur-, Musik- und Kunstgeschichte in Leipzig. Zweifel an der sozialistischen Lehre kamen während seiner Assistenztätigkeit an der Universität auf. Als er gegen den Einmarsch der Truppen des Warschauer Paktes in die ČSSR protestierte, wurde er zum Staatsfeind erklärt. Kunze verließ die ehemalige DDR im April 1977. Er wurde – vor allem für sein lyrisches Werk – mit dem Georg-Trakl-Preis und mit dem Georg-Büchner-Preis ausgezeichnet.
Werkauswahl: »widmungen« (1963); »poesiealbum 11« (1968); »sensible wege« (1969); »zimmerlautstärke« (1972); »Die wunderbaren Jahre« (1976); »auf eigene hoffnung« (1981); »Das weiße Gedicht« (1981); »Gespräch mit der Amsel« (1984).

Christoph Meckel ist Schriftsteller und Graphiker. Er wurde am 12.6.1935 als Sohn des Schriftstellers Eberhard Meckel in Berlin geboren, verlebte seine Kindheit in Erfurt und Freiburg im Breisgau und lebt heute in Berlin und in der Provence. Seine Lyrik und Kurzprosa wurden Anfang der 80er Jahre als neue Stilrichtung anerkannt.
Werkauswahl: »Tarnkappe« (1956); »Im Land der Umbramauten« (1961); »Gedichtbilder-

Krolow

Kunert

Kunze

buch« (1964); »Tullipan« (1965); »Bei Lebzeiten zu singen« (1967); »Wen es angeht« (1974); »Suchbild. Prosa über meinen Vater« (1980);

»Jahreszeiten. Zeichnungen mit Texten« (1984); »Von den Luftgeschäften der Poesie« (1989).

Robert (Edler von) Musil wurde am 6. 11. 1880 als Sohn eines Ingenieurs und späteren Professors in Klagenfurt geboren. Er erhielt seine Schulausbildung auf den Kadettenanstalten in Eisenstadt und Mährisch-Weißkirchen, absolvierte dann ein Maschinenbaustudium in Brünn und übernahm eine Assistenztätigkeit an der Technischen Hochschule in Stuttgart. 1903 nahm er ein Studium der Philosophie und Psychologie in Berlin auf, promovierte zum Dr. phil. und wandte sich dann ganz der Literatur zu. Er schrieb Novellen, ein Drama, Kritiken und arbeitete an einem großen Roman »Der

Mann ohne Eigenschaften«, dessen erste Teile 1930 und 1933 erschienen. Nach dem Anschluß Österreichs verließ er seine Heimat und ging über Italien in die Schweiz, wo er am 15. 4. 1942 isoliert und verarmt an einem Gehirnschlag starb.
Werkauswahl: »Die Verwirrungen des Zöglings Törleß« (1906); »Die Schwärmer« (1921); »Die Portugiesin« (1923); »Vinzenz und die Freundin bedeutender Männer« (1924); »Drei Frauen« (1924); »Der Mann ohne Eigenschaften« (1. Buch 1930, 2. Buch 1933, 3. Buch, Fragment, 1943).

Rainer Maria Rilke wurde am 4. 12. 1875 in Prag geboren. Er besuchte zunächst die Militärschule, holte dann das Abitur nach und studierte in Prag Philosophie, Kunst- und Literaturgeschichte. Seit 1894 schrieb er Gedichte; ein erster Gedichtband erschien 1902. Nach zwei ausgedehnten Rußlandreisen ließ sich Rilke 1900 in der Künstlerkolonie Worpswede bei Bremen nieder. Weitere Reisen führten ihn nach Italien, Schweden und Frankreich. Eine Zeitlang war er Privatsekretär des Bildhauers

Auguste Rodin. Nach einem unsteten Reiseleben ließ er sich 1921 auf Schloß Muzot im Wallis nieder. Er starb am 29. 12. 1926 in Val Mont bei Montreux.
Werkauswahl: »Das Buch der Bilder« (1902); »Die Turnstunde« (1902); »Das Stunden-Buch« (1905); »Die Weise von Liebe und Tod des Cornets Christoph Rilke« (1906); »Die Aufzeichnungen des Malte Laurids Brigge« (1910); »Duineser Elegien« (1923); »Sonette an Orpheus« (1923).

Peter Rühmkorf, der auch unter verschiedenen Pseudonymen veröffentlicht, wurde am 25. 10. 1929 in Dortmund geboren, wuchs in Niedersachsen auf, studierte Pädagogik und

Kunstgeschichte, später Germanistik und Psychologie in Hamburg. Als Student gründete Rühmkorf ein Kabarett und ein Studententheater. Außerdem betätigte er sich als Her-

Meckel

Musil

Rilke

ausgeber literarischer Zeitschriften. Von 1957 bis 1964 arbeitete er als Lektor im Rowohlt-Verlag.
Werkauswahl: »Heiße Lyrik« (1956); »Kunststücke. Fünfzig Gedichte nebst einer Anlei-

tung zum Widerspruch« (1962); »Walther von der Vogelweide, Klopstock und ich« (1975); »Haltbar bis Ende 1999« (1979); »Bleib erschütterbar und widersteh« (1984); »Einmalig wie wir alle« (1989).

Arthur Schnitzler wurde am 15. 5. 1862 in Wien geboren und starb am 21. 10. 1931 in seiner Geburtsstadt. Schnitzler war der Sohn eines angesehenen Arztes, studierte selbst Medizin, war Assistenzarzt an mehreren Krankenhäusern, eröffnete dann eine Privatpraxis, übte seinen Beruf aber immer weniger aus. Als Dramatiker und Erzähler stellte er psychologisch genau und mit kritischer Ironie die Wiener Gesellschaft am Ende des Jahrhunderts dar. Heu-

te gilt Schnitzler, der mit Sigmund Freud bekannt war, als einer der bedeutendsten Schriftsteller der Jahrhundertwende.
Werkauswahl: »Anatol« (1893); »Liebelei« (1895); »Der Reigen« (1900); »Lieutenant Gustl« (1900); »Der Weg ins Freie« (1908); »Das weite Land« (1911); »Professor Bernhardi« (1912); »Fräulein Else« (1924); »Traumnovelle« (1926); »Spiel im Morgengrauen« (1926/7); »Therese« (1928).

Wolfdietrich Schnurre wurde am 22. 8. 1920 in Frankfurt/M. geboren. Er wuchs in Berlin auf, wo er auf Veranlassung seines Vaters zuerst eine sozialistische Volksschule und dann ein humanistisches Gymnasium besuchte. Von 1939 bis 1945 war Schnurre Soldat, zuletzt in einer Strafkompanie. Schnurre gehörte nach dem Zweiten Weltkrieg zu den Begründern der »Gruppe 47«. Beachtung fanden vor allem sei-

ne Kurzgeschichten und seine Hörspiele. Er starb in Kiel am 9. 6. 1989.
Werkauswahl: »Die Rohrdommel ruft jeden Tag« (1950); »Kassiber« (1956); »Eine Rechnung, die nicht aufgeht« (1958); »Das Los unserer Stadt« (1959); »Ohne Einsatz kein Spiel« (1964); »Spreezimmer möbliert« (1967); »Der Schattenfotograf« (1978); »Ein Unglücksfall« (1981).

Kurt Schwitters, am 20. 6. 1887 in Hannover geboren, war Schriftsteller und bildender Künstler. Er hatte Kunst und Architektur in Hannover, Berlin und Dresden studiert und lebte in den 20er und 30er Jahren abwechselnd in Hannover und Norwegen. Er emigrier-

te 1937 aus Deutschland, da seine Kunst als »entartet« galt. Beim Einmarsch der Deutschen in Norwegen floh er nach England, wo er am 8. 1. 1948 starb.
Werkauswahl: »Anna Blume« (1919); »Memoiren Anna Blumes in Bleie« (1922).

Rühmkorf   Schnitzler   Schnurre

Gerold Späth stammt aus einer schweizerischen Orgelbauerfamilie und wurde am 16. 10. 1939 in Rapperswil geboren. Nach einer Ausbildung als Exportkaufmann und einem längeren Auslandsaufenthalt arbeitete er im Familienbetrieb. Seit der erfolgreichen Veröffentlichung mehrerer Romane lebt er als freier Schriftsteller in der Schweiz.

Werkauswahl: »Unschlecht« (1970); »Stimmgänge« (1972); »Commedia« (1980); »Sindbadland« (1984); »Früher am See« (1988); »Stilles Gelände am See« (1991).

Gabriele Wohmann, geboren am 21. 5. 1932 in Darmstadt, stammt aus einer protestantischen Pfarrersfamilie, studierte Germanistik, Romanistik, Musikwissenschaft und Philosophie. Sie war eine Zeitlang als Lehrerin tätig. Seit 1956 arbeitet sie als Schriftstellerin. Sie verfaßt Erzählungen, Romane, Hör- und Fernsehspiele. Häufig gestaltet sie in ihrem Werk eigene Erfahrungen zu Momentaufnahmen, in denen das Bild einer Zeit deutlich wird.

Werkauswahl: »Jetzt und nie« (1958); »Abschied für länger« (1965); »Ernste Absicht« (1970); »Ausflug mit der Mutter« (1976); »Ach wie gut, daß niemand weiß« (1980); »Verliebt, oder?« (1983); »Der Kirschbaum« (1984); »Kassensturz« (1989).

Schwitters

Späth

Wohmann

2. Parabolisches und Verrätseltes

Die Parabel als didaktische Dichtung (vgl. S. 69 ff.) bietet die Möglichkeit der indirekten Belehrung. Voraussetzung ist allerdings, daß derjenige, der weltanschauliche, religiöse oder politische Sätze verbreiten will, seiner Sache sicher ist. Das war jedenfalls die Ausgangssituation der Gleichnisreden Jesu, der Ringparabel Lessings (vgl. S. 231 ff.) und der Fabeldichtung der Aufklärung (vgl. S. 206 ff.).

Was kann ich wissen?

Franz Kafka
Der Kreisel (1920)

Ein Philosoph trieb sich immer dort herum, wo Kinder spielten. Und sah er einen Jungen, der einen Kreisel hatte, so lauerte er schon. Kaum war der Kreisel in Drehung, verfolgte ihn der Philosoph, um ihn zu fangen. Daß die Kinder lärmten und ihn von ihrem Spielzeug abzuhalten suchten, kümmerte ihn nicht, hatte er den Kreisel, solange er sich noch drehte, gefangen, war er glücklich, aber nur einen Augenblick, dann warf er ihn zu Boden 5 und ging fort. Er glaubte nämlich, die Erkenntnis jeder Kleinigkeit, also zum Beispiel auch eines sich drehenden Kreisels, genüge zur Erkenntnis des Allgemeinen. Darum beschäftigte er sich nicht mit den großen Problemen, das schien ihm unökonomisch. War die kleinste Kleinigkeit wirklich erkannt, dann war alles erkannt, deshalb beschäftigte er sich nur mit dem sich drehenden Kreisel. Und immer wenn die Vorbereitungen zum Drehen 10 des Kreisels gemacht wurden, hatte er Hoffnung, nun werde es gelingen, und drehte sich der Kreisel, wurde ihm im atemlosen Laufen nach ihm die Hoffnung zur Gewißheit, hielt er aber dann das dumme Holzstück in der Hand, wurde ihm übel und das Geschrei der Kinder, das er bisher nicht gehört hatte und das ihm jetzt plötzlich in die Ohren fuhr, jagte ihn fort, er taumelte wie ein Kreisel unter einer ungeschickten Peitsche. 15

In: Franz Kafka: Die Erzählungen. Frankfurt/M.: Fischer 1961, S. 325.

Franz Kafka
Auf der Galerie (1916/17)

Wenn irgendeine hinfällige, lungensüchtige Kunstreiterin in der Manege auf schwankendem Pferd vor einem unermüdlichen Publikum vom peitschenschwingenden erbarmungslosen Chef monatelang ohne Unterbrechung im Kreise rundum getrieben würde, auf dem Pferde schwirrend, Küsse werfend, in der Taille sich wiegend, und wenn dieses Spiel unter dem nichtaussetzenden Brausen des Orchesters und der Ventilatoren in die immerfort 5

weiter sich öffnende graue Zukunft sich fortsetzte, begleitet vom vergehenden und neu
anschwellenden Beifallsklatschen der Hände, die eigentlich Dampfhämmer sind – vielleicht eilte dann ein junger Galeriebesucher die lange Treppe durch alle Ränge hinab,
stürzte in die Manege, rief das: Halt! durch die Fanfaren des immer sich anpassenden
10 Orchesters.

Da es aber nicht so ist; eine schöne Dame, weiß und rot, hereinfliegt, zwischen den
Vorhängen, welche die stolzen Livrierten vor ihr öffnen; der Direktor, hingebungsvoll
ihre Augen suchend, in Tierhaltung ihr entgegenatmet; vorsorglich sie auf den Apfel-
schimmel hebt, als wäre sie seine über alles geliebte Enkelin, die sich auf gefährliche Fahrt
15 begibt; sich nicht entschließen kann, das Peitschenzeichen zu geben; schließlich in Selbst-
überwindung es knallend gibt; neben dem Pferde mit offenem Munde einherläuft; die
Sprünge der Reiterin scharfen Blickes verfolgt; ihre Kunstfertigkeit kaum begreifen kann;
mit englischen Ausrufen zu warnen versucht; die reifenhaltenden Reitknechte wütend zu
peinlichster Achtsamkeit ermahnt; vor dem großen Salto mortale das Orchester mit auf-
20 gehobenen Händen beschwört, es möge schweigen; schließlich die Kleine vom zitternden
Pferde hebt, auf beide Backen küßt und keine Huldigung des Publikums für genügend
erachtet; während sie selbst, von ihm gestützt, hoch auf den Fußspitzen, vom Staub
umweht, mit ausgebreiteten Armen, zurückgelehntem Köpfchen ihr Glück mit dem ganzen Zirkus teilen will – da dies so ist, legt der Galeriebesucher das Gesicht auf die
25 Brüstung und, im Schlußmarsch wie in einem schweren Traum versinkend, weint er, ohne
es zu wissen.

In: Franz Kafka: Die Erzählungen. Frankfurt/M.: Fischer 1961, S. 132.

*Die Frage »Was kann ich wissen?« wurde als eine grundlegende philosophische Frage
vorgestellt. Eine Antwort, die Bertrand Russell gegeben hat, ist auf S. 127 ff. abgedruckt.
Die gleiche Frage fordert die Dichter des 20. Jahrhunderts heraus. Untersuchen Sie, welche Antwort in den Texten gegeben wird. Ermitteln Sie in einer Feinanalyse der Struktur
der Texte, die Einzelschritte der dargestellten Vorgänge und ihre erzählerische und
sprachliche Realisation. Achten Sie dabei auf Schlüsselwörter. Vergleichen Sie dann den
philosophischen Text mit den poetischen Texten.*

Leben in der Gesellschaft

Robert Musil
Die Affeninsel

In der Villa Borghese in Rom steht ein hoher Baum ohne Zweige und Rinde. Er ist so kahl
wie ein Schädel, den die Sonne und das Wasser blank geschält haben, und gelb wie ein
Skelett. Er steht ohne Wurzeln aufrecht und ist tot, und wie ein Mast in den Zement einer
ovalen Insel gepflanzt, die so groß ist wie ein kleiner Flußdampfer und durch einen
5 glattbetonierten Graben vom Königreich Italien getrennt wird. Dieser Graben ist gerade
so breit und an der Außenwand so tief, daß ein Affe ihn weder durchklettern noch
überspringen kann. Von außen herein ginge es wohl; aber zurück geht es nicht.

Der Stamm in der Mitte bietet sehr gute Griffe dar und läßt sich, wie Touristen so etwas ausdrücken, flott und genußfroh durchklettern. Oben aber laufen waagerechte, lange, starke Äste von ihm aus; und wenn man Schuhe und Strümpfe auszöge und mit einwärts gestellter Ferse die Sohlen fest an die Rundung des Astes schmiegte und mit den voreinander greifenden Händen auch recht fest zugriffe, müßte man gut an das Ende eines dieser von der Sonne gewärmten langen Äste gelangen können, die sich über den grünen Straußfedern der Pinienwipfel hinstrecken.

Diese wundervolle Insel wird von drei Familien von verschiedener Mitgliederzahl bewohnt. Den Baum bevölkern etwa fünfzehn sehnige, bewegliche Burschen und Mädchen, die ungefähr die Größe eines vierjährigen Kindes haben; am Fuße des Baumes aber lebt in dem einzigen Gebäude der Insel, einem Palast von Form und Größe einer Hundehütte, ein Ehepaar weit mächtigerer Affen mit einem ganz kleinen Sohne. Das ist das Königspaar der Insel und der Kronprinz. Nie kommt es vor, daß sich die Alten in der Ebene weit von ihm entfernen; wächterhaft regungslos sitzen sie rechts und links von ihm und blicken geradeaus an ihren Schnauzen vorbei ins Weite. Nur einmal in der Stunde erhebt sich der König und besteigt den Baum zu einem inspizierenden Rundgang. Langsam schreitet er dann die Äste entlang, und es scheint nicht, daß er bemerken will, wie ehrfürchtig und mißtrauisch alles zurückweicht und sich – um Hast und Aufsehen zu vermeiden – seitlings vor ihm herschiebt, bis das Ende des Astes kein Entweichen mehr zuläßt und nur ein lebensgefährlicher Absprung auf den harten Zement übrigbleibt. So schreitet der König, einen nach dem anderen, die Äste ab, und die gespannteste Aufmerksamkeit kann nicht unterscheiden, ob sein Gesicht dabei die Erfüllung einer Herrscherpflicht oder einer Terrainkur ausdrückt, bis alle Äste entleert sind und er wieder zurückkehrt. Auf dem Dache des Hauses sitzt inzwischen der Kronprinz allein, denn auch die Mutter entfernt sich merkwürdigerweise jedesmal zur gleichen Zeit, und durch seine dünnen, weit abstehenden Ohren scheint korallenrot die Sonne. Selten kann man etwas so Dummes und Klägliches dennoch von einer unsichtbaren Würde umwallt sehen wie diesen jungen Affen. Einer nach dem anderen kommen die zur Erde gejagten Baumaffen vorbei und könnten ihm den dünnen Hals mit einem Griff abdrehen, denn sie sind sehr mißmutig, aber sie machen einen Bogen um ihn und erweisen ihm alle Ehrerbietung und Scheu, die seiner Familie zukommt.

Es braucht eine längere Zeit, ehe man bemerkt, daß außer diesen ein geordnetes Leben führenden Wesen noch andere von der Insel beherbergt werden. Verdrängt von der Oberfläche und der Luft, lebt in dem Graben ein zahlreiches Volk kleiner Affen. Wenn sich einer von ihnen oben auf der Insel nur zeigt, wird er schon von den Baumaffen unter schmerzlichen Züchtigungen wieder in den Graben gescheucht. Wenn das Mahl angerichtet wird, müssen sie scheu beiseite sitzen, und erst wenn alle satt sind und die meisten schon auf den Ästen ruhen, ist es ihnen erlaubt, sich zu den Küchenabfällen zu stehlen. Selbst das, was ihnen zugeworfen wird, dürfen sie nicht berühren. Denn es kommt vor, daß ein böser Bursche oder ein scherzhaftes Mädchen, obgleich sie blinzelnd Verdauungsbeschwernis heucheln, nur darauf warten und vorsichtig von ihrem Ast heruntergleiten, sobald sie merken, daß die Kleinen es sich ungebührlich wohlergehen lassen. Schon huschen da die wenigen, die sich auf die Insel gewagt haben, schreiend in den Graben zurück und mengen sich zwischen die anderen; und das Klagen hebt an: und jetzt drängt sich alles zusammen, so daß eine Fläche von Haar und Fleisch und irren, dunklen Augen sich an der abseitigen Wand emporhebt wie Wasser in einem geneigten Bottich. Der Verfolger geht aber nur den Rand entlang und schiebt die Woge von Entsetzen vor sich

55 her. Da erheben sich die kleinen schwarzen Gesichter und werfen die Arme in die Höhe und strecken die Handflächen abwehrend vor den bösen fremden Blick, der vom Rande herabsieht. Und allmählich heftet dieser Blick sich an einem fest; der rückt vor und zurück und fünf andere mit ihm, die noch nicht unterscheiden können, welcher das Ziel dieses langen Blickes ist; aber die weiche, vom Schreck gelähmte Menge läßt sie nicht vom
60 Platze. Dann nagelt der lange gleichgültige Blick den zufälligen einen an; und nun wird es ganz unmöglich, sich so zu beherrschen, daß man weder zuviel noch zuwenig Angst zeigt: und von Augenblick zu Augenblick wächst die Verfehlung an, während sich ruhig eine Seele in eine andere bohrt, bis der Haß da ist und der Sprung losschnellen kann und ein Geschöpf ohne Halt und Scham unter Peinigungen wimmert. Mit befreitem Geschrei
65 rasen da die anderen auseinander, den Graben entlang; sie flackern lichtlos durcheinander wie die besessenen Seelen im Fegefeuer und sammeln sich freudig schnatternd an der entferntesten Stelle.

Wenn alles vorbei ist, steigt der Verfolger mit federnden Griffen den großen Baum hinan bis zum höchsten Ast, schreitet bis an dessen äußerstes Ende hinaus, setzt sich ruhig
70 zurecht und verharrt ernst, aufrecht und ewig lange, ohne sich zu regen. Der Strahl seines Blickes ruht auf den Wipfeln des Pincio und der Villa Borghese, quer darüber hin; und wo er die Gärten verläßt, liegt hinter ihm die große gelbe Stadt, über der er, noch in die grüne, schimmernde Wolke der Baumgipfel gehüllt, achtlos in der Luft schwebt.

In: Robert Musil: Gesammelte Werke in neun Bänden. Hg. v. Adolf Frisé. Bd. 7: Kleine Prosa, Aphorismen, Autobiographisches. Hamburg: Rowohlt 1978, S. 477 f.

Bertolt Brecht
Herrn K.'s Lieblingstier (1953)

Als Herr K. gefragt wurde, welches Tier er vor allen schätze, nannte er den Elefanten und begründete dies so: Der Elefant vereint List mit Stärke. Das ist nicht die kümmerliche List, die ausreicht, einer Nachstellung zu entgehen oder ein Essen zu ergattern, indem man nicht auffällt, sondern die List, welcher die Stärke für große Unternehmungen zur
5 Verfügung steht. Wo dieses Tier war, führt eine breite Spur. Dennoch ist es gutmütig, es versteht Spaß. Es ist ein guter Freund, wie es ein guter Feind ist. Sehr groß und schwer, ist es doch auch sehr schnell. Sein Rüssel führt einem enormen Körper auch die kleinsten Speisen zu, auch Nüsse. Seine Ohren sind verstellbar: Er hört nur, was ihm paßt. Er wird auch sehr alt. Er ist auch gesellig, und dies nicht nur zu Elefanten. Überall ist er sowohl
10 beliebt als auch gefürchtet. Eine gewisse Komik macht es möglich, daß er sogar verehrt werden kann. Er hat eine dicke Haut, darin zerbrechen die Messer; aber sein Gemüt ist zart. Er kann traurig werden. Er kann zornig werden. Er tanzt gern. Er stirbt im Dickicht. Er liebt Kinder und andere kleine Tiere. Er ist grau und fällt nur durch seine Masse auf. Er ist nicht eßbar. Er kann gut arbeiten. Er trinkt gern und wird fröhlich. Er tut etwas für die
15 Kunst: er liefert Elfenbein.

In: Bertolt Brecht: Gesammelte Werke. Bd. 12: Prosa 2. Frankfurt/M.: Suhrkamp 1967, S. 387 f.

Bertolt Brecht

Maßnahmen gegen die Gewalt (1930)

Als Herr Keuner, der Denkende, sich in einem Saale vor vielen gegen die Gewalt aussprach, merkte er, wie die Leute vor ihm zurückwichen und weggingen. Er blickte sich um und sah hinter sich stehen – die Gewalt.
»Was sagtest du?« fragte ihn die Gewalt.
»Ich sprach mich für die Gewalt aus«, antwortete Herr Keuner.   5
Als Herr Keuner weggegangen war, fragten ihn seine Schüler nach seinem Rückgrat. Herr Keuner antwortete: »Ich habe kein Rückgrat zum Zerschlagen. Gerade ich muß länger leben als die Gewalt.«
Und Herr Keuner erzählte folgende Geschichte:
In die Wohnung des Herrn Egge, der gelernt hatte, nein zu sagen, kam eines Tages in der   10
Zeit der Illegalität ein Agent, der zeigte einen Schein vor, welcher ausgestellt war im Namen derer, die die Stadt beherrschten, und auf dem stand, daß ihm gehören solle jede Wohnung, in die er seinen Fuß setze; ebenso sollte ihm auch jedes Essen gehören, das er verlange; ebenso sollte ihm auch jeder Mann dienen, den er sähe.
Der Agent setzte sich in einen Stuhl, verlangte Essen, wusch sich, legte sich nieder und   15
fragte mit dem Gesicht zur Wand vor dem Einschlafen: »Wirst du mir dienen?«
Herr Egge deckte ihn mit einer Decke zu, vertrieb die Fliegen, bewachte seinen Schlaf, und wie an diesem Tage gehorchte er ihm sieben Jahre lang. Aber was immer er für ihn tat, eines zu tun hütete er sich wohl: das war, ein Wort zu sagen. Als nun die sieben Jahre herum waren und der Agent dick geworden war vom vielen Essen, Schlafen und Befehlen,   20
starb der Agent. Da wickelte ihn Herr Egge in die verdorbene Decke, schleifte ihn aus dem Haus, wusch das Lager, tünchte die Wände, atmete auf und antwortete: »Nein.«

In: Bertolt Brecht: Gesammelte Werke. Bd. 12: Prosa 2. Frankfurt/M.: Suhrkamp 1967, S. 375 f.

Max Frisch

Der andorranische Jude

In Andorra lebte ein junger Mann, den man für einen Juden hielt. Zu erzählen wäre die vermeintliche Geschichte seiner Herkunft, sein täglicher Umgang mit den Andorranern, die in ihm den Juden sehen: das fertige Bildnis, das ihn überall erwartet. Beispielsweise ihr Mißtrauen gegenüber seinem Gemüt, das ein Jude, wie auch die Andorraner wissen, nicht haben kann. Er wird auf die Schärfe seines Intellektes verwiesen, der sich eben dadurch   5
schärft, notgedrungen. Oder sein Verhältnis zum Geld, das in Andorra auch eine große Rolle spielt: er wußte, er spürte, was alle wortlos dachten; er prüfte sich, ob es wirklich so war, daß er stets an das Geld denke, er prüfte sich, bis er entdeckte, daß es stimmte, es war so, in der Tat, er dachte stets an das Geld. Er gestand es; er stand dazu, und die Andorraner blickten sich an, wortlos, fast ohne ein Zucken der Mundwinkel. Auch in Dingen   10

des Vaterlandes wußte er genau, was sie dachten; sooft er das Wort in den Mund genommen, ließen sie es liegen wie eine Münze, die in den Schmutz gefallen ist. Denn der Jude, auch das wußten die Andorraner, hat Vaterländer, die er wählt, die er kauft, aber nicht ein Vaterland wie wir, nicht ein zugeborenes, und wie wohl er es meinte, wenn es um

15 andorranische Belange ging, er redete in ein Schweigen hinein, wie in Watte. Später begriff er, daß es ihm offenbar an Takt fehlte, ja, man sagte es ihm einmal rundheraus, als er, verzagt über ihr Verhalten, geradezu leidenschaftlich wurde. Das Vaterland gehörte den andern, ein für allemal, und daß er es lieben könnte, wurde von ihm nicht erwartet, im Gegenteil, seine beharrlichen Versuche und Werbungen öffneten nur eine Kluft des

20 Verdachtes; er buhle um eine Gunst, um einen Vorteil, um eine Anbiederung, die man als Mittel zum Zweck empfand auch dann, wenn man selber keinen möglichen Zweck erkannte. So wiederum ging es, bis er eines Tages entdeckte, mit seinem rastlosen und alles zergliedernden Scharfsinn entdeckte, daß er das Vaterland wirklich nicht liebte, schon das bloße Wort nicht, das jedesmal, wenn er es brauchte, ins Peinliche führte. Offenbar hatten

25 sie recht. Offenbar konnte er überhaupt nicht lieben, nicht im andorranischen Sinn; er hatte die Hitze der Leidenschaft, gewiß, dazu die Kälte seines Verstandes, und diesen empfand man als eine immer bereite Geheimwaffe seiner Rachsucht; es fehlte ihm das Gemüt, das Verbindende; es fehlte ihm, und das war unverkennbar, die Wärme des Vertrauens. Der Umgang mit ihm war anregend, ja, aber nicht angenehm, nicht gemüt-

30 lich. Es gelang ihm nicht, zu sein wie alle andern, und nachdem er es umsonst versucht hatte, nicht aufzufallen, trug er sein Anderssein sogar mit einer Art von Trotz, von Stolz und lauernder Feindschaft dahinter, die er, da sie ihm selber nicht gemütlich war, hinwiederum mit einer geschäftigen Höflichkeit überzuckerte; noch wenn er sich verbeugte, war es eine Art von Vorwurf, als wäre die Umwelt daran schuld, daß er ein Jude ist –

35 Die meisten Andorraner taten ihm nichts.
Also auch nichts Gutes.
Auf der andern Seite gab es auch Andorraner eines freieren und fortschrittlichen Geistes, wie sie es nannten, eines Geistes, der sich der Menschlichkeit verpflichtet fühlte: sie achteten den Juden, wie sie betonten, gerade um seiner jüdischen Eigenschaften willen,

40 Schärfe des Verstandes und so weiter. Sie standen zu ihm bis zu seinem Tode, der grausam gewesen ist, so grausam und ekelhaft, daß sich auch jene Andorraner entsetzten, die es nicht berührt hatte, daß schon das ganze Leben grausam war. Das heißt, sie beklagten ihn eigentlich nicht, oder ganz offen gesprochen: sie vermißten ihn nicht – sie empörten sich nur über jene, die ihn getötet hatten, und über die Art, wie das geschehen war, vor allem

45 die Art.
Man redete lange davon.
Bis es sich eines Tages zeigt, was er selber nicht hat wissen können, der Verstorbene: daß er ein Findelkind gewesen, dessen Eltern man später entdeckt hat, ein Andorraner wie unsereiner –

50 Man redete nicht mehr davon.
Die Andorraner aber, sooft sie in den Spiegel blickten, sahen mit Entsetzen, daß sie selber die Züge des Judas tragen, jeder von ihnen.

In: Max Frisch: Gesammelte Werke in zeitlicher Reihenfolge. Bd. II. 2 (1944–1949): Tagebuch 1946–1949. Frankfurt/M.: Suhrkamp 1976, S. 376 f.

1. *Legen Sie dar, wie das Thema »Leben in der Gesellschaft« in den Texten konkretisiert wird. Welche Gesellschaften werden dargestellt? Inwieweit treten Spannungen in Gruppen oder zwischen Individuen und Gruppen auf? Welche Textsorten werden gewählt?*
2. *Interpretieren Sie die einzelnen Texte.*

Robert Musil: Die Affeninsel
Gliedern Sie die Erzählung, und beschreiben Sie ihren Aufbau. Charakterisieren Sie die Tiergesellschaft, ihre Lebensordnung und die auftretenden Spannungen. Deuten Sie die Geschichte, indem Sie die Aussagen als indirekte Kritik an Gesellschaftsstrukturen erklären.

Bertolt Brecht: Herrn K.'s Lieblingstier
Welche Eigenschaften, Fähigkeiten und Verhaltensweisen lobt Herr K. am Elefanten, der in mehreren Kalendergeschichten des Autors eine Rolle spielt? Übertragen Sie die Aussagen, und prüfen Sie, welches Menschenbild entsteht, wenn Herr K. diese Antwort auf die Frage gegeben hätte, welchen Menschen er »vor allem schätze«.

Bertolt Brecht: Maßnahmen gegen die Gewalt
Vergleichen Sie, was über Herrn Keuner erzählt wird, mit der Geschichte, die Herr Keuner erzählt. Welche Intention liegt zugrunde? Wie beurteilen Sie die Handlungsweisen von Herrn Keuner und Herrn Egge?

Max Frisch: Der andorranische Jude
Der Autor, der diese Skizze zu einem Theaterstück ausgeweitet hat, legte Wert auf die Feststellung, daß mit Andorra keinesfalls der Staat in den Pyrenäen gemeint sei. Erörtern Sie: Für welches Land steht Andorra? Woran merken die Andorraner, daß sie »die Züge des Judas« tragen? Welche Urteile (Vorurteile?) werden über den »jungen Mann« erzählt? Vergleichen Sie den Text mit den Ausführungen von Thomasius (S. 194).

Gott und Mensch

Franz Kafka

Eine kaiserliche Botschaft

Der Kaiser – so heißt es – hat Dir, dem Einzelnen, dem jämmerlichen Untertanen, dem winzig vor der kaiserlichen Sonne in die fernste Ferne geflüchteten Schatten, gerade Dir hat der Kaiser von seinem Sterbebett aus eine Botschaft gesendet. Den Boten hat er beim Bett niederknien lassen und ihm die Botschaft ins Ohr zugeflüstert; so sehr war ihm an ihr gelegen, daß er sich sie noch ins Ohr wiedersagen ließ. Durch Kopfnicken hat er die 5 Richtigkeit des Gesagten bestätigt. Und vor der ganzen Zuschauerschaft seines Todes – alle hindernden Wände werden niedergebrochen und auf den weit und hoch sich schwingenden Freitreppen stehen im Ring die Großen des Reichs – vor allen diesen hat er den Boten abgefertigt. Der Bote hat sich gleich auf den Weg gemacht; ein kräftiger, ein unermüdlicher Mann; einmal diesen, einmal den andern Arm vorstreckend schafft er sich 10 Bahn durch die Menge; findet er Widerstand, zeigt er auf die Brust, wo das Zeichen der Sonne ist; er kommt auch leicht vorwärts, wie kein anderer. Aber die Menge ist so groß;

ihre Wohnstätten nehmen kein Ende. Öffnete sich freies Feld, wie würde er fliegen und bald wohl hörtest Du das herrliche Schlagen seiner Fäuste an Deiner Tür. Aber statt
15 dessen, wie nutzlos müht er sich ab; immer noch zwängt er sich durch die Gemächer des inneren Palastes; niemals wird er sie überwinden; und gelänge ihm dies, nichts wäre gewonnen; die Treppen hinab müßte er sich kämpfen; und gelänge ihm dies, nichts wäre gewonnen; die Höfe wären zu durchmessen; und nach den Höfen der zweite umschließende Palast; und wieder Treppen und Höfe; und wieder ein Palast; und so weiter durch
20 Jahrtausende; und stürzte er endlich aus dem äußersten Tor – aber niemals, niemals kann es geschehen – liegt erst die Residenzstadt vor ihm, die Mitte der Welt, hochgeschüttet voll ihren Bodensatzes. Niemand dringt hier durch und gar mit der Botschaft eines Toten. – Du aber sitzt an Deinem Fenster und erträumst sie Dir, wenn der Abend kommt.

In: Franz Kafka: Die Erzählungen. Frankfurt/M.: Fischer 1961, S. 143.

Arthur Schnitzler
Ansätze zu Parabeln

Ein braver, frommer Mann hatte sich nach einem Leben voll Arbeit in einer schönen Gegend ein Haus gebaut und ließ über das Tor in goldenen Buchstaben die Worte setzen: Gesegnet sei dies Haus und jeder, der geht ein und aus. Bald nachdem er mit seiner jungen Frau und seinen unmündigen Kindern das Haus bezogen hatte, wurde er und seine Fa-
5 milie ermordet, beraubt und das Haus selbst niedergebrannt. Die Wirkung des frommen Spruches aber sollte sich bald aufs Herrlichste erweisen. Der Mörder wurde nämlich niemals entdeckt und durfte sich sein ganzes Leben lang an dem Genuß des geraubten Gutes ungestört und reuelos erfreuen.

In: Arthur Schnitzler: Gesammelte Werke. Aphorismen und Betrachtungen. Frankfurt/M.: Fischer 1967, S. 310.

Kurt Schwitters
Die Fabel vom guten Menschen

Es war einmal ein guter Mensch, der freute sich seines Lebens. Da kam eine Mücke geflogen und setzte sich auf seine Hand, um von seinem Blut zu trinken.
Der gute Mensch sah es und wußte, daß sie trinken wollte; da dachte er: »Die arme kleine Mücke soll sich einmal satt trinken«, und störte sie nicht. Da stach ihn die Mücke, trank
5 sich satt und flog voller Dankbarkeit davon. Sie war so froh, daß sie es allen Mücken erzählte, wie gut der Mensch gewesen wäre, und wie gut ihr sein gutes Blut geschmeckt hätte.
Da wurde der Himmel schwarz von Mücken, die alle den guten Menschen sehen und sein gutes Blut trinken wollten.
10 Und sie stachen und stachen ihn und tranken und tranken, und wurden nicht einmal satt, weil es ihrer zu viele waren.
Der gute Mensch aber starb.

In: 111 einseitige Geschichten. Hg. v. Franz Hohler. Darmstadt/Neuwied: Luchterhand 1981, S. 64
© DuMont, Köln 1974.

Wolfdietrich Schnurre
Die schwierige Position Gottes

»Und verschone uns mit Feuer, Mißernten und Heuschreckenschwärmen«, beteten die Farmer am Sonntagmorgen. Zu gleicher Zeit hielten die Heuschrecken einen Bittgottesdienst ab, in welchem es hieß: »Und schlage den Feind mit Blindheit, auf daß wir in Ruhe seine Felder abnagen können.«

In: 111 einseitige Geschichten. Hg. v. Franz Hohler. Darmstadt/Neuwied: Luchterhand 1981, S. 61
© Langen-Müller, München 1973.

Untersuchen Sie die Texte sprachlich und formal, und erarbeiten Sie folgende Punkte:
1. Wie wird Gott dargestellt? Welche Eigenschaften und Fähigkeiten werden im zugeschrieben?
2. Wie wird die Beziehung zwischen Gott und den Menschen beschrieben? Welche Abhängigkeiten bestehen? Welche Erwartungen und welche Enttäuschungen werden verzeichnet?

3. Erzählformen

Kurzgeschichte, in Anlehnung an den amerikanischen Begriff short story gebildet, ist eine Bezeichnung für eine moderne literarische Form des 20. Jahrhunderts. Die Kurzgeschichte entsprach bei ihrer Entstehung in Amerika und bei ihrer Übernahme in Deutschland sowohl den Bedürfnissen des Zeitungs- und Zeitschriftenwesens wie auch den Bedürfnissen der Leser, die nur wenig Zeit zum Lesen literarischer Texte aufbringen konnten. Sie war das Ausdrucksmittel einer Generation, die ihre Erfahrungen mit einer konfliktreichen Welt zu gestalten versuchte. Kriegserfahrungen sind folgerichtig Themen der bekanntesten deutschen Kurzgeschichtenschreiber nach 1945: Wolfgang Borchert, Heinrich Böll, Wolfdietrich Schnurre. Zu Anfang der neunziger Jahre ist festzustellen, daß die Zeit der Kurzgeschichte vorbei ist. Zwar werden noch Kurzgeschichten geschrieben und veröffentlicht; doch Aufsehen erregen eher wieder die umfangreichen epischen Formen wie der Roman und die Novelle. Die Zeitungen dagegen bevorzugen Formen, die noch knapper und noch mehr zugespitzt sind als die Kurzgeschichte. An die Stelle der Kurzgeschichte scheint eine Form getreten zu sein, die man als Kürzestgeschichte bezeichnen könnte.

Winfried Ulrich
Die Merkmale einer Kurzgeschichte (1973)

Für die Kurzgeschichte, »das Chamäleon der literarischen Gattung« (Hans Bender), »die freieste Form prosaischer Darstellung« (Benno von Wiese), gilt in besonderem Maße, was man zum Gattungsbegriff in der zeitgenössischen Literatur schlechthin sagen kann: Es

gibt keine normative Formbestimmung, keine allgemeingültige Definition, sondern nur
5 eine Anzahl von Merkmalen, die bestimmten Texten gemeinsam sind und sie so gegen
andere abheben; anders ausgedrückt: es gibt »keine Kurzgeschichte, sondern nur Kurzgeschichten« (Ruth J. Kilchenmann).
Sind die Merkmalkombinationen von Text zu Text verschieden (einzelne Merkmale können auch ganz fehlen), so läßt sich doch ein deskriptiv zu verstehendes Merkmalinventar
10 aus den Texten ableiten, die in der Nachfolge von Novelle und Kalendergeschichte, unter
dem Einfluß der amerikanischen ›short story‹ und unter dem Eindruck der Kriegs- und
Nachkriegsereignisse in Deutschland nach 1945 in großer Zahl entstanden, zuerst als
›Trümmerliteratur‹, dann als kritische Auseinandersetzung mit der ›Wohlstandsgesell-
schaft‹ und als Dokumentation menschlicher Wirklichkeitserfahrung.
15 1. *Kürze:* Eine Kurzgeschichte ist zwar nicht nur, aber eben doch auch eine ›kurze Geschichte‹, im Vergleich zur Erzählung mit ihren breiter angelegten und locker gefügten
Erzählpartien.
2. *Punktualisierung:* Wichtiger als die äußere Umfangsbegrenzung ist die Tendenz zur
»Komprimierung erzählter Zeit auf einen kleinen Ausschnitt, eine Momentaufnahme«
20 (Bodo Heimann), die Reduktion und Verdichtung des Geschehens und Erlebens auf einen
gedrängten Augenblick, eine exemplarische Situation, ein Bild, eine Formel, Haupt-,
Neben- und Gegenhandlung fehlen.
3. *Simultaneität:* Solche Schrumpfung würde das Ende des Erzählens überhaupt bedeuten, wenn nicht »der Reduktion auf den Augenblick die Dehnung dieses Augenblicks
25 entgegenwirkte« (Bodo Heimann): Wechsel der Erzählperspektive, Einblendungen, innerer Monolog ermöglichen eine Zusammenschau verschiedener Schauplätze und Zeiten,
verschiedener Wirklichkeits- und Bewußtseinsebenen, machen den Augenblick viel-
schichtig und schwebend.
4. *Offenheit:* Statt eines linearen Handlungsablaufs mit Einleitung und abrundendem
30 Schluß findet man in Kurzgeschichten meist ein nach vorn und hinten unabgeschlossenes
Augenblicksgeschehen: Unvermittelt, ohne Vorbereitung und Übergang blendet sich der
Erzähler in ein laufendes Geschehen ein, schaltet sich am Schluß ebenso unerwartet
wieder aus, ohne es eigentlich zu Ende zu führen. Der verblüffende Schluß hinterläßt eine
schwebende, nachklingende Dissonanz (Hans Bender), stiftet Unruhe, stellt dem Leser
35 Fragen, die ihn zum Mitdenken und Mitwirken auffordern. Nach Lösungen muß er selbst
suchen. Der offene Schluß, als Frage verstanden, ist oft der Schlüssel zum Verständnis des
Textes.
5. *Alltäglichkeit:* Stoffreservoir ist zumeist das moderne Alltagsleben, in dem kein ›Held‹,
sondern ein ›mittelmäßiger Mensch‹, vielleicht auch ein gesellschaftlicher Außenseiter
40 unserer Zeit mit dem grauen, banalen Einerlei seines Daseins oder auch mit bestimmten,
die Grundlagen seiner Existenz erschütternden Grenzsituationen konfrontiert wird. Ein
entschiedener Wille zur Wahrhaftigkeit bestimmt die Sprache: Sie ist unprätentiös,
schlicht (Dialekt, Jargon), kühl (understatement).
6. *Mehrdeutigkeit:* Freilich kommt es beim Erzählen auch sehr auf die Andeutungen an,
45 auf das, was nicht ausgesprochen wird, was zwischen den Zeilen steht. Im komprimierten
Augenblick werden scheinbare Belanglosigkeiten bedeutungsvoll; einzelne Gegenstände,
Worte, Gesten erhalten Hinweischarakter auf Hintergründiges, werden mehrdeutig.

In: Deutsche Kurzgeschichten. 11.–13. Schuljahr. Arbeitstexte für den Unterricht. Hg. v. Winfried
Ulrich. Stuttgart: Reclam 1988, S. 4 f.

1. *Was ist von einer Definition der Kurzgeschichte zu erwarten, was ist nicht zu erwarten?*
2. *Inwiefern ist das angebotene »Merkmalinventar« »deskriptiv«, nicht »normativ«, zu verstehen?*
3. *Wenden Sie die angebotenen Erklärungen auf die folgenden Texte an, und überprüfen Sie, inwiefern die Erklärungen zum Verständnis der Geschichten hilfreich sind.*

Kurzgeschichten und Kürzestgeschichten

Wolfgang Borchert
Die Katze war im Schnee erfroren (1946)

Männer gingen nachts auf der Straße. Sie summten. Hinter ihnen war ein roter Fleck in der Nacht. Es war ein häßlicher roter Fleck. Denn der Fleck war ein Dorf. Und das Dorf, das brannte. Die Männer hatten es angesteckt. Denn die Männer waren Soldaten. Denn es war Krieg. Und der Schnee schrie unter ihren benagelten Schuhen. Schrie häßlich, der Schnee. Die Leute standen um ihre Häuser herum. Und die brannten. Sie hatten Töpfe 5 und Kinder und Decken unter die Arme geklemmt. Katzen schrien im blutigen Schnee. Und der war vom Feuer so rot. Und er schwieg. Denn die Leute standen stumm um die knisternden seufzenden Häuser herum. Und darum konnte der Schnee nicht schrein. Einige hatten auch hölzerne Bilder bei sich. Kleine, in gold und silber und blau. Da war ein Mann drauf zu sehen mit einem ovalen Gesicht und einem braunen Bart. Die Leute 10 starrten dem sehr schönen Mann wild in die Augen. Aber die Häuser, die brannten und brannten und brannten doch.
Bei diesem Dorf lag noch ein anderes Dorf. Da standen sie in dieser Nacht an den Fenstern. Und manchmal wurde der Schnee, der mondhelle Schnee sogar etwas rosa von drüben. Und die Leute sahen sich an. Die Tiere bumsten gegen die Stallwand. Und die 15 Leute nickten im Dunkeln vielleicht vor sich hin.
Kahlköpfige Männer standen am Tisch. Vor zwei Stunden hatte der eine mit einem Rotstift eine Linie gezogen. Auf eine Karte. Auf dieser Karte war ein Punkt. Der war das Dorf. Und dann hatte einer telefoniert. Und dann hatten die Soldaten den Fleck in die Nacht reingemacht: das blutig brennende Dorf. Mit den frierenden schreienden Katzen 20 im rosanen Schnee. Und bei den kahlköpfigen Männern war wieder leise Musik. Ein Mädchen sang irgendwas. Und es donnerte manchmal dazu. Ganz weit ab.
Männer gingen abends auf der Straße. Sie summten. Und sie rochen die Birnbäume. Es war kein Krieg. Und die Männer waren keine Soldaten. Aber dann war am Himmel ein blutroter Fleck. Da summten die Männer nicht mehr. Und einer sagte: Kuck mal, die 25 Sonne. Und dann gingen sie wieder. Doch sie summten nicht mehr. Denn unter den blühenden Birnen schrie rosaner Schnee. Und sie wurden den rosanen Schnee nie wieder los.
In einem halben Dorf spielen Kinder mit verkohltem Holz. Und dann, dann war da ein weißes Stück Holz. Das war ein Knochen. Und die Kinder, die klopften mit dem Knochen 30 gegen die Stallwand. Es hörte sich an, als ob jemand auf eine Trommel schlug. Tock, machte der Knochen, tock und tock und tock. Es hörte sich an, als ob jemand auf eine

Trommel schlug. Und sie freuten sich. Er war so hübsch hell. Von einer Katze war er, der Knochen.

In: Wolfgang Borchert: Das Gesamtwerk. Hamburg: Rowohlt 1949, S. 207.

1. *Bestimmen Sie Ort und Zeit der verschiedenen Handlungen.*
2. *Wodurch erhalten die erzählten Handlungen ihren Zusammenhang?*
3. *Charakterisieren Sie die Sprache.*

Heinrich Böll
Die Botschaft (1947)

Kennen Sie jene Drecknester, wo man sich vergebens fragt, warum die Eisenbahn dort eine Station errichtet hat; wo die Unendlichkeit über ein paar schmutzigen Häusern und einer halbverfallenen Fabrik erstarrt scheint; ringsum Felder, die zur ewigen Unfruchtbarkeit verdammt sind; wo man mit einem Male spürt, daß sie trostlos sind, weil kein
5 Baum und nicht einmal ein Kirchturm zu sehen ist? Der Mann mit der roten Mütze, der den Zug endlich, endlich wieder abfahren läßt, verschwindet unter einem großen Schild mit hochtönendem Namen, und man glaubt, daß er nur bezahlt wird, um zwölf Stunden am Tag mit Langeweile zugedeckt zu schlafen. Ein grauverhangener Horizont über öden Äckern, die niemand bestellt.
10 Trotzdem war ich nicht der einzige, der ausstieg; eine alte Frau mit einem großen braunen Paket entstieg dem Abteil neben mir, aber als ich den kleinen schmuddeligen Bahnhof verlassen hatte, war sie wie von der Erde verschluckt, und ich war einen Augenblick ratlos, denn ich wußte nun nicht, wen ich nach dem Wege fragen sollte. Die wenigen Backsteinhäuser mit ihren toten Fenstern und gelblichgrünen Gardinen sahen aus, als
15 könnten sie unmöglich bewohnt sein, und quer zu dieser Andeutung einer Straße verlief eine schwarze Mauer, die zusammenzubrechen schien. Ich ging auf die finstere Mauer zu, denn ich fürchtete mich, an eins dieser Totenhäuser zu klopfen. Dann bog ich um die Ecke und las gleich neben dem schmierigen und kaum lesbaren Schild »Wirtschaft« deutlich und klar mit weißen Buchstaben auf blauem Grund »Hauptstraße«. Wieder ein paar
20 Häuser, die eine schiefe Front bildeten, zerbröckelnder Verputz, und gegenüber, lang und fensterlos, die düstere Fabrikmauer wie eine Barriere ins Reich der Trostlosigkeit. Einfach meinem Gefühl nach ging ich links herum, aber da war der Ort plötzlich zu Ende; etwa zehn Meter weit lief noch die Mauer, dann begann ein flaches, grauschwarzes Feld mit einem kaum sichtbaren grünen Schimmer, das irgendwo mit dem grauen himmelhohen
25 Horizont zusammenlief, und ich hatte das schreckliche Gefühl, am Ende der Welt wie vor einem unendlichen Abgrund zu stehen, als sei ich verdammt, hineingezogen zu werden in diese unheimlich lockende, schweigende Brandung der völligen Hoffnungslosigkeit.
Links stand ein kleines, wie plattgedrücktes Haus, wie es sich Arbeiter nach Feierabend bauen; wankend, fast taumelnd bewegte ich mich darauf zu. Nachdem ich eine ärmliche
30 und rührende Pforte durchschritten hatte, die von einem kahlen Heckenrosenstrauch überwachsen war, sah ich die Nummer, und ich wußte, daß ich am rechten Haus war.

Die grünlichen Läden, deren Anstrich längst verwaschen war, waren fest geschlossen, wie zugeklebt; das niedrige Dach, dessen Traufe ich mit der Hand erreichen konnte, war mit rostigen Blechplatten geflickt. Es war unsagbar still, jene Stunde, wo die Dämmerung noch eine Atempause macht, ehe sie grau und unaufhaltsam über den Rand der Ferne 35 quillt. Ich stockte einen Augenblick lang vor der Haustür, und ich wünschte mir, ich wäre gestorben, damals ... anstatt nun hier zu stehen, um in dieses Haus zu treten. Als ich dann die Hand heben wollte, um zu klopfen, hörte ich drinnen ein girrendes Frauenlachen; dieses rätselhafte Lachen, das ungreifbar ist und je nach unserer Stimmung uns erleichtert oder uns das Herz zuschnürt. Jedenfalls konnte so nur eine Frau lachen, die nicht allein 40 war, und wieder stockte ich, und das brennende, zerreißende Verlangen quoll in mir auf, mich hineinstürzen zu lassen in die graue Unendlichkeit des sinkenden Dämmers, die nun über dem weiten Feld hing und mich lockte, lockte ... und mit meiner allerletzten Kraft pochte ich heftig gegen die Tür.

Erst war Schweigen, dann Flüstern – und Schritte, leise Schritte von Pantoffeln, und dann 45 öffnete sich die Tür, und ich sah eine blonde rosige Frau, die auf mich wirkte wie eins jener unbeschreiblichen Lichter, die die düsteren Bilder Rembrandts erhellen bis in den letzten Winkel. Golden-rötlich brannte sie wie ein Licht vor mir auf in dieser Ewigkeit von Grau und Schwarz. Sie wich mit einem leisen Schrei zurück und hielt mit zitternden Händen die Tür, aber als ich meine Soldatenmütze abgenommen und mit heiserer Stimme 50 gesagt hatte: »'n Abend«, löste sich der Krampf des Schreckens aus diesem merkwürdig formlosen Gesicht, und sie lächelte beklommen und sagte »Ja«. Im Hintergrund tauchte eine muskulöse, im Dämmer des kleinen Flures verschwimmende Männergestalt auf. »Ich möchte zu Frau Brink«, sagte ich leise. »Ja«, sagte wieder diese tonlose Stimme, die Frau stieß nervös eine Tür auf. Die Männergestalt verschwand im Dunkeln. Ich betrat eine 55 enge Stube, die mit ärmlichen Möbeln vollgepfropft war und worin der Geruch von schlechtem Essen und sehr guten Zigaretten sich festgesetzt hatte. Ihre weiße Hand huschte zum Schalter, und als nun das Licht auf sie fiel, wirkte sie bleich und zerflossen, fast leichenhaft, nur das helle rötliche Haar war lebendig und warm. Mit immer noch zitternden Händen hielt sie das dunkelrote Kleid über den schweren Brüsten krampfhaft 60 zusammen, obwohl es fest zugeknöpft war – fast als fürchte sie, ich könne sie erdolchen. Der Blick ihrer wäßrigen blauen Augen war ängstlich und schreckhaft, als stehe sie, eines furchtbaren Urteils gewiß, vor Gericht. Selbst die billigen Drucke an den Wänden, diese süßlichen Bilder, waren wie ausgehängte Anklagen.

»Erschrecken Sie nicht«, sagte ich gepreßt, und ich wußte im gleichen Augenblick, daß 65 das der schlechteste Anfang war, den ich hatte wählen können, aber bevor ich fortfahren konnte, sagte sie seltsam ruhig: »Ich weiß alles, er ist tot ... tot.« Ich konnte nur nicken. Dann griff ich in meine Tasche, um ihr die letzten Habseligkeiten zu überreichen, aber im Flur rief eine brutale Stimme »Gitta!« Sie blickte mich verzweifelt an, dann riß sie die Tür auf und rief kreischend: »Warte fünf Minuten – verdammt –«, und krachend schlug die 70 Tür wieder zu, und ich glaubte mir vorstellen zu können, wie sich der Mann feige hinter dem Ofen verkroch. Ihre Augen sahen trotzig, fast triumphierend zu mir auf.

Ich legte langsam den Trauring, die Uhr und das Soldbuch mit den verschlissenen Fotos auf die grüne, samtene Tischdecke. Da schluchzte sie plötzlich wild und schrecklich wie ein Tier. Die Linien ihres Gesichtes waren völlig verwischt, schneckenhaft weich und 75 formlos, und helle, kleine Tränen purzelten zwischen ihren kurzen, fleischigen Fingern hervor. Sie rutschte auf das Sofa und stürzte sich mit der Rechten auf den Tisch, während ihre Linke mit den ärmlichen Dingen spielte. Die Erinnerung schien sie wie mit tausend

Schwertern zu durchschneiden. Da wußte ich, daß der Krieg niemals zu Ende sein würde,
80 niemals, solange noch irgendwo eine Wunde blutete, die er geschlagen hat.
Ich warf alles, Ekel, Furcht und Trostlosigkeit, von mir ab wie eine lächerliche Bürde und
legte meine Hand auf die zuckende üppige Schulter, und als sie nun das erstaunte Gesicht
zu mir wandte, sah ich zum ersten Male in ihren Zügen Ähnlichkeit mit jenem Foto eines
hübschen, liebevollen Mädchens, das ich wohl viele hundert Male hatte ansehen müssen,
85 damals ...
»Wo war es – setzen Sie sich doch –, im Osten?« Ich sah es ihr an, daß sie jeden Augenblick wieder in Tränen ausbrechen würde. »Nein ... im Westen, in der Gefangenschaft ...
wir waren mehr als hunderttausend ...«
»Und wann?« Ihr Blick war gespannt und wach und unheimlich lebendig, und ihr ganzes
90 Gesicht war gestrafft und jung – als hinge ihr Leben an meiner Antwort. »Im Juli fünf-
undvierzig«, sagte ich leise.
Sie schien einen Augenblick zu überlegen, und dann lächelte sie – ganz rein und unschul-
dig, und ich erriet, warum sie lächelte. Aber plötzlich war mir, als drohe das Haus über
mir zusammenzubrechen, ich stand auf. Sie öffnete mir, ohne ein Wort zu sagen, die Tür
95 und wollte sie mir aufhalten, aber ich wartete beharrlich, bis sie vor mir hinausgegangen
war; und als sie mir ihre kleine, etwas feiste Hand gab, sagte sie mit einem trockenen
Schluchzen: »Ich wußte es, ich wußte es, als ich ihn damals – es ist fast drei Jahre her –
zum Bahnhof brachte«, und dann setzte sie ganz leise hinzu: »Verachten Sie mich nicht.«
Ich erschrak vor diesen Worten bis ins Herz – mein Gott, sah ich denn wie ein Richter
100 aus? Und ehe sie es verhindern konnte, hatte ich diese kleine, weiche Hand geküßt, und es
war das erste Mal in meinem Leben, daß ich einer Frau die Hand küßte.
Draußen war es dunkel geworden, und wie in Angst gebannt wartete ich noch einen
Augenblick vor der verschlossenen Tür. Da hörte ich sie drinnen schluchzen, laut und
wild, sie war an die Haustür gelehnt, nur durch die Dicke des Holzes von mir getrennt,
105 und in diesem Augenblick wünschte ich wirklich, daß das Haus über ihr zusammenbrechen und sie begraben möchte.
Dann tastete ich mich langsam und unheimlich vorsichtig, denn ich fürchtete jeden
Augenblick in einem Abgrund zu versinken, bis zum Bahnhof zurück. Kleine Lichter
brannten in den Totenhäusern, und das ganze Nest schien weit, weit vergrößert. Selbst
110 hinter der schwarzen Mauer sah ich kleine Lampen, die unendlich große Höfe zu be-
leuchten schienen. Dicht und schwer war der Dämmer geworden, nebelhaft dunstig und
undurchdringlich.
In der zugigen, winzigen Wartehalle stand außer mir noch ein älteres Paar, fröstelnd in
eine Ecke gedrückt. Ich wartete lange, die Hände in den Taschen und die Mütze über die
115 Ohren gezogen, denn es zog kalt von den Schienen her, und immer, immer tiefer sank die
Nacht wie ein ungeheures Gewicht.
»Hätte man nur etwas mehr Brot und ein bißchen Tabak«, murmelte hinter mir der
Mann. Und immer wieder beugte ich mich vor, um in die sich ferne zwischen matten
Lichtern verengende Parallele der Schienen zu blicken.
120 Aber dann wurde die Tür jäh aufgerissen, und der Mann mit der roten Mütze, dienstfeif-
rigen Gesichts, schrie, als ob er es in die Wartehalle eines großen Bahnhofs rufen müsse:
»Personenzug nach Köln fünfundneunzig Minuten Verspätung!«
Da war mir, als sei ich für mein ganzes Leben in Gefangenschaft geraten.

In: Heinrich Böll: Werke. Romane und Erzählungen 1, 1947–1951. Köln: Kiepenheuer und Witsch
o. J., S. 9 ff.

1. *Rekonstruieren Sie den Lebensweg des Erzählers. Was erfahren Sie über »Frau Brink«
und ihren Lebensweg?*
2. *Was führt den Erzähler zu der Einsicht, »daß der Krieg niemals zu Ende sein würde,
niemals, solange noch irgendwo eine Wunde blutete, die er geschlagen hat«.*
3. *Zum Titel der Geschichte: Was ist die »Botschaft«? Wer bringt sie? Wer erhält sie?*

Bölls Schreibmaschine. G. Grass. 1983.

Thomas Bernhard

Ereignis

Der Anstreicher ist auf ein Gerüst geklettert und sieht sich nun etwa vierzig oder fünfzig
Meter vom Erdboden entfernt. Er lehnt sich an ein Holzbrett. Während er mit einem
großen Kienspan im Kübel umrührt, schaut er auf die Leute hinunter, die die Straße
bevölkern. Er ist bemüht, Bekannte herauszufinden, was ihm auch gelingt, aber er hat
nicht die Absicht, hinunter zu schreien, denn da würden sie heraufschauen und ihn 5
lächerlich finden. Ein lächerlicher Mensch in einem schmutzigen gelben Anzug mit einer
Zeitungspapierkappe auf dem Kopf! Der Anstreicher vergißt seine Aufgabe und blickt
senkrecht hinunter auf die schwarzen Punkte. Er entdeckt, daß er niemand kennt, der sich
in einer ähnlich lächerlichen Situation befände. Wenn er vierzehn oder fünfzehn Jahre alt
wäre! Aber mit zweiunddreißig! Während dieser Überlegung rührt er ununterbrochen im 10

Farbkübel um. Die anderen Anstreicher sind zu sehr beschäftigt, als daß ihnen an ihrem Kollegen etwas auffiele. Ein lächerlicher Mensch! Ein entsetzlich lächerlicher Mensch! Jetzt ist ihm, als stürze er in diese Überlegung hinein, tief hinein und hinunter, in Sekundenschnelle, und man hört Aufschreie, und als der junge Mann unten aufgeplatzt ist, 15 stürzen die Leute auseinander. Sie sehen den umgestülpten Kübel auf ihn fallen und gleich ist der Anstreicher mit gelber Fassadenfarbe übergossen. Jetzt heben die Passanten die Köpfe. Aber der Anstreicher ist natürlich nicht mehr oben.

In: 111 einseitige Geschichten. Hg. v. Franz Hohler. Darmstadt/Neuwied: Luchterhand 1981, S. 77.

Günter Kunert
Zur Besuchszeit

Wo und wann ich diesen Bericht über einen bemerkenswerten Irrtum gehört habe, weiß ich nicht mehr, vergaß Zeit, Ort und Erzähler über das Erstaunliche des mitgeteilten Vorganges, der darin bestand, daß ein Jemand seinen Vater im Altersheim besuchte. Der Besuch verlief nach gewohntem Ritus, dem zufolge der Sohn den seit langem bewegungs-5 unfähigen Erzeuger im Rollstuhl durch den kleinen Park des Heimes fuhr, wobei die beiden ungleich alten Männer sich zu unterhalten pflegten. Da nun die Jüngere diese in Decken gehüllte, mit einer wärmenden Wollkappe versehene Gestalt, deren Antlitz von ihm abgewandt war, vor sich herschob, kreisten beider Rede und Gegenrede wie üblich um Banalitäten: Witterung und Krankheiten, die Qualität des Mittagessens, Schlaflosig-10 keit, organische Befindlichkeit, Verdauung, Stuhlgang, Erinnerungsbruchstücke aus gemeinsamer Vergangenheit. Bis die Stunde des Ausfluges herum war und der Sohn den Vater vor die Pforte rollte, wo bereits eine Pflegerin wartete. Und erst im Moment des Abschiedes, da der Sohn sich zum Vater hinabbeugte, die verrunzelte Wange zu küssen, erkannte er, daß es sich um einen ihm völlig fremden Greis handelte, um einen ihm gar 15 nicht gebührenden Vater, mit dem er in familiärer Kommunikation und gemeinsamen Erinnerungen versunken über die Kieswege sich bewegt hatte. Dieser Umstand, der ihn in einer Filmkomödie höchstlich amüsiert hätte, verblüffte ihn nun dermaßen, daß er es sogar verabsäumte, nach seinem echten Vater zu schauen, von dem er während seiner Nachhausefahrt hoffte, ihm möge wenigstens ein gleichartiger Irrtum zugestoßen sein, 20 ohne diesen als solchen erkannt zu haben.

In: Frankfurter Allgemeine Zeitung (15. 6. 1991)

Sarah Kirsch
Krähenschrift

Wir hatten die letzten Rosen geschnitten da war es Silvester und ein stilles Schneien begann das dauerte dreizehn Tage und Nächte. Die Landschaft wurde uns immer fremder und lieber, der Schnee stieg ja bis unter das Dach. Langsam lernten wir die Krähenschrift lesen.

In: Frankfurter Allgemeine Zeitung (4. 5. 1991)

4. Der Mensch als Mittelpunkt

In diesem Kapitel werden lyrische und epische Texte nebeneinandergestellt, deren gemeinsames Thema die Lebens- und Liebesbeziehung zwischen zwei – und auch mehreren – Menschen ist. Im Einzelfall geht es um Liebesbeziehungen, um Verlobung und Ehe, um die Beziehung zwischen Kindern und Eltern. Dabei zeigt sich, daß jede Begegnung individuell geprägt und zugleich exemplarisch ist.

Untersuchen und diskutieren Sie die Texte nach folgenden Gesichtspunkten:
1. *Wie begegnen sich Menschen? Wie gehen sie miteinander um? Wie sprechen sie miteinander?*
2. *Wie ist ihr Miteinander zu bewerten? Gibt es Veränderungs- oder Verbesserungsmöglichkeiten ihres Umgangs miteinander?*

Liebesgedichte

Hugo von Hofmannsthal
Die Beiden

Sie trug den Becher in der Hand
– Ihr Kinn und Mund glich seinem Rand –,
So leicht und sicher war ihr Gang,
Kein Tropfen aus dem Becher sprang.

5 So leicht und fest war seine Hand:
Er ritt auf einem jungen Pferde,
Und mit nachlässiger Gebärde
Erzwang er, daß es zitternd stand.

Jedoch, wenn er aus ihrer Hand
10 Den leichten Becher nehmen sollte,
So war es beiden allzu schwer:

Denn beide bebten sie so sehr,
Daß keine Hand die andre fand
Und dunkler Wein am Boden rollte.

In: Hugo von Hofmannsthal: Die Gedichte
und kleinen Dramen.
Frankfurt/M.: Insel 1958, S. 13.

Rainer Maria Rilke
Liebes-Lied

Wie soll ich meine Seele halten, daß
sie nicht an deine rührt? Wie soll ich sie
hinheben über dich zu andern Dingen?
Ach gerne möcht ich sie bei irgendwas
5 Verlorenem im Dunkel unterbringen
an einer fremden stillen Stelle, die
nicht weiterschwingt, wenn deine Tiefen schwingen.
Doch alles, was uns anrührt, dich und mich,
nimmt uns zusammen wie ein Bogenstrich,
10 der aus zwei Saiten *eine* Stimme zieht.

Auf welches Instrument sind wir gespannt?
Und welcher Geiger hat uns in der Hand?
O süßes Lied.

In: Rainer Maria Rilke: Gesammelte
Gedichte. Frankfurt/M.: Insel
1962, S. 238.

»Ich habe mich verlobt«

Gabriele Wohmann
Ein netter Kerl (1959)

Ich hab ja so wahnsinnig gelacht, rief Nanni in einer Atempause. Genau wie du ihn
beschrieben hast, entsetzlich.
Furchtbar fett für sein Alter, sagte die Mutter. Er sollte vielleicht Diät essen. Übrigens,
Rita, weißt du, ob er ganz gesund ist?
5 Rita setzte sich gerade und hielt sich mit den Händen am Sitz fest. Sie sagte: Ach, ich
glaub schon, daß er gesund ist. Genau wie du es erzählt hast, weich wie ein Molch, wie
Schlamm, rief Nanni. Und auch die Hand, so weich.
Aber er hat dann doch auch wieder was Liebes, sagte Milene, doch, Rita, ich finde, er hat
was Liebes, wirklich.
10 Na ja, sagte die Mutter, beschämt fing auch sie wieder an zu lachen; recht lieb, aber doch
gräßlich komisch. Du hast nicht zu viel versprochen, Rita, wahrhaftig nicht. Jetzt lachte
sie laut heraus. Auch hinten im Nacken hat er schon Wammen, wie ein alter Mann, rief
Nanni. Er ist ja so fett, so weich, so weich! Sie schnaubte aus der kurzen Nase, ihr kleines
Gesicht sah verquollen aus vom Lachen.
15 Rita hielt sich am Sitz fest. Sie drückte die Fingerkuppen fest ans Holz.
Er hat so was Insichruhendes, sagte Milene. Ich find ihn so ganz nett, Rita, wirklich,
komischerweise.

Nanni stieß einen winzigen Schrei aus und warf die Hände auf den Tisch; die Messer und Gabeln auf den Tellern klirrten.

Ich auch, wirklich, ich find ihn auch nett, rief sie. Könnt ihn immer ansehn und mich 20 ekeln.

Der Vater kam zurück, schloß die Eßzimmertür, brachte kühle nasse Luft mit herein. Er war ja so ängstlich, daß er seine letzte Bahn noch kriegt, sagte er. So was von ängstlich.

Er lebt mit seiner Mutter zusammen, sagte Rita.

Sie platzten alle heraus, jetzt auch Milene. Das Holz unter Ritas Fingerkuppen wurde 25 klebrig. Sie sagte: Seine Mutter ist nicht ganz gesund, so viel ich weiß.

Das Lachen schwoll an, türmte sich vor ihr auf, wartete und stürzte sich dann herab, es spülte über sie weg und verbarg sie: lang genug für einen kleinen schwachen Frieden. Als erste brachte die Mutter es fertig, sich wieder zu fassen.

Nun aber Schluß, sagte sie, ihre Stimme zitterte, sie wischte mit einem Taschentuch- 30 klümpchen über die Augen und die Lippen. Wir können ja endlich mal von was anderem reden.

Ach, sagte Nanni, sie seufzte und rieb sich den kleinen Bauch, ach ich bin erledigt, du liebe Zeit. Wann kommt die große fette Qualle denn wieder?

Er kommt von jetzt an oft, sagte Rita. Sie hielt den Kopf aufrecht. 35

Ich habe mich verlobt mit ihm.

Am Tisch bewegte sich keiner. Rita lachte versuchsweise und dann konnte sie es mit großer Anstrengung lauter als die andern, und sie rief: Stellt euch das doch bloß mal vor: mit ihm verlobt! Ist das nicht zum Lachen!

Sie saßen gesittet und ernst und bewegten vorsichtig Messer und Gabeln. 40

He, Nanni, bist du mir denn nicht dankbar, mit der Qualle hab ich mich verlobt, stell dir das doch mal vor!

Er ist ja ein netter Kerl, sagte der Vater. Also höflich ist er, das muß man ihm lassen.

Ich könnte mir denken, sagte die Mutter ernst, daß er menschlich angenehm ist, ich meine, als Hausgenosse oder so, als Familienmitglied. 45

Er hat keinen üblen Eindruck auf mich gemacht, sagte der Vater.

Rita sah sie alle behutsam dasitzen, sie sah gezähmte Lippen. Die roten Flecken in den Gesichtern blieben noch eine Weile. Sie senkten die Köpfe und aßen den Nachtisch.

In: Gabriele Wohmann: Gesammelte Erzählungen aus 30 Jahren. Bd. 1. Darmstadt/Neuwied: Luchterhand 1986, S. 122 ff.

1. *Wie verstehen Sie die Redensart »ein netter Kerl«, die der Geschichte den Titel gegeben hat? Eher positiv oder eher negativ? Geschlechtsspezifisch? Beschreiben Sie einen »netten Kerl«. Welche Bedeutung hat der Satz für die Geschichte?*
2. *Beschreiben Sie die dargestellte Situation. Ort der Handlung? Erzählte Zeit und Erzählzeit? Personen und Personenkonstellationen?*
3. *Charakterisieren Sie die einzelnen Personen und ihre Redeweise. Untersuchen Sie bei den Redebeiträgen das, was gesagt wird, wie es gesagt wird und inwiefern mit der Äußerung eine Personenbeziehung aufgebaut oder abgebrochen wird.*
4. *Inwiefern werden die Personenbeziehungen und die gesamte Situation durch Ritas Satz »Ich habe mich verlobt mit ihm.« verändert?*

Ehegeschichten

Peter Bichsel
San Salvador

Er hatte sich eine Füllfeder gekauft.

Nachdem er mehrmals seine Unterschrift, dann seine Initialen, seine Adresse, einige Wellenlinien, dann die Adresse seiner Eltern auf ein Blatt gezeichnet hatte, nahm er einen neuen Bogen, faltete ihn sorgfältig und schrieb: »Mir ist es hier zu kalt«, dann, »ich gehe
5 nach Südamerika«, dann hielt er inne, schraubte die Kappe auf die Feder, betrachtete den Bogen und sah, wie die Tinte eintrocknete und dunkel wurde (in der Papeterie garantierte man, daß sie schwarz werde), dann nahm er seine Feder erneut zur Hand und setzte noch großzügig seinen Namen Paul darunter.

Dann saß er da.

10 Später räumte er die Zeitungen vom Tisch, überflog dabei die Kinoinserate, dachte an irgend etwas, schob den Aschenbecher beiseite, zerriß den Zettel mit den Wellenlinien, entleerte seine Feder und füllte sie wieder. Für die Kinovorstellung war es jetzt zu spät.

Die Probe des Kirchenchores dauert bis neun Uhr, um halb zehn würde Hildegard zurück sein. Er wartete auf Hildegard. Zu all dem Musik aus dem Radio. Jetzt drehte er das
15 Radio ab.

Auf dem Tisch, mitten auf dem Tisch, lag nun der gefaltete Bogen, darauf stand in blauschwarzer Schrift sein Name Paul.

»Mir ist es hier zu kalt«, stand auch darauf.

Nun würde also Hildegard heimkommen, um halb zehn. Es war jetzt neun Uhr. Sie läse
20 seine Mitteilung, erschräke dabei, glaubte wohl das mit Südamerika nicht, würde dennoch die Hemden im Kasten zählen, etwas müßte ja geschehen sein.

Sie würde in den »Löwen« telefonieren.

Der »Löwen« ist mittwochs geschlossen.

Sie würde lächeln und verzweifeln und sich damit abfinden, vielleicht.
25 Sie würde sich mehrmals die Haare aus dem Gesicht streichen, mit dem Ringfinger der linken Hand beidseitig der Schläfe entlangfahren, dann langsam den Mantel aufknöpfen.

Dann saß er da, überlegte, wem er einen Brief schreiben könnte, las die Gebrauchsanweisung für den Füller noch einmal – leicht nach rechts drehen – las auch den französi-
30 schen Text, verglich den englischen mit dem deutschen, sah wieder seinen Zettel, dachte an Palmen, dachte an Hildegard.

Saß da.

Und um halb zehn kam Hildegard und fragte: »Schlafen die Kinder?«

Sie strich sich die Haare aus dem Gesicht.

In: Lesebuch. Deutsche Literatur der sechziger Jahre. Hg. v. Klaus Wagenbach. Berlin: Wagenbach 1968, S. 51; © Walter Koch Verlag, Olten/Freiburg 1964.

1. *In der kurzen Geschichte werden mehrere Möglichkeiten und Schwierigkeiten von Kommunikation vorgestellt. Beschreiben Sie möglichst genau den Versuch schriftlicher Kommunikation, den Paul unternimmt. Welche Funktion könnte das Telefon haben? An welchen Stellen vollzieht sich mündliche Kommunikation?*
2. *Charakterisieren Sie die Kommunikationspartner. In welcher allgemeinen und in welcher augenblicklichen Situation befinden sie sich? Was erwarten sie voneinander?*
3. *Erklären sie die Mehrdeutigkeit des Satzes »Mir ist es hier zu kalt.« und des Titels »San Salvador«.*
4. *Gelingt die von Paul angestrebte Kommunikation?*

Gerold Späth
Commedia

Charlotte Unold
Der wichtigste Brief, der mir je geschrieben wurde:
Liebste, ich gehe nun also, ob Du Dir's gedacht hast oder nicht. Ich gehe fort, nach der Sonne. Du magst rätseln, ich auch. Aber ich komme wieder. Warum, weiß ich nicht. Die Kinder werden keine Kinder mehr sein und mich vielleicht nicht mehr kennen, nicht mehr kennen wollen, lieben wollen, grüßen wollen. Wie ich wiederkehren werde, weiß ich 5 nicht. Vielleicht als Bettler. Ich bettle. Dies ist die würdigste Haltung des Menschen: betteln. Offenen Auges, offenen Armes.
Ich stand vor dem Spiegel und sagte: Dort liegt, im Kästchen, das Rasiermesser, der Revolver. Geh, nimm, zieh durch, und aus ist es. Und zog es vor, weiß der Wind! zog es vor, nichts anzurühren, dafür wegzugehen. Ließ alles zurück, aber keine Leiche. 10
E. T. A. Hoffmann: Man muß immer trunken sein. – Warum wohl?
Ich wollte das nicht. Sondern ruhig, leise, zufrieden und still. Ich ging.
Sei mir nicht böse. Ich habe Dich so sehr geliebt, daß mir das Herz nun zerspringt. Aber ich kann nicht bleiben. Ich kann's nicht.
Sei mild, wenn ich wiederkomme, Liebste, sei gut und mild. Und, bitte, laß Dich nicht 15 beirren von Gerede und Geschwätz. Die Zeit ist kurz: Lebe wohl. Sonst nichts, Liebste.

Dieser Brief lag auf dem Tisch, am Morgen. Mein Mann war weg. Ich mit den drei Kindern. Es ist vierzehn Jahre her. Die beiden älteren Kinder sind schon seit vier und zwei Jahren weg, haben eigene Wohnungen, der Jüngste ist auf dem Rhein in der Schifferlehre, will nachher in Hamburg oder Rotterdam in die Spezialschulen. Ich weiß nur, daß mein 20 Mann nach Portugal fuhr. Von dort eine Postkarte, wenig später, ohne Unterschrift. Dann nichts mehr. Mit den Problemen bin ich schlecht und recht fertiggeworden. Ich habe mir Männer genommen, schon bald, nicht erst nach einiger Zeit, aber es ist nicht dasselbe. Ich bin bitter geworden, glaube ich, oder einfach alt. Ich weiß nicht, wo er ist. Ob er überhaupt noch lebt. Ich möchte ihn nicht wiedersehen jetzt. Ich wäre enttäuscht und würde 25 ihn enttäuschen. Sein Brief ist wichtiger als er selbst. Ein Stück Papier. So wichtig doch nicht, nur dann und wann. Nur dann und wann noch nicht ganz vorbei.
Ich hätte mir das nie so gedacht. Es ist unerträglich und doch nicht und doch.

In: Gerold Späth: Commedia. Frankfurt/M.: Fischer 1983, S. 72.

1. *Inwiefern ist der Abschiedsbrief, den Charlotte erhält, der »wichtigste Brief, der mir je geschrieben wurde« und dann »so wichtig doch nicht«?*
2. *Analysieren Sie den Brief, und arbeiten Sie heraus, was er über den Schreiber, was er über den Adressaten und was er über die Beziehung beider sagt.*
3. *Inwiefern werden hier mögliche Einstellungen, Verhaltensweisen und Schicksale von Männern und Frauen zur Diskussion gestellt?*
4. *Vergleichen Sie den Text mit der »Geschichte von Isidor« von Max Frisch (S. 90 ff.).*

Zum Vergleich

Günter Grass
Ehe

Wir haben Kinder, das zählt bis zwei.
Meistens gehen wir in verschiedene Filme.
Vom Auseinanderleben sprechen die Freunde.
   Doch meine und Deine Interessen
5 berühren sich immer noch
an immer den gleichen Stellen.
Nicht nur die Frage nach den Manschettenknöpfen
Auch Dienstleistungen:
Halt mal den Spiegel.
10 Glühbirnen auswechseln.
Etwas abholen.
Oder Gespräche, bis alles besprochen ist.
Zwei Sender, die manchmal gleichzeitig
auf Empfang gestellt sind.
15 Soll ich abschalten?
   Erschöpfung lügt Harmonie.
Was sind wir uns schuldig? Das.
Ich mag das nicht: Deine Haare im Klo.
Aber nach elf Jahren noch Spaß an der Sache.
20 Ein Fleisch sein bei schwankenden Preisen.
Wir denken sparsam in Kleingeld.
Im Dunkeln glaubst Du mir alles.
Aufribbeln und Neustricken.
Gedehnte Vorsicht.
25 Dankeschönsagen.
   Nimm Dich zusammen.
Dein Rasen vor unserem Haus.
Jetzt bist Du wieder ironisch.

Lach doch darüber.
30 Hau doch ab, wenn Du kannst,
Unser Haß ist witterungsbeständig.
Doch manchmal, zerstreut, sind wir zärtlich,
Die Zeugnisse der Kinder
müssen unterschrieben werden.
35 Wir setzen uns von der Steuer ab.
Erst übermorgen ist Schluß.
Du. Ja Du. Rauch nicht so viel.

In: Günter Grass: Werkausgabe in zehn Bänden.
Hg. v. Volker Neuhaus. Bd. 1.
Darmstadt/Neuwied: Luchterhand 1987,
S. 151.

5. Dichterisches Selbstverständnis

Welche Rolle den Dichtern im Staat zukommt, hat schon Platon gefragt. Im Zeitalter des Augustus in Rom galten Autoren wie Vergil und Horaz als Staatsdichter, die mit Unterstützung aus der herrschenden Schicht rechnen konnten. Andere Dichter verstanden sich als Kritiker des Staats und der Gesellschaft. Als Folge hatten sie unter Umständen mit Zensur und Verfolgung zu rechnen. Beispiele, die in diesem Arbeitsbuch vorgestellt wurden, sind Lessing, Schubart und Schiller.

Von den zahlreichen Zeugnissen, in denen Dichter über sich selbst und ihre Arbeit reflektierend Auskunft geben, sind hier nur lyrische Texte und Aussagen über den Gegenstandsbereich Lyrik zusammengestellt. In dieser Form sind subjektive Äußerungen in komprimierter Art zu erwarten. An den Anfang der Sequenz werden einige Texte aus der Zeit der Klassik und Romantik gestellt. Auf diese Weise sind Wandlungen in Form und Inhalt am leichtesten zu erkennen.

Untersuchen Sie die Texte nach folgenden Gesichtspunkten:
1. Was sehen sie als ihre Aufgabe, als ihre Möglichkeit und als ihre Schwierigkeit an?
2. Welchen Platz beanspruchen sie im Rahmen der Gesellschaft?
3. Wie sehen sie sich von der Gesellschaft eingeschätzt, beurteilt, bewertet?

Aus der Zeit der Klassik und Romantik

Friedrich Schiller
Die Teilung der Erde

»Nehmt hin die Welt!« rief Zeus von seinen Höhen
Den Menschen zu. »Nehmt, sie soll euer sein!
Euch schenk ich sie zum Erb und ewgen Lehen,
Doch teilt euch brüderlich darein.«

5 Da eilt, was Hände hat, sich einzurichten,
Es regte sich geschäftig jung und alt
Der Ackermann griff nach des Feldes Früchten,
Der Junker birschte durch den Wald.

Der Kaufmann nimmt, was seine Speicher fassen,
10 Der Abt wählt sich den edeln Firnewein,
Der König sperrt die Brücken und die Straßen
Und sprach: »Der Zehente ist mein.«

Ganz spät, nachdem die Teilung längst geschehen,
Naht der Poet, er kam aus weiter Fern.
15 Ach! da war überall nichts mehr zu sehen,
Und alles hatte seinen Herrn!

»Weh mir! so soll ich denn allein von allen
Vergessen sein, ich, dein getreuster Sohn?«
So ließ er laut der Klage Ruf erschallen
20 Und warf sich hin vor Jovis Thron.

»Wenn du im Land der Träume dich verweilet«,
Versetzt der Gott, »so hadre nicht mit mir.
Wo warst du denn, als man die Welt geteilet?«
»Ich war«, sprach der Poet, »bei dir.

25 Mein Auge hing an deinem Angesichte,
An deines Himmels Harmonie mein Ohr,
Verzeih dem Geiste, der, von deinem Lichte
Berauscht, das Irdische verlor!«

»Was tun?« spricht Zeus. »Die Welt ist weggegeben,
30 Der Herbst, die Jagd, der Markt ist nicht mehr mein.
Willst du in meinem Himmel mit mir leben,
So oft du kommst, er soll dir offen sein.«

In: Friedrich Schiller: Sämtliche Werke. Hg. v. Gerhard Fricke u. Herbert G. Göpfert. München: Hanser[6] 1980, S. 205.

Friedrich Hölderlin

An die Parzen

Nur Einen Sommer gönnt, ihr Gewaltigen!
Und Einen Herbst zu reifem Gesange mir,
Daß williger mein Herz, vom süßen
Spiele gesättiget, dann mir sterbe.

5 Die Seele, der im Leben ihr göttlich Recht
Nicht ward, sie ruht auch drunten im Orkus nicht;
Doch ist mir einst das Heil'ge, das am
Herzen mir liegt, das Gedicht, gelungen,

Willkommen dann, o Stille der Schattenwelt!
10 Zufrieden bin ich, wenn auch mein Saitenspiel
Mich nicht hinabgeleitet; Einmal
Lebt ich, wie Götter, und mehr bedarf's nicht.

In: Friedrich Hölderlin:
Gesammelte Werke.
Eingeleitet v. Bernd v. Heiseler.
Gütersloh: Bertelsmann 1955, S. 113.

Karoline von Günderrode

Der Luftschiffer (1857)

Gefahren bin ich in schwankendem Kahne,
Auf dem blauligten Ozeane
Der die leuchtenden Sterne umfließt,
Habe die himmlischen Mächte gegrüßt
5 War in ihrer Betrachtung versunken
Habe den ewigen Aether getrunken
Habe dem Irdischen ganz mich entwandt
Droben die Schriften der Sterne erkannt
Und in ihrem Kreißen und Drehen
10 Bildlich den heiligen Rythmus gesehen.
Der gewaltig auch jeglichen Klang
Reißt zu des Wohllauts wogendem Drang.
Aber ach! es ziehet mich hernieder
Nebel überschleiert meinen Blick
15 Und der Erde Gränzen seh ich wieder.
Wolken treiben mich zu ihr zurück.
Wehe! Das Gesetz der Schwere
Es behauptet neu sein Recht
Keiner darf sich ihr entziehen
20 Von dem irdischen Geschlecht.

In: 99 romantische Gedichte. Mit einem Essay
und Kurzbiographien. Aufgelesen v.
Lilienhard Wawrzyn. Berlin: Wagenbach 1978, S. 117.

307

Der Dichter als Bote und Prophet

Rainer Maria Rilke
Die Sonette an Orpheus

VII

RÜHMEN, das ists! Ein zum Rühmen Bestellter,
ging er hervor wie das Erz aus des Steins
Schweigen. Sein Herz, o vergängliche Kelter
eines den Menschen unendlichen Weins.

5 Nie versagt ihm die Stimme am Staube,
wenn ihn das göttliche Beispiel ergreift.
Alles wird Weinberg, alles wird Traube,
in seinem fühlenden Süden gereift.

Nicht in den Grüften der Könige Moder
10 straft ihm die Rühmung lügen, oder
daß von den Göttern ein Schatten fällt.

Er ist einer der bleibenden Boten,
der noch weit in die Türen der Toten
Schalen mit rühmlichen Früchten hält.

In: Rainer Maria Rilke: Gesammelte Gedichte.
Frankfurt/M.: Insel 1962, S. 322.

Rainer Maria Rilke
Ein Prophet

Ausgedehnt von riesigen Gesichten,
hell vom Feuerschein aus dem Verlauf
der Gerichte, die ihn nie vernichten, —
sind die Augen, schauend unter dichten
5 Brauen. Und in seinem Innern richten
sich schon wieder Worte auf,

nicht die seinen (denn was wären seine,
und wie schonend wären sie vertan),
andre, harte: Eisenstücke, Steine,
10 die er schmelzen muß wie ein Vulkan,

um sie in dem Ausbruch seines Mundes
auszuwerfen, welcher flucht und flucht;
während seine Stirne, wie des Hundes
Stirne, das zu tragen sucht,

15 was der Herr von seiner Stirne nimmt:
Dieser, Dieser, den sie alle fänden,
folgten sie den großen Zeigehänden,
die Ihn weisen, wie Er ist: ergrimmt.

In: Rainer Maria Rilke. Gesammelte Gedichte.
Frankfurt/M.: Insel 1962, S. 491.

Gedichte als »gebrauchsgegenstände«

Bertolt Brecht
Auf einen chinesischen Theewurzellöwen (1951)

Die Schlechten fürchten deine Klaue.
Die Guten freuen sich deiner Grazie.
Derlei
Hörte ich gern
Von meinem Vers.

In: Bertolt Brecht: Gesammelte Werke. Bd. 10: Gedichte 3.
Frankfurt/M.: Suhrkamp 1967, S. 997.

Hans Magnus Enzensberger
gebrauchsanweisung (1960)

1. diese gedichte sind gebrauchsgegenstände, nicht geschenkartikel im engeren sinne.
2. unerschrockene leser werden gebeten, die längeren unter ihnen laut, und zwar so laut wie möglich, aber nicht brüllend, zu lesen.
3. das längste gedicht in diesem buch hat 274 zeilen. es wird an lukrez erinnert, der sich und seinen lesern 7415 zeilen abverlangt hat.
4. zur erregung, vervielfältigung und ausbreitung von ärger sind diese texte nicht bestimmt, der leser wird höflich ermahnt, zu erwägen, ob er ihnen beipflichten oder widersprechen möchte.
5. politisch interessierte leute tun gut daran, vorne anzufangen und hinten aufzuhören. für die zwecke der erwachsenenbildung, des vergnügens und der rezension genügt es, kreuz und quer in dem buch zu blättern. lesern mit philosophischen neigungen wird empfohlen, die lektüre im krebsgang, von hinten nach vorne vorzunehmen.
6. die motti sollen darauf hinweisen, daß der verfasser nichts neues zu sagen hat, und avantgardistische leser abschrecken. gründliche liebhaber der alten schriftsteller finden sie auf diesem blatt so gut übersetzt, wie sie der verfasser verstanden hat. Im übrigen können die gedichte auch ohne motti benutzt werden.

In: Hans Magnus Enzensberger: Landessprache. Gedichte. Frankfurt/M.: Suhrkamp 1969, S. 97.

Hans Magnus Enzensberger

das ende der eulen (1960)

ich spreche von euerm nicht,
ich spreche vom ende der eulen.
ich spreche von butt und wal
in ihrem dunkeln haus,
5 dem siebenfältigen meer,
von den gletschern,
sie werden kalben zu früh,
rab und taube, gefiederten zeugen,
von allem was lebt in lüften
10 und wäldern, und den flechten im kies,
vom weglosen selbst, und vom grauen moor
und den leeren gebirgen:

wir sind schon vergessen.
sorgt euch nicht um die waisen,
15 aus dem sinn schlagt euch
die mündelsichern gefühle,
den ruhm, die rostfreien psalmen.
ich spreche nicht mehr von euch,
planern der spurlosen tat,
20 und von mir nicht, und keinem.
ich spreche von dem was nicht spricht,
von den sprachlosen zeugen,
von ottern und robben,
von den alten eulen der erde.

25 auf radarschirmen leuchtend
zum letzten mal, ausgewertet
auf meldetischen, von antennen
tödlich befingert floridas sümpfe
und das sibirische eis, tier
30 und schilf und schiefer erwürgt
von warnketten, umzingelt
vom letzten manöver, arglos
unter schwebenden feuerglocken,
im ticken des ernstfalls.

In: Hans Magnus Enzensberger: Landessprache.
Gedichte. Frankfurt/M.: Suhrkamp 1969, S. 28.

Christoph Meckel
Rede vom Gedicht

Das Gedicht ist nicht der Ort, wo die Schönheit gepflegt wird.

Hier ist die Rede vom Salz, das brennt in den Wunden.
Hier ist die Rede vom Tod, von vergifteten Sprachen.
Von Vaterländern, die eisernen Schuhen gleichen.
5 Das Gedicht ist nicht der Ort, wo die Wahrheit verziert wird.

Hier ist die Rede vom Blut, das fließt aus den Wunden.
Vom Elend, vom Elend, vom Elend des Traums.
Von Verwüstung und Auswurf, von klapprigen Utopien.
Das Gedicht ist nicht der Ort, wo der Schmerz verheilt wird.

10 Hier ist die Rede von Zorn und Täuschung und Hunger
(die Stadien der Sättigung werden hier nicht besungen).
Hier ist die Rede von Fressen, Gefressenwerden
von Mühsal und Zweifel, hier ist die Chronik der Leiden.
Das Gedicht ist nicht der Ort, wo das Sterben begütigt
15 wo der Hunger gestillt, wo die Hoffnung verklärt wird.

Das Gedicht ist der Ort der zu Tode verwundeten Wahrheit.
Flügel! Flügel! Der Engel stürzt, die Federn
fliegen einzeln und blutig im Sturm der Geschichte!

Das Gedicht ist nicht der Ort, wo der Engel geschont wird.

In: Christoph Meckel: Ausgewählte Gedichte 1955–1978.
Königstein/Taunus: Athenäum 1979, S. 80.

Reiner Kunze
Das Ende der Kunst (1962)

Du darfst nicht, sagte die eule zum auerhahn
du darfst nicht die sonne besingen
Die sonne ist nicht wichtig

Der auerhahn nahm
die sonne aus seinem gedicht

Du bist ein künstler,
sagte die eule zum auerhahn

Und es war schön finster

In: Reiner Kunze: Sensible Wege.
Achtundvierzig Gedichte und ein Zyklus.
Reinbek: Rowohlt 1978, S. 14.

Konkrete Dichtung

Eugen Gomringer
Der Poet als Konkreter Dichter

Auf der Suche nach dem Platz des Poeten, der zwar ein junger Schüler des Glasperlenspiels war, sonst sich aber seine Mittel neu zu beschaffen hatte, um am Bau der modernen Welt mittun und im Team der übrigen Gestalter verstanden werden zu können, bot sich das Visualisieren der Sprache an. Werbegrafik und Typografie begannen, die tägliche
5 Umgebung des Menschen im einzelnen und in der Masse zu beherrschen. Wo das mit künstlerischer Verantwortung und Verständnis für den universalen Charakter der Umweltgestaltung geschah, war das Visualisieren eine wunderbare demokratische Geschmacksschulung, die sich überdies als solche ja nur indirekt bemerkbar machte. Das Plakat, der Prospekt, die Anzeige, Kampfmittel der freien Marktwirtschaft, lieferten gra-
10 tis Ästhetik mit – oft sogar des Guten zuviel.
Gewiß hatten sich in jedem Jahrhundert und zuletzt im Symbolismus, im Jugendstil, Expressionismus und bei Dada immer wieder Poeten für die Erscheinungsbilder, für den Sprachleib, interessiert, aber es galt nun, auf dieser schmalen Entwicklungslinie weitergehend, die übrigens von der bewährten Literatur nie so ernsthaft oder gar als ausschlag-
15 gebend bei der Beurteilung in Erwägung gezogen wurde, den Rahmen zu öffnen und sich in die weltweite Visualisierungstendenz einzugliedern oder sie zu beeinflussen. Ich glaube, daß dies weitgehend gelungen ist. Der Poet – es handelt sich nun um den sogenannten Konkreten Dichter – ist nicht nur beim Grafiker und Typografen in die Schule gegangen; er hat sie auch beeinflußt. Wo der Text des Dichters gut ist, wo er selbst bei der visuellen
20 Realisierung mitreden kann, hat dies der Grafiker in seinen Dispositionen zu berücksichtigen. Die Gestalten der Buchstaben sind für den Typografen wie für den Dichter gleicherweise ein spannendes Material, dessen geistige Aussage, die in der geringsten Rundung zum Ausdruck kommt, noch weit mehr Berücksichtigung, auch in der Beurteilung von Gedichten und Texten, verdient.
25 Auf dem Gebiet der Kunst fiel die Entstehung der Konkreten Poesie zusammen mit einer frischen Belebung der Konstruktiven Kunst, die bald in die Op Art überging. Diese arbeitete mit einem verhältnismäßig kleinen Vorrat an bildnerischen Mitteln und zeichnete sich dagegen durch Einfallsreichtum in der Herstellung neuer und differenzierter Organisationsformen, Schemata, Module und Kombinationen aus. Sie entwickelte Seh- und
30 Lesformen und hatte zu einer Schule des visuellen Formalismus geführt, dessen gesellschaftliche Bedeutung in der Tatsache einer breiten Kommunikationsbasis liegt.

In: Eugen Gomringer: Poesie als Mittel der Umweltgestaltung. Vorspann 5. Itzehoe: Hansen & Hansen 1969, S. 8.

schweigen schweigen schweigen
schweigen schweigen schweigen
schweigen   schweigen
schweigen schweigen schweigen
schweigen schweigen schweigen

In: Eugen Gomringer: Worte sind Schatten.
Reinbek: Rowohlt 1969, S. 27.

312

Eugen Gomringer

worte sind schatten
schatten werden worte

worte sind spiele
spiele werden worte

sind schatten worte
werden worte spiele

sind spiele worte
werden worte schatten

sind worte schatten
werden spiele worte

sind worte spiele
werden schatten worte

In: Eugen Gomringer: Worte sind Schatten.
Reinbek: Rowohlt 1969, S. 58.

Ernst Jandl
diskussion

ist das a) lyrik?
ist a) das lyrik?
a) ist das lyrik?
ist das lyrik a)?

das ist a) lyrik.
das a) ist lyrik.
a) das ist lyrik.
das ist lyrik a).

In: Ernst Jandl. Serienfuß.
Darmstadt: Luchterhand
1974, S. 71.

Ernst Jandl
lichtung

manche meinen
lechts und rinks
kann man nicht
velwechsern.
werch ein illtum!

In: Ernst Jandl: Laut und Luise. Stuttgart:
Reclam 1976
S. 47; © Luchterhand Neuwied/Berlin.

Schreiben: »... in höchsten Höhen ...«?

Marie Luise Kaschnitz
Müllabfuhr (1965)

Meine Gedichte
Ins Schmierheft gekritzelt
Verworfen zerhackt
Mit neuen Gliedmaßen ausgestattet
5 Blau angestrichen rot

Mit Flitter behangen
Der Flitter heruntergerissen
Kargwort neben Kargwort

Endlich das Ganze zerknüllt
10 Von der Hand in den Müll
Und fortgerollt mit Getöse
Am nächsten Morgen
Nur Worte noch zwei oder drei
Tanzen im Kielstaub
15 Leuchten auf in der Sonne.

In: Marie Luise Kaschnitz: Gesammelte Werke. Hg. v. Christian Büttrich u. Norbert Miller.
Bd. 5: Die Gedichte. Frankfurt/M.: Insel 1985, S. 460 f.

Karl Krolow
Schreiben

Papier, auf dem sich
leichter Wind niederläßt.

Unbedachte Linien: Wellen
eines Wassers, das die Hand
5 aus der Luft schöpft, Worte
auf meinem Tisch wie
Liebespaare, Körper
von Pflanzen.

Papier: wie schönes Wetter,
10 drauf zu schreiben,
vergeßlich wie das Glück,
Girlande, welkend umgehängt
der Gegenwart des Todes.

Karl Krolow: Gesammelte Gedichte.
Frankfurt/M.: Suhrkamp 1965, S. 241.

Peter Rühmkorf
Hochseil (1975)

Wir turnen in höchsten Höhen herum,
selbstredend und selbstreimend,
von einem *Individuum*
aus nichts als Worten träumend.

5 Was uns bewegt – warum? wozu? –
den Teppich zu verlassen?
Ein nie erforschtes Who-is-who
im Sturzflug zu erfassen.

Wer von so hoch zu Boden blickt,
10 der sieht nur Verarmtes/Verirrtes.
Ich sage: wer Lyrik schreibt, ist verrückt,
wer sie für wahr nimmt, wird es.

Ich spiel mit meinem Astralleib Klavier,
vierfüßig – vierzigzehig –
15 Ganz unten am Boden gelten wir
für nicht mehr ganz zurechnungsfähig.

Die Loreley entblößt ihr Haar
am umgekippten Rheine...
Ich schwebe graziös in Lebensgefahr
20 grad zwischen Freund Hein und Freund Heine.

In: Peter Rühmkorf: Walther von der Vogelweide, Klopstock und ich.
Reinbek: Rowohlt 1975, S. 178.

Elisabeth Borchers
Trauerbänder

Ich betrete nicht den Festsaal der Sätze
die Gemächer der vor Grazie sich biegenden Nebensätze
die würdigen Hügel des Partizips.
Ich überlasse mich nicht den geschmeidigen Perioden
5 dem rauschhaften Absturz
den komödiantischen Untiefen
Ich verweigere den Müßiggang der Addition
das Manöver der Unklarheit
die Dämmerung der Klarheit
10 Ich stimme nicht an das Lied zur Verführung der minderjährigen Ewigkeit.
Ich lehne ab das Plagiat der Klage des Windes und des Flächenbrandes.
Ich bediene mich der Notdürftigkeit:
Sie ist gestorben
verdorben
15 und verfalle der irdischen Einfalt
dem Trost des himmlischen Fests.

In: Elisabeth Borchers: Wer lebt. Gedichte. Frankfurt/M.: Suhrkamp 1986.

MEDIEN:
FILM UND FERNSEHEN

I. VERFILMTE LITERATUR

Häufig geschieht es, daß die Medien Buch und Film gegeneinander ausgespielt werden. Dabei verkennt man einerseits den Eigenwert des jeweiligen Mediums, andererseits wird vielleicht übersehen, welche Ergänzungsmöglichkeiten sich bieten. Um Eigenwert des Mediums und Ergänzungsmöglichkeiten zu erkennen, ist es allerdings nötig, sich mit Grundbegriffen der Filmanalyse bekannt zu machen.

Wolfgang Iser
Die Enttäuschung des Lesers

Das Bildersehen in der Einbildungskraft ist kein optisches Sehen, sondern der Versuch, sich gerade das vorzustellen, was man nicht sehen kann. Der eigentümliche Charakter solcher Bilder besteht darin, daß sie eine Ansicht vermitteln, die sich im unmittelbaren Wahrnehmen des Sachverhalts überhaupt nicht einstellen könnte. (...) Der spontane Eindruck, der sich etwa bei der Verfilmung von *Tom Jones* nach Fieldings gleichnamigem 5 Roman einstellt, beinhaltet eine gewisse Enttäuschung über die relative Armut der Figur im Vergleich zu jenem Bild, das man sich von ihr in der Lektüre gemacht hatte. Wie immer sich ein solcher Eindruck im einzelnen auch ausnimmt, die unmittelbare Reaktion, daß man sich diese Figur anders vorgestellt hat, ist allgemein und verweist auf die für die Vorstellung geltenden Besonderheiten. Der Unterschied zwischen den beiden Bildtypen 10 besteht zunächst darin, daß ich im Film eine optische Wahrnehmung habe, der ein Objekt vorgegeben ist. Objekte haben im Gegensatz zu Vorstellungen einen höheren Bestimmtheitsgrad. Doch es ist diese Bestimmtheit, die man als Enttäuschung, wenn nicht gar als Verarmung empfindet. Rufe ich angesichts einer solchen Erfahrung meine Vorstellungsbilder von Tom Jones wieder hervor, so wirken sie nun im Zustand reflexiver Betrachtung 15 eigentümlich diffus, ohne daß mich dieser Eindruck dazu veranlassen würde, die optische Wahrnehmung des Films als das bessere Bild von der Figur zu übernehmen. Befrage ich daraufhin mein Vorstellungsbild, ob Tom Jones groß oder klein, blauäugig oder schwarzhaarig ist, so werde ich die optische Kargheit solcher Vorstellungsbilder gewärtigen. Denn diese zielen nicht darauf ab, die Romanfigur leibhaftig sehbar zu machen, vielmehr zeigt 20 die optische Kargheit solcher Bilder an, daß durch sie die Figur nicht als Gegenstand, sondern als Bedeutungsträger zur Erscheinung kommen soll. Das gilt auch dort noch, wo uns eine relativ detaillierte Beschreibung von Romanfiguren gegeben wird, die wir in der Regel nicht als pure Beschreibung der Personen lesen; vielmehr richten wir uns bereits durch Vorstellungen darauf, was durch sie bedeutet werden soll. Wahrnehmungsbild und 25 Vorstellungsbild unterscheiden sich aber nicht bloß dadurch voneinander, daß sich das eine auf ein vorgegebenes, das andere auf ein vorenthaltenes Objekt bezieht. (...)
Wenn wir uns Tom Jones während der Romanlektüre vorstellen, so sind uns im Gegensatz zum Film – wo wir die Figur in jeder Situation immer als ganze gewärtigen – lediglich Facetten gegeben, die wir zu einem Bild von ihr zusammensetzen müssen. (...) Das Bild 30 von Tom Jones ist daher während der Lektüre in ständiger Bewegung, und diese manifestiert sich darin, daß die Folge der Facetten die jeweils gebildete Vorstellung durch neue Nuancierungen umstrukturiert. (...)

35 Die Romanverfilmung hebt die Kompositionsaktivität der Lektüre auf. Alles kann leib-haftig wahrgenommen werden, ohne daß ich etwas hinzu bringen, geschweige denn mich dem Geschehen gegenwärtig machen muß. Deshalb empfinden wir dann auch die opti-sche Genauigkeit des Wahrnehmungsbildes im Gegensatz zur Undeutlichkeit des Vorstel-lungsbildes nicht als Zuwachs oder gar als Verbesserung, sondern als Verarmung.

Aus: Wolfgang Iser: Der Lesevorgang. In: Rezeptionsästhetik. Hg. v. Rainer Warning. München: Fink 1975, S. 261 f.

1. *Die Lektüre eines Buches und das Ansehen eines Filmes – was geht nach Ansicht des Verfassers jeweils im Rezipienten vor? Stellen Sie die beiden Vorgänge einander gegen-über.*
2. *Begründen Sie, wie es zu Isers Urteil der Enttäuschung und Verarmung kommt. Ken-nen Sie ein eigenes Beispiel? Erläutern Sie es.*
3. *Vergleichen Sie Isers Gedanken mit denen der folgenden Beiträge. Arbeiten Sie Ge-meinsamkeiten und Unterschiede heraus.*

Wolfram Buddecke/Jörg Hienger
Probleme der »Transformation«

Damit berühren wir eine Frage, auf die alle Überlegungen zur Transformationsproblema-tik hinauslaufen, die Frage nämlich, ob so etwas wie »Werktreue« überhaupt möglich sei. Wenn manche Filmemacher und Filmtheoretiker dies zu bejahen geneigt sind, so verges-sen sie, daß der Sinn eines Textes keine gegebene Größe ist, sondern im Akt der Lektüre
5 durch die funktionale Verknüpfung der einzelnen Textelemente und der auf sie bezieh-baren Kontextphänomene allererst gebildet werden muß – eine Aufgabe, die angesichts der Vielzahl möglicher Verknüpfungen, angesichts aber auch der je verschiedenen Vor-aussetzungen der Leser, ihrer Erfahrungen, Kenntnisse und Interessen, immer mehrere Lösungen zuläßt. Wie der Leser deutet der Filmemacher den Sinn des Textes, indem er ihn
10 bildet. Daher hat man mit Recht konstatiert, daß jede Filmversion eines literarischen Textes dessen nicht-begriffliche Interpretation ist. Genauer müßte man wohl sagen: Sie fixiert eine der möglichen Interpretationen oder bringt – in der Praxis der seltenere Fall – gleichzeitig mehrere, wenngleich natürlich nur alle Interpretationsmöglichkeiten zur Gel-tung. Hier liegt der Grund für die oft artikulierte Enttäuschung wie für das anhaltende
15 Interesse literaturkundiger Leser angesichts von Literaturverfilmungen. Das Interesse gilt der Frage, wie gedeutet worden ist, ob die eigene Deutung bestätigt, vielleicht um neue Aspekte bereichert wird. Enttäuschung stellt sich ein, wenn die Deutung allzu eng, viel-leicht gar abwegig erscheint.
Indessen dürften die meisten Zuschauer nicht literaturkundig sein, und auch viele Lite-
20 raturkundige nehmen nicht jedes Filmerlebnis zum Anlaß, die Adaption mit ihrer Vorlage zu vergleichen. Die einen wie die anderen nehmen die Verfilmung als Film, als eigenstän-diges Gebilde, das für sich genommen deutungsfähig ist, also seinerseits wiederum ver-schiedene Auslegungen zuläßt.

Aus: Wolfram Buddecke/Jörg Hienger: Verfilmte Literatur – Probleme der Transformation. In: Filmtheorie und Filmanalyse. Hg. v. Helmut Kreuzer. Göttingen: Vandenhoeck und Ruprecht 1979, S. 20 f.

Reinhard Baumgart
Filmerzählung und Spracherzählung

Falls der Roman keine Aussichten hätte, wenn es ihn bald nicht mehr geben sollte, was könnte ihn ersetzen? (...) Es gibt ein Medium, das nicht mehr wegzudenken ist aus einer zukünftigen Kultur, das immer noch erzählt und weiterhin erzählen wird: den Film. Nun begann Filmgeschichte nicht als Kunstgeschichte, sie setzte ein mit einer technischen Erfindung oder Spielerei: es war möglich geworden, Bewegung zu fotografieren. Ästhe- 5 tisch schien diese Errungenschaft zunächst ganz neutral, anwendbar für die verschiedensten Aufgaben. Abbilden ließen sich fahrende Eisenbahnzüge, Attentate oder Granateinschläge, schließlich auch eine wortlose, pantomimische Art Theater, das seiner Stummheit wegen expressiver gespielt wurde als auf der Bühne, das unrealistisch jede Szene in Guckkastenoptik zwang, der noch stillstehenden Kamera zuliebe. 10
Realistisch war die Tendenz dieses Mediums zwar von Beginn, doch erst Fortschritte der Technik ließen auch diese Tendenz fortschreiten. Erzählung wurde der Film erst, als die Kamera von Einstellung zu Einstellung immer schneller die Blickfelder wechselte, immer neu Stellung nahm, im wörtlichen und übertragenen Sinn. »Der Filmautor«, sagte nun der Franzose Astruc, »schreibt mit seiner Kamera wie der Schriftsteller mit dem Feder- 15 halter.« Was auch nur die halbe Wahrheit verrät, denn erst Schnitt und Montage der aufgenommenen, der »geschriebenen« Bildfolgen bringen das Werk in erzählerischen Rhythmus, und erst, als der Tonfilm die vorher aus Not eliminierte Sprache ins Spiel mischte, war der Film auch die Pantomime in sich endgültig los. Vom Theater konnte er sich nun leicht emanzipieren. 20
Episch ist am Film schon seine Gegenständlichkeit: gerade Dingwelt arrangiert er nicht wie das Bühnenbild als bloßen Hintergrund, er läßt sie mitspielen. Seine Perspektive, beweglich wie die erzählerische, springt von Nähe auf Ferne, zerlegt Szenen in kleinste Bestandteile, was dem Theater mit seinen im Bühnenraum eingerahmten Bildern, mit der starren Distanz und Achse zwischen Spiel und Zuschauer verwahrt ist. Selbst Erinnerung 25 vollzieht er nach. Doch vor allem läßt seine Rhythmisierung an die von Sprache und Schrift denken. Schnitte ordnen den Verlauf wie Satzzeichen, Sequenzen wie Absätze. (...)
Kein Wunder, wenn sich aus neuen Romanen schon die Spuren des filmischen Verfahrens ablesen lassen. Während das alte Erzählen nur langsam von Totale auf Naheinstellung, 30 von einem Schauplatz zum anderen wechselte, in bedächtigem Rhythmus, so daß die Übergänge kaum schmerzten, wird nun auch in Büchern mit Vorliebe jäh geschnitten, von einer Brennweite, Szene, Zeit in die andere. Auch die Distanz des Erzählten zum Leser variiert rasch wie mit Hilfe einer Gummilinse. Pedantisch kurzsichtige Kleinbeschreibung kann übergangslos in Vogelperspektive springen, ebenso Anschauung in Reflexion. Be- 35 wegungen, an denen früher nur eben ihr Fluß beobachtet wurde, werden nun wie in Zeitlupe gesehen. (...)
Filme nutzen auch einen Vorteil gegenüber jeder Spracherzählung: sie kommen ohne jede Beschreibung aus. Ein Zimmer, ein Strand, eine Uniform können im Bild wie unvermittelt erscheinen, nur da sein. Alle Eigenschaften eines Gegenstandes sind in solchem Abbild 40 enthalten. Das gezeigte Zimmer etwa ist klein, lichtlos, fast unmöbliert, aber das muß nicht, wie in der Sprache, mit Adjektiven erst hinzugefügt werden.

Eine Differenz scheint folglich nicht auszuräumen: der Roman, der nur in Sprache erzählt, und der Film, in dem die Erzählung auch stumm, nur bildhaft laufen kann, stehen
45 mit der Wirklichkeit auf verschiedenem Fuß. Ein Gegenstand vor der Kamera, das sei ein Gesicht oder Stuhl, bleibt immerhin dieser Gegenstand, ob die Kamera nun hinsieht oder nicht. Das heißt, der Film *zeigt* etwas Reales, ob Figuren, Dinge, Szenen, er erfindet das nicht, erfinden kann und muß er nur den erzählerischen Zusammenhang. Als Abbild erreicht jedes Bild eine Konkretion, der die erzählende Sprache immer nur hinterherläuft.
50 Jene Gegenständlichkeit, die sichtbar vor der Kamera steht, also auch außerhalb des Films da ist, muß jeder Erzähler mit Wortzeichen erst setzen. Zwar mag auch ein Filmregisseur, durch den Wechsel eben von Blickwinkeln, von Nähe und Ferne, durch Licht und Schnitt das Abbildhafte nahezu tilgen, die Gegenstände fast ganz zu seinen, zu Filmgegenständen machen, aber nie ganz. Das, was ein Film zeigt, gibt es immer auch außer-
55 halb von ihm, den Rest Wochenschau in sich kann er nicht liquidieren. Was bedeutet: er mag zwar als Ganzes Fiktion sein, doch seine Elemente bleiben konkret.
Diese schwarzweiße oder kolorierte Wirklichkeitsabschrift ist auch weniger belastet durch traditionelle Vor- und Nebenbedeutungen, die um fast jedes Wort stehen wie ein Hof um den Mond, aus deren Nebel jeder Schreibende erst seine Sprache befreien muß.
60 »Sprache«, sagt Alexander Kluge, der einzige deutsche Autor, der schriftlich und filmisch erzählt hat, »Sprache ist von Haus aus sehr viel phrasenhafter. Wenn ich sage ›am Fuß des Berges‹, dann ist das weder anschaulich noch abstrakt, weder präzise noch handfest. Das Bild dagegen ist immer konkret.«

In: Reinhard Baumgart: Filmerzählung und Spracherzählung oder Hat Literatur Zukunft? Frankfurter Vorlesungen. Neuwied/Berlin: Luchterhand 1968, S. 34 ff.

1. *Welche Mittel der Filmerzählung und der Spracherzählung nennt der Autor? Welche Wirkungen werden damit beim Rezipienten erzielt?*
2. *Wie beeinflussen sich Film- und Spracherzählung gegenseitig?*
3. *Welche grundsätzlichen Unterschiede sieht R. Baumgart zwischen Film und Roman?*
4. *Erörtern Sie auf der Grundlage des Textes das Zitat: »Sprache ist von Haus aus sehr viel phrasenhafter. (...) Das Bild dagegen ist immer konkret.«*

II. DIE SPRACHE DER FILMERZÄHLUNG

Ein Mensch geht über die Straße: Es ist ein Unterschied, ob wir in der Realität wahrnehmen, wie ein Mensch über die Straße geht, oder ob wir es im Film sehen. Angenommen, in einer Filmszene soll ein Mensch eine Straße überqueren. Um diese Situation umzusetzen, müssen eine ganze Reihe Vorentscheidungen getroffen werden.

– Von welcher Position aus soll der Zuschauer den Menschen sehen, von wo aus also sollte er aufgenommen werden? Von der Straße, von vorne, von hinten, vom Balkon eines Hauses?
– Wie lange soll der Zuschauer diesen Vorgang sehen?
– Geht der Mensch über eine belebte oder über eine ruhige Straße? Etc.

Schauen Sie sich das folgende Bild aus dem Film »Die Blechtrommel« an, den Volker Schlöndorff 1979 nach dem 1957 erschienenen Roman von Günter Grass gedreht hat.

1. *Welche Entscheidungen des Regisseurs können Sie an diesem Bild ablesen?*
2. *Welche Wirkung vermittelt das Bild dem Zuschauer?*
3. *Wie könnte das nächste Bild aussehen?*

Das Beispiel macht deutlich, daß Filme nicht einfach die Wirklichkeit abfotografieren, sondern daß sie bewußt aus einer Vielzahl von Möglichkeiten einen Ausschnitt aus der Wirklichkeit mit einer bestimmten Absicht und mit bestimmten Mitteln heraussuchen.

Die Mittel, derer sich die Regisseure bedienen, um ihre Bildfolgen zu gestalten und aneinanderzureihen, faßt man häufig unter dem Begriff Filmsprache zusammen. Als wichtigste Mittel der Filmsprache gelten im allgemeinen:

Einstellungsgrößen

Die Einstellungsgröße bestimmt, wie groß ein Mensch oder ein Gegenstand im Bild zu sehen ist. Über die Relation der abgebildeten Figur (alle Kategorien beziehen sich auf den abgebildeten Menschen und sind sinngemäß auch auf andere Objekte zu übertragen) zu den Begrenzungen des Bildes den vom Film vorgegebenen Wahrnehmungsraum. Ist von einer Figur nur der Kopf oder sogar nur ein Auge zu sehen, erscheint sie dem Zuschauer 5 so, als ob die Kamera ganz dicht vor dieser Figur steht und diese dem Zuschauer damit auch in ganz große Nähe gerückt wird. Natürlich bleibt in aller Regel die Entfernung des Zuschauers zum projizierten Bild (sei es auf der Kinoleinwand oder auf dem Fernsehschirm) immer gleich, aber die Medienwahrnehmung des Zuschauers wird hier durch seine reale Wahrnehmungserfahrung mitbestimmt, aus der heraus er weiß, daß er einem 10 Menschen, von dem er nur ein Gesichtsdetail sieht, sehr nahe ist.
Die Einstellungsgröße bestimmt also die Nähe bzw. die Entfernung, mit der der Zuschauer mit einem Menschen oder einem Geschehen im Film konfrontiert wird, sie rückt ihm damit bestimmte Handlungen nah heran oder entfernt, legt eine Distanz dazwischen, distanziert den Zuschauer. Emotionale Wirkungen werden darüber ganz wesentlich mit- 15 gesteuert. Zwischen großer Nähe und großer Entfernung gibt es nun eine differenzierte Skala an Größen- und Entfernungskategorien.

1. *Weit:* Weite Landschaften, Panoramen werden so gezeigt, daß sich der einzelne in der Landschaft verliert. Solche Einstellungen haben häufig symbolische Funktion, so sind z. B. die berühmten Schlußbilder, in denen der Held hineinreitet und sich mit seiner Geschichte vom Zuschauer entfernt, bis er nicht mehr zu sehen ist.
Die Zwischenkategorien zwischen Groß und Weit werden gelegentlich variierend definiert.

2. *Totale:* Ein Überblick über ein Geschehen wird vermittelt, ein Eindruck des Ganzen, in dem aber der einzelne noch zu erkennen ist. Die Einstellung dient der räumlichen Orientierung des Zuschauers, der dann häufig Einstellungen mit größerer Nähe folgen.

3. *Halbtotale:* Die Figur ist ganz zu sehen, ihre Körpersprache dominiert, es ist Raum für Aktion. Die Umgebung der Figur gewinnt an Eigengewicht.

4. *Halbnah:* Die Figur ist bis zu den Oberschenkeln bzw. zu den Knien zu sehen. Man sieht jetzt viel Umraum, die Figur tritt zu anderen Figuren in deutliche Beziehung, die Mimik ist zugunsten der Gestik in den Hintergrund getreten.

5. *Nah:* Ein Brustbild bzw. bis zum Bauch. Es ist die gemäßigt-normale Distanz des Ansagers und Nachrichtensprechers. Neben der Mimik wird auch die Gestik der Hände wichtig, neben der Figur ist auch schon Hintergrund zu sehen.

6. *Groß:* Ein Kopf wird bis zum Hals oder zur Schulter gezeigt. Der Zuschauer kann so die Mimik des Gezeigten genau verfolgen (»das Gesicht als Landschaft«), jeder Augenaufschlag, jedes Zucken des Mundwinkels bekommt Bedeutung.

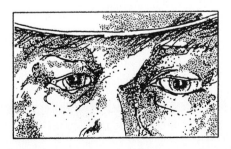

7. *Detail:* Hier ist nur ein sehr kleiner Ausschnitt zu sehen, ein Auge, ein Mund, die Finger am Abzugshahn des Revolvers. Detaileinstellungen werden meist zur Spannungssteigerung und bei emotionalen Höhepunkten eingesetzt.

Perspektiven

Die Kamera als bewegliches Aufnahmeinstrument kann ein Geschehen aus verschiedenen Positionen aufnehmen. Sie prägen auch die Sicht des Zuschauers auf das
5 Geschehen. Drei Einstellungsperspektiven werden unterschieden, die jeweils ein Extrem bezeichnen: *Normalsicht* (Augenhöhe), *Froschperspektive* (Untersicht), *Vogelperspektive* (Aufsicht).
10 Als *Normalsicht* wird eine Kamerahöhe von etwa 1,70 m (der Augenhöhe eines erwachsenen Menschen) bezeichnet. Sie gilt als normal, weil sie unserer alltäglichen Wahrnehmung am ehesten entspricht. Bei
15 Kinderfilmen ist als »normal« jedoch eine sehr viel geringere Augenhöhe anzusehen, eine Perspektive, aus der sich die Welt dann auch ganz anders darstellt.
Als *Froschperspektive* wird ein Kamera
20 blick von unten nach oben bezeichnet. Dem Zuschauer wird durch eine solche Kameraposition eine dem Abgebildeten untergeordnete Position nahegelegt, so als müsse auch er aufblicken.
25 Die *Vogelperspektive* bringt den Zuschauer umgekehrt in eine erhöhte Position über das Dargestellte, verschafft ihm eine Übersicht, so als hätte er Macht über das Geschehen.
30 Zwischen den Pespektiven gibt es Übergänge. Aufsicht und Untersicht können extrem, aber auch nur geringfügig angewendet werden, auch kann sich innerhalb einer Einstellung die Kameraperspektive verändern. Mit den Perspektiven werden *keine* festen Bedeutungszuweisungen verbunden. Aufsicht bedeutet nicht automatisch Überlegenheit
35 des Zuschauers, Untersicht nicht zwangsläufig Unterlegenheit. Die Perspektive ist – das gilt auch für die anderen Kategorien der Film- und Fernsehanalyse – nur ein Darstellungsmodus, die Bedeutung des so Gezeigten ergibt sich erst aus der Relation zum Kontext der gesamten Geschichte und aus der sonstigen Charakterisierung des Gezeigten. So kann eine Untersicht den Abgebildeten bedrohlich und unheimlich wirken lassen, aber
40 auch lächerlich, überheblich.

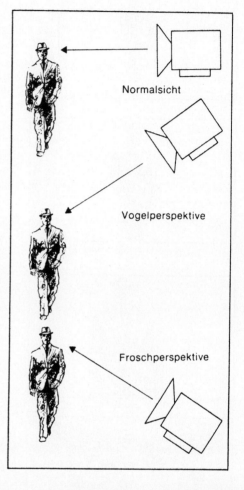

Normalsicht

Vogelperspektive

Froschperspektive

Kamera- und Objektbewegungen

Film ist Bewegung. Die primäre Bewegung ist die der abgebildeten Menschen, Figuren, Lebewesen vor der Kamera. Als *Objektbewegungen* (auch Handlungsachsen genannt und damit sind auch Blickrichtungen und Sprechrichtungen gemeint) unterscheiden wir, auf die Kamera und ihre Blickrichtung bezogen, zwei Grundformen:
- Die Handlungsachse zwischen den abgebildeten Figuren befindet sich im rechten Win- 5 kel zur Kamera-Achse. Der Zuschauer verfolgt als Dritter, außenstehend die Handlung, wird nicht einbezogen.
- Stärker einbezogen wird er, wenn Kamera-Achse und Handlungsachse identisch sind, bzw. parallel laufen. Der Darsteller blickt in die Kamera und sieht damit scheinbar auch den Zuschauer direkt an. Jede Programmansage, jeder Nachrichtensprecher 10 agiert so, der Zuschauer fühlt sich direkt als einzelner angesprochen, einbezogen in das Geschehen. Der entgegengesetzte Fall ist, daß die Kamera hinter einem herblickt, der ins Bild geht; er entfernt sich damit scheinbar von uns.

Als Stilmittel setzt z. B. das am epischen Theater orientierte Fernsehspiel auch einen direkt zum Publikum Sprechenden ein, in aller Regel wird jedoch der Illusionsraum der Fiktion 15 dadurch gewahrt, daß Darsteller nicht direkt in die Kamera blicken, sondern die emotionale Ansprache durch ein Schräg-an-der-Kamera-vorbei-blicken erreicht wird.

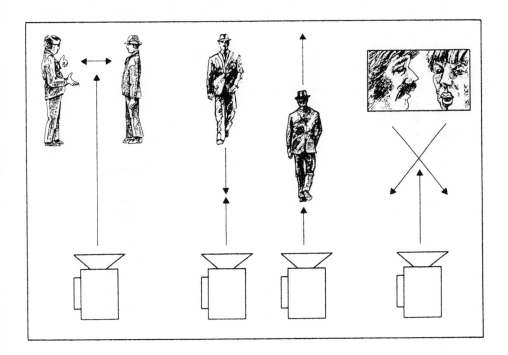

Häufiger Anwendungsfall ist das *Schuß-Gegenschuß-Verfahren*. Im Dialog ist immer der jeweils Sprechende zu sehen, der zur Kamera hinspricht. Der Zuschauer fühlt sich so in das Gespräch einbezogen, ist durch die Kamera wie zwischen die Kontrahenten gestellt. 20

Die Kamera ist ebenfalls beweglich, schon das Schuß-Gegenschuß-Verfahren bedeutet ja von der implizierten Zuschauersituation eine auf Positionen reduzierte Bewegung. An im Film sichtbaren *Kamerabewegungen* unterscheiden wir den *Schwenk*, die *Fahrt* und als Sonderfall den *Zoom*.

25 Beim *Schwenk* wird die Kamera auf einem festen Standpunkt bewegt, so als bewege der Zuschauer den Kopf. Die *Fahrt* ist der Bewegung mit dem ganzen Körper vergleichbar. Die Kamera wird hier auf einem Kamerawagen gefahren, und entsprechend unterscheidet man eine Ranfahrt, Rückfahrt, Parallelfahrt und Aufzugsfahrt. Um Verwackelungen, wo sie nicht als Stilprinzip beabsichtigt sind, zu vermeiden, werden Gleise für den Kamera-
30 wagen verlegt. Ein sehr aufwendiges (und teures) Verfahren. Die Fototechnik hat deshalb (und auch um Entfernungen, die real nicht durch eine Kamerabewegung zu überbrücken sind, zu mildern) den *Zoom* entwickelt. Durch Veränderung der Brennweite des Objektivs kann der abgebildete Ausschnitt, ohne daß die Kamera ihren Standort verläßt, stufenlos vergrößert oder verkleinert werden: der gefilmte Gegenstand wird größer oder
35 kleiner im Bild, es entsteht der Eindruck, als ob sich die Kamera bewegt. Bei der gezoomten Aufnahme ist im Telebereich in aller Regel der Schärfenbereich geringer als bei der Fahrt, auch verändern sich beim Zoom die Größenverhältnisse zwischen Vorder- und Hintergrund in ganz anderer Weise als bei einer Fahrt.

Häufig werden auch Kombinationen von Schwenks, Fahrten und Zooms verwendet, um
40 bestimmte Bewegungsabläufe zu erzeugen.

Aus: Knut Hickethier: Begriffe der Film- und Fernsehanalyse. In: Praxis Deutsch 57 (1983), S. 20 ff.

Einstellungsverknüpfung

Bei der Montage verschiedener Einstellungen entsteht aus der Kombination jedesmal etwas Neues, etwas, das mehr ist als nur die Summe der einzelnen Einstellungen. Dieses Mehr reicht von der einfachen Bedeutungsakkumulation des bereits Gezeigten, die dann die Erwartungshaltung gegenüber dem jeweils Neuen bestimmt, bis zum Entstehen von
5 Assoziationen, Bedeutungen, die gegenüber dem in den einzelnen Einstellungen Gezeigten eine neue Bedeutungsebene darstellen. Die prinzipielle, in der Bildaneinanderfügung liegende neue *Bedeutungsherstellung* demonstrierte Eisenstein an einem Beispiel, das einem auch heute noch gängigen Trivialfilm entstammen könnte. Jeder der folgenden Sätze steht für eine Einstellung: »1. Eine Hand hebt ein Messer. 2. Die Augen des Opfers öffnen
10 sich plötzlich. 3. Hände klammern sich an den Tisch. 4. Das Messer schnellt hoch. 5. Die Augen blinzeln unwillkürlich. 6. Blut spritzt. 7. Ein Mund schreit. 8. Etwas tropft auf einen Schuh ...« Der Handlungszusammenhang ergibt sich erst aus der Verbindung der Bilder. Wir wissen, es handelt sich um ein Verbrechen, die Bilder selbst zeigen es jedoch nicht, es stellt sich erst im Kopf des Zuschauers her.

Aus: Knut Hickethier: Filmsprache und Filmanalyse. In: Der Deutschunterricht 33/4 (1981), S. 21.

1. *Sehen Sie sich als Videoaufzeichnung einen Fernsehfilm oder einen Spielfilm an, und versuchen Sie, die ersten zehn Einstellungen genau zu benennen.*
2. *Beschreiben Sie die Wirkung, die diese Einstellungen auf den Zuschauer haben.*
3. *Wie sind die Einstellungen aneinandergeschnitten?*
4. *Was ist akustisch wahrnehmbar? Unterscheiden Sie in Sprache, Geräusche, Musik.*
5. *Entwickeln Sie gemeinsam ein Schema, wie Sie einen Film möglichst genau protokollieren und hinterher analysieren können.*
   Das Schema kann auch dazu dienen, ein eigenes Drehbuch und dann einen Videofilm herzustellen.

Den Film sprachlich festhalten – Filmprotokoll und Drehbuch

Eine Möglichkeit des Filmprotokolls zeigt die folgende Mitschrift zu dem Film »Casablanca«. Erörtern Sie in Ihrem Kurs, ob diese Einteilung für Sie brauchbar ist oder ob sie erweitert oder eingeschränkt werden muß.

Nr. der Einstellung	Handlungsgeschehen (bzw. Drehbuchkommentar)	Dialoge	Musik/ Geräusche	Kameraführung	Zeit/ sec.
239	On Sam's face, as he wheels in the piano, is that curious fear. And to tell the truth, Ilsa herself is not as selfpossessed as she tries to appear. There is something behind this, some mysterious, deep-flowing feeling. Sam nimmt Stuhl vom Klavier und setzt sich.	Ilsa: Hallo Sam. Sam: Hello, Miss Ilsa. I never expected to see you again.		Halbnaheinstellung: Blick auf Sam links im Bild, Ilsa in Rückensicht rechts. Bauchsicht. Schwenk nach unten, als Sam sich setzt, führt zur Normalsicht (der Sitzenden).	6
240	Sam sucht nach Noten, blickt Ilsa nur ab und zu an.	Ilsa: It's been a long time. Sam: Yes, Miss Ilsa. A lot of water under the bridge. Ilsa: Some of the old songs, Sam. Sam: Yes, ma'am.		Naheinstellung: Sicht auf Ilsa rechts im Bild, Sam im Profil links im Vordergrund (kein Achsensprung). Von nun an häufig Schuß-Gegenschuß.	12
241	Sam begins to play a number. He is nervous, waiting for anything. But even so, when it comes he gives a little start... Ilsa schaut z. T. zu Sam, z. T. gedankenverloren zur Seite.	Ilsa: Where's Rick?	Klavierspiel im OFF	Naheinstellung	8
242	Sam evading.	Sam: I don't know. Ain't seen him all night.	Weiterhin Klavierspiel Sams	Naheinstellung: nur Ilsa	5

In: Werner Faulstich: Einführung in die Filmanalyse. Tübingen: Narr 1976, S. 46.

III. ZUM BEISPIEL: MAX FRISCH, HOMO FABER

Der Mensch, das mit Vernunft begabte Wesen, hat die Möglichkeit, aber auch die Aufgabe, über sich selbst, über den möglichen Sinn und Zweck seines Lebens nachzudenken. Beschreibungen dessen, was den Menschen als Individuum und als soziales Wesen ausmacht, verbinden sich mit Vorstellungen, wie der Mensch denken und handeln sollte. In Typisierungen wird deutlich gemacht, vor welchen Möglichkeiten und Gefahren der »homo sapiens« – so die von Linné eingeführte Bezeichnung für den mit Vernunft begabten Menschen – steht: Er kann zum »homo oeconomicus« werden, zum Menschen, der hauptsächlich als Wirtschaftsfaktor angesehen wird; er kann sich als »homo faber« ansehen, also als »Handwerker«, der die Welt technisch beherrscht; er kann den Typ des »homo ludens« anstreben, des spielenden Menschen, der »nichts ernst nimmt und auch bedenkenlos mitmacht, was in seiner Umgebung ›gespielt‹ wird«[1].

»Homo faber«, der Roman von Max Frisch, handelt von diesen Möglichkeiten und Gefahren. Der Textausschnitt möchte einen Zugang zu dem Roman und zu dessen Verfilmung eröffnen.

Max Frisch

Homo faber. Ein Bericht (1955/57)

Erste Station

Wir starteten in La Guardia, New York, mit dreistündiger Verspätung infolge Schneestürmen. Unsere Maschine war, wie üblich auf dieser Strecke, eine Super-Constellation. Ich richtete mich sofort zum Schlafen, es war Nacht. Wir warteten noch weitere vierzig Minuten draußen auf der Piste, Schnee vor den Scheinwerfern, Pulverschnee, Wirbel über
5 die Piste, und was mich nervös machte, so daß ich nicht sogleich schlief, war nicht die Zeitung, die unsere Stewardeß verteilte, *First Pictures Of World's Greatest Air Crash In Nevada*, eine Neuigkeit, die ich schon am Mittag gelesen hatte, sondern einzig und allein diese Vibration in der stehenden Maschine mit laufenden Motoren – dazu der junge Deutsche neben mir, der mir sogleich auffiel, ich weiß nicht wieso, er fiel auf, wenn er den
10 Mantel auszog, wenn er sich setzte und sich die Bügelfalten zog, wenn er überhaupt nichts tat, sondern auf den Start wartete wie wir alle und einfach im Sessel saß, ein Blonder mit rosiger Haut, der sich sofort vorstellte, noch bevor man die Gürtel geschnallt hatte. Seinen Namen hatte ich überhört, die Motoren dröhnten, einer nach dem andern auf Vollgasprobe –
15 Ich war todmüde.
Ivy hatte drei Stunden lang, während wir auf die verspätete Maschine warteten, auf mich eingeschwatzt, obschon sie wußte, daß ich grundsätzlich nicht heirate.
Ich war froh, allein zu sein.

[1] Georgi Schischkoff: Philosophisches Wörterbuch. Stuttgart: Kröner 1957, S. 249.

Endlich ging's los –

Ich habe einen Start bei solchem Schneetreiben noch nie erlebt, kaum hatte sich unser 20
Fahrgestell von der weißen Piste gehoben, war von den gelben Bodenlichtern nichts mehr
zu sehen, kein Schimmer, später nicht einmal ein Schimmer von Manhattan, so schneite
es. Ich sah nur das grüne Blinklicht an unsrer Tragfläche, die heftig schwankte, zeitweise
wippte; für Sekunden verschwand sogar dieses grüne Blinklicht im Nebel, man kam sich
wie ein Blinder vor. 25

Rauchen gestattet.

Er kam aus Düsseldorf, mein Nachbar, und so jung war er auch wieder nicht, anfangs
Dreißig, immerhin jünger als ich; er reiste, wie er mich sofort unterrichtete, nach Guatemala, geschäftlich, soviel ich verstand –

Wir hatten ziemliche Böen. 30

Er bot mir Zigaretten an, mein Nachbar, aber ich bediente mich von meinen eignen,
obschon ich nicht rauchen wollte, und dankte, nahm nochmals die Zeitung, meinerseits
keinerlei Bedürfnis nach Bekanntschaft. Ich war unhöflich, mag sein. Ich hatte eine
strenge Woche hinter mir, kein Tag ohne Konferenz, ich wollte Ruhe haben, Menschen
sind anstrengend. Später nahm ich meine Akten aus der Mappe, um zu arbeiten; leider 35
gab es gerade eine heiße Bouillon, und der Deutsche (er hatte, als ich seinem schwachen
Englisch entgegenkam mit Deutsch, sofort gemerkt, daß ich Schweizer bin) war nicht
mehr zu stoppen. Er redete über Wetter, beziehungsweise über Radar, wovon er wenig
verstand; dann machte er, wie üblich nach dem zweiten Weltkrieg, sofort auf europäische
Brüderschaft. Ich sagte wenig. Als man die Bouillon gelöffelt hatte; blickte ich zum 40
Fenster hinaus, obschon nichts andres zu sehen war als das grüne Blinklicht draußen an
unsrer nassen Tragfläche, ab und zu Funkenregen wie üblich, das rote Glühen in der
Motor-Haube. Wir stiegen noch immer –

Später schlief ich ein.

Die Böen ließen nach. 45

Ich weiß nicht, warum er mir auf die Nerven ging, irgendwie kannte ich sein Gesicht, ein
sehr deutsches Gesicht. Ich überlegte mit geschlossenen Augen, aber vergeblich. Ich versuchte, sein rosiges Gesicht zu vergessen, was mir gelang, und schlief etwa sechs Stunden,
überarbeitet wie ich war – kaum war ich erwacht, ging er mir wieder auf die Nerven.

Er frühstückte bereits. 50

Ich tat, als schliefe ich noch.

Wir befanden uns (ich sah es mit meinem rechten Auge) irgendwo über dem Mississippi,
flogen in großer Höhe und vollkommen ruhig, unsere Propeller blinkten in der Morgensonne, die üblichen Scheiben, man sieht sie und sieht hindurch, ebenso glänzten die
Tragflächen, starr im leeren Raum, nichts von Schwingungen, wir lagen reglos in einem 55
wolkenlosen Himmel, ein Flug wie hundert andere zuvor, die Motoren liefen in Ordnung.

»Guten Tag!« sagte er –

Ich grüßte zurück.

»Gut geschlafen?« fragte er – 60

Man erkannte die Wasserzweige des Mississippi, wenn auch unter Dunst, Sonnenglanz
drauf, Gerisel wie aus Messing oder Bronze; es war noch früher Morgen, ich kenne die
Strecke, ich schloß die Augen, um weiterzuschlafen.

Er las ein Heftlein, rororo.

Es hatte keinen Zweck, die Augen zu schließen, ich war einfach wach, und mein Nachbar 65

beschäftigte mich ja doch, ich sah ihn sozusagen mit geschlossenen Augen. Ich bestellte mein Frühstück … Er war zum ersten Mal in den Staaten, wie vermutet, dabei mit seinem Urteil schon fix und fertig, wobei er das eine und das andere (im ganzen fand er die Amerikaner kulturlos) trotzdem anerkennen mußte, beispielsweise die Deutschfreund-
70 lichkeit der meisten Amerikaner.

Ich widersprach nicht.

Kein Deutscher wünsche Wiederbewaffnung, aber der Russe zwinge Amerika dazu, Tragik, ich als Schweizer (Schwyzzer, wie er mit Vorliebe sagte) könne alldies nicht beurteilen, weil nie im Kaukasus gewesen, er sei im Kaukasus gewesen, er kenne den Iwan, der
75 nur durch Waffen zu belehren sei. Er kenne den Iwan! Das sagte er mehrmals. Nur durch Waffen zu belehren! sagte er, denn alles andere mache ihm keinen Eindruck, dem Iwan –

Ich schälte meinen Apfel.

Unterscheidung nach Herrenmenschen und Untermenschen, wie's der gute Hitler meinte, sei natürlich Unsinn; aber Asiaten bleiben Asiaten –
80 Ich aß meinen Apfel.

Ich nahm meinen elektrischen Rasierapparat aus der Mappe, um mich zu rasieren, beziehungsweise um eine Viertelstunde allein zu sein, ich mag die Deutschen nicht, obschon Joachim, mein Freund, auch Deutscher gewesen ist … In der Toilette überlegte ich mir, ob ich mich nicht anderswohin setzen könnte, ich hatte einfach kein Bedürfnis, diesen
85 Herrn näher kennenzulernen, und bis Mexico-City, wo mein Nachbar umsteigen mußte, dauerte es noch mindestens vier Stunden. Ich war entschlossen, mich anderswohin zu setzen; es gab noch freie Sitze. Als ich in die Kabine zurückkehrte, rasiert, so daß ich mich freier fühlte, sicherer – ich vertrage es nicht, unrasiert zu sein – hatte er sich gestattet, meine Akten vom Boden aufzuheben, damit niemand drauf tritt, und überreichte sie mir,
90 seinerseits die Höflichkeit in Person. Ich bedankte mich, indem ich die Akten in meine Mappe versorgte, etwas zu herzlich, scheint es, denn er benutzte meinen Dank sofort, um weitere Fragen zu stellen.

Ob ich für die *Unesco* arbeite?

Ich spürte den Magen – wie öfter in der letzten Zeit, nicht schlimm, nicht schmerzhaft,
95 ich spürte nur, daß man einen Magen hat, ein blödes Gefühl. Vielleicht war ich drum so unausstehlich. Ich setzte mich an meinen Platz und berichtete, um nicht unausstehlich zu sein, von meiner Tätigkeit, *technische Hilfe für unterentwickelte Völker*, ich kann darüber sprechen, während ich ganz andres denke. Ich weiß nicht, was ich dachte. Die *Unesco*, scheint es, machte ihm Eindruck, wie alles Internationale, er behandelte mich nicht mehr
100 als Schwyzzer, sondern hörte zu, als sei man eine Autorität, geradezu ehrfürchtig, interessiert bis zur Unterwürfigkeit, was nicht hinderte, daß er mir auf die Nerven ging.

Ich war froh um die Zwischenlandung.

Im Augenblick, als wir die Maschine verließen und vor dem Zoll uns trennten, wußte ich, was ich vorher gedacht hatte: Sein Gesicht (rosig und dicklich, wie Joachim nie gewesen
105 ist) erinnerte mich doch an Joachim. –

Ich vergaß es wieder.

Das war in Houston, Texas.

Nach dem Zoll, nach der üblichen Schererei mit meiner Kamera, die mich schon um die halbe Welt begleitet hat, ging ich in die Bar, um einen Drink zu haben, bemerkte aber, daß
110 mein Düsseldorfer bereits in der Bar saß, sogar einen Hocker freihielt – vermutlich für mich! – und ging gradaus in die Toilette hinunter, wo ich mir, da ich nichts anderes zu tun hatte, die Hände wusch.

330

Aufenthalt: 20 Minuten.

Mein Gesicht im Spiegel, während ich Minuten lang die Hände wasche, dann trockne: weiß wie Wachs, mein Gesicht, beziehungsweise grau und gelblich mit violetten Adern 115 darin, scheußlich wie eine Leiche. Ich vermutete, es kommt vom Neon-Licht, und trocknete meine Hände, die ebenso gelblich-violett sind, dann der übliche Lautsprecher, der alle Räume bedient, somit auch das Untergeschoß: *Your attention please, your attention please!* Ich wußte nicht, was los ist. Meine Hände schwitzten, obschon es in dieser Toilette geradezu kalt ist, draußen ist es heiß. Ich weiß nur soviel: – Als ich wieder zu mir 120 kam, kniete die dicke Negerin neben mir, Putzerin, die ich vorher nicht bemerkt hatte, jetzt in nächster Nähe, ich sah ihr Riesenmaul mit den schwarzen Lippen, das Rosa ihres Zahnfleisches, ich hörte den hallenden Lautsprecher, während ich noch auf allen vieren war –

Plane is ready for departure. 125

Zweimal:

Plane is ready for departure.

Ich kenne diese Lautsprecherei.

All passengers for Mexico-Guatemala-Panama, dazwischen Motorenlärm, *kindly requested,* Motorenlärm, *gate number five, thank you.* 130

Ich erhob mich.

Die Negerin kniete noch immer –

Ich schwor mir, nie wieder zu rauchen, und versuchte mein Gesicht unter die Röhre zu halten, was nicht zu machen war wegen der Schüssel, es war ein Schweißanfall, nichts weiter, Schweißanfall mit Schwindel. 135

In: Max Frisch: Gesammelte Werke in zeitlicher Folge. Hg. v. Hans Mayer unter Mitwirkung von Walter Schmitz. Bd. 4: 1957–1963. Frankfurt/M.: Suhrkamp, 1976, S. 7 ff.

1. *Inwiefern haben die einführenden Seiten Berichtcharakter, inwiefern geben sie sich als Anfang eines Romans zu verstehen?*
2. *Was erfährt man über die Weltanschauung und die Lebensumstände (Beruf, Nationalität usw.) des Berichtenden? Inwieweit ist zu erkennen, daß der Berichtende Techniker ist?*
3. *In welcher Situation befindet sich das schreibende Ich? Welche Erlebnisse, Erfahrungen und Situationen der Vergangenheit werden dargestellt?*
4. *Welche Aussagen lassen erkennen, daß das Ich in einer Krise ist?*
5. *Charakterisieren Sie den mitreisenden Deutschen. Wie erklären Sie sich die unterschiedliche Bereitschaft der beiden Passagiere, miteinander ins Gespräch zu kommen?*
6. *Gestalterisches Schreiben: Machen Sie Vorschläge, wie man den Berichtabschnitt in ein Hörbild umsetzen könnte. Überlegen Sie sich, welche Teile des Berichts Sie als Dialog gestalten können, wie Sie die Dialogpartner einführen und welche Redeanteile Sie ihnen geben. Welche Teile des Berichts lassen Sie vom Ich-Erzähler übernehmen? Über-*

legen Sie in einem weiteren Schritt, welche akustischen Effekte Sie zur Unterstreichung Ihres Textes einsetzen können.
7. Machen Sie sich Gedanken zur filmischen Umsetzung des Textabschnitts.

Homo faber. *Ein Bericht*, Roman des schweiz. Schriftstellers Max → Frisch, erschienen 1957. – *Homo faber* ist der am meisten gelesene Roman Frischs, der auch zur beliebten Schullektüre wurde. Dies verdankt der Roman vor allem seiner Thematik, auf die der Name des Protagonisten anspielt und die auch der Titel mit dem lateinischen Wort für »Techniker« signalisiert. Die als Untertitel zugeordnete Gattungsbezeichnung, läßt darüber hinaus eine sachliche, ingenieurmäßige Darstellung erwarten. In dem Roman geht es um die Konterkarierung des technischen Denkens, das sich auf Kausalität beruft und alles für berechenbar hält, durch den Zufall, der solches Denken als verantwortungslos, unmenschlich und letztlich auch unhaltbar entlarvt.
Faber, ein 50jähriger Ingenieur, lernt auf einer Schiffsreise eine junge Frau kennen. Es handelt sich um seine Tochter, von deren Existenz er allerdings nichts weiß. Trotz des gravierenden Altersunterschieds beginnt er mit ihr ein kaum zu verantwortendes Liebesverhältnis. Die Erzählungen des Mädchens lassen Fabers Vaterschaft immer wahrscheinlicher werden, aber dieser manipuliert seine Berechnungen, ob sie seine Tochter sein könnte oder nicht, stets so, daß er diesen Gedanken verdrängen kann.

Kurz vor Athen verunglückt das Mädchen tödlich, als es sich vor Faber erschrickt und stürzt. Faber selbst begegnet seiner früheren Braut, der Mutter seiner Tochter, und stirbt kurz darauf an Magenkrebs, einer Krankheit, die er ebenfalls ständig verdrängt hatte. Der Tod des Kindes und die eigene Krankheit bringen ihm zu Bewußtsein, daß das Dasein nicht berechenbar ist, daß das bloß kausale Denken dem unmittelbaren Erleben zu weichen hat: »Auf der Welt sein: Im Licht sein. Irgendwo (wie der Alte neulich in Korinth) Esel treiben unser Beruf! – aber vor allem: Standhalten dem Licht, der Freude (wie unser Kind, als es sang) im Wissen, daß ich erlösche im Licht über Ginster, Asphalt und Meer.«
Trotz der recht konstruierten, dem Unwahrscheinlichen breiten Raum gebenden Handlung und einer in ihrer Funktion nicht immer schlüssig wirkenden Erzählstruktur hat der Roman wie kein zweiter im deutschen Sprachraum technisches Denken in Frage gestellt.

J. H. P.

Ausgabe: *Gesammelte Werke in zeitlicher Folge. Hg. H. Mayer/W. Schmitz. 6 Bde., Bd. 4, 1976.* Literatur: *Frischs »Homo faber«, Hg. W. Schmitz. 1982.*

In: Harenbergs Lexikon der Weltliteratur. Autoren-Werke-Begriffe. 5 Bände. Bd. 3. Dortmund: Harenberg 1989, S. 1373.

1991 erschien die Romanverfilmung von »Homo faber«. Der für seine Literaturverfilmungen bekannte deutsche Regisseur Volker Schlöndorff (»Der junge Törleß«, 1966 nach Robert Musil, »Die verlorene Ehre der Katharina Blum«, 1975 nach Heinrich Böll, »Die Blechtrommel«, 1978 nach Günter Grass) arbeitete für seinen Film mit Max Frisch zusammen. Noch kurz vor seinem Tod besprach Max Frisch mit Volker Schlöndorff Fragen der Interpretation, der Rollenbesetzung und der Drehbuchgestaltung. Eine schwierige Frage für beide war, wie man sich den Darsteller für die Rolle des Ingenieurs Walter Faber vorzustellen habe. Die Wahl fiel auf den amerikanischen Dramatiker und Schauspieler Sam Shepard. In seinem Gespräch gibt Schlöndorff seine und Frischs Überlegungen zur Besetzung wieder:

Spiegel: In Ihrem Film ist der Ingenieur Faber nicht ein gefühlsarmer Schweizer, der in New York lebt, sondern ein Amerikaner, der nach Europa reist, von Frankreich über Italien nach Griechenland. War Frisch mit dieser Veränderung einverstanden?

Schlöndorff: Da ich das Drehbuch auf Englisch in New York schrieb, habe ich mich und dann Frisch gefragt: Könnte der Faber nicht ein Amerikaner sein, der vor dem Krieg in Zürich studiert hat? Frisch sagte: »Mich interessiert überhaupt nicht, was der für eine Nationalität hat. Bei mir ist er Schweizer, weil ich selber Schweizer bin. Wenn ich ihn mir nur so vorstelle, würde ich eher annehmen, daß er Schwede ist. Ein großer blonder wie Max von Sydow etwa, so ein Bergman-Held mit großen, klaren, hellen, blauen Augen, die nichts trüben, und den nun plötzlich dieses dunkle Schicksal trifft. Ausgerechnet er tritt in diese Unwahrscheinlichkeit hoch zehn.«

Spiegel: Die Entscheidung, daß er Amerikaner sein sollte, war also gefallen, bevor Sie wußten, wer die Rolle spielen würde?

Schlöndorff: Ja. Es ist zunächst eine Entscheidung der Finanzierung und der Sprache gewesen. Sehr schnell war uns klar, daß der Film sehr aufwendig sein wird, daß wir ihn in englischer Sprache drehen mußten. Als polyglotter Mensch bin ich aber allergisch gegen solche fiktiven Fassungen, wo ein Schweizer von einem Amerikaner dargestellt wird. Schlimm genug, daß in Deutschland alles synchronisiert wird, egal, ob die Leute in Mexiko Spanisch oder in Griechenland Griechisch sprechen. Deshalb war mir der radikale Schritt lieber: Wenn schon Englisch gesprochen wird, dann soll der Held gleich Amerikaner sein. Diese Idee ist auf einmal gewachsen. Es erschien glaubhafter und aufregender, daß es ein Amerikaner ist, der sich zum erstenmal den Louvre ansieht, die Kathedrale von Orvieto, den Ludovisischen Altar, als daß irgendein Europäer, der 50 Jahre alt ist, behauptet, er sei nie nach Italien oder Griechenland gefahren. Die ganze Reise wird interessanter, sie wird zu einer Initiation. Der technologische Mensch, der Amerikaner, kehrt zurück an die Ursprünge unserer Kultur.

Spiegel: So entstand aus sprachlichen und ökonomischen Notwendigkeiten eine veränderte Konzeption der Figur?

Schlöndorff: Nicht nur. Der dritte Aspekt der Entscheidung war die Besetzungsmöglichkeit. Man konnte nun überlegen, soll vielleicht William Hurt den Faber spielen? Oder Robert De Niro? Und plötzlich stand mir Sam Shepard vor Augen.

Spiegel: Wie fand Frisch den Vorschlag?

Schlöndorff: Er hatte Bedenken, als ich ihm Fotos zeigte. Er sagte: »Das ist aber ein eiskalter Bursche.« Und dann: »Ich will mal lesen, was der schreibt.« Er hat die Stücke von Sam Shepard gelesen und gesagt: »Ich kann ihn mir jetzt schon vorstellen.«

Spiegel: War es für Sie von Bedeutung, daß Shepard Schriftsteller ist?

Schlöndorff: Mir war wichtig, daß er nicht wie ein Künstler aussieht. Dem Amerikaner nimmt man den Ingenieur sofort ab. Er soll nicht die Seele auf dem silbernen Tablett vor sich hertragen. Man muß ihm zunächst glauben, wenn er behauptet, er hätte kein Innenleben. Und dann allmählich kommt man darauf: Der ist gar kein eiskalter Bursche, sondern ganz zerrissen.

In: Der Spiegel. 12/1991, S. 245 ff.

Rudy Wurlitzer/Volker Schlöndorff
Homo Faber

Aus den Eingangsszenen
INT. CARACAS AIRPORT. WAITING LOUNGE – DAY

He enters the waiting lounge, sitting next to a European Businessman – Herbert –, last seen sitting next to him on the plane.

Herbert looks at Faber, as if trying to place him.

HERBERT *(With a German accent)* You look familiar. Have we met?

Faber looks at him, shaking his head.

FABER No. I don't think so.

5 HERBERT Perhaps it was in Caracas. The cocktail reception at the Chamber of Commerce.

FABER I've never been there.

HERBERT You seem so familiar. Of course, 10 being a salesman I see so many people these days.

Herbert hands him his business card.

HERBERT Here's my card.

FABER *(reading the card)* Herbert Henk-15 ke? Are you German or Swiss?

HERBERT German. Does the name ring a bell?

FABER I didn't catch his name right away. I hadn't slept the night before and I was 20 dead tired. (…)

HERBERT Sie kommen mir bekannt vor, sind wir uns schon mal begegnet?

FABER Nein, nein, ich glaube nicht.

HERBERT Möglicherweise hier in Caracas, auf der Cocktailparty in der Handelskammer.

FABER Ich gehe nicht auf Cocktailparties.

HERBERT Sie wissen doch, als Geschäftsmann trifft man andauernd Leute …

HERBERT Hier ist meine Karte.

FABER Hencke? Deutscher? Schweizer?

HERBERT Deutscher. Sie können sie behalten.

FABER Ich hatte einfach nicht das Bedürfnis, diesen Mann näher kennenzulernen. Ich weiß nicht, warum er mir auf die Nerven ging. Irgendwie kannte ich sein Gesicht. Ein sehr deutsches Gesicht. (…)

INT. AIRPLANE – Night

HERBERT Do you work for UNESCO? I couldn't help but see some of your pa-25 pers sticking out of your briefcase.

FABER No, not really.

HERBERT Medical or technical aid?

FABER I'm an engineer.

30 HERBERT How interesting. And you've been working down here?

FABER In Venezuela. The Orinoco project. It's a dam. (…)

HERBERT Arbeiten Sie für die UNESCO? Ich habe zufällig gesehen, wie Sie in Ihren Unterlagen geblättert haben.

FABER Nein, nicht direkt.

HERBERT Spezialist für unterentwickelte Völker?

FABER Ich bin Ingenieur.

HERBERT Hört sich interessant an. Und haben Sie hier unten gearbeitet?

FABER Ja, in Venezuela. Das Orinoco-Projekt, ein Staudamm … (…)

Herbert offers him a cigarette which Faber
refuses.

HERBERT I would prefer a cigar but I think our fellow passengers might object. Unfortunately the German cigarette is not yet among the world's best. When we lost our colonies we lost our tobacco. My brother is trying to remedy that lamentable situation. I'm on my way to see him in Guatemala.

Herbert holds out a few paper backed
books.

HERBERT Something to read?

FABER I don't read novels.

Herbert settles back with a book.

HERBERT Sweet dreams, then.

FABER (*smiling*) I don't dream, either.

Faber turns off his overhead light.

HERBERT Ich würde Ihnen gerne eine Zigarre anbieten. Aber ich fürchte, die anderen Passagiere würden protestieren. Und leider gehört die deutsche Zigarre noch nicht zur Weltklasse ... 35

Mein Bruder versucht neue und bessere Tabaksorten anzupflanzen. Ich bin unterwegs, um ihn auf seiner Plantage in Yukatan zu besuchen. 40

HERBERT Wollen Sie was lesen?

FABER Nein danke. Ich lese keine Romane. 45

HERBERT Dann träumen Sie was Schönes!

FABER Ich träume auch nicht.

In: Rudy Wurlitzer/Volker Schlöndorff: Last Call for Passenger Faber. A Screenplay. 3rd Draft, February 7th, 1990; Deutsche Dialogliste; © Bioskop-Film, München.

Oben sind einige Eingangssequenzen des Drehbuchs sowie parallel dazu die Auszüge aus der deutschen Dialogliste abgedruckt, in denen Walter Faber Herbert Hencke begegnet.

1. Vergleichen Sie: Wie wird Hencke im Roman von Max Frisch eingeführt? Wie wird er hier eingeführt?
2. Inwieweit entspricht die hier vorgenommene Charakterisierung von Herbert Hencke Ihren Erwartungen?
3. Inwieweit entspricht die hier vorgenommene Charakterisierung von Walter Faber Ihren Erwartungen?
4. Viele Filme werden für Kino und Fernsehen produziert. Diskutieren Sie die Unterschiede der Bildwahrnehmung in den beiden Medien.

Volker Schlöndorff und Sam Shepard.

BEGRIFFSREGISTER

Die Begriffe *Literatur* und *Text* werden im Arbeitsbuch sehr häufig verwendet und daher im Begriffs-
register nicht eigens aufgeführt.

GLOSSAR

Das Glossar erläutert einige grundlegende Begriffe des Deutschunterrichts sowie Begriffe, die in Colleg Deutsch 1 erwähnt, aber nicht genauer behandelt werden.

Akrostichon: Gedicht, bei dem Anfangsbuchstaben oder -silben der Verse oder Strophen, von oben nach unten gelesen, ein Wort, einen Namen oder einen Satz ergeben.

Allegorie: rhetorisches Mittel, Darstellung eines abstrakten Begriffs durch ein Bild.

Alliteration: poetisches Mittel, Stammsilben mehrerer Wörter beginnen mit den gleichen Anlauten.

Anagramm: Form didaktischer Dichtung, Wortverrätselung durch Buchstabenumstellung.

Analyse: Zerlegung eines Ganzen in seine Einzelteile, verhilft zu genauerer Erkenntnis der Eigenart eines Textes.

Anapher: rhetorisches Mittel, Wiederholung des Satz- oder Versanfangs.

Anekdote: kurze, charakteristische Erzählung um eine historische Persönlichkeit oder ein denkwürdiges Ereignis, aus Gründen der Diskretion ursprünglich mündlich überliefert.

Anrede an das Publikum: gilt als rhetorische Figur, wenn sie vom Normalen abweicht und einen besonders hohen Intensitätsgrad erreicht.

Antitheton: rhetorisches Mittel, zwei entgegengesetzte Gedanken werden einander gegenübergestellt.

Aphorismus: epische Kleinform, mit der pointiert eine Erkenntnis oder ein Urteil formuliert wird, meist aus einem Satz bestehend.

Argument: Aussage, mit deren Hilfe eine These begründet wird.

Argumentation: Vortragen von Gründen für eine Behauptung, ein Urteil oder eine Handlungsanweisung.

Aufklärung: allgemein jede rationalistisch-kritische Bewegung; Periode der deutschen Literaturgeschichte von ca. 1720 bis 1785, deren Grundgedanken von Kant in der Berlinischen Monatsschrift 1783 formuliert wurde: »Aufklärung ist der Ausgang des Menschen aus seiner selbstverschuldeten Unmündigkeit.«

Ballade: ursprünglich Tanzlied, erzählende Versdichtung geringeren Umfangs.

Barock: europäische Stilepoche des 17. und 18. Jahrhunderts, geprägt durch konfessionelle Gegensätze und den Dreißigjährigen Krieg, Polarität Angst, Pessimismus – Lebenshunger, Daseinsfreude.

Behauptung: Satz, der eines Beweises bedarf.

Beispiel-Erzählung: Form didaktischer Dichtung, hat in Diskurssituationen die Funktion eines beispielgebenden Falls.

Bibliographie: Zusammenstellung von Büchern und Aufsätzen zu einem bestimmten Thema.

Biedermeier: künstlerische Tendenz im zweiten Viertel des 19. Jahrhunderts, gekennzeichnet durch philiströs-unpolitischen Rückzug aus dem politischen Leben in den privaten Bereich, Gestaltung der Welt im Kleinen.

correctio: rhetorisches Mittel, Rücknahme eines Ausdrucks und dessen Ersetzen durch einen stärkeren.

Deduktion: wissenschaftliche Methode, Ableitung des Besonderen aus dem Allgemeinen.

Definition: Begriffsbestimmung durch Angabe des nächsthöheren Begriffs und der unterscheidenden Merkmale.

Didaktik: allgemein Lehre vom Unterrichten, Methode des Unterrichtens, Buch über Unterrichtsmethodik; in der Literaturwissenschaft lehrhafte Dichtung.

Distichon: Doppelvers, bestehend aus Hexameter und Pentameter.

Dithyrambe: Chor- und Reigenlied, gehörte zur Kultfeier des Dionysos, Chorlied der griechischen Tragödie.

Drama: Dichtungsgattung, Darstellung einer Handlung durch Personen in Rede und Gegenrede.

Elegie: in griechischer und lateinischer Literatur Dichtung in Distichen mit breit gefächerter Thematik; später hauptsächlich Dichtung der Klage und Trauer.

Empfindsamkeit: literarische Strömung in der zweiten Hälfte des 18. Jahrhunderts, Reaktion auf Vorherrschen des Rationalismus, gekennzeichnet von religiösem Naturgefühl, Gefühlsüberschwang.

enumeratio: rhetorisches Mittel, Häufung.

Epigramm: Form didaktischer Dichtung, ursprünglich Aufschrift auf einem Gedenkstein, ein in Kürze geformter dichterischer Gedanke.

Epik: Dichtungsgattung, erzählende Literatur.

Epipher: rhetorisches Mittel, Wiederholung des Satz- oder Versendes.

Epoche: Zeiteinschnitt, der durch bestimmte Tendenzen, Ideen, philosophische Erkenntnisse geprägt ist.

Epos: erzählerische Großform in gehobener, metrisch durchgestalteter Sprache.

Erzählung: mündliche oder schriftliche Darstellung eines wirklichen oder gedachten Geschehens durch einen Erzähler; Sammelbezeichnung für verschiedene Formen der Epik.

Essay: Form didaktischer Dichtung, schriftlicher »Versuch« über ein Thema ohne Anspruch auf endgültige Lösung eines Problems, knappe anspruchsvolle Abhandlung.

Expressionismus: Kunstrichtung, in der Literatur im zweiten und dritten Jahrzehnt des 20. Jahrhunderts, versucht, die immer komplexer werdende Welt mit veränderten Wahrnehmungsweisen zu fassen, Bemühen um Ausdruck der Innenwelt.

Fabel (Tierfabel): Form didaktischer Dichtung, Tiergeschichte in Vers oder Prosa, die Wahrheit vermitteln will.

Fabel: Grundplan im Handlungsverlauf einer dramatischen oder epischen Dichtung.

Figur: Sammelbezeichnung für rhetorische Mittel, die aus mehr als einem Wort bestehen.

Fiktion: Darstellung eines erdichteten Sachverhalts.

Gattung: Grundform der Dichtung (Epik, Lyrik, Drama); Art und Form der Dichtung (Tragödie, Ballade, Roman usw.).

Gemination: rhetorisches Mittel, Wiederholung in direktem Kontakt.

Geschichte: Darstellung von Geschehenem, volkstümliche oder triviale epische Form.

Gleichnis: Form didaktischer Dichtung, Vergleich in literarischer Sprache, bei dem ein Sachverhalt durch einen entsprechenden Sachverhalt, der dem Vorstellungsvermögen des Lesers nähersteht, veranschaulicht wird.

Glosse: 1. journalistische Form, knappe, oft polemische Stellungnahme; 2. romanische Gedichtform, die ein in der ersten Strophe gegebenes Motto in ebenso vielen Strophen entwickelt, wie das Motto Verse enthält.

gnomische Formen didaktischer Dichtung: Denk- oder Weisheitssprüche.

Hexameter: antiker Vers, meist aus sechs Daktylen mit beweglicher Zäsur.

Hymne: feierlicher Lob- und Preisgesang.

Hyperbel: rhetorisches Mittel, Übertreibung.

Hypothese: Behauptung, die Gültigkeit beansprucht und noch bewiesen werden muß.

Impressionismus: Kunstrichtung, in der Literatur um die Jahrhundertwende, Darstellung subjektiver Eindrücke, Stimmungen, Seelenzustände.

Induktion: wissenschaftliche Methode, vom Besonderen auf das Allgemeine zu schließen.

Inhaltsangabe: Zusammenfassung eines epischen oder dramatischen Texts.

Interpretation: Erschließungsprozeß und Ergebnis des Verstehens von literarischen Texten, die ihren Sinn nicht direkt mitteilen.

Ironie: rhetorisches Mittel, das Gegenteil vom Gemeinten wird gesagt.

Junges Deutschland: Gruppe von gesellschaftskritischen Autoren ca. 1830 bis 1850, von Ludolf Wienbarg als »junges Deutschland« angesprochen, 1835 verboten; Tagesgeschehen im Mittelpunkt des İnteresses, Anfang des deutschen Journalismus.

Kanzone: romanische Gedichtform aus fünf bis zehn gleichgebauten Strophen.

Katharsis: Reinigung von Affekten, erstrebte Wirkung der Tragödie.

Klassik: allgemein Kunst und Literatur des klassischen Altertums; das Zeitlos-Gültige, Absolut-Vollkommene, Mustergültige; die höchste Ausformung der Dichtung einer Nation; in der deutschen Literatur häufig datiert von Goethes italienischer Reise 1786 bis zu Schillers Tod 1805; Weimarer Klassik: Zusammenarbeit Schillers und Goethes 1794 bis 1805; Entwicklung einer Humanitätsidee unter Rückgriff auf griechische und lateinische Literatur.

Kommentar: 1. kritische Stellungnahme zu Tagesereignissen in Presse, Radio und Fernsehen; 2. Erläuterungen zu einem Text.

Komödie: eine Hauptgattung des Dramas, Entlarvung menschlicher Schwächen, statt tragischer Erschütterung komische Befreiung.

Kritik: allgemein prüfende Beurteilung; Besprechung einer künstlerischen Leistung.

Kurzgeschichte: Übersetzung des amerikanischen Begriffs »short story«, kurze epische Form, in Deutschland nach dem 2. Weltkrieg verbreitet.

Legende: religiös erbauliche Erzählung in Vers oder Prosa, meist Lebensbeschreibung von Heiligen oder Geschichte über Wunder.

Lehrgedicht: Form didaktischer Dichtung, vermittelt Wissen in künstlerischer Form.

Leitartikel: aktueller Meinungsbeitrag, der den Meinungsteil einer Tageszeitung oder einer Wochenzeitschrift eröffnet.

Lied: sangbare Form der Lyrik, strophisch gegliedert, gereimt, ursprünglich mit einer Melodie verbunden.

literarische Erörterung: Erörterung von Problemen oder Sachverhalten der Literatur.

Literaturangabe: genaue Identifizierung von literarischen Werken mit Nennung von Vor- und Zunamen des Autors, vollständigem Titel, Erscheinungsort, Verlag und Erscheinungsjahr.

Lyrik: Dichtungsgattung, in der ein lyrisches Ich unmittelbar sein Denken, Erleben und Empfinden ausdrückt, in gebundener Sprache.

Madrigal: kurzes Gedicht aus zwei oder drei Terzetten von jeweils elf Silben mit ein oder zwei Reimpaaren als Abschluß.

Märchen: Prosaerzählung, deren Inhalt frei erfunden ist und in der phantastische Gestalten auftreten; Unterscheidung zwischen Volks- und Kunstmärchen.

Maxime: Form didaktischer Dichtung, Verhaltensregel, Richtschnur, moralischer Lehrsatz, Denkspruch.

Metapher: rhetorisches Mittel, Kurzform des Vergleichs.

Metonymie: rhetorisches Mittel, uneigentliche Redeweise, Ersetzung eines Wortes durch ein anderes, das mit dem eigentlichen Wort in Beziehung steht.

Metrum: Versmaß, gibt durch festes Muster einer Verszeile einen bestimmten Charakter.

Mittelalter: historische und literaturgeschichtliche Epoche mit schwer festlegbarem Beginn (verschiedene Datierungen, z. B. Ende des weströmischen Reichs 476, Kaiserkrönung Karls des Großen 800 usw.) bis zur Renaissance.

Moderne: allgemein grenzt der Begriff etwas Neues von etwas Altem ab; als Epochenbezeichnung Zusammenfassung der Kunstströmungen seit 1880; zur Zeit Diskussion, ob Moderne durch »Postmoderne« abgelöst wird.

Naturalismus: europäische Strömung am Ende des 19. Jahrhunderts, von Naturwissenschaften beeinflußt, Versuch einer möglichst objektiven Darstellung der Wirklichkeit ohne subjektive Einflüsse.

Novelle: kürzere Prosaerzählung einer neuen, tatsächlichen, unerhörten Begebenheit.

Ode: lyrische Form des Weihevollen, Erhabenen; Personen, Naturgegenstände und Ereignisse werden besungen.

Organonmodell: von Karl Bühler entwickeltes Modell zur Erklärung der Sprache als Werkzeug.

Oxymoron: rhetorisches Mittel, Verbindung zweier sich widersprechender Begriffe zu einer syntaktischen Einheit.

Palindrom: Form didaktischer Dichtung, Rätsel über ein Wort, das vorwärts und rückwärts gelesen Bedeutung hat.

Parabel: lehrhafte Erzählung, erhellt eine Wahrheit oder Erkenntnis durch einen Vorgang aus einem anderen Vorstellungsbereich.

parabolische Formen didaktischer Dichtung: Formen der Beispieldichtung.

Parodie: Form satirischer Dichtung, verspottende und übertriebene Nachahmung von geschätzten literarischen Werken oder Teilen daraus.

Pentameter: eine aus fünf metrischen Einheiten bestehende Verszeile.

Pindarische Ode: vgl. Ode, durch triadischen Aufbau – Strophe, Gegenstrophe, Nachstrophe – gekennzeichnet.

Poetik: Lehre von Wesen und Formen poetischer Texte; Lehrbuch der Dichtkunst.

Priamel: Sonderform der didaktischen Spruchdichtung, gekennzeichnet durch Anhäufung gleichwertiger, aber ungleichartiger Unterbegriffe mit humoristischer oder satirischer Spannungslösung in der letzten Zeile.

Primärliteratur: eigentlicher literarischer Text.

Protokoll: schriftliche Wiedergabe von Vorgängen und Verhandlungen nach festem Schema.

Rätsel: didaktische Formen verschiedener Art (z. B. Buchstaben-, Zahlen-, Silben-, Worträtsel usw.), wollen dem Angeredeten das Wissen, das ihm eigen ist, auf meist unterhaltsame Art entlocken.

Realismus: literarische Tendenz, die Wirklichkeit so darzustellen, wie sie ist; »poetischer« oder »bürgerlicher« Realismus: literarische Richtung zwischen 1850 und 1890, Hinwendung zur diesseitigen, sinnlich wahrnehmbaren Wirklichkeit, Darstellung der Alltagswelt, Wahl zeitgenössischer Stoffe, stark landschaftlich gebunden; »sozialistischer« Realismus: staatlich verordnetes literarisches Konzept in der ehemaligen DDR.

Referat: mündliche oder schriftliche Berichterstattung über Forschungsergebnisse, literarische Produktionen usw.

Renaissance: allgemein Wiederaufleben vergangener Kulturepochen, im engeren Sinn europäische Kulturepoche an der Wende vom Mittelalter zur Neuzeit.

Rhetorik: Redekunst, Fähigkeit, in öffentlicher Rede einen Standpunkt überzeugend zu vertreten; Theorie der persuasiven Kommunikation.

rhetorische Frage: Frage, bei der keine Antwort erwartet wird, da sie sich von selbst ergibt.

rhetorische Mittel: Sprachmittel zur Ausgestaltung der Rede.

Ritornell: Sonderform der Terzine, dreizeilige Strophe, mit Reimschema aba, erster Vers ist in der Regel kurzer Ein- oder Zweitakter.

Roman: wichtigste Großform der Epik in Prosa.

Romantik: literarische Richtung in Europa vom Ende des 18. Jahrhunderts bis ca. 1835, entstanden aus Abkehr von Rationalismus und Klassik; Poesie, Mythos und Traum sollen den Menschen über sich selbst aufklären, Hinwendung zum Mittelalter.

Romanze: romanische Gedichtform, Darstellung einer kleinen abenteuerlichen Geschichte in Form eines Liedes.

Rondeau: romanische Gedichtform, Lied zum Rundtanz, Sonderform des Rondels.

Rondel: romanische Gedichtform mit 13 oder 14 Zeilen, zwei Reimen, die beiden ersten Zeilen werden in der Mitte und am Schluß wiederholt.

Sage: volkstümliche, zunächst auf mündlicher Überlieferung beruhende kurze Erzählung, die Elemente des Wunderbaren enthält, jedoch einen historischen Kern besitzt.

Sangspruch: Form der didaktischen Dichtung, einstrophiges gesungenes Gedankengedicht.

Satire: Form didaktischer Dichtung, literarische Verspottung von Mißständen, Unsitten, Anschauungen, Ereignissen, Personen, Literaturwerken usw.

Schwank: Erzählung oder Lustspiel, die zum Lachen reizen.

Sekundärliteratur: Literatur, die über einen Primärtext erschienen ist.

Semantik: Teilgebiet der Sprachwissenschaft, Lehre von der Bedeutung der Wörter.

Sentenz: Form didaktischer Dichtung, Sinn- oder Denkspruch in dichterischem Kontext.

Sestine: romanische Gedichtform aus sechs sechszeiligen Strophen und einer dreizeiligen Schlußstrophe mit sehr kunstvoller Reimfolge.

Sinnspruch: belehrende Dichtung in gesprochenen Versen.

Sirventes: ursprünglich provenzalisches »Dienstlied«, im Dienst eines Herren verfaßtes Lied.

Slogan: Werbe- oder Wahlkampfparole, auch Form didaktischer Dichtung.

Sonett: Reimgedicht von 14 Verszeilen, die entweder in zwei vierzeilige Strophen – Quartette – und zwei dreizeilige Strophen – Terzette – (Petrarca-Sonett) oder in drei Quartette und ein Reimpaar (Shakespeare-Sonett) eingeteilt sind.

Sprichwort: Form didaktischer Dichtung, volkstümliche Weisheit, durch rhythmisch-klangliche Mittel geformt.

Spruchgedicht: Form didaktischer Dichtung, Erweiterung des Sinnspruchs in gebundener Sprache.

Strophe: in der griechischen Tragödie Wendung des Chors zum Altar mit zugehörigem Lied; allgemein metrische Einheit, bestehend aus einer bestimmten Anzahl von Verszeilen, die sich regelmäßig wiederholen.

Sturm und Drang: Literaturepoche in Deutschland (ca. 1770–1785), benannt nach dem gleichnamigen Drama von Maximilian Klinger, gegen strenge Vernunft- und Tugendforderungen, Abwendung der normativen Poetik, Betonung des Genies.

Symbol: Zeichen, das auf einen Sachverhalt hinweist, wobei die Beziehung von Zeichen und Bezeichnetem durch Konvention festgelegt ist.

Symbolismus: Kunstrichtung, literarische Strömung, am Ende des 19. Jahrhunderts in Frankreich entstanden, Lyrik schöpft alle Darstellungsmöglichkeiten der Sprache aus.

Synekdoche: rhetorisches Mittel, setzt statt des Ganzen einen Teil oder statt des gemeinten Teils ein Ganzes.

Syntax: Teilgebiet der Sprachwissenschaft, Lehre von der Zusammenfügung der Wörter zu Sätzen.

Terzine: dreizeilige, aus fünffüßigen jambischen Versen bestehende Strophe.

Text: zusammenhängende, in sich abgeschlossene sprachliche Äußerung.

Thema: Grund- und Leitgedanke eines Werkes.

These: behauptender Satz, der eines Beweises bedarf.

Tragödie: eine Hauptgattung des Dramas, Darstellung eines Konflikts, der aus einem Verstoß gegen die höhere Ordnung entsteht und zum Untergang des Helden führt.

Travestie: Form satirischer Dichtung, geht von einem vorhandenen Werk aus, verschiebt dessen Aussage aber in einen banalen Bereich und verspottet so die Aussage des Autors.

Triolett: romanisches einstrophiges Dreiklanggedicht von mindestens acht Zeilen.

Tropus: Sammelbezeichnung für rhetorische Mittel, bei denen ein bewußt gesetztes Einzelwort die Stelle der eigentlichen Bezeichnung einnimmt.

Vers: Wortreihe als Ordnungseinheit innerhalb eines Gedichts, die durch eine mehr oder weniger strenge Binnenstruktur und eine Pause gekennzeichnet ist.

Vilanella: romanisches Kunstlied im »bäuerlichen« Stil.

Volksbuch: frühneuhochdeutsche Prosaerzählung, z. T. nacherzählte mittelhochdeutsche Versdichtungen, z. T. volkstümliche Schwankerzählungen.

Vormärz: allgemeine Bezeichnung für Literatur der Zeit vor der Märzrevolution 1848, Vermittlung von Kritik in politisch engagierter Literatur mit meist staats- und gesellschaftskonträrer Intention.

Zensur: Kontrolle von Veröffentlichungen aller Art hinsichtlich sittlicher oder politischer Aussagen durch staatliche oder kirchliche Stellen.

Zeugma: rhetorisches Mittel, Auslassen eines Teilglieds eines mehrgliedrigen Ausdrucks, paralleles Teilglied übernimmt Funktion des weggefallenen.

Zitat: wörtliche Übernahme einer Stelle aus einem anderen Werk.

Bildnachweis

Archiv für Kunst und Geschichte, Berlin: 27, 175, 179 Mitte, 181 Mitte, 182 li. und Mitte, 193 li., 199, 219 re., 226 re., 227, 232 li. und Mitte, 244, 247, 251 – Artemis & Winkler Verlag, Zürich: 68 – Bayerische Staatsbibliothek, München: 88 u. – Bayerische Staatsgemäldesammlung, München: 238 – Bioskop-Film, München: 335 – Thyrso Brisòlla, Hamburg: 9, 63, 74, 103, 165, 316, 320 (erschienen in der Literaturbeilage DIE ZEIT vom 25. 3. 88) – Thomas Ernsting, Hamburg: 22, 47 – Goethe Museum, Düsseldorf: 82, 250 – Günter Grass, Berlin: 297 – Dr. W. & J. Henze, Campione d'Italia: 273 – Herzog August Bibliothek, Wolfenbüttel: 206 – Knut Hickethier, Berlin: 322, 323, 324, 325, 326 – Archiv Dr. Karkosch, Gilching: 321 – K. Kölbl Verlag, Grünwald: 12 (aus: Schedelsche Weltchronik 1493, Blatt XL IIII) – Lessing Museum, Kamenz: 155 li. – aus: The life of Bertrand Russell in pictures and in his own words. London 1958: 129 – Digne Meller Markovicz, Frankfurt: 188 – Norbert Michalke, octopus: 159 re. – Museum Nationale di Villa Guilia, Rom: 88 o. – Werner Neumeister, München: 10 – Isolde Ohlbaum, München: 43, 137, 274, 275 li., 276, 277 li und re., 278 re., 279, 280 li., 281 li. und re., 282 Mitte und re. – Pinacoteca Brera, Mailand: 34 – Preußischer Kulturbesitz, Berlin: 174, 178, 179 li. und re., 180 li. und Mitte, 181 li. und re., 193 re., 221, 232 re., 235, 248, 260, 277 Mitte, 280 Mitte und re., 282 li. – Verlag Philipp Reclam jun., Leipzig: 210 (aus: Die Diebe und der Hahn, S. 118. Federzeichnungen von Josef Hegenbarth) – Schiller-Nationalmuseum, Marbach a. Neckar: 183 re., 184 li., 264, 266 – Prof. Schnitzler, Wien: 281 Mitte – Sigma Pressefotodienst, Paris: 336 – Städtisches Museum, Göttingen: 182 re. – STERN, Hamburg: 113 – Oda Sternberg, München: 158 – Stiftung Weimarer Klassik, Weimar: 183, 218, 220 li., 226 li., 253, 257 – Süddeutscher Verlag, München: 278 li. – Suhrkamp Verlag, Frankfurt a. M.: 153 (aus: Literatur im Industriezeitalter, S. 973 re.) – Ullstein Bilderdienst, Berlin: 114, 159 li., 275 Mitte und re., 278 Mitte – Universitätsbibliothek, Köln: 198 – Volk + Wissen, Volkseigener Verlag, Berlin: 180 re., 183 li., 184 Mitte, 239 (aus: Aufklärung, 1986) – Wieland Museum, Biberach a. d. Riß: 196.